互鉴之美
成长之光

第一届现代化国家治理与
社会科学创新科研营论文集

黄晨 主编

THE ART OF MUTUAL STUDY AND
THE LIGHT OF GROWING MATURITY

THE FIRST INNOVATIVE SCIENTIFIC
CAMP OF MODERN NATIONAL
GOVERNANCE AND SOCIAL SCIENCES

中国社会科学出版社

图书在版编目（CIP）数据

互鉴之美，成长之光：第一届现代化国家治理与社会科学创新科研营论文集 / 黄晨主编. —北京：中国社会科学出版社，2020.7

ISBN 978-7-5203-5850-7

Ⅰ.①互⋯　Ⅱ.①黄⋯　Ⅲ.①社会科学—文集　Ⅳ.①C53

中国版本图书馆 CIP 数据核字（2019）第 294909 号

出 版 人	赵剑英
责任编辑	马　明
责任校对	王福仓
责任印制	王　超

出　　版	中国社会科学出版社
社　　址	北京鼓楼西大街甲 158 号
邮　　编	100720
网　　址	http://www.csspw.cn
发 行 部	010-84083685
门 市 部	010-84029450
经　　销	新华书店及其他书店
印　　刷	北京明恒达印务有限公司
装　　订	廊坊市广阳区广增装订厂
版　　次	2020 年 7 月第 1 版
印　　次	2020 年 7 月第 1 次印刷
开　　本	710×1000　1/16
印　　张	27
字　　数	416 千字
定　　价	149.00 元

凡购买中国社会科学出版社图书，如有质量问题请与本社营销中心联系调换
电话：010-84083683
版权所有　侵权必究

《互鉴之美，成长之光》
编委会

主　编：黄　晨
编委会：尹继武　韩冬临　黄　晨　熊丙万
　　　　翟丽芳　宋　鑫　黄艺璇　孙子璇
　　　　孙　妍　白　雪　薛天宇　刘天祥
　　　　吴成园　慕雅琦　王雪莹

序 言

知识是克服世界不确定性的利器

改革开放以来，随着中国逐步融入当今国际社会，中国自身实力增强和国际地位提升日新月异。我们生活在一个迅速变化的时代，技术的进步，将更为根本地改变当今世界的面貌。从互联网带来的时空穿梭，到5G时代到来信息传递的划时代革命，无不彰显当今世界的快速、迅猛的变化，已让世人目不暇接。

自然，作为未来主人的年轻学子，应思考如何去抓住时代赋予的使命。这是一个最好的时代，因为当今世界的变化，是前所未有的，技术对人们生活方式和质量的提升也是今非昔比的。当我们置身于一个纷繁复杂、突飞猛进的社会，年轻学子掌握什么样的理论和方法，去正确认识这个世界，去适应这个世界，去改造这个世界，实现自我价值和社会价值的有机统一，是亟待每个有志年轻学子回答的问题。当代社会科学的理论与方法，是青年学子认识世界和改造世界的必备武器。综合掌握政治学、经济学、法学、心理学等基础理论，运用当今盛行的大数据分析等方法，感受全球化时代的政治经济文化冲击，这是现代青年学子自信面对未来的基础。中国人民大学国际关系学院为广大具有社会责任感和学术潜质的青年学子，提供科学的知识和方法的指导。这些年轻学子的热情、好学与努力，见证了当今年青一代身上所肩负的社会责任感，对于新知的渴望，对于未来真善美生活的向往。他们的习作，是一种积极的尝试——从专业的理论和方法角度，分析当下世界的问题，提出自己的观察和洞见，这无疑是值得肯定和鼓励的。

世界的未来是属于年轻人的，因之，他们也肩负着更具责任感的使命。常言道，用理论武装起来的头脑是战无不胜的，相信社会科学研究训练营提供的理论和方法训练，能为他们未来的学习、工作和生活提供坚实的知识基础，这是因为——未来的社会一定是知识经济的社会！

尹继武
中国人民大学国际关系学院教授、博士生导师

前　言

用社会科学培养现代国家的接班人

少年智则国智，少年强则国强，少年雄于地球，则国雄于地球。在古老的中华民族开启全面现代化大门之时，梁启超写下了对未来几代年轻人引领时代的期望。百年以后，当中国站在建成现代国家的关键时刻，年青一代的视野与知识储备更是前所未有的重要。

大学里的知识创造与传授，大致分为人文科学（Humanities）、社会科学（Social Sciences）与自然科学（Natural Sciences）三大领域。社会科学居于三者之中，既要运用自然科学式的研究方法，又要以人文科学提供的文史哲素养为基础，因此是最难培养出大师级人物的。而对于当前中国的年轻人来说，高中以前的文理分科虽然为学生打下了扎实的人文和自然科学基础，但恰恰忽略了经济学、法学、社会学和政治科学等社会科学知识。中国的小学生都知道"为什么要打雷下雨？为什么有冬天夏天"，却有很多大学生说不清楚"为什么要法治民主？为什么有富人穷人"。也正因如此，在我们代表学校去各省进行高考招生时，很多成绩出类拔萃的高中生都以为除了理工科，就只能选择政史地，甚至很多家长也对社会科学的就业方向和重要性知之甚少。在这样的背景下，当前中国社会科学的专业知识储备和公众普及程度都远远不及自然科学，也就不足为奇了。

中国人民大学国际关系学院于2019年起推出"现代化国家治理与社会科学创新科研营"，正是为了给那些对社会科学有兴趣、对学术写作有潜力、对国家治理有理想的高中生以及其他年龄段的学子提供一个稀缺的平台。在一周的学习中，同学们聆听了政治学、法学、经济学等不同社会科学领域的专家讲座，并走进一些知名媒体、企业和社会组织了解其运作机理。这不仅让大家初步了解了社会科学的基本方法和国家治理的基本知识，还根据自己的兴趣选择主题，提前按照大学生的要求进行了学术写作。这本论文集就是学术写作的最终成果。

政治学是亚里士多德和孔子时代就有的古老学科，思考攸关国家前途的制度和政策问题。在"政治篇"中，同学们既关注国内政府与民众的政策互动，也关注国际上"一带一路"倡议、经济走廊等的成效；既思考重要事件中的政治问题，也不忘城市角落里务工人员的利益问题和政治参与。

法学与政治学一脉相承，决定着好的政策和人民的权利能否得到法律的保障。在"法律篇"中，我们看到了同学们对社会热点问题的跟踪与思考。从大数据、基因编辑等新技术的法律界限，到公众法律意识、正义的时效性等法治中的永恒问题，都有着不同于社会新闻的理性分析。

思想文化并不只是人文科学才会关注，它是社会科学现象投射到人们大脑中形成的知识。在"思想篇"中，同学们没有局限于课本上的思想理论，而是以小见大，从年轻人耳熟能详的"大女主"电视剧、网红、消费主义等现象入手，对其折射出的思想做出了未来大学学子应有的批判性反思。

经济学关系到每位公民的生活财富，也是社会科学中最热门的领域之一。有意思的是，在"经济篇"中，同学们讨论最多的并非自己身边的财富消长，而是人民币国际化、企业并购、共享经济、知识付费等影响整个社会的大问题。可见大家关心的不仅是财富，而是触及经济学的核心关怀：自由公正的市场生活。

历史学严格说来属于人文科学，但历史学的悠久经验与社会科学的理论方法相结合，能够提供超越于一时一地的深刻创见，这也是中国人民大学发展"历史政治学"的本意所在。在"历史篇"中，威权政体的起源、问题与主义之争论等选题让我们看到，同学们正是为了以史为鉴，以东西方历史经验帮助自己理解当下的政治经济难题。

当然，由于绝大部分同学还处在中学阶段，这些论文在专业学者看来仍有很多稚嫩的地方。但重要的不是现在，而是未来。我们之所以对他们予以最大限度的鼓励，就是希望他们有朝一日能够成为社会科学领域优秀的毕业生乃至建设者。千里之行，始于足下，我们也希望有更多的前辈同仁致力于社会科学在下一代中的普及，培养真正的现代国家的接班人。

黄　晨
中国人民大学国际关系学院讲师
历史政治学中心秘书长

目 录

政 治 篇

治理困境：法团主义与民众抗争
　　——以山东省 A 市为例 ……………………………… 鞠林君(3)
华为对美投资的政治障碍分析 ………………………… 邵雨辰(19)
国际非政府在华现状分析与政策建议 ………………… 郜钰萌(30)
"中巴经济走廊"的成就与风险 ………………………… 陈靖岩(47)
利益与认同：浅析新生代农民工政治冷漠的两个维度
　　——以 H 省在京务工人员为例 …………………… 赵思方(60)
京津冀一体化下的产业转移分析
　　——以大红门转移河北以及首尔首都经济圈为例 … 季玥涵(71)
人类命运共同体与国际法治
　　——从国际治理与国内治理入手 ………………… 秦浩洋(80)
从"一带一路"看中国在国际制度竞争与合作中的优势与
　　成就 ………………………………………………… 朱子岸(89)

法 律 篇

网络环境下公众法律意识探究
　　——从邓玉娇、于欢到于海明 …………………… 柏睿妍(101)

从邓学平律师的辩护词论"说情式辩护词"的正当性与
　　合理性 …………………………………………… 黎亦舒（118）
从软件隐私协议出发谈互联网时代公民个人隐私权的
　　保护 ……………………………………………… 王冠棣（130）
从网购影票退票难谈互联网时代消费者权益保护 …… 陈浩杨（140）
大数据时代的个人数据权利及法律保护 ……………… 孟原怡（149）
人工智能的发展风险及法律规制 ……………………… 杜承林（161）
共享模式中押金监管的法律问题
　　——以 ofo 共享单车为例 ……………………… 黄思然（169）
从山东辱母案谈正当防卫 ……………………………… 谷思融（178）
从聂树斌案讨论正义的时效性 ………………………… 季宏宇（185）
网络短视频领域的未成年人保护问题研究 …………… 卢瑾昊（193）
从宪法角度看基因编辑婴儿问题 ……………………… 闫　馨（209）

思 想 篇

影视剧中女性形象变化研究
　　——影视剧"大女主"现象探微 ……………… 吴　桐（219）
青少年沉迷手机原因探讨 ……………………………… 罗　鹜（228）
消费主义思潮初探
　　——以其对中国青少年思想观念的消极影响
　　　　为切入点 ……………………………………… 马伊妃（235）
青少年网络道德失范行为研究 ………………………… 贺　佳（245）
少数民族语言的传承形式选择 ………………………… 石龙瑶（252）
网红对青少年的影响及对策研究 ……………………… 姚佳怡（261）
新媒体环境视阈下的青少年社会主义核心价值观培育
探讨 ……………………………………………… 袁美琦（269）
我国原创综艺对中国文化的传播策略分析
　　——以《国家宝藏》为例 ……………………… 张常熙（276）
数字资本主义批判 ……………………………………… 孟宸铭（285）

经 济 篇

企业跨国并购中的文化冲突与应对策略
　　——以吉利收购沃尔沃为例 ………………………………… 方书仪(295)
"一带一路"背景下人民币国际化的机遇与挑战 ……………… 韩炳南(306)
从交通领域看共享经济持续发展困境与政府参与 …………… 黄思源(317)
共享经济的内涵、现状与建议
　　——以共享单车为例 ……………………………………… 刘潜起(330)
试析石油人民币的诞生原因及意义 …………………………… 王欣然(350)
人民币升值是否能够解决中美贸易失衡 ……………………… 王玉瑶(359)
浅析金融风险的防范与化解
　　——以信用风险为例 ……………………………………… 杨博源(367)
知识付费平台的内容营销现状研究
　　——以得到APP为例 ……………………………………… 朱思锦(376)

历 史 篇

菲律宾马科斯时期威权主义形成的因素探析 ………………… 刘敬闻(391)
中国纸币极简史
　　——以北宋交子为主 ……………………………………… 贾宗骏(401)
"问题与主义"之争探析 ………………………………………… 杨嘉彤(412)

政治篇

治理困境：法团主义与民众抗争
——以山东省 A 市为例

鞠林君/大三　刘天祥/指导老师

山东师范大学马克思主义学院

摘要： 城镇化是我国实现社会主义现代化以及全面建成小康社会目标的必由之路，也是当今时代发展的历史潮流。2008年6月，国土资源部颁布《城乡建设用地增减挂钩管理办法》，在全国范围内引发了农村社区化潮流。A 市于 2010 年 6 月开始农村社区化改革，在此过程中，为增加地方财政收入，A 市政府与当地开发商达成协议，共同开发安置住宅区。在此过程中，A 市政府因政策制定的不合理以及执行程序违法，导致民众利益受损，最终引发民众抗争。但由于 A 市地方法团主义的阻碍，民众的抗争并未达到预期效果；政府虽然达到增加地方财政收入的目标，但民众对其满意度降低，公信力下降。本文选取 A 市某村与 A 市 B 街道的民众抗争，说明地方政府公司化所引发的基层治理困境。

关键词： 法团主义　地方政府公司化　基层治理困境　农村社区化

一　话题讨论背景与文献回顾

2010年6月，A市开始了农村社区化的步伐，并大规模地开始撤销现有的建制村。其主要特点表现为以下几点：

（1）政府主导。A市农村社区化改革是自上而下进行的，安置房的选点、规划、建设都需政府参与其中并发挥决定性作用。

（2）生活方式转变。A市政府通过农村社区化使民众搬进楼房，实现了农村社区化改革中所提出的集中居住的目标，推动了民众的生活方式从过去的村落集群式生活向现代城市社区化生活转变。

（3）农村城市化。A市的农村社区化改革最终基本实现农村城市化，宅基地换房对于实现城乡一体化发展有巨大意义，它通过使民众住宅区逐渐集中和聚居区总体向城镇转移，而使民众尤其是农民的角色逐渐向市民转变，也在一定程度上促进了农业集约化发展。

（4）农村可持续发展。农村社区化使得土地经营规模进一步扩大，土地集中程度更加适宜，在一定程度上促进工农业与第三产业的互动，实现农村可持续性发展的目标。

（5）综合配套改革。表现为农村社区化改革优化经济发展环境。农村社区化改革对于全面推进城乡基础设施建设，完善公共服务设施，构建新型城乡形态，增强城镇产业辐射力起到了不可替代的作用。

（一）A市推行农村社区化简介

A市为潍坊市代管的县级市，其农村社区化政策的推行历经三个阶段：在2007年的改革中，A市政府以两公里为半径，以"地域相邻，习俗相近"为原则进行了社区化的小规模试点改革；随后的2009年，A市政府以"积聚，集约，发展"为目标，将农村社区化改革与城乡经济政治发展和文化融合以及政府的公共服务等要素相协调，改革进一步深化；紧接着到2010年，A市政府又以"撤销建制村"为目标调整了社区布局，不仅在一定程度上实现了城乡土地的综合利用，还为"中心城区—镇驻地—农村社区"目标模式的形成创造了条件。街道办事处工作人员表示，现阶段，A 市的农村社区化工作已基本完成，目标模式基本形成，政府的工作重心已经向提高社区公共服务质量和合理增设社区绿化转移。

2008 年 4 月，民政部公布了全国 296 个农村社会建设实验县（市、区）名单，A 市是其中之一。与此同时，A 市作为山东省社会主义新农村建设和农村社区化管理改革的试点市，也承担着潍坊市综合配套改革，特别是农村社区化建设试点的任务。为推动经济高质量发展和建设民主政治，实现城乡基本公共服务均等化，切实改善民众的居住环境，A 市政府坚持"依法拆迁，依法补偿，妥善安置"的原则，严格落实拆迁补偿和安置政策，于 2010 年 6 月开展全方位的农村社区化改革。其中，B 街道是改革的重点之一。

B 街道位于 A 市西部，地理位置优越，交通发达，是 A 市对外开放的桥梁和纽带，也是全中国最大的蔬菜种子生产基地，被誉为"中国蔬菜种子之乡"，总面积约 110 平方公里。辖区内分布着 86 个行政村和社区，占全市的 41.3%，共计 36852 户，11.6 万人。

在进行农村社区化改造之前，B 街道的居住环境较差，居住问题体现如下：危旧房屋数量较多，安全隐患较大；电路老化，家庭用电安全难以保障；庭院中缺少排涝设施；冬季集体供暖难度大；宽带网络普及率低；部分道路路面局部塌陷。在面临诸多居住环境问题的同时，A 市也迎来了经济快速发展的新契机。由于拥有良好的工业基础，A 市变成了临市的产业转移承接地，70 多家相关企业计划落地，因此足够数量的土地面积和建设空间是 A 市承接产业转移的重要物质基础。为改善居民居住环境，处理承接产业转移与用地空间不足之间的矛盾，B 街道积极响应 A 市政府的农村社区化改革，开展辖区内的土地综合治理。其中"宅基地换房屋，农民上楼"的措施便是因地制宜，充分盘活土地和劳动力资源的有效政策构想。

（二）文献回顾

对于本文所调研的城市，已有相关研究。美国未来学家约翰·奈斯比特在《中国＝大趋势》一书中认为，"A 市在 2007 年找到另一种焕发市民活力的'良药':两公里社区服务圈,使得农民在两公里之内就能享受到各种文化设施,这加强了农村的文化建设"①。在他看来,"这些农村社区文化活动改变了农民日出而作、日落而息的单调生活习惯,新文化氛围的改变,丰富了他们的生活"②。

  本研究采用法团主义的理论分析 A 市农村社区化过程中的治理困境。菲利普·施密特将法团主义定义为一个利益代表系统,一个特指的观念、模式和制度安排类型,它的作用,是将公民社会中的组织化利益联合到国家的决策结构中。③ 对于地方国家法团主义的理论,此前已有诸多研究。"地方国家法团主义"概念由美国学者戴慕珍于 1989 年首次提出,"地方国家法团主义"强调地方政府、金融机构以及企业之间所形成的统合关系。④ 布莱彻在对四川广汉的研究中指出地方政府公司化是因为受到财政压力的影响;⑤ 彭玉生通过大量研究认为地方法团主义有效解释了地方政府出现的变异行为,在此基础上进一步明确指出"村镇政府即公司"的概念;⑥ 莫洛奇于 1976 年提出了"城市增长联盟理论",即由于福利国家遭遇财政危机,城市官员发展经济的强烈动机和企业精英创造财富的原始愿望紧密结合,形成了政治精英和经济精英的联盟(增长联盟);⑦ 随后莫洛奇与罗根将劳工、工会等行动者和组织纳入分析中,将之视为反增长联盟的力量;⑧ 伯恩斯坦在一定程度上肯定了地方政府的"发展型"定位,但由于地方普遍存在权力寻租与腐败,地方政府所逐渐显现

---

  ① [美]约翰·奈斯比特、[德]多丽丝·奈斯比特:《中国大趋势》,魏平译,中华工商联合出版社 2009 年版。

  ② 同上。

  ③ Philippe C. Schmitter, The Review of Politics, Vol. 36, No. 1, The New Corporatism: Social and Political Structures in the Iberian World (Jan., 1974), pp. 85 – 131.

  ④ 转引自景跃进等《理解中国政治——关键词的方法》,中国社会科学出版社 2012 年版,第 207 页。

  ⑤ Blecher and Vivienne, Into Leateher: State-Led Development and the Private Stector Xinji, The China Quarterly, 2001.

  ⑥ Peng, Yusheng, Chinese Villages and Townships as Industrial Corporations, The American Journal of Sociology, (5), 2001.

  ⑦ H. Molotch, The City as a Growth Machine, the American Journal of Sociology, (2), 1976.

  ⑧ J. Logan & H. Molotch, *Urban Fortunes*, University of California Press, 1987.

出的掠夺性阻碍市场经济健康发展;① 萨吉森和张××提出地方政府是独立的利益主体,既不是中央政府利益的代表,也不是地方政府利益的维护者,表现出企业家角色;② 陈抗等学者指出,"分税制"改革后,随着中央、地方财权事权的重大调整,地方财政资源管理出现混乱,抑制地方经济增长;③ 杨善华通过分析基层政权角色的转变过程,指出财政体制改革使得地方政府有更大的行动空间参与市场竞争,从而由"政权经营者"向"谋利型政权经营者"转变;④ 周雪光认为地方政府是"关系产权"的维护者,地方政府和企业的相互关系表现为:地方政府通过掌握企业的一部分产权来攫取资源获得发展动力,为企业发展保驾护航;⑤ 作为交换,企业以牺牲部分产权为代价,换取地方政府的外部环境支持;陈建军通过研究分析,认为地方经济发展离不开地方政府与企业的合作与支持⑥。综上所述,双方都有动力维持"关系产权"存在。

(三)资料来源

本文选取了 A 市的一个行政村和 A 市 B 街道两个农村社区化改革试点案例,多方收集资料进行整理。其中,A 市某村反对政府农村社区化政策的周与宁等村民的采访资料来自《瞭望》2010 年第 47 期。A 市 B 街道民众争取福利的抗争资料来自实地访谈,在 A 市农村社区化结束后,2019 年 1 月,对曾参与争取福利的部分民众进行了采访,被访谈者情况如下:

表1　　　　　　　　　　被访谈者基本信息

性别	年龄(岁)	职业
男	42	中学教师
女	69	个体商户

---

① Bernstein, *Taxation without Representation in Contemporary Rural China*, Cambridge University Press, 2003.
② Sargeson, S. Zhang, Reassessing the Role of the Local State, The China Journal 42. 1999.
③ 陈抗等:《财政集权与地方政府行为变化》,《经济学》2002 年第 10 期。
④ 杨善华:《从代理型政权经营者到谋利型政权经营者》,《社会学研究》2002 年第 2 期。
⑤ 周雪光:《关系产权》,《社会学研究》2005 年第 2 期。
⑥ 陈建军:《中国高速增长地域的经济发展》,上海人民出版社 2000 年版。

续表

性别	年龄（岁）	职业
女	24	某集团会计
女	53	菜农
男	37	银行大堂经理
男	46	国家电网职工
男	70	退休工人
女	85	农民

二　民众抗争行为逻辑的个案分析

（一）A 市某村的农村社区化案例：反对政策

为了解 A 市农村社区化改革过程中，以政府与开发商合作的方式进行的安置房社区建设过程中出现的利益冲突所引发的民众抗争的具体情况，《瞭望》新闻周刊采访人员对 A 市某村多位村民进行采访。在众多采访对象中，有两位村民提供了宝贵信息：该村村民 Z 拿出写满村民们意见的厚厚一沓纸，这些意见都是针对房屋的拆迁置换提出的，同时他还留存按有 100 余个村民手印的拆迁反对书；该村村民 N 表示，村民们事先根本不知道房屋要被拆掉，并且要集中入住楼房。在此期间，居（村）委会并没有召开村民大会，政府与开发商也没有就农村社区化的安置房问题同村民们协商。根据村民们的访谈结果，该村村民不愿搬迁楼房的原因大致可总结为以下几点：

（1）担忧房屋建筑质量。据村民们反映，在该村周边施工的多位工人曾告诉他们，开发商为了赶在政府规定的工期内完成安置房的建设，在不该浇筑水泥的季节浇筑水泥，施工时并未对此加以考虑，因此村民普遍担心安置房的建筑质量。

（2）房屋户型与面积不满足住房需求。许多村民反映，一间屋子除可以放下一张床之外，几乎没有其他空间，无法满足他们的住房需求。

（3）生活成本增加。根据村民们的估算，搬入新安置房后每年的生活成本将比现在要高出约 8000 元。其中，水费、燃气费、暖气费占所增加成本的绝大部分。

（4）政策文件不具有可信度。《A 市某村房屋拆迁补偿标准》有对如新房竣工后在年内免除电梯维护费、电梯运行费、电梯更换费、二次供水费等费用规定。但村民认为，这份没有落款和责任人的通知不可信。

（5）农村老年群体不适应楼居生活。新安置房的楼层较高，老年人生活不便。村里老人习惯了原先的居住环境，不适应搬迁后的楼房生活，甚至乘电梯都需要一个适应过程。

（6）新房的产权保障缺失。在拆迁农民房屋过程中，政府明确要求农民交出房产证和土地证，但新建的楼房是否给农民发新的房产证，相关部门并没有给出明确的答复。这种不确定性增加了他们的不安情绪。

（7）九成村民收入来源不定。该村村民的主要收入来源依靠外出打工且大部分是临时工，一旦出现什么突发情况，收入难以获得可靠的保障。

（8）社保在村民当中未全面覆盖。从目前的情况来看，在房屋拆迁搬进楼房后，除了 60 岁以上的老人每年 200 元养老补助外，并不确定其他人能否享受城市社保政策。

（二）A 市 B 街道农村社区化案例：争取福利

A 市 B 街道的安置房建设方式与 A 市某村大致相同，主要差异在于 B 街道的土地转让与安置房建设征求了 B 街道民众的意见，并得到 B 街道民众的基本认可。B 街道民众虽认同政府的农村社区化改革政策，但政府将原来作为 B 街道集体使用的土地回收交还给国资委，国资委给集体土地挂牌，开发商购买土地，村民失去了使用集体土地所带来的收入。由于上述原因，B 街道民众要求政府给予相应的福利保障。

A 市 B 街道的村民有着坐地户（即原住户）与外来户（即迁入户）之分。由于外来户没有该村集体土地的使用权，因此，这部分民众向政府争取的福利仅仅是更多的住房面积，新房的房产证明以及新房的简装修这三项福利。与外来户不同的是，坐地户为该村原住民，享有该村集体土地的使用权，因此除了争取与外来户相同的三项福利之外，还有退休老人或无劳动能力人员的失地保险，具备劳动能力且完全依靠土地为生的民众的新工作岗位，以及适当的农村医疗保险补助。

根据被访谈者的描述，为争取相应的福利，每户派出一名代表，由居委会组织成村民会议，与政府进行谈判，行动路径如图1所示：

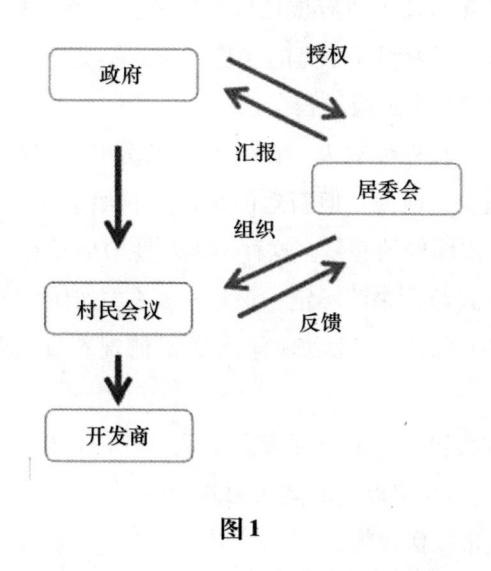

图1

三 基层治理问题的表现

（一）从A市基层治理多方互动关系角度的分析

以A市政府为互动关系主体，可将基层治理问题分为宏观与微观两个层次。从A市政府与中央和上级政府的互动关系来看，基层治理问题在宏观层次上表现为A市政府在地方财政发展方面自主性过大，权力的过度扩张容易诱发城市治理过程中的权力寻租，公有资源的分配在地方经济运作过程当中滋生腐败现象。从A市政府与开发商以及A市政府与民众的互动关系来看，基层治理问题微观层次表现在四个方面：

（1）政府动员能力不足。A市政府的政策执行能力较弱，没有很强的影响力来对地方经济发展起到一个较好的推动作用，动员地方完成经济改革的能力不足。

（2）政府重治理轻服务。政府在合同契约外包的过程当中其角色从中立的裁判者向经济过程的参与者转移，故无法避免与民众争夺利益，也无法避免与开发商以及民众产生矛盾冲突。如此，政府无法对企业合作、部门内部利益以及安置区公共设施和民众进行有效管理，而且在此过程中，其公共服务功能也不能够完全凸显。

（3）政府政策偏好倾斜不利于建立良好的市场经济环境。在地方政府公司化的运行机制下，政府的角色相当于一个市场竞争主体，政府官员的注意力集中在开发商等投资者身上，简单来说，政府的政策取向倾向于投资主体，政府公权力过分介入市场经济运行，模糊了政商界限，不利于建立公平的市场经济环境。

（4）政府回应性弱。地方政府公司化的运行机制使得政府不能及时了解民众的需求，民众反馈的制度化渠道运行不畅，政府处理反馈的制度化机制不健全，政府工作人员缺乏为民服务的激励机制，使得政府的回应能力不足。

（二）地方政府公司化引发基层治理问题

（1）资源分配不均。大量资源被政府用于满足地方经济社会发展的需要，从而使得公共服务与社会管理方面的可利用资源减少。加之社会缺乏对于地方政府的有效约束，政府缺少提供公共服务的主动性，社会可用资源分配不均。

（2）冲突化解不及时。政府内部激励机制不完善，导致政府处理基层治理过程中出现的矛盾时缺乏动力；此外，在农村社区化改革当中，政府是利益相关者之一，因此不可避免地被卷入冲突当中，甚至是冲突产生的根源。例如在 A 市某村的农村社区化过程当中，政府未征求该村民众的意见便将土地转让给开发商，安置房在民众不知情的情况下建成，民众不认同政府的做法，与政府相关部门发生冲突，政府执行程序的违法导致了冲突的发生。综上，基层政府往往无法及时化解农村社区化改革当中的冲突。

（3）渗透与动员能力不足。地方政府公司化的运行模式，使得政府对于公共服务和公共物品的供给能力下降，民众的公共服务需求得不到满足，因此政府与民众之间的关系日渐疏离，政府的渗透与社会动员能力下降，继而影响政策的实施。

四 结果

（一）反对政府政策的结果

尽管A市的村民无法改变政府要求其迁入安置房的政策，但是政府给予了这些村民一定的回应，并没有完全忽略其利益诉求，例如，主动提出给予该村村民失地保险，体面就业，生活补助，减免物业费以及房屋简装修等一系列福利政策。但村民因政府一系列的政策执行程序不当的行为而降低了对政府的信任度和满意度，村民们对于政府所做出的福利承诺持质疑态度。

（二）福利争取结果

A市B街道民众自发组成的村民大会向政府争取福利，经双方协商后，政府答应了民众的部分但非全部要求。以下是政府的回应：

失地保险：60岁以上老人每月补贴200元，丧失劳动能力者每月补贴5斤面粉与2L食用油，同时为非低保户办理低保。

工作岗位：政府同意为具备劳动能力且未到退休年龄的民众在社区附近免费提供新的工作岗位，保证其基本生活需求。

对于A市B街道民众农村医疗保险补助的福利，政府未同意民众要求。

与此同时，开发商与政府意见基本一致。政府同意重新修订《A市房屋拆迁补偿标准》并出台相关优惠政策，以实现民众新房产的合理配置；与此同时，开发商同意与民众协商，根据A市修订的相关政策，在房屋面积上做出变通调整，并承诺在交房前将所有新住房进行简装修，最大限度满足民众要求，但对于房产证明问题，开发商未及时答复。

表2　　　　　　　　民众要求答复情况

福利项目＼居民属性	坐地户	外来户
失地保险	√	
工作岗位	√	
医疗补助	×	
住房面积	√	√
房产证明	○	○
简装修	√	√

注：满足：√　未满足：×　未答复：○。

五　法团主义视角下的基层治理困境分析

（一）地方政府的行为逻辑

A市政府为增加地方财政收入，完成上级政府下达的政策指标，减少政策执行过程中的行政成本，同时也为农村社区化改革成果提供质量保障，通过合同契约外包的方式与开发商合作建设新住宅区，并将土地置换与安置房规划建设的权力授予开发商，让民众就住房面积、房屋产权以及简装修等问题直接与开发商进行谈判。在开发商与民众协商产生分歧，陷入僵局时，政府负责协调开发商与民众之间的矛盾分歧，在保护开发商利益的同时实现政府地方财政收益最大化和最大限度地满足民众有关安置房以及其他相关福利的合理需求。这一行为逻辑对政府自身、开发商以及民众分别产生了不同的影响：对于A市政府而言，在农村社区化改革过程当中所制定的一系列相关政策，有利于A市政府实现增加地方财政收入和经济持续健康发展的目标，不仅能较好地完成上级政府所下达的政策指标，而且减少了行政成本，提高了行政效益；对于开发商而言，在农村社区化改革过程当中与政府确立契约关系有利于依附政府树立品牌形象，实现利润最大化；对于民众而言，地方政府在农村社区化改革过程当中所制定的一系列相关政策，能够最大限度地满足民众对于保障农村社区化改革后生活质量的合理需求。但A市政府的这一行为逻辑存在一种内生性的矛盾，即政府农村社区化相关政策的执行看似满足了政府相关部门、开发商以及民众三方的利益，A市政府也较好地完成了上级政府部门的政策指标，但是在实际过程中，这样的急躁和不正当执行往往会招致民众的不满。民众对A市政府的政治信任度与满意度下降，农村社区化改革完成后民众的幸福感并没有得到显著提升。

（二）民众抗争的行为逻辑

通过第二部分民众抗争行为逻辑的案例分析，我们不难发现，A市农村社区化进程当中民众抗争的行为逻辑主要有两种类型，即以A市某村为典型代表的反对政府政策的抗争以及A市B街道民众向政府争取福利的抗争。A市某村村民反对政府政策抗争的直接原因为政府未与其协商便与开发商签订契约，该村村民对于农村社区化改革的政策以及集体搬迁至安置房等政策安排毫不知情，该村村民缺少农村社区化的政治参与的成就感与归属感；A市B街道民众向政府争取福利的直接原因为政府制定的农村社区化改革的拆迁补偿政策，开发商许诺的新安置房的预期补偿效果，以及政策与承诺落实的偏差，并未满足民众所预期的合理需求。虽然A市某村与A市B街道民众抗争的导火索不同，但两地的民众抗争存在一个共同原因，即民众们对美好生活的预期与政策实际落实之间的差距所引发的不满。A市某村村民各自针对政府的房屋拆迁置换提出一系列意见，带头村民周某作为代表为该村村民发声，除此之外，该村100余个村民还以手印拆迁反对书的方式进行抗争；A市B街道民众为争取相应的福利，通过每户派出一名代表的方式，由居委会组织成村民大会，与政府进行谈判。

虽然A市两地的民众抗争方式各不相同，但有着相同的特征，即行为自发、组织松散、群体内部的利益认同。从抗争结果来看，争取福利的抗争与反对政策的抗争相比取得了更好的效果：A市某村民众反对迁入安置房的抗争无效。政府虽为弥补一系列的行政执行不当行为所造成的村民对政府的信任度和满意度降低的后果而做出妥协，主动提出给予该村村民失地保险、体面就业、生活补助、减免物业费以及房屋简装修等一系列福利政策，但村民们对于政府的承诺始终持怀疑态度，政府与民众的关系并没有得到改善，甚至还有可能存在更加复杂的原因使政府与民众之间的关系变得更加紧张。与A市某村村民抗争的结果相比，B街道民众经与政府协商，政府答应了民众失地保险、就业岗位、住房面积以及安置房间装修的福利要求，但政府没有同意民众医疗补助的福利要求，除此之外，民众对于新房的房产证明要求，政府与开发商均未及时回应。

（三）法团主义的治理困境

在农村社区化改革过程当中，A市政府是规则制定者，开发商是逐利团体，居委会是中介，民众是政策对象。这种模式实际上是地方政府期望扩大地方财政，提高行政执行效率和效果，降低行政成本的目标和民众对地方政府的政治信任度、满意度和居民幸福感下降之间的矛盾。这种矛盾是地方政府并不期望得到的，但是由于这种互动的内生性矛盾，导致基层治理困境的发生。

政府在A市农村社区化改革过程当中是规则制定者：在政策制定方面，政府作为规则制定者颁布旧房拆迁安置补偿办法，制定具体的福利政策并确保政策执行切实有效、政策落实达到预期效果。在与开发商即逐利团体合作方面，通过合同契约外包的方式与逐利团体合作建设新住宅区，并将土地置换与安置房规划建设的权力授予逐利团体，让民众即政策对象就住房面积、房屋产权以及简装修等问题直接与逐利团体进行谈判。在逐利团体与政策对象协商产生分歧，陷入僵局时，政府作为政策制定者负责协调逐利团体与政策对象之间的矛盾分歧；在处理与政策对象的直接冲突问题上，政府作为政策制定者授权扮演中介角色的居委会介入组织村民会议，并明确居委会作为中介担负认真听取村民意见，及时向政策制定者的有关部门反映情况的责任，居委会所扮演的中介角色是否能够向政策制定者及时、准确地反映情况是政策对象与政策制定者关系能否改善、政策制定者的政策是否能够更加有针对性地调整的关键所在。

开发商在A市农村社区化改革过程中是一个逐利团体的角色，作为逐利团体的开发商必须依靠作为政策制定者的政府才能以合理价格争取到土地的开发权，并且能够获得稳定的大批顾客即作为政策对象的民众。即便在农村社区化过程中与政策对象的利益冲突不可避免，但作为逐利团体的开发商一旦失去了政策制定者这个靠山，便很难妥善处理与政策对象之间的矛盾特别是钉子户的问题。没有政策制定者的支持，逐利团体很难实现其利益目标。

民众在 A 市农村社区化改革过程中是唯一的政策对象，A 市某村为典型代表的反对政策制定者政策的抗争以及 A 市 B 街道民众向政策制定者争取福利的抗争均是由于农村社区化改革的相关政策未达到政策对象的利益期望所引发的。虽然 A 市两地的民众抗争方式各不相同，但有着相同的特征，即行为自发、组织松散、群体内部的利益认同。作为政策对象的民众必须通过居委会这个中介向政策制定者反映其期望才有期望达成的可能性，政策制定者是否同意作为政策对象的民众的利益诉求取决于政策对象的诉求是否与政策制定者增加地方财政收入，完成上级政府下达的政策指标，减少政策执行过程中的行政成本的目标相契合，一旦政策制定者不能较好达成目标，则政策对象的期望就不能全部实现。但是，政策对象对政策制定者政策执行的满意度是对上级政府农村社区化改革政策满意度的直接体现，也是政策制定者是否实现其政策目标的评价标准之一，因此政策制定者顾及这一点，往往会向政策对象妥协，政策制定者通过与政策对象的博弈实现其部分期望，不是全部忽略也不是全部接受。

居委会在 A 市农村社区化改革过程中始终扮演着中介的角色，其中介作用主要体现在两个方面：首先，居委会是矛盾调停者。居委会负责调整政府与民众、政府与开发商、民众与开发商也就是政策制定者、逐利团体和政策对象之间的矛盾。其次，居委会是信息传递者。居委会负责及时准确地将逐利团体和政策对象的期望传达给政策制定者，中介是否能够及时、准确地传递信息，往往决定着三方矛盾能否解决或者能够在多大程度上缓解。中介在信息传递过程中一旦出现信息失真，就会对政策的执行效果产生巨大影响。

六　结论

A市政府发动各部门以及合作开发商快速进行农村社区化安置房建设，以在计划时间内达到上级政府的农村社区化指标。A市政府表面上完成了农村社区化任务，使得民众居住环境得到极大改善，生活质量明显提高，同时也促进地方经济社会发展，但在农村社区化安置房迁移的实际工作过程当中，A市政府并没有关注执行环境以及民众的实际生活状况，同时也忽略了农村社区化政策落实结果的实效性，即能否为当地民众日常生活带来便利，政府是否满足了当地民众的合理需求，当地民众生活质量是否得到显著提升，A市农村社区化"皆大欢喜"结局的背后隐藏的是政府基层治理目标实现与民众对政府的信任度与满意度下降、幸福感降低之间的内生性矛盾，即基层政府治理的困境。面对这种困境，A市政府在以后的政策制定以及执行过程当中，应当充分考虑民众的合理需求，在保证行政效率的同时提高公共服务质量。高效的基层治理是进行农村社区化改革的关键，我国当前的基层治理体系内生动力不足，城乡融合不均衡，公共服务质量亟待提高，社会保障滞后，因此基层治理体系的完善必须坚持党和政府主导，鼓励多元主体共同参与，政府从权威的主体向服务的主体发展。

参考文献

［1］［美］约翰·奈斯比特、［德］多丽丝·奈斯比特：《中国大趋势》，魏平译，中华工商联合出版社2009年版。

［2］Philippe C. Schmitter, The Review of Politics, The New Corporatism: Social and PoliticalStructures in the Iberian World (Jan., 1974), pp. 85 – 131, Cambridge University Press for the University of Notre Dame du lac on behalf of Review of Politics, Vol. 36, No. 1, 1979.

［3］景跃进等：《理解中国政治——关键词的方法》，中国社会科学出版社2012年版，第207页。

［4］Blecher and Vivienne, Into Leateher: State-Led Development and the Private

Stector Xinji, The China Quarterly, 2001.

[5] Peng, Yusheng, Chinese Villages and Townships as Industrial Corporations, The American Journal of Sociology, (5), 2001.

[6] H. Molotch, The City as a Growth Machine, the American Journal of Sociology, (2), 1976.

[7] J. Logan & H. Molotch, Urban Fortunes, University of California Press, 1987.

[8] Bernstein, *Taxation without Representation in Contemporary Rural China*, Cambridge University Press, 2003.

[9] Sargeson, S. Zhang, Reassessing the Role of the Local State, The China Journal 42. 1999.

[10] 陈抗等:《财政集权与地方政府行为变化》,《经济学》2002 年第 10 期。

[11] 杨善华:《从代理型政权经营者到谋利型政权经营者》,《社会学研究》2002 年第 2 期。

[12] 周雪光:《关系产权》,《社会学研究》2005 年第 2 期。

[13] 陈建军:《中国高速增长地域的经济发展》,上海人民出版社 2000 年版。

华为对美投资的政治障碍分析

邵雨辰/高三　黄艺璇/指导老师

湖州市安吉天略外国语学校

摘要：近年来，华为对美国的逆向投资和产业收购屡屡受阻，这其中很大一个原因是美国将商业行为政治化。本文主要从国家安全、美国国内政治的利益分配、产业竞争、中美制度差异四个维度分析了华为对美投资过程中所遭受的政治障碍。华为涉嫌转移美国关键技术，拥有军方背景和政府支持，地理位置敏感等因素都加大了美国CFIUS的审查力度。除此之外，与华为利益相悖的利益集团参政、中美两国之间的产业竞争、华为无法很好地适应美国市场原则等都掣肘了华为在美的发展。随着中国综合国力的不断提升，中美两国之间的互利合作的价值远大于利益的相对，对此，我国政府应积极推动中美两国战略互信，并提供多种国家层面的资源来促使华为等国企更好地适应美国的商业惯例，以减少中国对美逆向投资过程中的政治壁垒，实现中美双方的共赢局面。此外，对于华为本身来说，它应最大限度地提升企业透明度，并借用美国利益集团的政治特色积极拉拢合作者，优化华为在美国市场上的企业形象，增加市场竞争力。

关键词：华为　对美直接投资　国家安全审查　产业竞争　利益集团

一 引言

华为技术有限公司是中国一家民营通信科技公司,在 2018 年 7 月 19 日美国《财富》杂志发布的最新一期的世界 500 强企业名单中,华为排名第 72 位。为了增强其全球化网络优势和运营能力,华为在近十年内不断向美投资,但频频遭遇美方的政治阻力,多项重要投资并购项目均以失败告终。

2008 年,华为收购美国 3COM,最终外国对美国投资委员会(CFIUS)以"此项交易危害美国政府信息安全"为由阻止了交易,导致交易夭折。一年后,3COM 以 27 亿美元的价格被美国惠普公司收购。2010 年,华为拟收购摩托罗拉的无线网络设备业务和美国私有宽带互联网提供商 2Wire,均被美国当局上升到威胁国家安全的高度而遭折戟。2010 年 11 月,华为向 CFIUS 递交了申请,欲收购美国三叶系统公司(3 Leaf Systems),请求对此交易进行审查并愿意给予全力配合。但于 2011 年 2 月,华为在 CFIUS 的阻挠下取消了对 3 Leaf 专利的申请。直至 2018 年 2 月,沃达丰和华为完成首次 5G 通话测试,华为欲持其先进的 5G 技术进军美国市场,但由于正处于中美贸易战的敏感时期,美方对华为进行了最大力度的抵制,华为最终决定停止一切通信设备的在美销售,裁减华为公司的美籍员工,宣布全面退出美国市场。

华为有着前沿的科技创新能力与雄厚的财富支撑,在对外投资公司中具备强大的竞争优势,但在几次对美投资的案例中却波折重重,这主要是由于美国不断将商业行为政治化,本文将从政治角度具体分析华为对美投资的障碍。

二 华为对美投资的政治障碍

(一)国家安全

国家安全是指"国家不存在危险或不存在对国家的威胁",对外国直接投资的国家安全审查制度实质上是一种投资准入壁垒,即东道国在投资准入环节通过设置安全审查的程序、制度和行为,对可能威胁国家安全的外国直接投资行为进行禁止或限制其进入到关乎国家经济安全、产业安全乃至国防安全的关键部门和战略产业,以保护本国产业和国家安全。① 但在实际上,国家安全是一个较为模糊,没有明确裁定边界的概念,各国在对外投资准入审查中往往持有不同的解释和适用。

CFIUS 作为美国特别设立的审查机构,其对国家安全没有量化的执行机制,因此,CFIUS 对 ODI(对外直接投资)的审查有着极强的主观能动性,基本完全取决于美国相关部门的自由裁量。而"危害美国安全"也经常作为美方阻挡外国对美逆向投资的唯一法律依据。在华为对美投资受阻的案例中,国家安全涉及了 3 个关键项:(1)关键技术:主要是与国防和窃取商业秘密相关的关键技术;(2)政府背景:相关企业和资本具有政府或军方的支持;(3)地理位置:公司临近美国关键基础设施和信息资源聚集的区域。

1. 关键技术

在当下的信息网络化时代,关键技术尤其是信息技术等高新科技象征着国家的技术实力,同时也保障着国家的安全。华为的主要业务是卖通信设备,而电信设施事关一个国家的基础设施,与国家安全密切相关。而近几年来,越来越多的外国公司通过并购转移关键技术并且侵犯知识产权,引起了美国 CFIUS 的高度重视,在华为的几次失败投资中,都潜在反映了美方对其国防安全和重要知识产权流失的深深担忧。

2019 年 1 月 29 日,据《华盛顿日报》报道,联邦检察官正在对华为进行刑事调查,原因是中国电信巨头涉嫌窃取包括 T-Mobile 在内的公司的商业机密。华为与 T-Mobile 的诉讼最早追溯到 2014 年,当时陪审团认定华为在 T-Mobile 位于华盛顿州的实验室盗用机器人技术,控诉华为的员工偷拍其智能手机检测设备。当时 T-Mobile 也称华为"滥用其作为 T-Mobile 电话手机供应商的关系获取 T-Mobile 的权利,窃取了其专有技术"。最后华为开除了涉事员工并对 T-Mobile 公司进行了赔偿。时隔五

---

① 黄一玲:《中国跨国公司对美直接投资中的政治风险分析》,《现代经济探讨》2013 年第 1 期。

年，美方又重提旧事，以保护关键技术的名义阻碍华为对美投资。

与此相同，2010年摩托罗拉提交给美国北伊利诺伊州地方法院的诉讼书中称在过去的10年中，华为欲与10多名摩托罗拉员工合谋窃取无线网络设备方面的机密信息。这件事引来国家层面的安全审查，最后也使并购不了了之。

2. 政府背景

为了减少跨国企业的国家支持优势，美方当局以"竞争中立"为借口要求限制私营企业的国家特殊优待。在美国看来，包括中国在内的众多新兴市场国家，不仅赋予本国企业多种政策支持，而且会对本国企业的海外运作做出具体指示。①他们坚信华为拥有广泛的政府支持和军方背景，所以一直设置华为对美投资的障碍壁垒。

具体来说，华为的创始任正非先生曾在中国人民解放军中服役，他以上校军衔离开解放军后立即创建华为，有大量没有明正公开的运转资金，且华为与解放军签署多项现存合约。这一服役经历后来被美国政界和媒体一再提及，成为说明华为与中方政府与军方有联系的主要依据。而华为在对3 Leaf Systems并购失败后的"公开信"中专门说明了这一身份，但表示不能以此证明华为与军方有紧密联系。另有华为公司董事长孙亚芳女士曾任职于中国国家安全部，该工作经历被外媒宣扬成孙亚芳利用国家安全部的资源帮助华为发展。除此之外，尽管华为方一再否认拥有政府的重要支持，美方仍大力造谣中国政府提供华为与另一家高科技集团中兴通讯大量的资金，导致澳大利亚等多国紧随其后对华为的逆向投资设置多重障碍。此项障碍的影响范围扩大到华为对多个资本主义国家的投资输出中，并且影响时间深远。在过去一段时间，媒体有消息称美国运营商巨头AT&T将宣布与华为合作，销售华为手机。但原本板上钉钉的事情却再次被扭转，AT&T临场变卦，华为再次被美国市场拒之门外，理由依然是说了千万遍的华为军工背景或会危及美国的国家安全。

---

① 荣达聂、提洛·赫恩曼：《中国对发达经济体的直接投资：欧洲和美国的案例》，《国际经济评论》2013年第1期。

3. 地理位置

华为子公司所在地多位于美国高新信息技术的密集处和一些与国防相关的处所，特殊的地理位置影响了美国对是否接受华为在美国拓宽市场的抉择。如下是华为子公司在美国的几个重要所在地：（1）华为在美国"硅谷"加利福尼亚州圣克拉拉谷地建立了子公司 Huawei Technologies 和 FutureWei Technologies。硅谷有优越的产业文化环境和工业基础，可谓科技创新与智力资本雄厚。此外，硅谷是世界公认的高科技发源地，是当今信息技术发展的神经中枢，也是美国重要的高新技术心脏。（2）华为在得克萨斯州建立子公司，靠近通信走廊达拉斯。达拉斯是美国最大的物流中心城市，且全球的通信高科技企业和物流企业都聚集在此。（3）华为在伊利诺伊州的芝加哥和华盛顿—哥伦比亚特区都建有分公司。芝加哥位于北美大陆的中心地带，为美国最重要的铁路、航空枢纽，同时也是美国重要的政治、经济和制造业中心之一，与此相同，华盛顿—哥伦比亚特区也是美国地位重要的政治、经济与文化中心。（4）华为于华盛顿州建立子公司。华盛顿州是美国信息技术经济的重要组成部分，包括高新的移动和无线应用技术，这里集聚着全球领先的信息和通信技术公司，其中包括了美国最大移动运营商之一的华为收购失败的 T-Mobile。

综上所述，华为建设子公司的地带都是美国高新技术聚集区与前沿科技的创新区。华为实力强劲，它的介入有意于吸取美国先进的科技成果，削弱美国科技在世界市场上的竞争优势，打破中美两国高科技领域前沿研究成果对半分的平衡态势。除此之外，华为基地涉足美国政治中心，再加上美方一直诟病的"政治"背景，难免引起美国 CFIUS 的密切关注和强力压制。

（二）利益分配和国内政治

利益集团是美国不可忽视的政治力量，美国国内政党通过利益集团竞争和分享国家权力，而利益集团则通过直接游说、间接游说等方式广泛介入美国政治生活和政策的制定，这就是美国政治特色的"利益集团参政"。因为利益集团涉及国家政治权力的分配，外国直接投资会对不同的利益集团带来不同的损益情况。因外企投资受损的利益集团会诉诸美国的外资审查制度,通过这一外资审查制度的运作来限制外资的竞争或者直接将其拒之于国门之外。因为利益集团具备强大的政治背景,并且很多国会议员和 CFIUS 委员依赖利益集团的政治捐款或存在与其隐形的利益交易,利益集团的提议往往被美国政府付诸实践或是间接影响 CFIUS 的审查对象和审查力度。

利益分配和国内利益集团的争锋干扰了华为在美国的数项投资的过程,2012 年,华为和中兴在美国的投资项目遇阻,这与美方最大竞争对手思科联合相关公司的幕后推动有关。而据统计,有 73 位美国国会议员拥有思科集团的投资。这些利益集团往往会借题发挥,炒作国家安全、知识产权、环境保护和社会就业等方面的问题,通过放大投资活动的社会影响而对中资企业施加舆论压力,加大了中国企业对美投资难度。[①] 因此,华为的几项对美投资失败案中或多或少地介入了美国利益集团的力量。

(三) 产业竞争

美国产业结构的特征是导致华为对美逆向投资的另一大障碍。作为目前世界上唯一的超级大国,美国的高新技术制造业极为发达,众多在世界排名前列的高新技术公司都集聚在美国,它们奠定了美国强大的国家竞争力,同时也支撑着美国经济实力的快速增长,是美国市场不可或缺的组成部分。而对于美国本土的广袤市场来说,它们也需要此类产业提供源源不断的商品和服务来扶持自身的扩张,从而两者达到一个双赢互利的态势。因此,对华为进军美国的产业竞争阻碍分为美企与美国政府两个方面。

一方面,对于美国企业来说,华为的进入打破了美国内部市场的供给平衡,美方相关的高新通信公司为了保留本土市场的占有率和本行业的技术领导者的地位,它们往往极力阻挡华为的发展和其对美国市场的

---

① 冯明:《中国在美国直接投资的趋势、结构与障碍》,《世界经济与政治论坛》2012 年第 5 期。

扩张。例如华为一直以来的对手思科公司，除了近期华为高管孟晚舟在加拿大被捕时，思科公司限制员工赴华出差的邮件引发热议外，思科对华为的打击可以追溯到2002年。2002年，亚特兰大展会后，华为顺利进入美国市场并拥有激增的销售量。相反，思科的市场占有率和销售额出现显著下滑。在巴西数据产品招标会上华为打败思科获得400万美元的订单后，思科展开了对华为的多项打击。2002年，思科提出华为侵犯了其知识产权，并且制造华为窃取其前沿技术的舆论，抹黑华为在美国市场的形象。2003年1月24日，思科公司在得克萨斯联邦法院对华为提出专利诉讼，降低华为在美潜在客户心中的信誉率。而除了思科和惠普等在华为对美投资失败案中的直接受利的竞争公司之外，苹果、英特尔、IBM、英伟达等美国企业都是华为的主要竞争对手。

另一方面，对于美国当局来说，中美两国在高端产业上的竞争逐渐加剧。特朗普总统上台后多次呼吁提振美国制造业，施行美国最优战略。美国担心中国通过国家力量重点扶持的产业会挑战美国的核心产业，动摇美国的霸权地位。而"拥有中国政府多项政策支持"的华为严重违反了美国对本土企业的贸易保护主义，违背了市场竞争的公平性原则，正因如此，美国时时刻刻关注华为对美决策，甚至散发耸人听闻的"中国威胁论"。

（四）中美制度差异

美国复杂的政治制度和法律体系一直以来都是中企对美国直接投资的障碍，中企在美投资经常因违反美方制度和法律受到限制和制裁。美国有着严苛的对外资进投的审查制度，设有专门的外国对美国投资委员会（CFIUS）。一方面，CFIUS的审查过程极其复杂，时间周期也较长，接受审查的企业往往会消耗极大的精力与时间；另一方面，自特朗普总统上任后，他又对CFIUS进行了立法改革，全面加强了外资监管，显著增加了外资对美投资的难度。如此看来，外资由于美国保护本地企业和外资审查的政策，很难在美国市场找到稳定的立足之地。在华为2010年5月收购3 Leaf Systems有关云计算技术专利的案例里，华为向美国商务部咨询后未向 CFIUS 递交交易信息，7 个月后 CFIUS 就此交易做出调查，并建议华为剥离相关资产。最终，华为退出了对 3 Leaf 专利的收购。由此可见，华为对美国对外资审查的制度并不熟悉，其对相关政策的适应也需要一定的时间。除了 CFIUS 的阻挠，还有像《外国投资与国家安全法（FINSA）》《反垄断法》等庞杂的法案与政策对外资进行了限制。

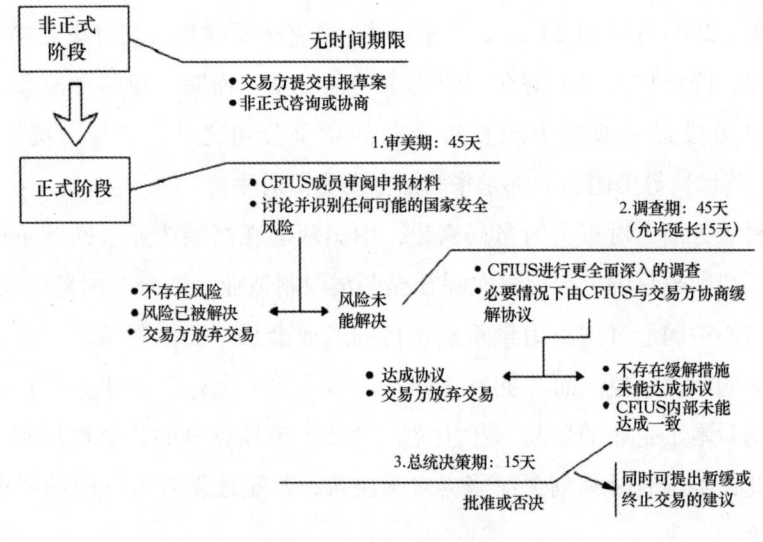

```
非正式阶段 —— 无时间期限
            • 交易方提交申报草案
            • 非正式咨询或协商
    ↓
正式阶段 —— 1. 审查期：45 天
            • CFIUS 成员审阅申报材料
            • 讨论并识别任何可能的国家安全风险
                                    2. 调查期：45 天
                                    （允许延长 15 天）
    • 不存在风险        风险未能解决    • CFIUS 进行更全面深入的调查
    • 风险已被解决                      • 必要情况下由 CFIUS 与交易方协商缓解协议
    • 交易方放弃交易
                        • 达成协议             • 不存在缓解措施
                        • 交易方放弃交易        • 未能达成协议
                                              • CFIUS 内部未能达成一致
                        3. 总统决策期：15 天
                        批准或否决              同时可提出暂缓或终止交易的建议
```

图 1　CFIUS 审查程序①

中企面对美国过高的市场准入门槛，无法很好地适应美国的市场环境，相反，对于美国的本土企业来说，它们就深悉市场惯例，并且受到国家的优先发展战略影响，享有丰富的发展资源、信息技术和补贴保障。由此看来，相对于中企，美企省下了大笔建设成本来提升自己的竞争优势，挤掉中企在美国的市场占有率，以增加自己的经济效益，这也是像华为这样的中企无法顺利地在美国投资运营的原因之一。

---

① 资料来源：美国财政部官网。

三 对策与建议

（一）推动两国战略互信机制

华为等众多国企在美投资受阻其实是两国在政治上缺乏深度互信机制的重要体现。从最早的中美商贸联合委员会开始，中美对促进两国之间互相理解、推动双边经贸领域的相互合作、维护双边贸易的长足发展做出了共同的努力。从 2006 年 12 月召开的"中美战略经济对话（SED）"，到后来整合而成的首轮"中美战略和经济对话（S&ED）"，中美之间的战略互信一直往良好的态势发展。但自特朗普总统执政后，中美在首轮中美全面经济对话上产生明显分歧，对话处于停滞状态，极大地加重了中美两国之间的隔阂与不信任。因此，要解决中企对美逆向投资过程中的众多障碍，中美两国之间加强沟通与协商，建立互信的基础至关重要。

（二）积极适应美国的市场环境

除了华为，越来越多的中企加入到投资美国的行列中，为了获得良好的市场前景，中国企业必须掌握美国规则和商业惯例，主动提升跨文化经营的综合能力，全面了解美国的国家制度、市场文化、产业环境与法律制度，并且与美方媒体取得较好的联系，塑造中企在美国积极的公众形象。积极主动地去适应美国的市场环境，既能使投资过程减少许多因两国政策制度不同造成的壁垒，又能改善中企在美国客户心里的印象，潜在地扩大了在美交易市场，让企业真正做到"走出去"发展。

与此同时，中国政府也应大力鼓励中企对美国的逆向投资，优化国内企业对外投资环境，派遣专业人员进行投资指导，并在国家层面提供美国市场政策的相关信息，为中企提供制度保障，使其能最大限度地了解美国的制度习惯，减少投资阻碍。

（三）加强华为市场透明度

华为在美扩张困难的自身原因还包括市场透明度不高。在 2017 年正式公布的世界500强中，华为是唯一没有上市的企业，无法通过股票交易广泛吸收社会资金，相应地，华为也不需要公开内部的股权流转与资金状况，这就导致华为的快速发展在美方眼里显得莫测高深。除了可以防止经营模式、盈利方式等公司信息的外溢，华为创始人任正非也将拒绝上市作为企业发展的重要保障。华为采用的是股权激励机制，通过全员持股的方式来促使华为员工勤勉工作。但在对外投资的道路上，华为应尽可能地公开不涉及公司隐私的基本经营信息，更加坦诚地接触当地的媒体，以更高的开放性获取国外合作方与众多用户的更多信任。

（四）争取美国利益集团的支持

美国的政府、国会、利益集团都会对CFIUS的审查力度产生影响。作为投资方，中企应与具有相同利益的利益集团达成良好的互联互通关系，巩固在美国的资源支持与政治保护，同时，中企还应主动拉拢立场中立的利益集团来提高本企业在美国的竞争力与占有率，积极促进企业"走出去"。

四 结语

从华为在美投资受阻的案例中我们可以看出，随着中国经济与科技实力的增长，中美贸易之间的纷争越来越大，有许多像华为这样的中企在对美逆向投资的过程中碰到不同程度的壁垒。但中美之间需要更多贸易与资本的合作来实现共赢，以经济的互利互信推动政治关系的和缓，促使两国实力共同上升到一个新的台阶。

参考文献

[1] 王碧、肖河:《哪些中国对外直接投资更容易遭受政治阻力?》，《世界经济与政治》2017年第4期。

[2] 李俊江、薛春龙、史本叶:《中国对美国直接投资的内在动因、主要障碍与应对策略》，《社会科学前线》2013年第12期。

[3] 竺彩华:《中国对美直接投资:新发展、新机遇和新挑战》，《国际经济合

作》2018年第2期。

[4] 黄一玲:《中国跨国公司对美直接投资中的政治风险分析》,《现代经济探讨》2013年第1期。

[5] 荣达聂、提洛·赫恩曼:《中国对发达经济体的直接投资:欧洲和美国的案例》,《国际经济评论》2013年第1期。

[6] 冯明:《中国在美国直接投资的趋势、结构与障碍》,《世界经济与政治论坛》2012年第5期。

国际非政府组织在华现状分析与政策建议

郜钰萌/高一　王雪莹/指导老师　北京市第八中学

摘要： 非政府组织在如今国际化的生活背景下，扮演着重要的角色。本文从历史、来源国、地域、从事领域、现存缺陷等多个角度，力图完整地描绘出非政府组织在华状况并进行分析。本文主要分析了 INGO 在华现状，结合最新数据，从来源国、活动地域、工作领域三个维度深层解析了 INGO 在华的整体状况。在分析梳理的过程中，本文结合了 2017 年最新出台的相关法律，对 INGO 在华现状进行了解读，理论与现实紧密结合。同时，基于对现状的解析和现有问题，本文进一步预测了 INGO 在华的未来发展，并给出了相关的政策建议。本文从现状出发，考虑现有缺陷，提出了有创造性的发展建议，为 INGO 在华发展提供了新的思考。

关键词： 国际非政府组织　政府　《中华人民共和国境外非政府组织境内活动管理法》

一　绪论

（一）研究背景

在当今世界全球化的大背景下，非政府组织在国际事务中扮演着越来越重要的角色。联合国前秘书长安南曾表示："非政府组织在国际社会上发挥的作用将越来越大。科学技术的发展和全球交流合作的加剧，全球化的社会问题需要跨越国家的主体协同解决。非政府组织的社会关怀不仅限于本国国内，而是在社区治理、扶贫、环保、气候、医疗、可持续发展、人道主义援助等方面表现出强烈的利他主义精神。"这表明，以联合国为代表的国际社会正在给予非政府组织更多的关注，国际非政府组织在地区性问题的解决中也扮演着越发有话语权和实际作用的角色。但与此同时，国际非政府组织在活动的组织与开展中，依然存在许多问题需要解决，许多壁垒需要打破。例如具体实施时缺乏监管，政府的不信任与不接纳等。关于国际非政府组织的研究与问题解决还需要学术界进一步的努力。

（二）研究现状

目前，我国学术界对于INGO的研究主要集中于其在中国的发展状况，已经整理出了一个比较清晰完整的发展脉络，并结合中国政府、地区管理、本地组织等重要合作环节进行了剖析。邱钮斌指出国际非政府组织在提供项目资金援助、参与环境保护与扶贫攻坚事业，以及帮助中国本土非政府组织发展方面具有非常重要的作用;[1] 张玲、马慧娟认为云南省的INGO管理模式较为领先，明确了管理对象、管理制度、管理责任人，推动了当地境外NGO管理的发展;[2] 田凯通过分析国际非政府组织的发展进程，对在中国的国际非政府组织与中国政府的关系进行了系统研究。[3]

但是与此同时，关于非政府组织相关政策与法律规定的研究较少。大多数学者只是提出了建设性的政策建议，并没有进行系统的调查研究。这与政府层面相关规定出台较晚，态度较为模糊也有着比较密切的关系。

（三）研究意义与创新点

非政府组织在当今的国际交往中起着重要的作用，而中国作为正在

---

[1] 张杰：《国际非政府组织与中国政府关系研究》，兰州大学，2013年。
[2] 姚颖洲：《中国非政府组织参与"一带一路"建设研究》，北京邮电大学，2018年。
[3] 张杰：《国际非政府组织与中国政府关系研究》，兰州大学，2013年。

崛起的大国，有着更多地参与世界政治决策并发展多边贸易关系的诉求。INGO与中国的合作，使双方能达到优势互补、互惠共赢，关于加强非政府组织与中国良性合作的研究，于双方都有着重大意义。

本文旨在分析INGO在华现状，结合新出台的《中华人民共和国境外非政府组织境内活动管理法》（2017），梳理非政府组织在华发展的大致脉络并对现状进行分析，同时基于此研究给出一些政策建议。这对于推动中国与国际非政府组织的合作有着建设性的意义，未来可以应用到更广泛的政策管理中，比如加强"一带一路"项目中非政府组织的参与。

与前人相比，本文从来源国、地域、领域等多角度更加详细地分析了INGO在华现状并力图解释背后的原因与反映出的问题。这对于理解非政府组织与中国的关系能够提供很好的帮助，甚至能够基于此分析更加有效地推断非政府组织在华未来发展，为政府决策提供一定参考。同时，本文的研究理论与现实紧密结合。结合2017年新颁布的法律，分析制度化、法律化对INGO在华发展的影响，从而客观地剖析目前INGO在华管理、发展的优点与缺陷。

二 相关概念

（一）国际非政府组织的概念及特点

非政府组织的概念由英文译得，被普遍认为最早出现在联合国宪章中。这一概念在当时被定义为"不是根据政府间的协定所成立的国际组织"。这一概念经过发展不断完善，最终被认为只要不是由国际或政府实体所创立，都可被看作非政府组织。[1] 非政府组织的概念，强调其非政府性，即非官方，是基于人们的共同意志所自发组织并运行的良性组织，在一定地区、国家提供特定的服务。非政府组织根据其自身实力等因素有着不同的规模。其中具有较大规模而并不局限于一个国家的，被称作国际非政府组织。国际非政府组织由于其较大的影响势力，较强的专业

---

[1] 姚颖洲：《中国非政府组织参与"一带一路"建设研究》，北京邮电大学，2018年。

性，已经成为促进国际社会发展的重要推动力。

国际非政府组织具有国际性、非政府性、自治性，同时还具有志愿性、非营利性、专业性（非政府组织通常会有自己专攻的领域，如科教、文化、扶贫等。在这一领域内，非政府组织有着相比政府和其他国际组织更加专业化的技术、知识、人才等资源）、灵活性、开放性、客观公正性等特点。这其中有些并不绝对，各NGO基于自身性质会产生不同的特点，应具体分析，但这并不会影响大体上对于NGO的判定与特性研究。

（二）当今国际化背景下非政府组织的发展

"二战"结束后，世界形成了新的格局，正走向政治多极化，经济全球化的发展，为NGO的爆发与崛起提供了条件，同时NGO的壮大也为国际社会的和平与发展做出了贡献。

从NGO发展机遇的角度来看，世界多极化使国际话语权不再被几个国家政府组成的政治集团所支配，人们渴望从不同的角度以不同的身份进行交流。NGO作为新兴势力得到了发展壮大的机会，研究国际非政府组织的著名美国学者拉斯利·萨拉蒙和海尔姆·安海尔在其《全球公民社会》一书中称，全球范围内NGOs的兴起为"全球社团革命"。作者指出："近年来有目共睹，在全球范围内，对生存于政府与市场之外的形形色色的社会机构，人们的兴趣明显高涨。"INGO以一种超越国家的身份加入到国际事务中，使不同的群体得以发声。[①] 的确如此，得益于非政府组织自身特点与优势，其在多个方面发挥着重要的作用。比如非政府组织具有某一领域的专业优势，能够深入基层，提供政府所不能提供的更加周到、精细的服务；非政府组织相比政府具有客观公正性，在国际条约的执行中，能够起到有效的监督推进作用；除此之外国际非政府组织还具有调解冲突，影响政治决策、替特殊群体发声等作用。特别是非政府组织与联合国的紧密合作，能够达到联合国体系下的优势互补，促进

---

① 丁宏：《全球化、全球治理与国际非政府组织》，《世界经济与政治论坛》2006年第6期。

国际社会的发展。重视对非政府组织的研究，能够帮助各国更好地合作进步。全球化的国际局势为 INGO 的发展提供了很好的机遇，INGO 的未来具有极大的发展空间。

但同时世界多极化的国际背景也为 INGO 的发展带来了问题与挑战。比如目前社会上存在的国际非政府组织跨国监管问题，资金流动问题，借活动名义干涉国家内政等问题，依旧需要找到更好的有效解决办法。

三　国际非政府组织在中国的发展

（一）发展历程

自改革开放以来，中国政府与 INGO 进行了长期的适应与磨合，二者越发清晰地认识到在全球化的大背景下，二者有着统一的目标与发展利益，并清楚地知道合作对于彼此的重要性。这 30 年中，中国政府从"不承认、不取缔、不干预"的三不政策，到逐渐制定清晰的规章制度，对 INGO 整体表现出积极与接纳的态度，使 INGO 在华发展整体呈现出积极态势。

1978 年，中共召开第十一届三中全会，标志着改革开放的开始。20 世纪 80 年代，也是国际非政府组织进入中国的开端。根据一项不完全资料统计，80 年代进入中国的非政府组织有 30 多个。[①] 中国国际经济技术交流中心国际民间组织联络处的成立，也标志着非政府组织在华活动的初步机制化，这为日后的国际合作奠定了基础。

国际非政府组织进入中国的又一次高峰是在 1995 年。该年由北京承办的联合国第四次世界妇女大会及其同时进行的非政府论坛在华召开。会议中中方表示了对于非政府组织来华的赞同与支持，得到国际非政府组织的积极回应。会后迎来了 INGO 进入中国的高潮。此后 INGO 在中国蓬勃发展。

进入 21 世纪，国际非政府组织与中国的合作更加紧密。中国 2001

---

① 参见林德昌《全球公民社会对国际非政府组织在中国大陆发展的影响》，（台北）《东吴政治学报》2010 年第 4 期。

年加入 WTO 也对中国与 INGO 的国际合作有所促进。从 2000 年到 2004 年，至少有 80 个国际非政府组织来到中国，平均每年约 20 个。[①] 如今，随着 INGO 在华管理的法律法规的日益完善，制度管理的不断优化和非政府组织自身的不断调整，国际非政府组织与中国的合作将迎来新的高潮。

（二）《中华人民共和国境外非政府组织境内活动管理法》的发布与意义

表1 《中华人民共和国境外非政府组织境内活动管理法》主要内容提纲

章节	内容纲要
总则	本法所称境外非政府组织，是指在境外合法成立的基金会、社会团体、智库机构等非营利、非政府的社会组织。 国务院公安部门和省级人民政府公安机关，是境外非政府组织在中国境内开展活动的登记管理机关。县级以上人民政府公安机关和有关部门在各自职责范围内对境外非政府组织在中国境内开展活动依法实施监督管理、提供服务。
登记和备案	境外非政府组织在中国境内开展活动，应当依法登记设立代表机构；未登记设立代表机构需要在中国境内开展临时活动的，应当依法备案。
监督管理	境外非政府组织在中国境内开展活动，应当接受公安机关、有关部门和业务主管单位的监督管理。公安机关负责境外非政府组织代表机构的登记、年度检查，境外非政府组织临时活动的备案，对境外非政府组织及其代表机构的违法行为进行查处。
附则	境外学校、医院、自然科学和工程技术的研究机构或者学术组织与境内学校、医院、自然科学和工程技术的研究机构或者学术组织开展交流合作，按照国家有关规定办理。

资料来源：高洁：《境外非政府组织在华登记注册问题研究》，首都经济贸易大学，2017 年。

---

① 参见杨青《对在华外国非政府组织的分类研究》，《新远见》2008 年第 5 期；胡敏《境外公益性民间组织在华发展状况调研报告》，硕士学位论文，清华大学，2004 年，第 14—15 页。

中国在制度层面自20世纪80年代以来，一直没有出台针对境外非政府组织的明确规定。虽然我国于80年代后期就开始了关于非政府组织的法制建设，发布了《基金会管理办法》和《社会团体登记管理条例》，并以这两个法规为中心建立了基本的组织框架。但是这两个法规并不适用于境外非政府组织的管理，导致境外非政府组织在华登记监管的制度一直处于缺位状态，限制了INGO在华发展。

2016年4月28日，全国人民代表大会常务委员会发布《中华人民共和国境外非政府组织境内活动管理法》，于2017年1月1日起开始生效。主要规定了INGO在华登记、备案、监督的基本办法，要求政府依法管理INGO，并明确公安机关是INGO登记注册的负责部门。《管理法》的颁布，标志着INGO在华管理的清晰化、制度化，解决了长期以来INGO在华管理松散、有关部门态度模糊的问题，具有重大的历史意义。了解这部法律的内容与作用，对于理解INGO在华现状有着重要的作用。

《中华人民共和国境外非政府组织境内活动管理法》是为规范、引导境外非政府组织在中国境内的活动，保障其合法权益，促进交流与合作而制定的。①《管理法》的颁布有着中国相关法律意识健全的重要意义。然而，《管理法》由于刚刚颁布，在许多具体规定方面仍存在漏洞。其一，对于登记监管办法下具体的备案流程没有进行较为详细的规定，导致实际操作层面可能会存在问题。其二，国际非政府组织的在华监管并没有一个统一明确的部门，只是受到公安机关、有关部门的监督管理。这就导致政府在执法时易出现双重管理、"懒政"现象的局面，使问题难以得到有效解决。其三，相关部门对于在华国际非政府组织的登记不充分不完全，使得中国政府难以对在华INGO状况有一个全面的把握。最后，有的论文还提到，一些非政府组织在相关规定出台前进入中国，以企业的方式进行了申报，导致如今面临税务和优惠政策方面的问题，给组织自身运用和有关部门执法都带来了难度。②

---

① 人民网—人民日报，politics.people.com.cn。
② 马秋莎：《全球化、国际非政府组织与中国民间组织的发展》，《开放时代》2006年第2期。

四 国际非政府组织在华现状分析

(一) INGO 在华现状概述

自 20 世纪 80 年代以来，中国政府态度的逐渐明确与 INGO 在华的种种努力，使 INGO 在中国的发展日益蓬勃，与中国政府合作日益紧密。特别是 2017 年中央颁布了《中华人民共和国境外非政府组织境内活动管理法》，将 INGO 在华登记管理制度化，正在推动 INGO 在华活动走向一个新的高潮。

就 INGO 在华现状来看，整体表现出积极发展的态势，但仍存在一些消极影响与弊端。韩俊魁在《涉外公益 NGO 在我国发展现状及其困局的思考》中指出，境外非政府组织给我国的积极影响是大于消极影响的，但是由于相关法律制度的不完善，却导致了更多程度的消极影响。[1] 就积极影响来看，大部分在华 INGO 组织形式多样、从事领域广泛且富有成效、合作对象多元、活动范围遍布全国。根据《中国发展简报》统计，截至 2018 年，登记的 INGO 共有 441 家，还有大量的 INGO 由于制度等原因未能登记在册。但与此同时，INGO 在华发展依旧存在许多现有问题和不足，以数据资料备案不完善、监管部门执行不到位、具体注册登记程序不明确为代表。《管理法》的发布，标志着政府对在华非政府组织管理制度化的开始，但依旧存在许多细节待优化完善。

(二) 登记代表机构的组织来源国家或地区情况及分析

截至 2018 年，已有 441 个 INGO 在中国依法登记。资料显示，已登记的非政府组织所在国家或地区主要来源有美国、中国香港地区、日本、韩国等。其中美国有 107 家，中国香港地区有 83 家，日本有 53 家。本文试图对这一现象背后原因进行分析。

---

[1] 韩俊魁:《涉外公益 NGO 在我国发展现状及其困局的思考》，载《非营利组织培育发展与监督管理研讨会论文集》，第 111—122 页。

政治篇

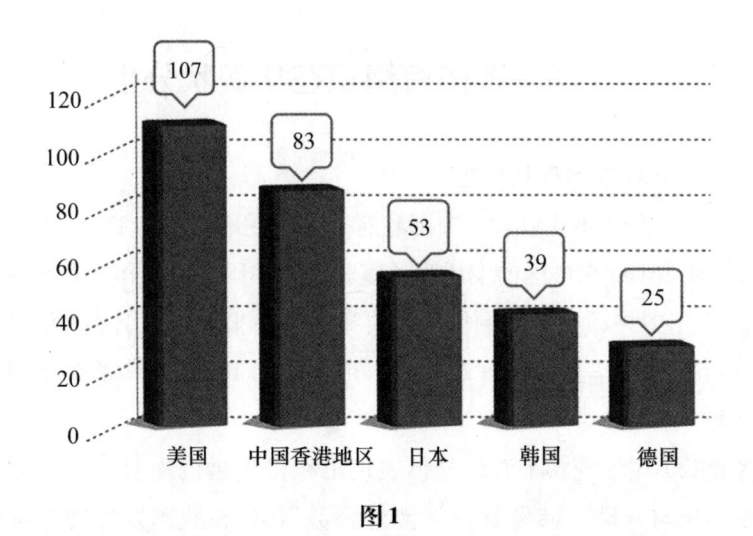

图1

资料来源：中国发展简报，www.chinadevelopmentbrief.org.cn/news-22460.html。

美国是中国境内 NGO 来源的第一大国。据中国民政部主管的中民慈善捐助信息中心 2012 年在北京发布的《美国 NGO（非政府组织）在华慈善活动分析报告》的综合统计，改革开放以来，美国在华 NGO 总数在 1000 家左右。[①] 这主要是因为美国是最早实现对外援助制度化的国家之一，也是非政府组织最发达的国家之一。其非政府组织在全球的分布非常广泛，同样也深入中国。INGO 也是美国提高国际影响力的一项重要手段。

INGO 的来源其次是中国香港地区和中国的"近邻"日本。自 20 世纪 80 年代 INGO 刚刚开始进驻中国以来，香港一直作为中国内地国际非政府组织的重要来源地。由于历史原因，香港在回归前后曾作为内地市场重要的资金、技术来源，为许多 INGO 进入内地提供相应的帮助。同时，由于中国相关法律制度的长期缺位，在改革开放后的很长一段时间，国际非政府组织没有正当的渠道进入中国。一部分组织，选择在港澳台地区成立办事处，方便管理大陆的业务。这一部分组织，也被作为来自中国香港地区的 NGO 进行了登记。根据中国发展简报 2005 年出版的英文

---

① 《美国 NGO 在华慈善活动分析报告》，www.docin.com/p-580673874.html。

版《200 国际 NGO 在中国》统计，共有 30 多个国际非政府组织在中国香港地区，2 个在中国澳门地区建立总部或分支机构负责在中国内地开展活动。①

（三）2018 年登记代表机构的组织所在地域情况及分析

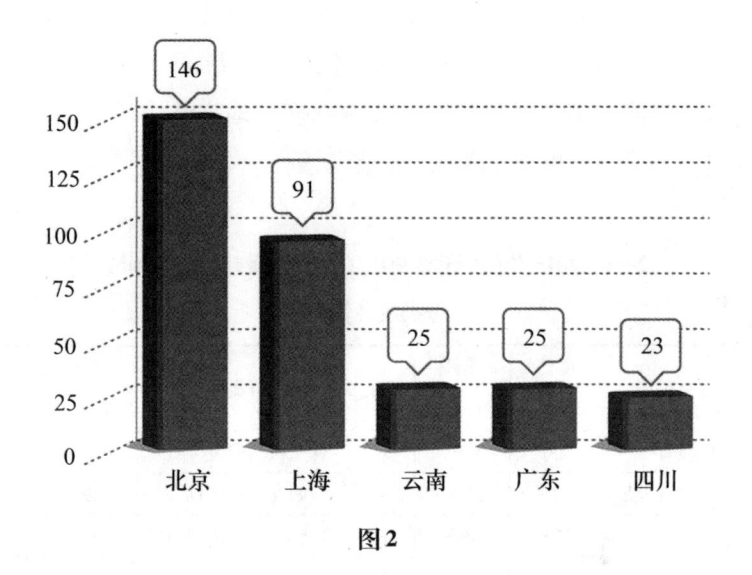

图2

根据资料，截至 2018 年，登记的 441 个代表机构中，已注册 INGO 所在地域排名前四的为北京、上海、云南和广东。其中北京和上海的占比显著高于其他地区，分别有 146 个和 91 个。

在排名前四的城市中，北京、上海、广东作为国际化大都市是 INGO 集中的发达城市的代表。国际非政府组织在此设立办公地点能够掌握更多的资源，有利于发展人脉、建立合作、加强组织管理。

而排名第三的云南省，则代表了在华非政府组织的另一类集中地。这类非政府组织主要开展扶贫、教育、医疗等工作，空间上分布在西部较为偏远落后的区域。其中云南省是 INGO 开展活动最频繁、活动范围最

---

① 谢晓庆：《国际非政府组织在华三十年：历史、现状与应对》，《东方法学》2011 年第 6 期，第 118—126 页。

广的区域。资料显示,在云南开展活动的组织大多从事教育、扶贫等领域(见表 2),这和云南省在这些领域发展中的不充分有着极强的相关性。INGO 通过与当地政府的合作,为发展较为落后的城镇提供相应的服务,促进了城乡发展。另外,云南是中国最早推出较为完善的 INGO 相关制度的地区。2010 年,云南地方政府发布《规范境外非政府组织活动暂行规定》,是一部较为完善的地方法规,在一定程度上推动了当地 INGO 的发展。但同时,在云南省活动的 INGO 尚存在登记报备不充分、监督管理体制不完善等缺陷,结合云南省少数民族众多,地方势力较强的特点,需要政府进一步优化制度建设并加大监管力度。

表 2　　　2010—2015 年国际非政府组织在云南省开展项目领域分类统计情况

序号	项目类型	项目数量	项目百分比	序号	项目类型	项目数量	项目百分比
1	教育	306	33%	5	科学研究	52	5%
2	社会综合发展	197	21%	6	妇女儿童救助	59	6%
3	医疗	175	18%	7	自然及人文环境保护	49	5%
4	自然灾害救助	80	8%	8	扶贫	36	4%

资料来源:2010—2015 年国际非政府组织在云南省开展活动的时空分布。

(四)2018 年登记代表机构的业务领域情况及分析

2011 年中国发展简报编写书籍《在华境外 NGO:与开放的中国同行》,汇总了登记在华 INGO 开展项目的领域。其中,主要领域集中在卫生保健、教育和环境保护。这也是因为国际上的非政府组织主要从事这几个领域。这些非政府组织活动大多采取与当地政府合作的方式。同时,非政府组织在中国扶贫事业方面也发挥了重要的作用。据国务院扶贫办外资项目管理中心编著的《中国外资扶贫回顾与展望》统计,共有 50 个各类国际组织从不同角度参与了中国的扶贫开发工作,其中有近 30 个国际(境外)非政府组织用于中国扶贫的无偿资金达到 2 亿多美元。① 这对于中国一些地区，特别是发展较为落后的地区有着重要的意义。

表3　　2011年212家国际NGO在华组织开展项目领域统计

活动领域	数量	百分比
卫生保健	86	24.86%
教育	72	20.81%
环境与动物保护	56	16.18%
扶贫与社区发展	47	13.58%
赈灾与重建	20	5.78%
儿童发展	19	5.49%
本土NGO合作	13	3.76%
妇女权利保护	13	3.76%
国际文化交流	10	2.89%
政府能力假设	7	2.02%
文化多样性保护	3	0.87%

资料来源：中国发展简报，www.chinadevelopmentbrief.org.cn/news-22460.html。

（五）INGO在华运营不足及困境

1. 规则制度不完善

长期以来，INGO在华管理的制度层面都存在很大的空白，导致部门交叉管理，管理漏洞较大。

2017年颁布《管理法》，建立了基本的规章制度框架，但是由于法律制定较晚，还有许多细节仍待完善，在前文中有所涉及。高洁（2017）在《境外非政府组织在华登记注册问题研究》中提到"《管理法》规定了境外非政府组织在我国境内设立和登记的程序，以及在进行活动时的基本权利义务，但具体的注册程序方法和审批管理等方面还有待优化和

---

① 谢晓庆：《国际非政府组织在华三十年：历史、现状与应对》，《东方法学》2011年第6期，第118—126页。

完善"。① 法律制度的不完善使得有关部门在执法过程中会出现实际操作困难的问题，阻碍非政府组织的发展。

2. 监管缺位

受法律、文化、经济发展等因素影响，非政府组织在中国的监管一直以来没有形成完善的监管体制。特别是没有一个明确的负责部门，这样的局面会造成运行中交叉管理的混乱，缺乏有效的监督。同时，有效监管的缺失导致政府难以了解非政府组织在华状况，带来资源无法合理整合，资源浪费，发展不平衡的问题。

3. 人才供给不足

人才供给对于 INGO 的可持续发展是一项重要的原动力。而相关资料显示，在大多数的非政府组织中，工作人员大多来自政府机构，其中许多是第一线的离退休人员，人员老化状况突出。同时，中国境内有很大一部分 INGO 活动在云南等较偏远落后的地区，教育水平较为落后，大部分当地组织成员并不了解组织的理念和工作内容，缺乏创新精神和相关知识。这些组织面临的技术、服务人员短缺的局面，制约了组织的发展。

五　国际非政府组织在华未来发展预期与政策建议

（一）INGO 在华发展前景

笔者认为 INGO 未来在华发展前景良好，随着《中华人民共和国境外非政府组织境内活动管理法》的颁布与日益完善，中国政府会以主导地位为 INGO 在华活动提供一个健康积极的发展环境。笔者相信，通过对制度和管理体制的完善，如今存在的规则制度不完善、监管缺位等问题会得到有效的解决。

从来源国的角度来看，笔者认为美国会继续作为在华 INGO 的最大来源国。习近平总书记曾指出："对中美两国来说，合作是唯一的正确选择，共赢才能通向更好的未来。"随着世界经济的日益发展和中美两国各

---

① 高洁：《境外非政府组织在华登记注册问题研究》，首都经济贸易大学，2017 年。

自的持续发展，中美之间的紧密合作是重要且不可避免的。非政府组织作为一种重要的交流媒介，会搭建起中美之间合作的桥梁。对于第二、第三来源地的中国香港地区和日本来说，笔者认为，国际非政府组织来华比例会相对减小。由于世界沟通交流的日益便捷，登记制度的日益完善，地理位置与国籍的局限会逐渐被淡化甚至打破，中国香港地区和日本作为亚洲国家和地区的地理优势将逐渐减小，更多国家的INGO会进入中国，为中国提供多元的资源。

从活动地域的角度来看，INGO未来在中国活动的地区会逐渐呈现空间上分布的均匀性。随着中国社会的发展与资源的调配，中西部会逐渐实现经济增长，从而使得云南等西部地区对于非营利组织的实际需求有所减少，北上广等国际都市中INGO的高度集中程度有所减轻。笔者认为未来在华非政府组织可以把总部设立在中国各地经济相对发达的地区（如各省省会），以更好地辐射到中心附近其他地区，推动其服务与发展。

从活动领域来看，INGO未来会继续其在中国环保、教育、扶贫等领域的事业。而在活动的开展中，INGO与政府的联系会更加紧密，通过与政府的合作进行资源整合、优势互补，共同开展多元化的活动。

（二）相关政策建议

如前文所述，政府方面目前对于INGO在华管理相关法律仍存在一些漏洞需要完善。笔者建议政府根据目前制度中所存在的问题，从实践中不断积累经验，对管理法进行补充和优化。具体方法比如制定出清晰详细的申报登记流程。政策的完善是解决非政府组织在华管理问题的基础，需要长时间的调整与磨合。除此之外，笔者就实际操作给出了三点建议：

1. 建议政府设立专门部门负责INGO在华登记与管理

如前文所述，目前法律规定中INGO的管理由公安部、相关部门等共同负责。也就是说，不同领域的INGO由不同的相关部门与之对接；同一领域中的INGO由公安部等不同的机构对其进行"交叉"管理，这就造成职责不明确，管理不直接，无法实施有效的管理和监督。笔者建议，政府设立一个专门负责INGO在华登记管理的部门，替代原本的"有关部门"进行统一的审核。该部门负责 INGO 整体的管理和规划,其可以下设分管不同种类 INGO 的不同部门,以及在必要的场合可以和公安部或有关部门进行专业方面的合作,使登记 INGO 的职责更加专门化、明确化,提升行政效率和质量,也有利于资源信息的整合。

2. 建议政府利用网络信息技术,建立 INGO 在华信息网络

随着当代信息技术的飞速发展,大量网络技术等新兴科技已经被运用到政府行政管理的各方面,优化了管理、提高了行政效率。笔者认为在解决 INGO 在华问题上也可以运用新兴的科学技术,建立在华 INGO 的数据库,以各 INGO 在华位置,从事领域等情况作为要素,构建在华 INGO 信息网络,从而把对在华 INGO 的监督管理网络化,通过线上平台监督各组织的大体动向。审核和定期检查工作可以在线上完成,节省了 INGO 和政府部门所花费的时间精力。这不仅将有利于政府的管理,还能实现有效的资源整合,方便 INGO 了解各地情况以更好地实现信息交流并为学术研究等提供参考数据资料。

3. 建议 INGO 加强活动区域当地宣传,提供足够的参与者人才供给

上文中提到,INGO 在华活动发展方面目前面对的重要问题之一就是人员的短缺。笔者认为,对于在华 INGO 来说,依旧使用本国人员对于组织来说成本太高且不方便,主要人员来源应在当地。建立起有效的人员供给机制,对于 INGO 在华的可持续发展有重要的意义。笔者建议在华 INGO,特别是一些位于较落后地区的组织,加强对自身组织的宣传和对当地居民的相关教育。宣传教育能使更多的居民了解国际非政府组织的工作和意义,加强服务意识,激发创造能力,从而使更多的当地人自发地加入到组织当中,为国际非政府组织在华发展做出贡献。

六 结语

在国际化的历史背景下,INGO 在华发展现状是中国需要关注的一个重要问题,其对于改善民生,提高国际地位,增强国际合作和优势互补,均有着不容忽视的意义。正如美国约翰霍普金斯大学教授莱斯特·萨拉蒙所说的"我们是置身于一场全球性的'社团革命'之中,历史将证明

这场革命对世纪后期世界的重要性丝毫不亚于民族国家的兴起对于世纪后期的世界的重要性"。①

笔者对 INGO 在华现状进行分析总结，发现 INGO 在华状况有来源国广泛、从事领域多元、空间分布不均的特点。INGO 在华发展整体前景良好，但仍存在一些现有的缺陷与不足。笔者侧重于分析 INGO 在华现状的不足，并且基于现状分析和未来预期进一步提出了相应的解决方法。

笔者认为，INGO 在华发展现状中存在问题有其现实必然性，难以在短期内得以解决，需要根据不同领域、不同地区的现实状况进行调整，需要中国政府和 INGO 双方的协同努力。双方要采取开放接纳的正确态度，从现实出发，沿袭优点，改善不足，以完善制度为中心，优化行政管理，为 INGO 在华的发展共建一个光明的未来。

参考文献

［1］张杰：《国际非政府组织与中国政府关系研究》，兰州大学，2013 年。

［2］时婧秋：《在华国际非政府组织的消极影响研究》，湖南大学，2018 年。

［3］姚颖洲：《中国非政府组织参与"一带一路"建设研究》，北京邮电大学，2018 年。

［4］葛伟：《境外非政府组织在华活动管理法治化研究》，中国人民公安大学，2017 年。

［5］高洁：《境外非政府组织在华登记注册问题研究》，首都经济贸易大学，2017 年。

［6］罗捷：《境外非政府组织与中国政府良好关系的建构与调试》，云南大学，2016 年。

［7］郭徽：《我国境外非政府组织管理存在的问题与对策研究》，广西师范大学，2018 年。

［8］刘源：《精准扶贫视野下的国际非政府组织与中国减贫：以乐施会为例》，中国农业大学，2016 年。

［9］谢晓庆：《国际非政府组织在华三十年：历史、现状与应对》，《东方法学》

---

① Lester M. Salamon, *Global Civil Society：Dimensions of the Nonprofit Sector*, Beijing: Social Sciences Academic Press, 2002.

2011 年第 6 期。

［10］马秋莎：《全球化、国际非政府组织与中国民间组织的发展》，《开放时代》2006 年第 2 期。

［11］金彪：《国际非政府组织在华活动主要问题》，中国人民大学，2008 年。

［12］刘佑平：《美国 NGO 在华慈善活动分析报告》，中民慈善捐助信息中心，2012 年。

"中巴经济走廊"的成就与风险

陈靖岩/高三　孙妍/指导老师　北京汇文中学

摘要： 2013年，国务院总理李克强于访问巴基斯坦时提出了共建中巴经济走廊的倡议。自2015年中巴经济走廊正式启动以来，项目取得了丰硕的成果，包括多项工程的合同签署，多项基础设施的完工，中巴两国日益丰富的文化交流，以及巴基斯坦国内经济的显著增长等；但与此同时，中巴经济走廊项目目前也面临着较高风险，主要包括合作国政局动荡、政府治理效率低下、社会舆论危机等政治风险，生产效率较低、投资效益低等经济风险，民族恐怖主义活跃等社会民族风险。本文列举分析中巴经济合作中的成就以及困难、挑战，并提出相关对策建议。

关键词： "中巴经济走廊"　"一带一路"

一　背景介绍

李克强总理于2013年5月出访巴基斯坦时，提出了共建中巴经济走廊的倡议。走廊由新疆喀什，到巴基斯坦瓜达尔港，全长3000公里，北接丝绸之路经济带，南连21世纪海上丝绸之路，是贯通南北丝路的枢纽，是一条包括公路、铁路、油气管道和光缆覆盖的通道和贸易走廊，重要性不言而喻。合作以来，中巴两国已经取得了重大的成就，但也还面临着一些风险和挑战。

巴基斯坦位于南亚地区，西临伊朗、阿富汗，北接中国，东连印度，南通阿拉伯海。它沟通东西，连接南北，占据重要的通道和地理位置。巴基斯坦拥有丰富的自然资源。其国内煤炭资源极为丰富，据估算，煤炭资源量大致为1850亿吨。此外，巴基斯坦还有丰富的油气资源和金属资源。巴基斯坦处于热带季风气候地区，日照充足，丰富的太阳能、风能等清洁资源也可加以利用。

自1951年中巴建交以来，两国一直保持着良好的外交关系。两国政府保持友好交流，两国贸易持续发展。中巴两国在对方发生特大自然灾害时都主动派遣、援助过救援队和物资。中国近年来对巴基斯坦的援助，加上巴基斯坦国内的宣传，加深了巴基斯坦人民对中国的信任。文化教育领域的交流和两国民间的友好交往，更使中巴人民相互间保持着良好的友谊。

自从李克强总理于2013年在巴基斯坦提出了中巴经济走廊的计划，两国便开始了积极的协商。2015年4月，中巴两国初步制定了中巴经济走廊远景规划，将在走廊沿线建设交通运输和电力设施，并以此带动双方在走廊沿线开展重大项目、基础设施、能源资源、农业水利、信息通信等多个领域的合作，创立更多工业园区和自贸区。走廊建设预计总工程费将达到450亿美元，计划于2030年完工。[①]

2015年4月，习近平主席和纳瓦兹·谢里夫总理举行了走廊五大项目的破土动工仪式，并签订了超过30项涉及中巴经济走廊的合作协议和备忘录。[②]

中巴经济走廊旨在进一步加强中巴之间交通、能源、海洋等领域的交流与合作，推动互联互通建设，促进两国共同发展。同时辐射周边地区，惠及更多南亚人口。

二 中巴经济走廊取得的重大成就

目前，中巴走廊取得的成就以能源、交通等基础设施建设为主，这

---

① 《中巴经济走廊》，中国网，http://guoqing.china.com.cn/keywords/2018-11/02/co。
② 同上。

既满足了巴基斯坦民众的迫切需求，又符合巴基斯坦实现工业化和经济发展的长期战略目标。这些基础设施项目可以帮助巴基斯坦扫清发展过程初期的基本障碍，为走廊将来的发展奠定基础。

（一）能源领域

当前能源短缺是巴基斯坦面临的最严重的问题之一，其中供电不足又是能源问题中最大的一个难题。巴方一直希望依靠其丰富的自然资源，如太阳能、风能、水能、化石能，改善能源结构，为广大巴基斯坦人民提供电力保障。

为了缓解巴基斯坦能源短缺和电力危机，2015年，中巴能源合作项目逐渐展开。同年5月，多家中国工建企业签订了巴基斯坦卡西姆港火电项目的设备合同，这项缔约表示着中巴经济走廊的能源项目建设正式开启。2015年以来，中国三峡集团、电建、能建、华能等中资企业积极为巴基斯坦水电、火电、太阳能、风电、光伏等能源行业进行投资建设。

除中企入场建设外，中方还为中巴经济走廊的能源项目提供大量的融资贷款。2015年，丝路基金首单项目落户卡洛特水电站，成为优先开发项目。此后又有苏克阿瑞水电站、达沃风电站、萨希瓦尔燃煤电站、塔尔煤电一体化等4个电力能源的13个项目相继开工建设，其中7个项目已经投入运营，6个项目处于在建状态，此外还有部分项目正处在谈判和签署协议阶段。这些项目的落成大大缓解了巴基斯坦电力短缺的局面。2017年11月，卡西姆港燃煤电站1号机组正式投产发电。[①] 卡西姆港燃煤电站不仅为巴基斯坦提供了物美价廉的清洁能源，还创造了大量就业岗位。

以瓜达尔港为起点的中巴油气管道也是一项令人瞩目的成就，虽然目前工程暂时受阻，但这条通道的建成对于中国将会是意义非凡的。长期以来，中国购入的油气资源都要通过马六甲海峡和南海的争议区，因

---

① 《如果一切顺利CPEC可能在2018年完成10余个项目》，黎明报，https://www.sohu.com/a/214641041_ 99901645 2018 – 01 – 04。

而马六甲海峡也成了中国的咽喉。中巴油气管道一旦投入使用，将有助于中国减小对马六甲海峡的依赖，同时缩短运输路程，节省运费。

（二）交通领域

巴基斯坦的交通建设比较落后，交通工具落后，路网不发达，道路质量差，交通事故频发。而其国内主要以公路运输和航空运输为主，铁路发展落后，不利于大多数人口、货物流通。这对于巴基斯坦经济的发展是很大的阻碍。若巴基斯坦能够建立起发达的路网，连接各大城市，深入乡村，既可以对其国内财富分布不均的状况有所改善，又可以发展长途贸易，促进经济增长。

2016年5月，中巴经济走廊的白沙瓦—卡拉奇高速公路工程中的苏库尔—木尔坦段开始动工。长392公里，全线为双向六车道、时速120公里规范设计，该段项目的合同金额约为28.9亿美元，合人民币184.6亿元，是走廊迄今为止投资量最大的一座工程项目。[①] 项目南起巴基斯坦第一大城市卡拉奇，途经第二大城市拉合尔，该公路建成后将成为"中巴经济走廊"的重要组成部分。

（三）通信领域

2018年7月13日，从乌鲁木齐到拉瓦尔品第全长2950公里的中巴光缆全线贯通且测试运行良好，8月31日，这条"中巴经济走廊数字信息大通道"正式全线贯通并投入商用，大大缩短了中巴两国之间以及与国际通信的时延。以往北京与伊斯兰堡的通信通过海底光缆，时延是180毫秒；现在通过中巴光缆，时延只有81.8毫秒。[②] 这对于跨国金融交易、远程医疗等行业具有重要意义。

（四）文化领域

"一带一路"倡议给沿线国家带来经济增长的同时也促进了教育的合

---

① 何美兰：《中巴经济走廊："世界第九奇迹"》，《世界知识》2014年第10期。
② 张樵苏：《"中巴经济走廊数字信息大通道"全线贯通》。

作交流。中国对"一带一路"沿线国家的留学生采取优惠政策,吸引了更多的留学生来到中国学习。近年来,巴基斯坦来华留学的人数大大增加,同时,各大高校也积极举办文化交流活动。2018年3月,在苏州职业大学成立了中巴经济走廊文化交流中心,旨在与巴基斯坦各大高校展开合作,搭建双方交流的平台,并为"一带一路"沿线国家,提供人才培养。诸如此类机构的建立,让两国民间建立更深感情的同时,促进了教育资源的传播。①

(五) 小结

图1显示,在走廊建设带动下,巴基斯坦经济增速从2013年的4.5%升至2017年的5.7%,在整个亚洲都名列前茅。截至目前,走廊框架下共有22个合作项目,其中9个业已完工,13个在建,总投资190亿美元,带动巴每年经济增长1个至2个百分点,给巴创造了7万个就业机会。如果加上相关产业,将会为巴基斯坦创造至少350万个就业岗位,惠及近2000万人口的家庭。文化交流拉近了中巴两国人民的距离,并为青

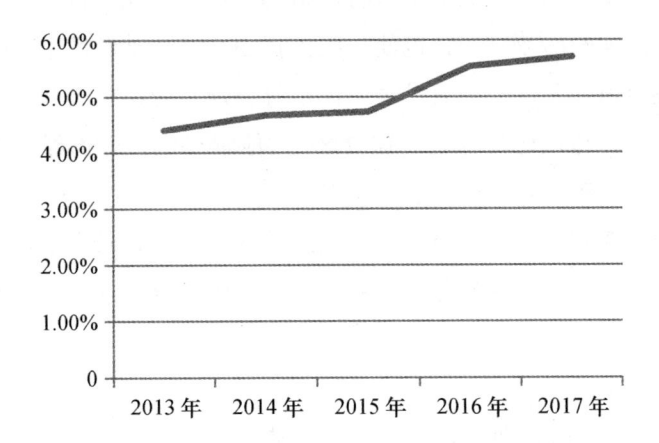

图1 巴基斯坦2013—2017年GDP增长率②

---

① 木淼:《中巴经济走廊文化交流中心成立》,国务院新闻办公室网站。
② 资料来源:https://www.kuaiyilicai.com/stats/global/yearly_per_country/g_gdp_growth/pak.html。

年人提供了便利。①

三 项目面临的风险和挑战

(一) 政治风险

目前中巴经济走廊面临的最大风险是政治风险,其中近期政局的变化是最大的不稳定因素;其次,巴基斯坦政府一直以来低下的行政效率也令人担忧。

1. 领导人更迭

近期,巴基斯坦的政局发生了巨大变化。2018年7月,巴基斯坦正义运动党主席伊姆兰·汗宣布赢得巴基斯坦大选,打破了巴基斯坦长期以来的家族政治。巴基斯坦国内将伊姆兰·汗视为颠覆性和煽动性的政治人物。7月27日,巴基斯坦前执政党谢里夫派承认大选结果,接受伊姆兰·汗就任下一任总理。伊姆兰·汗的选举口号从过去的建设"新巴基斯坦"变得更保守,他如今也获得了更多保守派的支持。由于他对阿富汗境内的塔利班组织抱有同情心,甚至因此获得塔利班组织支持。党内出现的腐败丑闻,也使一些人担心正义运动党发生改变。最重要的是,伊姆兰·汗上台后虽对中国示好,但也曾明确表示自己对于中巴经济走廊,与现任政府"存在分歧"。他解释说,中巴经济走廊的最大受益者是旁遮普省,而巴基斯坦其他省的利益"被牺牲"了。此外,由于他与前任政府的政治对立,正义运动党内也频频对中巴经济走廊发出偏见之辞。以上这些变化给巴基斯坦与中国的合作项目中带来了不确定因素。

2. 腐败的恶果

巴基斯坦政府长期以来腐败问题十分严重,上至高官,下到管理人员甚至警察。地区行政效率的低下导致了国外投资者在当地投资收益少,进而企业家在当地的投资意愿降低,因此,又间接导致了经济增速慢、

---

① 尹世杰、王毅:《中巴经济走廊建设成果实实在在,没有加重巴债务负担》,新华网,http://www.xinhuanet.com//2018-09/08/c_1123400053.htm。

负债增加等问题,与经济风险构成了恶性循环。

3. 舆论风险

受某些国家的指使,部分西方媒体对于"一带一路"充满偏见甚至是恶意诋毁,这些不真实的报道很具有迷惑性,可能会造成中国国内自信下降,巴基斯坦国内反对声音上涨,周边国家对"一带一路"计划抱有怀疑等不良后果。

例如,借2018年巴基斯坦政局变动的契机,外媒大肆炒作伊姆兰·汗上台后的中巴关系,大肆渲染伊姆兰·汗对中巴经济走廊项目的不满。此前,外媒曾声称"中巴经济走廊"使得巴基斯坦负债累累,还有媒体发表此项目为"新殖民主义"的言论。这样的炒作对于巴基斯坦国内社会舆论导向产生不利的影响,可能会激化当地的民族主义情绪,不利于巴基斯坦社会局势稳定,亦不利于中国在当地展开建设。

(二)经济风险

巴基斯坦目前的经济形势不容乐观,据世界银行的研究,巴基斯坦潜在经济增速是趋于下降的。其人均收入增速十分缓慢,只有2%左右,在2009年甚至出现了负增长。① 这意味着该国经济的可持续性风险在加大。此外,巴基斯坦国内储蓄不足,经济发展高度依赖外债,因而国内经济波动受国际宏观金融背景影响较大;同时,巴基斯坦吸引外国投资水平低,税收水平低,创汇能力不足,贸易赤字逐年增加。

巴基斯坦《论坛快报》2018年8月9日报道,巴基斯坦国家银行宣布,上一财年,联邦政府债务上升至24.2万亿卢比,在过去5年中净增加9.8万亿卢比,年平均增长率达13.5%,明显高于GDP增长率。其中国内债务为16.4万亿卢比,比5年前增加6.9万亿卢比。②

巴基斯坦偿还债务的能力极低,债务违约风险较高,中国在巴投资回报率中很大一部分可能成为坏账,从而影响投资收益预期。前巴基斯

---

① 凤凰国际智库:《观点经济学者警告:中国在巴基斯坦的投资能否收回 值得慎重考虑》,搜狐,http://www.sohu.com/a/165517278_99901645。

② 资料来源:https://www.kuaiyilicai.com/stats/global/yearly_per_country/g_gdp_growth/pak.html。

坦央行经济学家穆什塔克·艾哈迈德曾警告称，中国虽然在贷款上帮了巴基斯坦一个大忙，但这并不能真正地帮巴基斯坦解决债务问题，或许只是推迟和加剧了这个问题。①

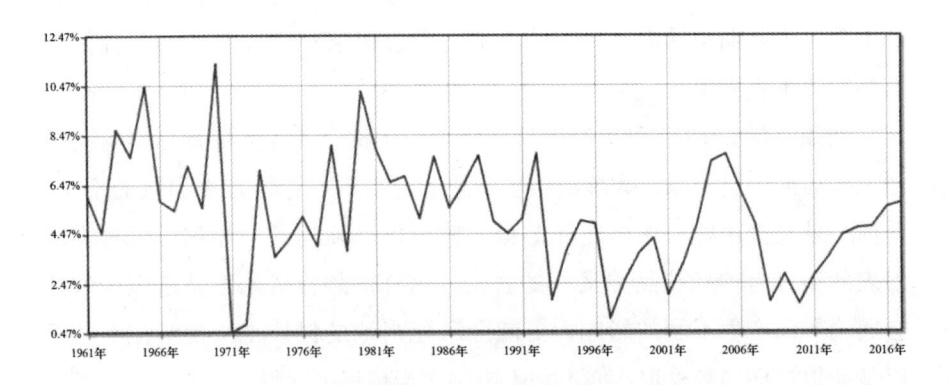

图2 巴基斯坦GDP年度增长率走势图②

（三）安全风险

此外，巴基斯坦国内的安全问题一直以来也困扰着中国投资者。巴基斯坦境内活跃着多股极端组织和分裂组织，长期以来对中国公民的安全造成了威胁。俾路支省是巴国西部发展较为落后的一个省，也是中巴经济走廊所重点建设的地区之一。然而，当地的民族分裂主义组织俾路支解放军曾多次策划针对中国公民的袭击。2018年11月23日，俾路支解放军发动了针对中国驻巴基斯坦领馆的袭击，造成两名人员死亡。此外，由于利益原因，俾路支人反对政府干预，反对圈地，反对外乡人在当地从事经济和建设活动，中巴经济走廊建立后，矛头自然指向了参与建设的中国人。他们意图通过袭击挑拨中巴关系，从而达到打击巴基斯坦政府的目的。此类组织的存在，给中巴顺利的合作道路上埋下了隐患。

---

① 《有难同当！巴铁想再向中国借40亿，欲保住600亿美元项目》，搜狐，http://www.sohu.com/a/239990904_334198。

② 《经济日报—中国经济网巴基斯坦国家银行：政府债务升至24.2万亿卢比》，https://baijiahao.baidu.com/s?id=1608940512024836479&wfr=spider&for=pc。

(四) 地缘竞争风险

巴基斯坦的地理位置极为重要,但其周边局势很不稳定。中国在此区域的影响力增加,必然会引起周边国家的担忧。中巴经济走廊因此面临着地缘竞争风险。

印度与巴基斯坦长期处于对峙状态,双方缺少政治互信。中印两国关系也因边境领土争议而时阴时雨。此外,中国对于瓜达尔港的建设,也令印度出于战略角度而担心。"一带一路"倡议令中国在南亚的影响力增加更是印度这样的大国不愿看到的。故印度对于"一带一路"倡议与中巴经济走廊持反对态度,不大可能加入经济走廊,除非中巴与印度三国之间的关系有所缓和。印度自然资源丰富,人口众多,有很大的发展前景,然而却站在反对的一方,这是一大损失。且印度曾向美国示好,表示愿意加入美国提出的连接阿富汗和中亚地区的"新丝绸之路",这将加剧南亚地区政治经济等多方面的竞争。

中国为巴基斯坦建设的瓜达尔港同样引发了邻国伊朗的担心。瓜达尔港的兴起或对其沿海重要港口恰巴哈尔港形成竞争,可能会取代伊朗的重要通道地位。某些中东沿海国家亦有此方面的担忧。

目前中巴经济走廊面对的问题仍然严峻:巴基斯坦国内的政局变动、政府管理能力低、经济不景气、安全问题尚未解决;加上外部周边国家的疑虑担忧,以及国际竞争的大形势。若想要将项目继续下去,中方和巴方必须采取更为实际有效的措施。

四 应对风险的政策建议

(一) 内部发展的政策建议

首先,应坚持对外开放的发展战略。目前,中国处于"经济新常态"下。主要表现如下:一是经济增长速度趋于平缓;二是经济结构不断优化升级;三是发挥技术创新对经济的驱动作用。因此,中国急需解决国内产能过剩的问题,输出本国优质产能,在互惠共赢的原则上,使对外投资方式更加多样化和创新化。同时,在当今的国际形势下，中国应当坚定不移继续走开放的道路，继续经济的改革，打下强大的经济基础。这样，才能有能力影响周边地区，促进周边地区经济共同发展。

其次，应鼓励民资企业赴巴投资。对巴基斯坦的投资不能仅靠国家的资本，还需要民营企业的投资。只有这两者互相结合，才能使项目保持可持续的发展。因此，政府应通过网络等宣传方式，更多地向企业家提供赴巴投资的信息，合理引导私营部门赴巴投资。对于法规、市场环境、风险等重要信息，政府也要完善风险预警机制，及时提醒企业家，以便提高投资的效率。

最后，应加强中巴两国的经贸联系，提高巴基斯坦对中国的贸易依存度，减小两国间发生大规模贸易冲突的可能。目前，中巴自贸协定第二次谈判第十次会议已取得了重大进展，[①] 中方应积极推进中巴自贸协定的谈判进展，并以此为契机深化两国的经贸合作。

（二）对外关系的政策建议

1. 应对领导人更迭与其国内腐败问题

中方应与巴方加大互访力度，增进政治互信，并通过协商、交流，为保证中巴经济走廊不会因政局的变化受到影响做出最大努力。双方可以开展反腐方面的合作，使巴基斯坦可以从中国借鉴反腐经验。

2. 正确引导媒体舆论

面对外国媒体的炒作，笔者认为，中方应及时理性回应，破除谣言，维持本国和巴国人民对中巴合作的信心。同时，中国应积极与巴基斯坦新闻行业合作，加大对走廊作用、意义以及所获得成就的报道，加深当地民众对中巴合作项目的了解和理解，获得更广大民众的支持。

3. 积极应对经济风险

对于巴基斯坦国内目前不容乐观的经济形势，笔者认为，中巴两国的首要任务是尽快完成交通通信等基础设施的建设，并及时投入运营。

---

① 《中巴自贸协定谈判将在巴新政府指导下继续推进》，中国商务部，http：//fta.mofcom.gov.cn/article/fzdongtai/201808/38537_1.html 2018 08 08。

在各省市连通后,跨省市、跨国贸易会更蓬勃地发展,给沿线地区带来发展动力。

对于当地投资的高风险,政府可以通过补贴等方式引导商业保险公司开发适当险种,民资企业可以申请投资保险。一旦出现风险,企业家可以申请赔偿,以最大化地降低赴巴投资的经济风险。

4. 妥善解决安全风险

对于巴基斯坦国内的安全问题,中巴两国需要积极合作。首先,应消除巴基斯坦国内对中巴经济走廊的误解,引导巴国媒体积极对项目进行宣传,使其老百姓意识到经济走廊给他们带来的是发展而不是资源的抢占。

其次,工程企业,应主动与施工当地的名门望族、长老、宗教首领等重要人物交流沟通,再让这些有影响力的人物到当地进行宣传,阻止宗教极端主义、民族分裂主义的传播。

再次,中巴两国需要成立安全机构,在施工地区加大安保数量,保护施工人员的安全。

复次,由于巴基斯坦与我国新疆接壤,是恐怖主义势力活跃地区,两国与周边国家要加大反恐合作,可以互派人员进行学习借鉴,或组织实地反恐演习,组建联合反恐部队等,以保障社会稳定。

最后,巴基斯坦可以向中国借鉴扶贫经验,以降低犯罪率。

5. 巧妙化解地区冲突

中方应与周边地区国家加强合作,一面展现中国的诚意,一面让国家间经济合作的优势充分显现出来。这些优势,可以打消对"一带一路"建设采取反对意见国家的顾虑,使其重新考虑"一带一路"建设带来的收益,转而与中国开展合作。

此外中国和巴基斯坦也可以主动加入这些国家的倡议,与中巴经济走廊形成互补,既可以加强与这些国家的合作,又可以促进区域经济一体化,发挥经济发展的协同效应,减少中巴经济走廊对邻国经济的冲击,使这些国家获得可观的经济效益。

五 结语

自中巴经济走廊倡议提出五年来,中国和巴基斯坦已经达成了许多重要协议,为未来的发展铺平了道路。各项工程正如火如荼地进行,巴基斯坦的经济也因中国的合作而持续稳定增长。两国的合作还包括了文化领域,两国的青年借此契机也可以交流两大古文明悠久的传统文化,并互相学习,共同创新。虽然地区局势亟须稳定,反恐工作刻不容缓,但在两国的友好传统之下,相信一定能够找到突破问题的道路,共创"一带一路"合作中的典范。

参考文献

[1]《中巴经济走廊》,中国网,http://guoqing.china.com.cn/keywords/2018-11/02/co。

[2]《如果一切顺利CPEC可能在2018年完成10余个项目》,黎明报,https://www.sohu.com/a/214641041_99901645 2018-01-04。

[3] 何美兰:《中巴经济走廊:"世界第九奇迹"》,《世界知识》2014年第10期。

[4] 张樵苏:《"中巴经济走廊数字信息大通道"全线贯通》。

[5] 木森:《中巴经济走廊文化交流中心成立》,国务院新闻办公室网站。

[6] 资料来源:https://www.kuaiyilicai.com/stats/global/yearly_per_country/g_gdp_growth/pak.html。

[7] 尹世杰、王毅:《中巴经济走廊建设成果实实在在,没有加重巴债务负担》,新华网,http://www.xinhuanet.com//2018-09/08/c_11 23400053.htm。

[8] 凤凰国际智库:《观点 | 经济学者警告:中国在巴基斯坦的投资能否收回值得慎重考虑》,搜狐,http://www.sohu.com/a/165517278_99901645。

[9]《经济日报—中国经济网巴基斯坦国家银行:政府债务升至24.2万亿卢比》,https://baijiahao.baidu.com/s?id=16089405120248 36479&wfr=spider&for=pc。

[10]《有难同当!巴铁想再向中国借40亿,欲保住600亿美元项目》,搜狐,http://www.sohu.com/a/239990904_334198。

［11］《中巴自贸协定谈判将在巴新政府指导下继续推进》，中国商务部，http：//fta. mofcom. gov. cn/article/fzdongtai/201808/38537_ 1. html 2018 08 08。

［12］王岘:《中巴经济走廊建设中面临的安全风险及对策分析》，《现代营销》2018 年。

［13］王彤彤:《"一带一路"背景下中国对巴基斯坦贸易的机遇与挑战》，《现代商贸工业》2018 年第 31 期。

［14］凌建科:《巴基斯坦电力投资的政治风险分析及法律应对研究》，《经贸实践》2018 年第 19 期。

［15］王南:《从中巴经济走廊建设看中巴关系及其前瞻》，《新丝路学刊》2018 年第 2 期。

利益与认同：浅析新生代农民工政治冷漠的两个维度

——以 H 省在京务工人员为例

赵思方/大二　孙子璇/指导老师

东北林业大学政治学与行政学

摘要：新生代农民工作为当代中国工人阶级的中坚力量，对该群体的政治冷漠研究是观察社会群体政治生活的重要窗口。文章从对 H 省在京务工的新生代农民工群体的个人经历入手，在对政治冷漠和新生代农民工进行概念界定的基础上，以利益和认同，这两个经济学和社会学的经典理论为理解维度，对新生代农民工在家乡和城市两层面的政治冷漠进行初步分析，重新建构了政治冷漠行为选择的解释逻辑。本文认为从利益角度分析，新生代农民工家乡政治冷漠是经济利益、政治利益与政治参与中的机会成本交互影响下的行为选择；而从认同角度理解，该群体的城市政治冷漠是该群体在主客观环境下具体表现为身份认同、权利认同以及制度认同的政治参与认同的结果。

关键词：政治冷漠　新生代农民工　利益　政治认同

一 引言

在国务院2010年中央一号文件《关于加大统筹城乡发展力度进一步夯实农业农村发展基础的若干意见》中,"新生代农民工"首次被官方使用。自此以来,"新生代农民工"这一群体逐渐受到社会各界的关注。2018年国家统计局发布的《2017年农民工监测调查报告》[①]数据显示,新生代农民工占比首次过半,占全国农民工总量的50.5%,逐渐代替老一代农民工成为农民工中坚力量。在此背景下,"新生代农民工"成为国家治理体系中不可忽视的参与主体,而有关该群体的政治冷漠研究也成为当代学界有关中国政治参与研究的主要内容之一。新生代农民工的政治冷漠是新生代农民工政治参与的重要范畴,反映了当前中国社会底层政治参与的真实现状,对于这一领域的研究对于中国社会发展与国家治理现代化更是具有重要价值。

（一）对新生代农民工政治参与的文献回顾

学界对于新生代农民工群体政治参与的分析研究是多方面的。宋晓颖从社会资本理论视角对新生代农民工城市政治参与进行解析,认为社会网络规模、社会交往对象与自身差异两个社会资本因变量与农民工个体相应政治参与认知的获得这一自变量呈正相关。新生代农民工的政治参与认知、政治关注等往往受到弱关系的影响。此外,个体在社会网络关系中所处的位置与其政治参与积极性也存在正向关系。[②] 高洪贵对中国农民工政治参与的制度环境、参与方式、参与特征、网络环境下的政治参与新动向、政治参与的阻碍因素以及实现路径进行系统的归纳分析与论证。[③] 魏向平

[①] 数据引自《2017年农民工监测调查报告》,http://www.stats.gov.cn/tjsj/zxfb/201804/t20180427_1596389.html。

[②] 宋晓颖：《社会资本理论视角下的新生代农民工城市政治参与》,中国青年政治学院,2012年。

[③] 高洪贵：《中国农民工政治参与：制度环境、现状分析与实现路径》,吉林大学,2013年。

对新生代农民工政治参与中存在问题的原因进行分析,还关注了新生代农民工自身组织力量以及整体的社会文化环境。①

(二) 研究设计及其操作化

本文的研究群体是 H 省在京务工的新生代农民工。对于资料的收集与分析,笔者主要从两方面进行:第一,文献收集。本文通过查找书籍、学术期刊数据库、国家统计局以及部分高校进行的社会调查数据等完成对两类文献的收集分析。一是农民工以及新生代农民工政治参与相关文献的收集和综述;二是政治冷漠理论相关文献的整理与学习。通过对这些文献的分析来建构本文研究的理论框架。第二,深度访谈。对于新生代农民工政治参与及政治冷漠现状以及其中的内隐因素,本文采用半结构式深度访谈进行资料收集,对 14 位行业中新生代农民工进行访谈,访谈对象的部分信息如表 1 所示。其中,在 H 省访谈第 1 至第 10 名,在北京本地访谈第 11 至第 14 名。

在性别方面,本文选用的访谈对象男女比例大体相当;在年龄结构方面,对象年龄集中于 20 岁至 35 岁,离开家乡的年龄集中于 16 岁至 25 岁左右;学历结构方面,对象的学历都在高中及以上,处于较高的文化水平;政治面貌方面,以群众为主,约三分之一的访谈对象有明确的政治身份;职业结构方面,14 名访谈对象中有 13 名为服务行业从业人员,职业类型分布较为集中。

表1　　　　　　　　　受访者的部分基本信息

序号	工种	性别	年龄	学历	离开家乡时的年龄	目前工资	政治面貌
1	某安保公司办公室职员	男	25	高中	16	3000 元左右	群众
2	快递员 A	男	27	高中	17	6000 元左右	群众
3	外卖员 A	男	31	高中	17	6000—8000 元	群众

---

① 魏向平:《新生代农民工政治参与问题研究》,郑州大学,2011 年。

续表

序号	工种	性别	年龄	学历	离开家乡时的年龄	目前工资	政治面貌
4	某研究院保安	男	35	高中	17	3000 元左右	群众
5	某饭店领班	女	32	大专	19	6000 元左右	群众
6	某高校餐厅工作人员	男	36	大专	21	—	群众
7	服装导购	女	29	高中	22	5000—7000 元	群众
8	快递员 B	女	29	初中	24	4000 元左右	群众
9	家政	女	33	初中	20 左右	5000 元以上	群众
10	地铁安检人员	女	19	大专（兼职）	18	4000 元左右	团员
11	外卖员 B	男	22	高中	20	8000 元左右	团员
12	某宾馆前台服务人员	女	30	高中	22	3000 元左右	团员
13	某研究院保安队队长	男	39	中专	25	5000 元左右	中共党员
14	某金融公司职员	男	28	本科	26	5000 元左右	中共党员

（三）创新之处

文章的创新之处体现在两个方面：第一，研究领域的创新。从"中国知网"的索引数据上看，中国学界对政治冷漠的研究最早可溯至1989年，其研究范围涉及面广泛。然而对于农民工群体的政治冷漠研究，大多集中于上一代农民工以及农民工整体，暂时还没有对新生代农民工群体政治冷漠的专门研究。① 第二，理解维度的创新。本文将新生代农民工政治冷漠从地域上区分为家乡政治冷漠和城市（工作地）政治冷漠，并分别从利益和认同、"经济人"和"社会人"假设进行较为深入的分析。

---

① 截至2019年3月2日，在"中国知网"学术数据库中，以"新生代农民工"为检索字段，在"期刊"数据库检索相关文章7059篇，在"硕博士论文"数据库中检索相关论文1745篇。以"新生代农民工"和"政治参与"为检索字段，共检索到期刊论文207篇，硕博士论文117篇。以"政治冷漠"为检索字段，共检索期刊论文381篇，硕博士论文74篇。而以"政治冷漠"和"新生代农民工"为检索字段，共检索文献2篇，但都非对二者的专门性研究。

二 新生代农民工与政治冷漠

(一)新生代农民工:工人阶级的中坚力量

关于新生代农民工的界定,学界达成一定程度的共识,目前的研究普遍认同王春光于2001年提出的观点,认为"新生代农民工"主要有两层含义。其一,新生代农民工多是出生于1980年以后,20世纪90年代初次外出的农村务工群体。其二,新生代农民工是介于第一代和第二代农民工之间的过渡群体。与老一代农民工相比较而言,这一群体具有诸多时代特性:一是群体年龄结构偏年轻,年龄介于16岁至39岁在目前和未来的很长一段时期是社会建设的中坚劳动力;二是与乡村联系较少,与老一代农民工相比,其乡土情结较为淡薄,务农经历也较少;[①] 三是文化程度更高,随着高等教育的普及化,该群体的文化水平还将持续升高;四是社会参与方式多样化,这一代农民工大多能熟练使用智能设备,在当代中国网民中占据相当比例,在网络舆论中的影响更加有力。

除了与老一代农民工进行纵向的代际比较,在与中国其他城市的新生代农民工进行横向对比时,笔者发现北京市的新生代农民工同样具有其特殊之处。首先,作为中国北部劳动力需求最大的地区,北京市本地劳动力数量远远不能满足城市发展需要。因此,在北京市的新生代农民工从地域构成上看以外地人为主,H省作为距离北京市较近的全国劳务输出大省之一,受到其强大的吸引能力的作用,是北京市新生代农民工群体的主要劳动力来源地。其次,北京市作为中国的政治中心,在京务工的新生代农民工对于北京市先天带有倾向于"政治信任"的思想设定。再次,在京务工的新生代农民工的经济收入水平远高于同职业在其他城市的工资水平,使得对新生代农民工的经济利益吸引力更强。最后,从落户门槛上看,在京务工的新生代农民工的城市融入受到政策限制,直

---

① 王春光:《新生代农民工城市融入进程及问题的社会学分析》,《青年探索》2010年第3期,第5—15页。

接削弱了这一群体的身份认同感。

（二）政治冷漠：心理、行为和理性选择

政治冷漠的界定，学术界争论至今。一说认为政治冷漠表示一种心理状态，即公民在公共事务中理性参与缺失，情感脱离公民义务以及政治活动参与缺位，如以戴维·梅森（David S. Mason）为代表等。另一说认为它被政治科学赋予行为方面的意义，借以表示参与行为的缺乏，是消极的政治态度在政治行为上的表现，即不参加政治活动，公民对于政治问题和政治活动冷淡而不关心。① 政治冷漠与政治参与的关系是相对而非对立的，王浦劬、杨光斌等学者认为政治冷漠是指政治参与的一种状态，常用于形容"无政治阶层"政治生活状态。② 总体来看，政治冷漠是体现在心理与行为上的一种消极的政治参与，是个人在对周围环境和自身条件进行考虑后做出的理性选择，反映了政治参与的程度。

多数学者认为影响政治冷漠形成的因素可以按照性质区分为消极与积极两方面。消极方面，低政治效能感、对政府的不信任、传统文化以及不完备的参与制度都不同程度地作用于人们的政治参与选择。而积极方面，社会行为体也会因对政治的高度信任和对社会事实较高的满意度助推其政治冷漠的出现。虽然不同社会群体的政治冷漠的影响因素从宏观的角度分析有较高的相似度，但是在微观角度权重各有不同。在对访谈材料进行梳理的过程中，笔者发现新生代农民工的政治冷漠存在地域性区分，即家乡和城市（工作地）的区分。而且在不同的地域层面，影响其作出政治冷漠选择的主要因素也存在差异。

三 利益：家乡政治冷漠的"经济人"理解维度

利益是个人行为作出的根本，追求利益也是人的本能。英国哲学家

---

① 王浦劬：《政治学基础》（第3版），北京大学出版社2014年版，第175页。
② 杨光斌：《政治冷漠论》，《中国人民大学学报》1995年第3期，第99—104页。

休谟说,"人类在很大程度上是被利益所支配的"。利益驱动理论认为人受利益制约,社会秩序也受利益制约。西方"经济人"假设也认为利益决定并驱动人的行为。笔者认为在新生代农民工政治冷漠的家乡层面,利益是理解新生代农民工政治冷漠的重要维度。在这一维度中,利益通过经济利益的吸引、政治利益的受限以及参与成本的限制综合影响新生代农民工政治冷漠的做出。

(一)经济利益吸引:群体产生的主要因素

理解新生代农民工家乡政治冷漠选择的前提之一是理解产生这一群体的关键性因素。劳动力流动是人力资源在市场作用下的结果,在农民工群体产生的过程中,一方面,城乡在经济收入、社会建设等方面的差距不断拉大,这使得城市对尚为农民身份的农村劳动力产生极大的吸引力;另一方面,城市在经济发展的过程中产生的劳动力缺口也为这一群体的形成创造了良好的机遇。在二者的综合作用下,农民工群体不断壮大,形成中国独有的庞大廉价劳动力群体。

新生代农民工作为农民工群体代际分类的一种,经济利益因素同样是决定其走向城市的关键性因素。且因其具有较高的文化素质与新事物接受能力,新生代农民工在当今城市建设中更受欢迎,工资待遇也更好。以访谈结果为例,14名受访者中月工资在4000元左右及以上的有10名。即使是最低的工资水平也远超在家乡的经济收入水平。

(二)政治利益落空:"弱参与效力"的限制

理解新生代农民工家乡政治冷漠,离不开对中国农村政治冷漠的研究。除了非独立性的农村村民经济地位,不完善的农村基层民主以及根深蒂固的传统政治文化影响等共识性的阻碍因素,[①] 村落内部的宗族因素也阻碍了新生代农民工在家乡的积极政治参与。由于新生代农民工年龄与在宗族里的辈分普遍处于农村社会人际结构中相对较低的层级,与之

---

① 张劲松、骆勇:《论农村村民政治冷漠的成因及消解》,《理论探讨》2006年第5期,第25—28页。

相对应的政治话语权也相对无力。无力的政治话语权致使新生代农民工的实际政治参与效力不足，形成"弱政治参与效力"。这不仅间接影响其政治效能感，从一定程度上助推了行为体作出政治冷漠的选择，[①] 而且这种"弱参与效力"也使得新生代农民工进行政治参与时预期政治利益"落空"，不能实现预期参与目的。

（三）参与成本限制：倾向冷漠的实际因素

成本与利益总是相伴而行。经济学的"成分—利益"理论认为在"理性人"假设前提下，人们进行对比后会倾向于成本更低、利益更高的选择。当前新生代农民工的政治意识远远未达到高度自觉的程度，他们进行政治参与或多或少会带有功利的色彩。由于新生代农民工的工作地与政治参与地存在空间上难以逾越的间隔，群体政治参与的成本远高于政治冷漠的成本。从利益相关的角度出发进行利益剖析，在离开家乡后新生代农民工在家乡的利益无形中就已消减。如果选择回到家乡进行政治参与，往往会造成更高的机会成本。

四 认同：城市政治冷漠的"社会人"理解维度

新生代农民工选择在城市（工作地）采取政治冷漠的一个重要认识维度是认同。认同是社会心理学的概念，在心理学上，认同被定义为："个体知晓他/她归属于特定的社会群体，而且他/她所获得的群体资格会赋予其某种情感和价值意义。"[②] 在政治冷漠中涉及的认同实质上是一种政治参与认同，具体表现为身份认同、权利认同以及制度认同三个层面。每一个层面都体现出主观认同与客观认同间的矛盾。

[①] 薛中国：《当代中国政治认同心理机制研究》，吉林大学，2007年。

[②] ［澳］迈克尔·A. 豪格、［英］多米尼克·阿布拉姆斯：《社会认同过程》，中国人民大学出版社2011年版，第24页。

（一）身份认同：政治参与认同的基础

政治身份认同是新生代农民工政治参与认同的基础。郑婉卿认为个体对一种身份的认同，也就意味着他对身份中所蕴含着的行动操演脚本的认同。① 新生代农民工的政治身份一方面涉及职业层面，即是以"农民"的身份参与政治，还是以"农民工"的身份参与政治；另一方面则涉及地域层面，即是以工作地建设者的身份参与政治，还是依据户籍以家乡人的身份参与政治。有关新生代农民工的政治身份认同按照认同主体可划分为对其政治身份的客观认同与在此基础上的主观认同。

对新生代农民工政治身份的客观认同与其主观认同间存在不容忽视的矛盾，在现实中表现为新生代农民工在身份归属上的"双重脱嵌"，即在城市、家乡政治参与中都扮演着"双重边缘人"的角色。对新生代农民工政治身份的客观认同是城市社会对其参与身份的认同，但现实中更多以源于城乡发展差距而形成的城市社会歧视体现出来。在陶美庆的调查中，农民工对于城市群体的"友好度"和他们体验到的城市人对农民工的"友好度"间的差异巨大。② 这种城市社会对新生代农民工身份的不认同及其表现出的"冷暴力"客观上阻碍了政治参与身份平等化，主观上加深了参与主体对自己身份的疏离感。

（二）制度认同：政治参与认同的条件

政治制度认同是新生代农民工政治参与认同的条件，是对农民工政治身份的客观认同。政治制度是政治关系的直接表现，是人们在特定利益基础上围绕政治权利与政治权力而开展的相关社会活动的成文保证。

其中与农民工群体关系最密切、最受社会关注的限制性制度因素当

---

① 郑婉卿：《香港青年的生活满意度、政治倾向与身份认同》，《青年探索》2019年第1期，第15—32页。
② 陶美庆：《中国新生代农民工政治参与问题研究》，吉林大学，2016年。

数城乡二元户籍制度。首先，农民工群体本身就是户籍制度与经济发展冲突的结果。其次，以户籍制度为基础出台的一系列分制式城市管理政策使得农民工群体与市民群体从制度设计上就产生不平等。例如，作为北京市建设主体之一的新生代农民工的子女由于户口问题，不能享受北京市的教育资源福利。① 最后，从认同内部关系上看，制度还影响了新生代农民工的身份认同。大城市高不可攀的落户政策（如：北京）间接削弱了新生代农民工的归属感，市政府采取一系列内外有别的管理政策，导致了城市中农民工和市民的隔阂与对立，制约了群际一体性融合，并使得新生代农民工在心理上形成巨大落差，增加了他们的孤立感、冷漠感。这些制度障碍对于新生代农民工的政治制度认同起到消极作用，大大削弱了农民工对于城市政治参与的认同感。

（三）权利认同：政治参与认同的保障

政治权利认同是新生代农民工政治参与认同的保障。政治权利的内容是共同利益的主张，其形式表现为政治参与者的法定资格，也是法定的资格性规定。农民工对自身政治权利的认同不仅反映了对自身政治参与合法性的认同，还能提高维权意识，增强其政治参与动机。在访谈中，多位受访者都表露出了对应然状态下政治权利的了解与认同，但对实然状态下的农民工政治权利持有较深程度的质疑。

综上所述，这种对新生代农民工政治身份、政治制度、政治权利三个层面的不认同以及其中传达出的主客观认同间的矛盾，既是新生代农民工城市政治冷漠的深度因素所在，更是从"社会人"角度理解城市政治冷漠的维度。

五　结语

新生代农民工作为当代以及未来中国社会稳定与经济发展的中坚力

---

① 宋晓颖：《社会资本理论视角下的新生代农民工城市政治参与》，中国青年政治学院，2012年。

量，他们的政治参与程度与国家政治参与建设密切相关。文章从对 H 省在京务工的新生代农民工群体的个人经历入手，以利益和认同，这两个经济学和社会学的经典理论为理解维度，对新生代农民工在家乡和城市两个层面的政治冷漠进行初步分析，重新建构了政治冷漠行为选择的解释逻辑。本文尚存一些明显缺陷，尤其在调查对象的选取上，存在样本较少、对象职业集中等问题。此外，虽然笔者力图抽象出新生代农民工政治冷漠背后的根源理论，但由于学识有限、社会经验尚不丰富，在写作中难免存在一些漏洞，还望学界批评指正。

参考文献

[1] 宋晓颖：《社会资本理论视角下的新生代农民工城市政治参与》，中国青年政治学院，2012 年。

[2] 高洪贵：《中国农民工政治参与：制度环境、现状分析与实现路径》，吉林大学，2013 年。

[3] 魏向平：《新生代农民工政治参与问题研究》，郑州大学，2011 年。

[4] 王春光：《新生代农民工城市融入进程及问题的社会学分析》，《青年探索》2010 年第 3 期。

[5] 王浦劬：《政治学基础（第三版）》，北京大学出版社 2014 年版。

[6] 杨光斌：《政治冷漠论》，《中国人民大学学报》1995 年第 3 期。

[7] 张劲松、骆勇：《论农村村民政治冷漠的成因及消解》，《理论探讨》2006 年第 5 期。

[8] 薛中国：《当代中国政治认同心理机制研究》，吉林大学，2007 年。

[9] ［澳］迈克尔·A. 豪格、［英］多米尼克·阿布拉姆斯：《社会认同过程》，中国人民大学出版社 2011 年版。

[10] 郑婉卿：《香港青年的生活满意度、政治倾向与身份认同》，《青年探索》2019 年第 1 期。

[11] 陶美庆：《中国新生代农民工政治参与问题研究》，吉林大学，2016 年。

[12] 陈光金：《中国青年发展报告 NO.1，社会融入与社会参与》，社会科学文献出版社 2018 年版。

京津冀一体化下的产业转移分析
——以大红门转移河北以及首尔首都经济圈为例

季玥涵/高二　王雪莹/指导老师　德州市第一中学

摘要：京津冀一体化战略实施以来，非政府职能的疏解成为推进北京向更高层次更好水平发展的重要途径。本文将以京津冀经济圈中服装批发零售产业转移至河北保定白沟为切入点，对比北京与首尔经济圈的政策规划，分析北京经济圈在政策规划方向的不足，并提出解决建议。

关键词：京津冀一体化　产业转移　首都经济圈　政策规划

一　引言

2014年以来，京津冀一体化的地位不断提高，已上升成为一项国家战略。随着国家经济发展水平的不断提高，区域间的比较优势的差距也日益显现。在京津冀一体化的大背景下，产业转移不仅是一种空间维度上的产业链转移，更是对区域比较优势最大限度的利用。政府作为产业转移中不可或缺的角色，无论是在决策、管理还是政策实行方面对于产业转移都有着至关重要的影响。通过国家间的首都经济圈的政策等方面的对比，笔者发现由于各级政府存在行政能力不一、规划不当、产业转移不衔接的现象，导致产业转移出现资源错配的问题。

在本文中，笔者将以北京的大红门服装市场（下文简称大红门）转移至河北保定白沟为例，分析各级政府在推动产业转移时的决策，通过与首尔经济圈的管理政策等对比，分析各级政府在京津冀一体化中存在的问题。

二 产业转移的宏观现状

随着产业生命周期阶段的变化，一些产业不再适应和适合当地市场的发展，失去了当地产业发展的比较优势，被迫或主动地将产业链向发展低梯度的区域进行转移，以实现产业资源的优化配置与高效利用。这种由于比较优势差异而形成的梯度转移模式是由一些区域经济学家提出来的，这种理论一般认为梯度差异是引发产业转移的直接原因。

习近平总书记在京津冀协同发展座谈会上强调："要从全局的高度和更长远的考虑来认识和做好京津冀协同发展工作，增强协同发展的自觉性、主动性、创造性，保持历史耐心和战略定力，稳扎稳打，勇于担当，敢于创新，善作善成，下更大气力推动京津冀协同发展取得新的更大进展。"京津冀一体化中以北京作为转出方、河北为承接方的产业转移，一是基于产业在北京的发展成本上升，利润下降情况下的市场自发性转移；二是基于近年来河北在环京津地区的优势发展不充分，京津地区环境承载压力过大，且有部分产业不适宜北京首都职能发挥，针对此类情况进行的政策性转移。

三 产业转移微观分析

（一）京津冀一体化的案例及分析：大红门市场转移至河北保定白沟

河北保定为吸引大红门的转移，与廊坊争夺京津冀城市副中心的地位。统计显示，2014—2015 年，白沟国际商贸城共承接商户约 1500 户，远超预计转移数量。2016年,一项调查问卷结果显示,白沟大红门服装市场商户中本地人占绝大多数,原北京大红门的商户所占比重仅为12.6%,且本地商户中,90%从业时间短于一年,同时,有近70%的商户处于零利润或亏损状态。① 2018年5月28日,《中国经商报》曝光了北京大红门市场存在隐蔽招商的问题,部分白沟的服装商"回流"北京。并且早在2017年《华夏时报》的报道显示,来自北京大红门的商户仅剩30余家,产业转移的目的明显并未达到。

在商户对白沟当地政策的满意度调查中,值得注意的是商户不满意(24%)和非常不满意(13%)的反馈,其中商户对于白沟政策不满意大多是因为政策实施不力,以及对当地市场管理方式不满。

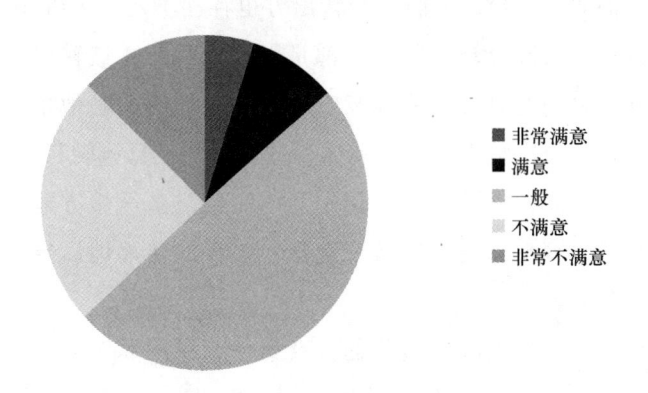

图1　商户对白沟当地政策的满意度调查

资料来源:谷聪、王晓晶:《京津冀一体化背景下河北省承接京津产业转移问题研究》,《知识经济》2013年第14期,第92+100页。

从承接方——白沟政府来看,大红门服装市场是保定与廊坊等城市进行副中心争夺的有力竞争武器,是一个新的经济增长点。表面上看,白沟政府以廉价的摊位租金、交通的优势与廊坊永清在竞争中取得了一定优势,然而剖析白沟政府在整个产业转移时的措施:一是白沟政府没有建立一个正确的规划,大红门商户作为外来商户,白沟政府应当将原

---

①　刘海静:《非首都功能疏解视角下的北京大红门地区服装批发产业转移及回流问题研究》,《北京规划建设》2018年第6期,第28—33页。

有市场进一步扩大,将其引入当地市场竞争力较强的已成型的商贸批发城,强强联合。而白沟政府招商引资,为商户建立了几个新的商贸城,其实是与白沟当地已发展成熟的商贸城进行竞争,与当地原有的批发零售体系产生冲突,转移的结局无疑会是失败的。二是从转移政策本身的实施效果上看,大红门商户向白沟转移的优惠政策大多落实在了本地商户上。许多本地商户在看到新建商城巨大的优惠政策后,自然会舍弃现有高成本的经营选择低成本。白沟国际商贸城虽保留了大红门的旧有名称,但实质上大部分的商户并非都来自大红门。从这一方面看北京市政府转移大红门的目的也未能实现。

而分析服装商回流北京的原因,一方面包括上文白沟政府的规划漏洞,另一方面北京丰台区方面作为转出方也存在不足。大红门自2014年开始产业转移,大部分转移的商户都是以散户的形式被转移到各个承接地的,在转移之前北京市政府并没有出台一项能够明确地指出政府预计分几批次转出,每次转出要转移具体哪些类商户,具体转移到哪个市场,转移过后商户的安置保障又如何指示。而完全是由承接方建设的项目与散户进行对接,容易出现一些散户选择了错误的转移地后导致的利益受损与市场混乱问题。

究其根本,是在大红门转移的大背景下,京津冀一体化并没有制定明确的对于批发零售业的具体转移规划,也没有出台相应的法规政策。工信部在2012年发表《产业转移指导目录(2012年本)》①,2018年发布《产业转移目录(2018年本)》②,由2012年机械、轨道交通、汽车、航空航天、化工、电子信息、食品、药品、纺织、建材、轻工、钢铁12个门类,扩充到电子信息、医药、智能制造装备、汽车、轨道交通、航空航天、船舶及海洋工程装备、机械、新能源、新材料、化工、食品、纺织、轻工、生产型服务业和节能环保工业16个门类。但两部规划中都仅涉及具体一二两种产业的转移发展,针对服装批发零售的第三产业,中央并未作出明确的指示。这就直接导致了各地政府与北京市政府对接时

---

① 《产业转移指导目录(2012年本)》(工业和信息化部公告2012年第31号)。
② 《产业转移目录(2018年本)》(工业和信息化部公告2012年第66号)。

无规可寻，无法可依。承接方政府依照不清晰的转移规划，夸大地提出未来的发展目标，盲目引领散户转移，导致资源错配。在当地政府的政策对散户的利益不利时，散户不愿在转移地定居而选择回流。京津冀一体化下大红门的产业转移作为一项政策性转移，在政策方面，京津冀地区要统一进行规划，合理配置经济圈内的资源，正确制定各项措施，在一体化前期发挥社会主义集中力量办大事的优势，运用科学的宏观调控以将市场引领到正确的发展道路。

（二）首尔首都经济圈

	区域一体化开始时间	首都经济圈范围	管理机构	规划与法律	圈层结构设置	具体措施
首尔	20 世纪 60 年代	以首尔为中心的6个市、2个邑、33个自治区	首尔都市圈整治委员会	1982 年《首尔都市区整治规划法》 1983 年《首尔都市圈整治规划法实施令》 1994 年《首尔都市区整治规划法》 《第一次首尔都市圈整治规划（1982—1996）》 《第二次首尔都市圈整治规划（1997—2011）》 《第三次首尔都市圈整治规划（2006—2020）》	划为三种不同的圈域，即过密抑制区域（首尔都市圈的中部和西部）、成长管理区域（首尔都市区的北部和南部，包括京畿道的部分区域）和自然保护区域（首尔都市区的东部，包括京畿道的五市三郡）	新城自立性中心城市全圈域整治方案 人口集中诱发措施与开发事业的管理 持续抑制大企业工厂在首尔经济区的建立 制订区域单位计划，促使周边地区进行大规模整治

韩国与我国同位于亚洲东部，具有较为类似的发展背景，从 20 世纪 80 年代起，首尔经济区通过一系列整治改革方案，整合区域发展优势，

不断完善顶层设计，找寻适合首尔实际的发展方式，对首尔及其附近的地区的职能准确定位，划分为发展方式不同的三种行政区域，有效避免区域间的产业重合，能显著地提高首尔经济圈的发展水平。

对比首尔经济圈与我国北京经济圈，不难看出，我国对京津冀的总体政策筹划是较少的，现有的总体规划仅有《京津冀协同发展规划纲要》，因而河北与北京在实行产业转移过程中也缺少了对于大红门市场转移到白沟的整体规划指导，从而导致两方政府出现"大红门市场转移至河北保定白沟"案例中叙述的问题。

四　政策建议

（一）建立权责明确的中央管理机构，加强顶层设计规划

京津冀协调发展涉及领域范围广泛，人员众多，但直接的管理机构只有京津冀协同发展战略小组。在京津冀经济圈的建设初期，要实现更好更高效的一体化，应当以原有的小组为基础，进一步扩大其职能范围。京津冀的一体化可以借鉴成熟的国际首都经济圈的建设经验，如首尔经济圈中的首尔都市圈整治委员会，将原本京津冀一体化已有的京津冀协同发展战略小组职能不断细化，设置权责明确的京津冀一体化的综合管理机构，负责制定经济圈内的整体政策，调整整体布局，对经济圈进行统一规划管理。中央战略小组要广泛吸纳人才，将理论与京津冀的实际发展状况相结合，科学化民主化决策。战略小组要提高决策水平与效率，保证决策的科学性，深化并充分发挥北京在京津冀一体化下的核心地位。习近平总书记在去京津冀地区考察时曾说："要破除制约协同发展的行政壁垒和体制机制障碍，构建促进协同发展、高质量发展的制度保障。"

在北京非首都功能的转移过程中，出现的各省市间产业转移的"抢单"行为，实质上就是一种缺乏总体规划而造成的无序与混乱局面。各个省市对于自身的定位看似具体明确，但将其定位放在京津冀的总体布局上来看，地区间存在严重的产业同构现象，分散的转移同时也会导致地区资源利用效率低，地区间竞争加剧，影响市场的建立与发展。在中

央层面对经济圈进行顶层设计时，总体规划，立法引领是规范市场发展较为通行、有效的做法。京津冀协同发展，要积极探索推进合理高效的经济规划，减少京津冀地区间的比较差异。《京津冀协同发展规划纲要》（下文简称《纲要》）的制定，在国家发展战略的顶层设计上迈出了可喜的一步，然而《纲要》并不具有严格意义上的法律约束效力，还需要从政策角度出发，设计一系列层级推进机制，通过法律意识和法律意志体现国家意志，辅之以强有力的引导。①

（二）减少地方各级政府对政策施行的错误引导

政府应当对当地市场做出正确的预估。京津冀一体化在实施时应用前瞻性的眼光对产业转移进行科学的市场预期，合理制定发展目标。陈计旺认为产业转移是经济发展过程中区域间比较优势转化的必然结果，是发达地区向落后地区不断转移已经丧失优势的产业。② 产业转移对于转出方来说，是落后产业退出当前市场的有效方式。基于产业转移的这一原因，承接方不能只因为一时政绩，就转移的产业已达到发展成熟阶段而盲目进行产业对接。一是应综合考虑产业转移对当地市场的利弊问题，是否与原有产业和市场存在较大竞争。二是转移产业与当地的发展目标是否一致，能否在转移后进行产业结构优化调整，针对性地整合与发展，适应现代中国经济的发展形势，使其成为当地产值的新增长点。

对于京津冀经济圈中的产业转移结构，应由中央战略小组进行科学适当的宏观调控，宏观上提出建议，对承接方做出总体指示把控，牵好一体化发展的"牛鼻子"。地方各级政府应当严格遵守中央战略小组指示规划，减少转出方与承接方政府在对接与发展上的失误，提高行政执行能力，在政策实行时兼顾效率与公平。习近平总书记指出："积极稳妥有序疏解北京非首都功能，要更加讲究方式方法，坚持严控增量和疏解存

---

① 邢琰、成子怡：《伦敦都市圈规划管理经验》，《前线》2018年第3期。
② 陈刚、刘珊珊：《产业转移理论研究：现状与展望》，《当代财经》2006年第10期，第91—96页。

量相结合,内部功能重组和向外疏解转移双向发力,稳妥有序推进实施。"

(三) 完善对地方政府的监督

对接的政府双方要建立成熟的产业对接机制,丰富完善承接方的基础设施与优惠政策,吸引商户进行转移,减少商户的直接利益损失,加大政府的市场监管力度。一些承接方政府虽然通过对转移企业提供丰富的基础设施、实施财税优惠政策、营造竞争有序的良好的营商环境、完善社会保障制度以维护商户的合法权益并避免产业转移后出现回流的情况,但一些地方政府仍存在因行政效率低而未能落实承诺的政策的现象。笔者认为,中央政府与各级地方政府应当加强沟通,协调施行政策。地方政府要坚持中央的领导,明确责任,狠抓落实,中央应当注重对地方各级政府政策落实程度的监督,了解地方在实行产业转移时存在的困境与难点,并及时做出规划调整。

五 结语

习近平总书记在 2019 年考察京津冀三省市时,曾指出:"过去的 5 年,京津冀协同发展总体上处于谋思路、打基础、寻突破的阶段,当前和今后一个时期进入到滚石上山、爬坡过坎、攻坚克难的关键阶段,需要下更大气力推进工作。"本文结合京津冀一体化下大红门转移至河北保定白沟的事例,通过北京非首都功能疏解时各级政府存在的产业对接机制不合理、配套措施不完善,优惠政策落实程度有限的问题,认为中央战略小组应完善顶层设计,加强整体规划,从宏观与微观方面双向促进,建立统一的管理机构并加强中央与地方间的联系,以期更加高效地实现一体化。

众所周知,京津冀一体化是一项事关长远的国家战略,需要各级政府以及全社会的决心,需要中央不断完善相关政策。2020 年,我国将全面落实京津冀一体化,在当下这个关键节点,政府应当结合实践中遇到的问题,不断自我革新,不忘初心,砥砺前行,为一体化的实现付诸更大的努力！

参考文献

［1］陈刚、刘珊珊：《产业转移理论研究：现状与展望》，《当代财经》2006年第10期。

［2］谷聪、王晓晶：《京津冀一体化背景下河北省承接京津产业转移问题研究》，《知识经济》2013年第14期。

［3］刘瑞、伍琴：《首都经济圈八大经济形态的比较与启示：伦敦、巴黎、东京、首尔与北京》，《经济理论与经济管理》2015年第1期。

［4］刘楷：《京津冀协同发展与雄安新区引领作用》，《财经智库》2018年第3卷第1期。

［5］刘海静：《非首都功能疏解视角下的北京大红门地区服装批发产业转移及回流问题研究》，《北京规划建设》2018年第6期。

［6］朴光玄：《首尔都市圈管制政策创新研究》，硕士学位论文，中国社会科学院研究生院，2011年。

［7］邢琰、成子怡：《伦敦都市圈规划管理经验》，《前线》2018年第3期。

［8］邢华、张阿曼、王瑛：《基于"重要性—影响力"框架的非首都功能疏解路径研究——以北京市动物园服装批发市场搬迁为例》，《城市观察》2016年第5期。

［9］熊鸿儒：《中国经济时报》2016年8月19日。

［10］王鹏、张秀生：《国外城市群的发展及其对我国的启示》，《国外社会科学》2016年第4期。

［11］吴宇、刘天泽：《京津冀协同发展背景下河北省承接产业转移研究——基于白沟大红门市场的调研》，《河北大学学报》（哲学社会科学版）2016年第41卷第3期。

人类命运共同体与国际法治
——从国际治理与国内治理入手

秦浩洋/高三　慕雅琦/指导老师　临汾市第一中学

摘要：国际治理与国内治理在良性互动中相互促进、相互影响——国内治理是国际治理的基础，国际治理是国内治理的延伸。现存的国际治理体系仍有缺漏，我们应提高国际治理与国内治理良性互动的水平，依据中国方案建立人类命运共同体，推动国际治理与国内治理共同发展。

关键词：国际治理　国内治理　人类命运共同体　"一带一路"

一　国际治理与国内治理的动态关系

（一）国际治理与国内治理法理一致性

在经济全球化发展进程中，以粮食安全、资源短缺、气候变化、网络攻击、人口爆炸、环境污染和跨国犯罪等为代表的全球性问题日益突出，由此催生了跨越主权国家性质的国际治理体系。国际治理与主权国家的国内治理既存在差异又相互统一，其差异性表现在国际治理在孕育氛围、衍生环境、发展路径、表现形式、价值蕴含甚至理论基础方面均显出特性，这显然超出了国内治理的解释辖域，但二者又相互联系、相互依赖、相互渗透，其互动性体现了国际治理与国内治理的内在统一，且国际治理与国内治理互动过程中所蕴含的法制观念和价值观念表现出较高的相似度。① 这正论证了国际治理与国内治理在深层法律理性上的一致性。

(二) 国际治理与国内治理的双向性与循环性

在法理上具有一致性选择后，国际治理与国内治理之间的互动还显示出双向性与循环性的基本特征。所谓双向性，即指国际治理与国内治理相互补充，相互支撑，相互影响，作为全球治理的两个层面的根本治理方式，二者统一于全球治理中。而所谓循环性即指二者不断呈现出螺旋上升式的循环往复。国内治理是国际治理有效，有力的基础，"专制—法治—民主—国内治理—国际治理"的人类社会发展规律普遍适用于各个国家，其内在的演化也同样遵循相应的规律。在这个规律体系中，国内治理是培育国际治理的土壤，为国际治理积淀了国际法律制定的基本原则和内在的法理精神，国内治理为国际治理得以被全球范围承认提供了内在深层的根基；国际治理是国内治理联合、延展到一定阶段的必然结果，是现阶段人们所构想的并且已经部分实现了的理想架构，尽管现阶段的国际治理不尽如人意，仍然需要国际社会的进一步探索，但国际治理依然给国内治理提供了更高层次的、更广阔的平台，使得国内治理可以进行更高层次的国际合作，在合作中促进国内治理与国际治理的共同发展，由此循环往复，不断前进。

(三) 从联合国与主权国家的互动看国际治理与国内治理的动态关系

联合国大会的决议确认了法治是各国间友好平等关系的基石，是公正公平的社会得以建立的基础，② 国际治理与国内治理的良性互动是对法治进程的不断深化，是将主权国家的单元治理与国际组织的多元治理的

---

① 参见赵骏《全球治理视野下的国际法治与国内法治》，《中国社会科学》2014 年第 10 期。
② 参见联合国文件《国内和国际的法治问题大会高级别会议宣言》（编号 A/RES/67/1），2012 年 11 月 30 日。

有机统一。一方面主权国家将难以凭借单元治理解决的问题提请至国际组织，国际组织根据问题的严重程度制定相应的参与政策，并经过成员国的投票上升为国际意志，在这部分过程中，主权国家是法制互动的主要发起者，依据现实状况的要求，将本国的国内治理利益诉求、制度构想及解决方案由内向外地输送给联合国，国际治理借此来制定或完善国际公约及国际法规，并在国际治理中付诸实践。另一方面国际治理作为推动国内治理成果国际化的终端接受者，其形成的国际法律性文件不仅会对主权国家国内治理的外部行为形成约束，更会直接影响到国内治理的内部，国内治理依据国际意志统筹国内治理的对内自主性和行为外部性，建立和完善与全球意志内在匹配的国内法，并且国内治理作为国际意志的实际实践主体，其实践过程中又会对国际法律性文件有缺漏的地方加以弥补与完善，或对现行法规中已经不适应当前社会发展局势的部分提出新的议案。这两个方面都是国际治理与国内治理的良性互动中的有机组成部分，其实践过程是双向的闭环回路模型，通过内外联动而相互促进，呈现出发展的螺旋式上升性，且互动的范围和规模都在不断扩大，形成了一个以国际治理与国际法规为主要骨架，以国内治理与国内法为支架，以主架与支架间的良性互动为血液的有机整体，这便是国际治理与国内治理的动态关系。

二　在反洗钱领域国际治理与国内治理的动态关系

（一）国内治理中面临的困境对国际治理完善的促进作用

所谓洗钱即指隐瞒或掩饰犯罪收益并使之表面来源合法化的活动和过程，[①] 在当前世界的全球化潮流中，伴随着科学技术的发展，洗钱组织的活动更加隐秘，且呈现出跨国性强、流动性强、隐匿性强、危害性强的特征。多数洗钱活动往往会涉及不止一个国家，且在资本流动洗白的

---

① 参见邵沙平、李曰龙《国际反洗钱法的新发展与我国反洗钱法治》，《法学杂志》2007年第2期。

过程中难以被及时发现，而洗钱活动又常与其他犯罪行为相交织，对国际社会的安全、和谐、稳定造成极大的威胁甚至危害。针对以上论述的洗钱活动的特征，传统的国内治理由于缺乏跨越国家界限的强制力，难以有效解决国际化洗钱活动所造成的问题，这就对更高一层次的全球治理提出了要求，但全球治理中的反洗钱活动也有缺漏之处。在国际治理中，暴露出一些在反洗钱全球治理体系尚存的问题，例如：联合国作为国际治理的主体，在1993年发布了《有组织的犯罪对整个社会的影响》的报告，揭露了国际信贷和商业银行洗钱200亿美元的惊人事实。国际信贷和商业银行（BCCI）是1972年在卢森堡注册的一家国际性银行。发展到1991年，随着经济全球化潮流，BCCI在73个国家设立430个分支机构。[①] 联合国暴露出来BCCI洗钱犯罪的影响，不应仅是一家大型银行的倒闭，更应是对全球治理体系的监管控制体制的反思。BCCI作为全球知名的银行，通过一系列非法手段，披着合法贸易的外衣，借助银行领域的天然优势——交易记录保密性强且溯源追查难度大，利用其本身在全球范围内的影响力，以及分散广布的公司结构，其洗钱活动往往具有跨国性、流动性和隐匿性的典型特征。全球银行的全球化经营使当时不完善的国际治理体系无法观察或监控到全部的银行行为，导致单一国家的管辖，甚至部分国家共同管辖都难以有实际作用。上述问题并非仅存在于BCCI中，而是广泛存在于国际金融系统之中，可见反洗钱体制的全球治理尚不成熟。为了解决上述的问题，国际社会形成了一系列适应现实状况——以监控管制洗钱犯罪行为为目的的国际公约，如1988年《联合国禁止非法贩运麻醉药品和精神药品公约》，这就将反洗钱活动上升至国际层面；为了更好地扩大国际治理的可触及范围，减少国际治理与国内治理的摩擦，2000年联合国《打击跨国有组织犯罪国际公约》以专条（第七条）规定"法人责任"来减少和消除国际治理与国内治理的冲突，形成了现代化更高水平的国际治理体系，这是地方主权国家国内治理对国际治理体系的促进作用。

---

① 参见邵沙平《论国际法治与中国法治的良性互动——从国际刑法变革的角度透视》，《法学家》2004年第6期。

(二)国际治理成果对完善国内治理的引导作用

在国际治理对国内治理的引导作用中,国际反洗钱法律体系的一系列公约,其内在法律精神是中国反洗钱法律体系的法理基础。中国作为一个重要的治理主体,对全球治理的态度总体上是积极的。[①] 面对国内外洗钱活动造成的危害,中国作为国际治理的基础单位之一,积极加入国际社会订立的一系列创新性国际治理公约,积极支持国际治理中的反洗钱国际合作,严格依据国际公约的意志精神制定与之匹配的国内法,严厉打击披着合法交易外衣的洗钱活动,逐步完善了国内治理的反洗钱法律体系,例如:中国相继签订加入了《联合国禁止非法贩运麻醉药品和精神药品公约》(United Nations convention against illicit traffic in narcotic drugs and psychotropic substances)、《联合国打击跨国有组织犯罪公约》(United Nations convention against transnational organized crime)和《联合国制止向恐怖主义提供资金的国际合约》(An international agreement by the United Nations to stop financing terrorism),加强在反洗钱领域与其他国家的合作——创立"欧亚反洗钱与反恐融资小组(EAG)",2006年10月31日第10届全国人大常务委员会第24次会议通过了《中华人民共和国反洗钱法》,以法律强制力对洗钱等国际犯罪进行约束。联合国制定的反洗钱法为中国反洗钱法的制定供给了国际法原则,为中国反洗钱事业供给了国际治理的法理精神,这是国际反洗钱法对中国反洗钱法法律体系的促进作用。

三 国际治理与国内治理的发展构想
——中国方案的可行性

(一)浅析现今国际治理体系

虽然国际治理与国内治理的互动关系经过多次完善已经基本趋于

[①] 参见石晨霞《试析全球治理模式的转型——从国家中心主义治理到多元多层次协同治理》,《东北亚论坛》2016年第4期。

成熟，但面对纷繁复杂的国际社会越来越严峻的国际化问题，如：粮食安全、资源短缺、气候变化、网络攻击、人口爆炸、环境污染和跨国犯罪等，国际治理体系在此过程中不可能一成不变，必定要遵循国际治理体系的发展规律而不断创新。因此解决这些全球化的、普遍化的、综合化的问题，人类社会显然已经不能单纯依靠低水平的国际联合去应对甚至解决全球性问题，必定要通过各主权国家的协调与合作方能达成。[①] 而以"霸权主义""强权政治"为基础的国际社会合作，虽然能推动全球公共事务的治理，但这一合作模式极易引发国际争端，并且其极易加剧主权国家国际地位失衡的固有弊端，无法满足占多数的发展中国家的政治诉求，自然无法作为人类社会治理体系的蓝本。随着全球视野的发展，联合国及一些区域一体化组织的成立，其中包括：上海合作组织、北美自由贸易区、石油输出国组织以及APEC和G20，共同组成当今的全球治理体系。它们作为全球、区域、国家的多层次治理模式，已初步适应了全球化时代治理主体的权力和方式的转变，但其复杂的治理网络仍会导致治理机制缺乏高效性和正当性，不能有效解决全球性质的问题。[②] 且由于其内在价值观无法实现平等，成员国之间亦无法形成真正的平等地位及平等合作，更无法谈及发展公平问题，国际治理成果也无法由国际社会成员公平地享有。[③] 因此，有效性和公平性的缺失是当今全球治理体系缺陷的症结所在。[④]

（二）中国的全球治理构想——人类命运共同体构想及其区域性实践

为了解决现存体制的弊端，国际社会一直在探索富于创新性的高效、公正、平等的治理体系构想。这一探索进程逐渐趋于全球化、综合化、普遍化，因此构建"人类命运共同体"的中国方案应运而生，利用全球

---

① 参见俞正梁等《全球化时代的国际关系》，复旦大学出版社2000年版，第205页
② 参见戴维·赫尔德《全球盟约：华盛顿共识与社会民主》，周军华译，社会科学文献出版社2005年版，第220页。
③ 参见蔡从燕《国际法上的大国问题》，《法学研究》2012年第6期。
④ 参见卢静《当前全球治理的制度困境及其改革》，《外交评论》2014年第1期。

价值观（国际权力观、共同利益观、可持续发展观、全球治理观）协调各国利益分歧，保障各国平等国际地位，有效衔接国内治理和国际治理。人类命运共同体所倡导的全球化价值观取向是集超越主权国家限制，及成员国地位平等、发展成果由成员国共享于一体的现代化公平共享的价值观念。

人类命运共同体的理念是 2012 年 11 月在中国共产党第十八次全国代表大会上明确提出的关于人类社会的新构想，其核心的全球价值观念包括四大基本点：（1）国际权力观：各国之间在相互依存中形成了一种利益纽带，要实现自身利益就必须维护这个纽带，即现存的国际秩序，从而维护共同利益。例如：G20 峰会即通过维护布雷顿森林体系来规范国家行为和市场秩序，从而实现各国经济稳定发展。（2）共同利益观：在全球化的背景环境下，一个国家采取有利于全球利益的举措，终会在全球化机制中使本国受益，例如：中国倡导将本国人民的利益同各国人民共同利益相结合。（3）可持续发展观：可持续发展是指既能满足当代人的需要，又不对后代人满足其需要的能力构成危害的发展。（4）全球治理观：全球性问题的解决成为一个由政府、政府间组织、非政府组织、跨国公司等国际社会主体共同参与和互动的过程，以形成一个具有机制约束力和道德规范力的能够解决全球问题的全球机制。① 以上四个基本点相互依存、相互联系，是中国为国际治理新秩序所提供的中国智慧，也是现行国际治理唯一可行的突破方法，并已经初步取得成效。中国在国际治理与国内治理两个方面同时发力，将国际治理与国内治理的矛盾冲突统一于人类命运共同体之中，二者相辅相成——国际治理为国内治理提供安定有序的国际条件，国际治理体系以国内治理的基本原则为国际规则进行国际治理，有效回答了当代全球性质的人权问题、贫富差距扩大问题、民族宗教矛盾问题以及恐怖主义问题，为全球化问题的解决提供了可行的方案。②

---

① 参见曲星《人类命运共同体的价值观基础》，《求是》2013 年第 4 期。
② 参见李步云《"构建人类命运共同体"的科学内涵和重大意义》，《吉林大学社会科学学报》第 58 卷第 4 期。

与人类命运共同体相伴而生的,还有同样是由中国提出的"一带一路"倡议——"一带一路"倡议是习近平主席于2013年在中亚与东南亚地区出访活动期间首次提出,在2015年由中国政府发布《推动共建丝绸之路经济带与21世纪海上丝绸之路的愿景与行动》的倡议书中,强调了"一带一路"的建设措施是面向沿线国家打造开放、包容、均衡、普惠的区域经济架构,并在此基础上逐步提升多边经贸合作的法律规范度,其核心内容是构建亚洲区域内的、有法律支撑的多维度合作机制,实质是为在全球范围内构建人类命运共同体而做出的区域性先行实践。"一带一路"作为中国对全球治理的实验性方案,其沿线国家之间的良性互动促进了国际治理体系的完善——"一带一路"沿线国家的双多边条约协定已逾千项,涉及国家战略合作、投资经贸融资、海陆空运输、文化科学环境等众多方面,[①] 有效弥补了国际治理体系的漏洞。"一带一路"促进国家地位平等化,虽然"一带一路"的建议是由少数几个国家主导的,但绝非在其建成后也由少数国家专制独断,更非"马歇尔计划"的中国再版,[②] "一带一路"建设,完全本着和平、平等、共享的合作理念,需要国际社会多元主体的共同参与才能发展壮大,才能推动构建新型国际治理体系。"一带一路"期望国际争端的合法化、和平化解决,其建设中更多关注沿线国家利益契合的共同点,保留沿线国家诉求不一的差异点,在发生冲突摩擦后积极使用对话磋商途径和平解决纠纷,这也为国际治理中的对话协商机制提供了中国范本。

四 结语

国内治理是国际治理的基础,国际治理是国内治理的延伸,人类命运共同体作为国际治理的未来构想,需要以各国之间的高层次合作为基础,并最终促进各国国内治理的完善与发展。中国应尽快完成人类命运

---

① 参见任虎《"一带一路"战略的国际法基础分析》,《东疆学刊》2016年第1期。
② 参见肖金明、张晓明《"一带一路"与国际法治:机遇、新课题与互动之策》,《理论探索》2017年第3期。

共同体从概念向功能的转变,推动人类命运共同体尽快落地实行,这不仅有利于中国本身的发展,更会为全球的发展提供新的制度架构和更高层次的推动力量,促进国际治理体系的完善与发展。

从"一带一路"看中国在国际制度竞争与合作中的优势与成就

朱子岸/高二　孙妍/指导老师　陕师大附中

摘要:国际制度是国家间合作的重要载体,是实现国家战略目标的重要手段。作为衡量一个国家在国际舞台上实力的重要标志之一,参与国际制度竞争与合作已经成为中国融入国际社会、开展全球治理的重要途径。因此围绕"一带一路"开展的国际制度建设是"一带一路"倡议顺利开展的保障。"一带一路"倡议将现有国际制度与"一带一路"框架下的国际制度相结合,并将它们进行重构,从而共同为"一带一路"倡议服务。六年来,"一带一路"倡议已经取得了一定成就:包括中国深入参与了全球经济治理与周边国家合作;创造了良好的外部条件;促进了全球经济的共同繁荣;推动了全球国际制度的再平衡;为新兴市场国家提供了参与全球经济治理的重要制度平台等。

关键词:"一带一路"　国际制度　全球经济治理

"一带一路"倡议是我国一项中长期的综合性经济外交活动,是兼顾内外、统筹陆海的战略部署,[①] 是构建全球治理新模式的积极探索,为世

[①] 任晶晶在《"一带一路"背景下中国经济外交的战略转型》中认为"一带一路"是一项内外兼顾、陆海统筹的经济外交活动。

界提供了促进全球经济发展与国际合作的中国方案。

2013年,国家主席习近平首次提出了共建"丝绸之路经济带"和"21世纪海上丝绸之路"重大倡议。同年,中共十八届三中全会通过《中共中央关于全面深化改革若干重大问题的决定》,明确推进"一带一路"建设,形成全方位开放新格局。2014年《丝绸之路经济带和21世纪海上丝绸之路建设战略规划》和2015年《推动共建丝绸之路经济带和21世纪海上丝绸之路的愿景与行动》等战略规划与配套文件的出台,标志着"一带一路"倡议完成了在国家层面的设计和规划。随着2017年"一带一路"国际合作高峰论坛的成功开展,标志着"一带一路"倡议进入了新阶段。

截至2017年,中国对"一带一路"国家进出口总额达到14403.2亿美元,同比增长13.4%;对"一带一路"沿线国家投资143.6亿美元,占同期中国对外投资总额的12%。①

国际制度是国家间合作的重要载体,也是实现国家战略目标的重要手段。作为衡量一个国家在国际舞台上实力的重要标志之一,参与国际制度的竞争与合作已经成为中国融入国际社会、开展全球治理的重要途径,是"一带一路"倡议发展的重要基础。中国参与国际制度竞争与合作是"一带一路"倡议顺利开展的保障。

一 "一带一路"倡议建设的制度优势

(一)既有的国际制度基础

由于"一带一路"沿线区域存在着多种复杂的制度,因此"一带一路"倡议与其他制度的对接与合作是一个现实的重大问题。"一带一路"倡议不会取代既有国际制度,而是会继续发挥既有国际制度的建设性作用和优势,与其对接合作,共同发展。

从现有全球性国际制度看,中国通过"一带一路"倡议,积极参与同联合国、世界贸易组织等多个全球性国际制度的交流合作,并且已经

---

① 新华社,《"一带一路"五年成就辉煌》。

成为中国与国际组织互动的重要途径，产生了积极的、良好的效应。2016年，第71次联合国大会把"一带一路"倡议写入决议；2017年，在"一带一路"国际合作高峰论坛上，中国政府与联合国开发计划署等国际组织签署了相关合作文件，体现了现有国际制度对"一带一路"倡议的积极认同和对未来共同发展的期待。

从现有区域性国际制度看，丝绸之路经济带沿线涉及的治理制度与组织大体包括：上海合作组织、亚信会议、亚洲合作对话、中国—阿拉伯国家合作论坛、中国—海合会战略对话、亚欧会议、中国—中东欧国家合作论坛"16+1"和中欧峰会等；海上丝绸之路途经国家的主要治理制度与组织则包括：中国—东盟"10+1"、APEC、东亚峰会、东盟地区论坛、西太平洋海军论坛和中非合作论坛等。中国通过"一带一路"倡议，与上述组织保持良好互动，例如《中国—中东欧国家中期合作规划》、"中俄蒙经济走廊"、《中韩自贸协定》等，为"一带一路"倡议奠定了坚实的制度基础。

总之，无论是全球性国际制度，还是区域性国际制度，"一带一路"倡议与这些制度共同构成了立体式的制度基础。中国在提供自己的制度的时候，可以借鉴和发展现有国际制度的优点和长处，并为其注入新的活力和更多的公平，遵循优势互补、互利共赢的原则，协助促进"一带一路"倡议建设。

（二）"一带一路"倡议框架下的制度建设

目前，围绕"一带一路"倡议的制度建设主要集中在基建与融资领域，形成了一定的制度基础。

"一带一路"倡议的沿线大多数是新兴经济体和发展中国家，然而现有全球经济治理制度体系在基础设施建设、产业、投资、能源等方面具有一定局限性，无法满足发展中国家的需求。另外"一带一路"沿线国家多数发展水平低，基础设施建设落后。因此，中国积极投入到新国际制度的建设中，启动了亚洲基础设施投资银行、金砖国家开发银行、丝路基金和上海合作组织开发银行等一系列新的经济制度，它们通过多种方式和途径为该区域发展中国家提供了大量公共产品，提高了中国参与全球经济治理和区域经济治理的能力。其中亚投行的建立，担负起了服务于"一带一路"倡议的金融建设职能，为项目提供了资金保障。这些行动既体现了中国在国际制度的舞台上从参与者转变成建设者，也表明了中国愿意承担起经济制度引领国的责任。

在新经济制度的框架下，中老铁路、中泰铁路、匈塞铁路建设稳步推进，雅万高铁全面开工建设；斯里兰卡汉班托塔港二期工程竣工，科伦坡港口城项目施工进度过半；希腊比雷埃夫斯港建成重要中转枢纽；中缅原油管道投用，实现了原油通过管道从印度洋进入中国；中俄原油管道复线正式投入使用，中俄东线天然气管道建设按计划推进；中欧班列累计开行数量已经超过 9000 列，班列到达了欧洲 14 个国家 42 个城市。① 在 2017 年的"一带一路"国际合作高峰论坛上，取得了 279 个项目批准的成就。亚投行的成员国已经扩展至 84 个，项目贷款总额达到了42 亿美元。②

与其他经济制度相比，以上经济制度具有平等、高效、包容、强合法性等特征，有效地保障了发展中国家的权益与话语权，并为"一带一路"倡议建设奠定了坚实基础。

（三）"一带一路"倡议对国际制度体系的重构

由于国际社会全球化的进步与人类命运共同体的需要，现有国际制度体系面临重大的新的挑战。现有国际制度不仅不公平不公正，而且越来越不能满足经济全球化与可持续发展的要求。世界需要对既有国际制度体系进行重构。中国作为"一带一路"的倡导者，肩负起了大国责任，为现有国际制度体系的重构做出了重大贡献。"一带一路"倡议对于原有国际制度体系和新国际制度体系的重构，③ 有助于它们朝着公正、合理的方向演变，从而推动其为全球经济治理做出更大贡献。

---

① 新华社，《"一带一路"五年成就辉煌》。
② 《亚投行晒两周年成绩单：成员扩至 84 个，项目贷款总额 42 亿美元》，中国一带一路网。
③ 张超在《"一带一路"战略与国际制度体系的变革》中认为，"一带一路"倡议对国际制度体系有重构作用，通过重构，将维护国际社会的和平与安全，向增进国家间合作和发展乃至实现人类命运共同体利益的价值方向转变。

"一带一路"倡议重构了公平合理的制度理念。"一带一路"倡议提出了"互利共赢"的合作理念,坚持与邻为善、以邻为伴的方针,通过与"互联互通"的结合,充分民主协商,并制定个性化的合作方案,使参与"一带一路"制度的国家和人民充分享有平等的权益。

"一带一路"倡议重构了多元合作的制度模式。"一带一路"倡议的建设主体是多元的,包括政府、企业、金融机构和非政府组织等。这些主体应建立良好的沟通渠道,积极对话,加强沟通,竭力合作。例如政府间应积极进行对话和对接,消除壁垒;政府与企业间应建立良好贸易环境等。

"一带一路"倡议重构了兼容并包的制度体系。"一带一路"倡议的一个特点是具有开放性和包容性,开放并包容多个国家、企业、机构共同构建,提倡合作与共赢的方针;而且要遵循世贸组织规则,避免或突破关税壁垒和贸易保护主义。

"一带一路"倡议重构了循序渐进的制度路径。"一带一路"倡议涉及政治、经济、文化等多个层面的内容,需要逐渐展开对于项目、国际法等相关重大事宜的研究与讨论。并且如果要将亚洲、欧洲和非洲用新的陆海交通运输网络连接起来,则与众多国家建立新型合作伙伴关系是必要的,需要经历漫长的过程。

总之,"一带一路"倡议对于原有国际制度体系的重构,有助于其朝着公正、合理的方向演变。因此"一带一路"倡议必将引发国际制度体系的重构与创新,从而为其制度建设提供契机。

二 "一带一路"倡议建设的成就

(一) 深入参与全球经济治理与周边国家和地区合作

自改革开放以来,中国经济外交经历了接触性经济外交、融入性经济外交、参与性经济外交和领导性经济外交四个阶段的演进;[①] 中国参与

---

① 李巍在《改革开放以来中国经济外交逻辑》中认为,中国经济外交经历了接触性经济外交、融入性经济外交、参与性经济外交和领导性经济外交四个阶段的演进。

国际制度经历了从被动参与到主动参与、消极参与到积极参与、间接参与到直接参与和部分参与到全面参与四种方向的渐进,① 此时共同面临着新的发展机遇。由于中国已经成为世界第二大经济体和第一大出口国,因此将在世界政治、经济舞台上发挥着越来越重要的作用。

"一带一路"倡议有利于中国扩大与周边国家和地区的国际经济合作的深度和广度,例如澜湄合作、中白工业园、中俄亚马尔液化天然气项目、"中巴经济走廊"、中俄的《关于丝绸之路经济带建设与欧亚经济联盟建设对接合作的联合声明》等,进而寻找经济增长的国际新机遇,帮助中国经济外交走向在国际上起引领作用的道路,翻开了中国参与全球经济治理与周边国家合作的新篇章。

(二) 创造了稳定的地缘政治经济环境

冷战结束以后,中国的国际地缘政治环境发生了重大变化,和平和发展成为国际潮流,地缘政治经济的重要性也得到了提升,而经济全球化和区域经济一体化创造了中国实现经济崛起的重要外部条件。②

改革开放40年来,多种因素导致了东西、陆海发展不均的问题。"一带一路"倡议作为国家政治经济安全的战略考量,有利于西北安全治理,有助于陆海兼顾,有利于形成更加便捷、更加完整的交通运输网络,是实现中国地缘政治经济战略平衡的手段。"一带一路"倡议也同其他国家、国际制度和组织进行了交流,初步达成了政治互信与经济互信,同时也互相提高了经济依存度,从而避免大规模经济、政治冲突的爆发。

中国通过谋求经济共同发展来稳定周边地缘环境。中国以"与邻为善,以邻为伴""睦邻、安邻、富邻"为外交方针,推进周边一体化进程,以构建"命运共同体"的方式,为实现自身崛起创造良好的外部条件。

---

① 王明国在《"一带一路"倡议的国际制度基础》中认为中国对国际制度的参与经历了从被动参与到主动参与、消极参与到积极参与、间接参与到直接参与和部分参与到全面参与的渐进过程。

② 李晓、李俊久在《"一带一路"与中国地缘政治经济战略的重构》中认为经济全球化和区域经济一体化构成了中国在开放条件下实现经济快速崛起的重要外部条件。

(三) 促进了全球经济的共同繁荣

当今世界，尽管全球化促进了世界的发展，但突出问题仍是发展不平衡和不可持续，其中前者表现为许多国家和地区没有得到好的发展和应有的帮助，后者体现为传统的发展方式导致生态环境恶化。[①] 国际社会需要有新的发展方式和发展动力，因此需要新的制度来协助全球经济发展。

从外部环境看，自2008年金融危机以来，全球经济增长缓慢，并且存在基础不稳、发展不平衡、发达经济体处于低速增长、金融市场波动性增加、新兴市场经济体易受冲击等问题。从内部环境看，中国经济发展呈现新常态，从高速增长转为中高速增长，国内产能过剩问题、资产价格波动问题得到解决迫在眉睫。

面对复杂的内外环境，中国开始逐步提出深化改革现有国际制度的主张，推动国际制度体系的不断完善。"一带一路"倡议的构建能够较好地缓解全球经济的萎靡不振与国内经济新常态的双重压力，实现中国与其他经济体的优势互补。通过输出优质产能，一方面减轻中国国内的工业压力，另一方面为广大发展中经济体提供经济发展所必需的基础设施建设；通过亚投行等国际制度对外投资，一方面化解中国国内的流动性资金泛滥问题，另一方面为新兴市场国家提供长期稳定的援助贷款。尤其要指出，"一带一路"沿线国家人口约44亿，经济总量约21万亿，分别约占全球的63%和29%，且大多数是发展中国家和新兴经济体，它们普遍处于经济发展的上升期，"一带一路"倡议的实施有利于其经济发展。

"一带一路"倡议是一项综合型经济外交活动，是一个包容发展的大平台。通过务实、开放的制度平台，以政策沟通、设施联通、贸易沟通、资金融通、民心相通为核心，充分关切区域内国家发展的实际情况，有利于各国在互利合作中实现发展与进步。从建设角度，"一带一路"遵循共同参与、共同建设、共享成果的原则，是基于合作发展的新理念。正

---

① 张蕴岭在《"一带一路"需要有大视野》中认为世界的最大问题是发展不平衡和不可持续。

如国家主席习近平在"一带一路"国际合作高峰论坛上说的"'一带一路'的核心内容是促进基础设施建设和互联互通,对接各国政策和发展战略,深化务实合作,促进协调联动发展,实现共同繁荣"。

(四) 推动了全球国际制度的再平衡

"二战"以来,以美国军事实力支撑的世界政治体系和美元霸权为基础的世界金融体系是国际制度的主要组成部分。随着2008年金融危机的延续,发达国家在全球经济格局中的影响力不断下降,而新兴市场国家逐步走向舞台中央,重要性和话语权不断提升,例如G20取代G7成为全球经济治理的主要机构,人民币国际化的进程不断推进等,中国的国际经济地位和影响力也随之上升。

李克强总理在2017年的达沃斯论坛上,重申了中国对于改革和完善国际经贸规则、保障各国在国际经济合作中权利、机会和规则平等的决心。"一带一路"倡议是企图将全球国际制度带上一条均衡和公正之路的重要举措,其既能充分尊重不同国家自身的制度和道路,也能避免受大国、受原有不公正制度的操控;不但明显改善了中国地缘政治环境,而且还有力地维护了我国国家利益和主权。"一带一路"倡议为缓解全球发展赤字和制度赤字、[1] 推动全球国际制度的完善和再平衡提供了中国方案。

(五) 为新兴市场国家提供了参与全球经济治理的重要制度平台

在由西方发达国家主导的自由主义秩序面前,发展中国家的经济问题与利益不但未得到应有的重视和帮助,反而加剧了发展不平衡的状况,两极分化越来越严重。2014年,国家主席习近平在出席巴西金砖国家领导人第六次会晤时指出"致力于推动完善国际治理体系,积极推动广大发展中国家在国际事务中的代表性和发言权"。由于中国也是新兴市场国家,因此其提出的制度性建议更多将从新兴市场国家的角度发现问题、思考问题和解决问题。随着中国在国际舞台上发挥越来越重要的作用,

---

[1] 王明国在《"一带一路"国际合作高峰论坛的制度逻辑》中认为"一带一路"为克服全球发展赤字和制度赤字提供了中国方案。

其行为将为其他新兴市场国家起到示范和表率作用。

中国通过"一带一路"倡议联合发展中国家共同成立的亚洲基础设施投资银行和丝路基金，既提升了中国在世界经济舞台上的制度性话语权，也对增加发展中国家的话语权产生重大影响。① "一带一路"将中国与沿线国家联结成利益共同体，以平衡发展中国家和发达国家的经济地位失衡问题。

三　结论

改革开放以来，中国的经济外交为国内与世界的经济建设做出了重要贡献。特别是党的十八大以来，中国的经济外交展现了极强的发展动力，并从参与型逐步向领导型过渡，中国必将在国际舞台上发挥主导作用。

为了更好地贯彻落实经济外交战略，中国需要更有系统性、层次性和针对性的国际制度战略，而"一带一路"倡议的提出，不仅要联通交通网络，而且要推动中国内地与沿线国家共同发展，形成互联互通的新经济发展带。围绕"一带一路"展开的制度建设无疑成为新时期中国全面参与全球治理制度的重要方式，能推动全球国际制度完善，进而实现中国与世界互利共赢与持久繁荣，共同推动形成人类命运共同体。

参考文献

[1] 何志鹏：《"一带一路"与国际制度的中国贡献》，《学习与探索》2016年第9期。

[2] 张超：《"一带一路"战略与国际制度体系的变革》，《理论探索》2017年第3期。

[3] 任晶晶：《"一带一路"背景下中国经济外交的战略转型》，《新视野·国际政治与经济》2015年第5期。

[4] 王明国：《"一带一路"倡议的国际制度基础》，《东北亚论坛》2015年第

---

① 王明国在《"一带一路"国际合作高峰论坛的制度逻辑》中认为"一带一路"既提升了中国在全球经济治理中的制度性话语权，也保障了发展中国家在国际舞台的话语地位。

6期。

［5］王明国：《"一带一路"国际合作高峰论坛的制度逻辑》，《教学与研究》2017年第8期。

［6］李巍：《改革开放以来中国经济外交的逻辑》，《当代世界》2018年第6期。

［7］张蕴岭：《"一带一路"倡议与国际发展环境和国际合作》，《财经问题研究》2018年第10期。

［8］刘威：《"一带一路"倡议与中国参与国际经贸规则重塑》，《学习与实践》2017年第9期。

［9］李晓、李俊久：《"一带一路"与中国地缘政治经济战略的重构》，《世界经济与政治》2015年第10期。

［10］《"一带一路"五年成就辉煌》，新华社，www.xinhuanet.com/politics/2018 -08/17/c_ 1123287186.htm，2019年1月29日访问。

［11］《亚投行晒两周年成绩单：成员扩至84个，项目贷款总额42亿美元》，中国一带一路网，https://www.yidaiyilu.gov.cn/xwzx/roll/409 50.htm，2019年1月31日访问。

法律篇

网络环境下公众法律意识探究

——从邓玉娇、于欢到于海明

柏睿妍/高一　白雪/指导老师　云南师大附中

摘要： 网络环境下，民意表达可呈现公众法律意识水平。本文采用文献调查法和比较研究法等研究方法，通过社交软件转发、点赞、评论数量反映公众参与程度，热评、点赞数反映公众态度倾向，从案件本身出发，分析邓玉娇、于欢、于海明三个案件所反映的公众法律意识水平的异同，寻求公众转变对待案件态度的原因，探究公众法律意识水平，总结公众法律意识水平与社会发展之间相辅相成、相互促进的关系，从立法、司法、执法、法律教育四个方面提出合理化建议，旨在构建二者稳定的生态环境，以期待唤醒人们心中对法治的信任、依赖和信仰，推动社会法治化进程。

关键词： 公众　法律意识　网络环境

我国自1994年接入互联网以来，至今已"入网"25年，截至2018年6月，我国网民规模为8.02亿，互联网的普及率为57.7%。我国的网民数量居全球第一。[①] 随着互联网的出现与发展，人们有了广泛而平等地表达自己观点的途径，公众在网络环境下的司法参与度越来越高，互联

[①] 中国互联网络信息中心（CNNIC）在京发布第42次《中国互联网络发展状况统计报告》，https://m.weibo.cn/2044390251/4275115988448879，2019年1月30日访问。

网也因此成为一个具有划时代意义的承载舆论的平台。由此看来,在网络环境下研究公众法律意识水平具有重要意义。

自 2009 年"邓玉娇案"引发网民广泛讨论后,网络舆论明显有所偏向,片面的网络表达背后,折射出公民法律意识尚未成熟。笔者通过探究邓玉娇、于欢、于海明三人案例的异同,寻找公众对身处舆论场的公共事件态度发生转变的原因,以及公众法律意识与社会发展的动态联系,从而提出切实可行的建议推动公众法律意识与社会共同稳定、持续地进步,切实贯彻"依法治国"方针,坚定不移地完善民主法治建设。

一 相关概念界定

(一)法律意识

法律意识是人们关于法、法律现象的思想观点、知识和心理,[①] 是人们以法律现象为对象和客体的意识,表现为感觉、直觉、思维等心理活动的过程与结果,是人们关于法律现象的反映、感知、情感、评价、思想。[②] 法律意识是社会意识之一。它受经济基础影响,取决于上层建筑,具有相对独立性。

大众法律意识一般为直观、浅显的感性认识。每个个体无论是否受过正规的法治教育,都会对法律现象产生一种自然的感情。公众的法律意识成熟水平,多与国家的民主法制建设程度有关,通常情况下,公众法律意识水平会随着民主法治建设的完善而逐渐提高,公众的表达中会体现更多理性认识。

根据法律意识层次的纵深性,一般将其分为"法律意识形态""法律心理"和介于二者之间的过渡带。

(二)法感情

法感情即人们对法律采取的态度,作为一种感情的趋向,法感情永

[①] 孙春伟:《法律意识形态论》,法律出版社 2014 年版,第 1 页。
[②] 同上书,第 45 页。

远不可能是法律的一种当然同胞。① 公众法感情一般朝着由怀疑到信任，由信任到依赖，由依赖到信仰的方向演变。唯有提高法律权威与司法公信力，才能更好地培养公民法感情。

信仰法律就是信仰正义。伯尔曼曾提出著名的"法律必须被信仰"的观点，这一论断并不是要求公众无条件信仰每一条法律，重要的是培养公众对法律的敬畏，提高自身的法律意识。一般来说，守法即正义，而违法即非正义，此即信仰法律之意义。法感情并非由单一法律要素决定，而是各要素间"博弈"的结果。法感情是评判公众法律意识水平的标准，信仰法律也成为公众法律意识的最高标志。

（三）法治思维

法治思维就是以法律作为判断是非和处理事务的标准；它倡导法治、尊重法律，要求用法律手段解决问题，推进工作；法治思维是一种将法律应用于理解、分析和处理问题的思维方式；从法律要求来看，这是一种合乎逻辑且合理的思维方式。② 培养公众运用法治思维解决问题的能力，一定程度上是培养公众的法律意识，提高公民的法律认同，对建设法治社会有举足轻重的作用。

（四）依法治国

依法治国是依照反映人民意志和社会发展规律的法律治国，它要求国家的政治，经济和社会活动必须依法进行，不得受到任何个人意志的干扰、阻碍或破坏，法治基本内涵的体现，是"良法""善治"二者的综合作用。③

---

① 黄春琳：《法感情的忧思》，http：//www.pkulaw.cn/fulltext_form.aspx? Db = art&Gid = c86047931836840d8f415f797a630 e54bdfb&keyword = 法感情的忧思 &EncodingName = &Search_Mode = like&，2019 年 1 月 30 日访问。

② 杨永加：《特别关注：习近平总书记强调的六种思维方法》，http：//theory.people.com.cn/n/2014/0901/c40531 -25576389 -2.html，2019 年 1 月 30 日访问。

③ 李适时：《全面推进依法治国的几点思考》，http：//www.npc.gov.cn/npc/zgrdzz/2013 -08/14/content_1802914.htm，2019 年 1 月 30 日访问。

对于国家，法治是合理的执政方式；对于社会，法治是管理社会的有效途径；对于个人，法治是基本准则。有序的自由与民主，离不开法治的支持。法治作为社会主义核心价值观之一，体现国家公平正义，维护社会稳定，是提高公众法律意识的重要手段。

（五）守法不足

公民守法不足指作为守法执行主体的公民法感情淡薄，主观上不依法行使权利以及履行义务，蔑视法律甚至违反法律。法令本身并不能产生效力，法律的意义在于执法，公民因自身法律意识薄弱，导致法律被架空，客观上严重滞后了我国法治建设的步伐。守法不足严重破坏了国家法治的稳定发展，甚至导致社会秩序混乱。

二 案例简介及公众表达呈现

（一）邓玉娇案

2009年5月10日晚，三名湖北省野三关镇政府工作人员恶意骚扰宾馆女服务员邓玉娇。为了自卫，邓玉娇用刀刺伤两人，其中一人因重伤抢救无效死亡。邓玉娇拨打110自首，并立即被警方控制。

消息经互联网传播后，在网络上引起了巨大反响（见图1），群情激愤，网络民意简单粗暴。网络舆论大都偏向邓玉娇一方（见图2），公众同情邓玉娇，称其为"巾帼英雄""侠女"，甚至在线下进行示威游行（见图3），攻击被害者。同时，由于警方取证工作的混乱，模糊案情报告，加剧了民众对司法机关的不信任，公众拒绝站在法律角度客观看待案件，而选择用自己的主观价值观念判断案件，用无理谩骂的方式来表达自己对案件的非理性看法（见图4）。

巴东县人民法院一审于2009年6月16日上午公开开庭。邓玉娇的行为构成故意伤害罪，但因其具有自首、防卫过当等情节，最终依法判决邓玉娇免除刑罚。

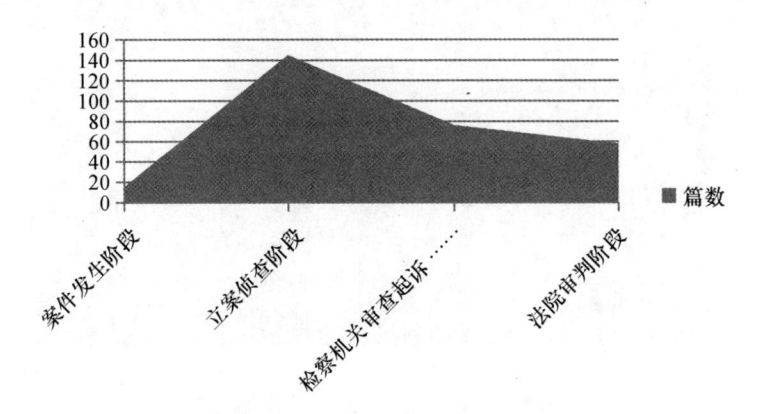

图1 邓玉娇案天涯评论数量与案件关键节点①

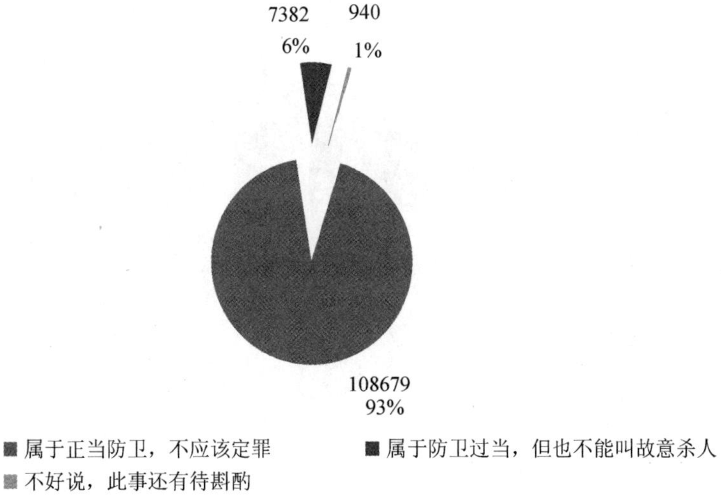

图2 央视新闻网：湖北巴东女服务员刺死官员事件投票情况②

■ 属于正当防卫，不应该定罪　　■ 属于防卫过当，但也不能叫故意杀人
■ 不好说，此事还有待斟酌

---

① 芦丽琴：《媒体舆论与司法进程互动研究》，中国青年政治学院，2011年，第39—40页。

② 李婧：《论群体性事件中网络意见领袖的政治修辞运用以及政府应对》，湖南师范大学，2013年，第57页。

法律篇

图 3 "邓玉娇案"线下示威游行①

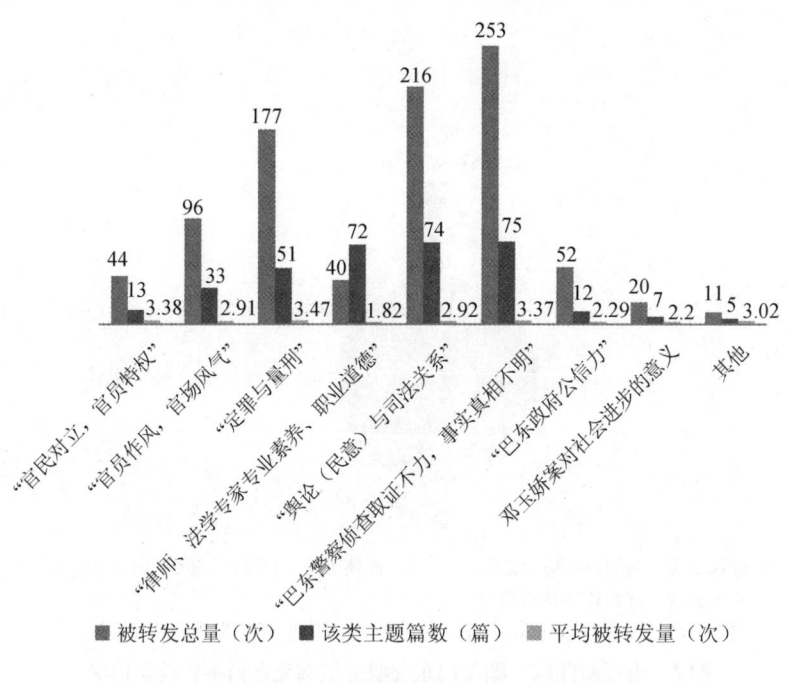

图 4 邓玉娇案天涯评论主题与相互转发情况②

图例：■ 被转发总量（次）　■ 该类主题篇数（篇）　■ 平均被转发量（次）

横轴类别与数据：
- "官民对立、官员特权"：44，13，3.38
- "官员作风、官场风气"：96，33，2.91
- "定罪与量刑"：177，51，3.47
- "律师、法学专家专业素养、职业道德"：72，40，1.82
- "舆论（民意）与司法关系"：216，74，2.92
- "巴东警察侦查取证不力、事实真相不明"：253，75，3.37
- "巴东政府公信力"：52，12，2.29
- "邓玉娇案对社会进步的意义"：20，7，2.2
- 其他：11，5，3.02

---

① 李婧：《论群体性事件中网络意见领袖的政治修辞运用以及政府应对》，湖南师范大学，2013年，第55页。

② 芦丽琴：《媒体舆论与司法进程互动研究》，中国青年政治学院，2011年，第38页。

（二）于欢案

2016年4月14日，苏银霞与其子于欢因欠债被债主辱骂、骚扰、挑衅长达一小时。于欢因目睹母亲受辱，遂拿起桌上的水果刀乱捅，导致一人死亡，两人受重伤，一人受轻伤。

此案一经报道就引起了广泛的社会关注，尤其一篇题为《刺死辱母者》的文章在《南方周末》发表后，点燃了公众的情绪，使公众产生了代入感和认同感，公众大多不依据法律进行思考，其表达开始失去理性。尤其是聊城中院一审判处于欢无期徒刑后，公众表达"一边倒"地站在于欢一方，认为于欢是为了保护母亲，符合人们心中的道德规范，不构成犯罪。而在2017年5月27日二审时，山东高法使用微博直播公开庭审（见图5），据认定，于欢为防卫过当，依法判处有期徒刑5年。此时，网络上公众表达已逐渐恢复理性（见图6），即使该案的判决结果并不如人们之前所期待的那样，但大多数民众已经认同了这一结果（见图7）。

图5　山东高法关于于欢案新浪微博截图[①]

[①] 新浪微博，https://m.weibo.cn/5053469079/4129137834789356，2019年1月30日访问。

法律篇

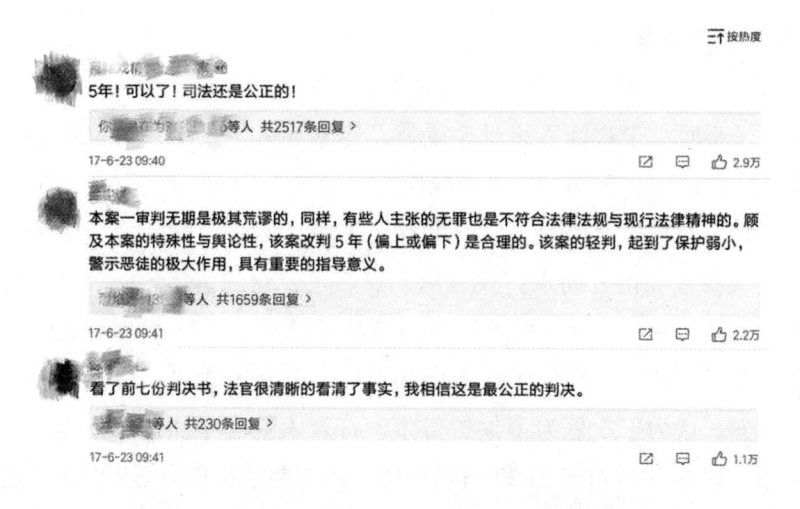

> 5年！可以了！司法还是公正的！
>
> 你____在__ ____等人 共2517条回复 >
> 17-6-23 09:40   2.9万

> 本案一审判无期是极其荒谬的，同样，有些人主张的无罪也是不符合法律法规与现行法律精神的。顾及本案的特殊性与舆论性，该案改判5年（偏上或偏下）是合理的。该案的轻判，起到了保护弱小，警示恶徒的极大作用，具有重要的指导意义。
>
> 刻怕__13_ 等人 共1659条回复 >
> 17-6-23 09:41   2.2万

> 看了前七份判决书，法官很清晰的看清了事实，我相信这是最公正的判决。
>
> ___等人 共230条回复 >
> 17-6-23 09:41   1.1万

图6 山东高法关于于欢案新浪微博评论截图①

↻ 1万   ○ 4万   👍 4万

图7 山东高法关于于欢案新浪微博转发、评论及点赞数据截图②

（三）于海明案

2018年8月27日21时许，昆山一轿车与一电动车发生交通事故，轿车车主刘海龙取出车中的砍刀数次击打电动车车主于海明，而后于海明反抢砍刀，连砍刘海龙数刀，刘海龙重伤抢救无效身亡。

该案发生后，网络上的公众表达更加多元化，也更加趋于理性，比起汹涌的谩骂和无理的质疑，人们开始选择理性地探讨案件本身，例如是否防卫过当，执法是否公正，讨论的范围始终处于法治思维的框架内（见图8）。

---

① 新浪微博，https://m.weibo.cn/3823554401/4121736355742492，2019年1月30日访问。

② 同上。

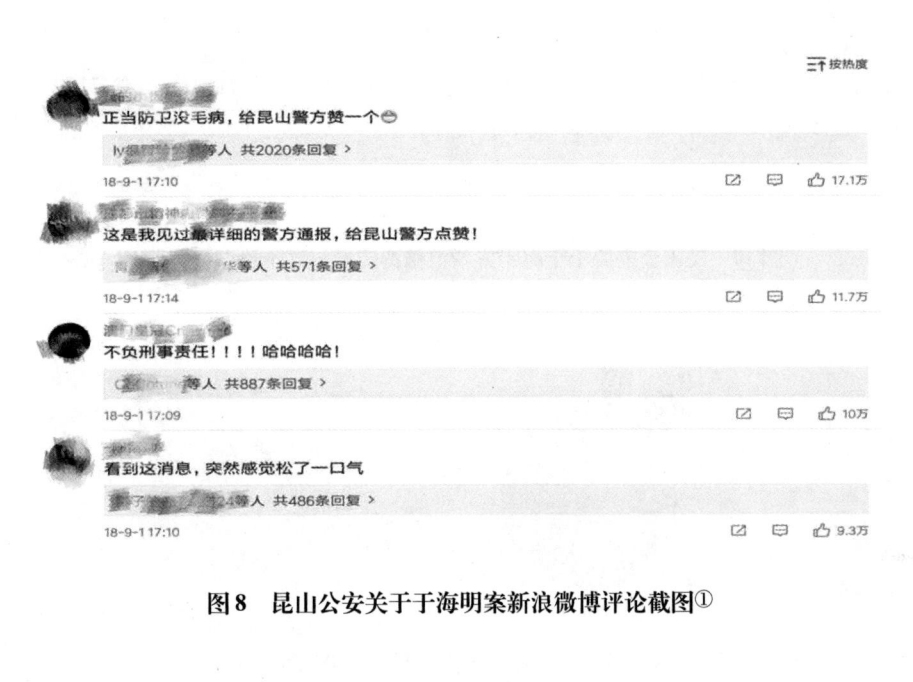

图 8　昆山公安关于于海明案新浪微博评论截图①

最终，江苏省昆山市公安局判定于海明为正当防卫，不予处罚（见图 9、图 10、图 11）。

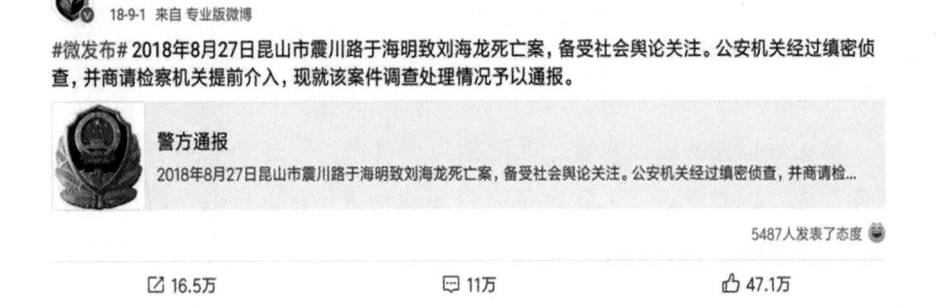

图 9　昆山公安关于于海明案新浪微博截图②

---

① 新浪微博，https：//m.weibo.cn/1799408092/4279487208441190，2019 年 1 月 30 日访问。

② 同上。

图10　昆山公安关于于海明案新浪微博转发、评论及点赞数据①

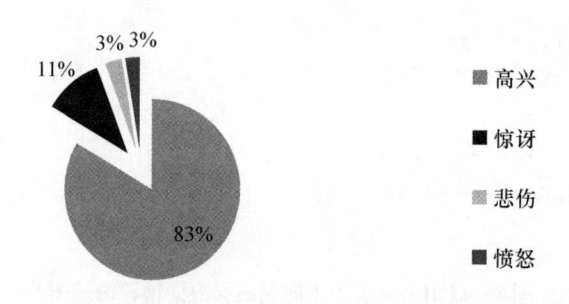

图11　微博网民对于海明案判决结果态度情况②

三　公众法律意识异同原因要素分析

（一）相同点

1. 对犯罪动机的认知

从伦理道德的层面来看，无论是为求自保，还是秉承中华民族"百善孝为先"的观念，三人犯案都有合理的动机。在以自卫为前提下的本能反应极其容易触发公众的同理心，人们将心比心，设身处地地思考自己的选择，不知不觉心中的天平就已倾斜。再加上政府工作人员与女服务员、涉黑人员与欠债母子、持刀轿车车主与被动挨打的电动车车主三对权力失衡的关系，激发了人们内心对于强权、恶霸的反感，使其与之

---

① 新浪微博，https：//m.weibo.cn/1799408092/4279487208441190，2019年1月30日访问。

② 同上。

产生共鸣，极易形成舆论场。

2. 传统思想对公众的影响

自春秋时期，孔孟提出的以"仁、义、礼、智、信"为核心的儒家思想就对中国人在伦理道德方面的认识产生了深深的影响，尤其是汉武帝推崇儒家思想以来，道德教化思想就扎根于历代人们的心中。而在现行的法律体制中，要求"礼法合治"，但由于公众法律意识尚未发展成熟，人们习惯代入自己，通过思考自己的选择，用自身道德观念而非法律思维来评判对错，自然而然地产生了同情，盲目表达自身观点。

（二）差异性

1. 公众法律意识水平变化

垂直比较三个案件，笔者发现，随着时间的推移，公众对于同一类案件的态度发生了巨大的改变。显而易见的是，以情绪化开始，情绪化结束的"邓玉娇案"发生时，法律意识尚未植根于公众心中，不过是稚子尚未学会说话，便学会了无意义的嘶吼。而以情绪化开始，理性化结尾的"于欢案"让我们看到法律意识在公众心中成长的希望，迷茫的互联网原住民正在成长。至于以理性化开始，又以理性化结束的"于海明案"让我们看到了公众法律意识在社会进步的推动下逐步趋向成熟。"于海明案"是民主与法治建设的双重成功。

2. 国家政策变迁

1949年，第一届政协提出的《共同纲领》中提出"建立人民司法制度"，之后1954年颁布的宪法，奠定了新中国的法律基础。改革开放以来，党中央高度重视社会主义法治建设，1982年宪法规定"一切违反宪法和法律的行为，必须予以追究"。因此确定了法律的至高无上与权威。在"有法可依，有法必依，执法必严，违法必究"的方针指导下，我国现行基本法相继出台。1997年，党的十五大报告正式将"依法治国"确立为党领导人民治理国家的基本方略。1999年，《宪法修正案》正式将"依法治国"写入宪法，使其上升为国家意志，具有法律效力。党的十六大以来，党中央将"依法治国、依法执政、依法行政"三位一体有机结合。党的十七大宣布"中国特色社会主义法律体系基本形成"。党的十八大强调"依法治国是党领导人民治理国家的基本方略，法治是治国理政的基本方式，要更加注重发挥法治在国家治理和社会管理中的重要作用，全面推进依法治国，加快建设社会主义法治国家"，习近平总书记发出了全面推进依法治国的动员令。习近平总书记在党的十九大上提出了一系列法治新判断、新思想，"民主法治建设迈出重大步伐"，习近平总书记用了短短十二字，肯定了我国全面推进依法治国以来取得的历史性成就。①

法律制度的逐渐完善与国家政策的变迁密切相关，政策为法律的制定提供了理论支持，使法律条文规范化，增强其权威性，同时引导公众有意识地提高自身法律意识水平。

3. 网络发展

因特网在打破空间限制的情况下交换信息，且信息交换具有时域性（更新速度快）、交互性。②

自2009年"邓玉娇案"发生以来，网络环境日新月异，无论是网民规模（见图12）还是互联网普及率（见图13），均呈上升趋势。网络环境的发展，为舆论的孕育提供了温床。

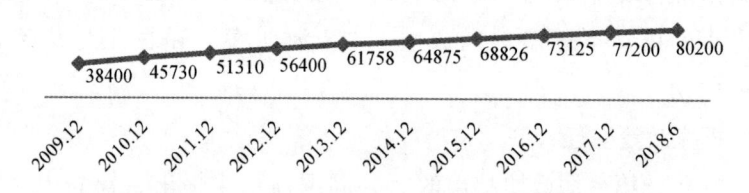

2009.12	2010.12	2011.12	2012.12	2013.12	2014.12	2015.12	2016.12	2017.12	2018.6
38400	45730	51310	56400	61758	64875	68826	73125	77200	80200

图12 CNNIC公布2009—2018年中国网民规模发展趋势③

---

① 李适时：《全面推进依法治国的几点思考》，http：//www.npc.gov.cn/npc/zgrdzz/2013-08/14/content_1802914.htm，2019年1月30日访问。

② 手机中国网，http：//www.china.com.cn/guoqing/2015-07/30/content_36187515.htm，2019年1月30日访问。

③ 中国互联网络信息中心（CNNIC）发布《中国互联网络发展状况统计报告》，https：//m.weibo.cn/2044390251/4275115988448879，2019年1月30日访问。

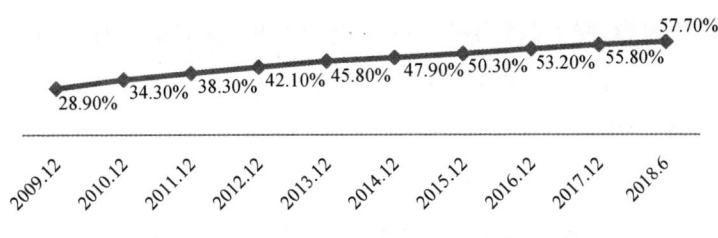

57.70%
55.80%
53.20%
50.30%
47.90%
45.80%
42.10%
38.30%
34.30%
28.90%

2009.12　2010.12　2011.12　2012.12　2013.12　2014.12　2015.12　2016.12　2017.12　2018.6

图13　CNNIC公布2009—2018年中国互联网普及率发展趋势①

基于因特网不受空间限制的特点，案件易引发全国性的讨论，以"于欢案"为例，3月23—29日，话题"刺死辱母者被判无期"持续占领新浪话题榜第一，阅读量高达8.7亿次，讨论数达42.6万次（见图14）。

#刺死辱母者被判无期#

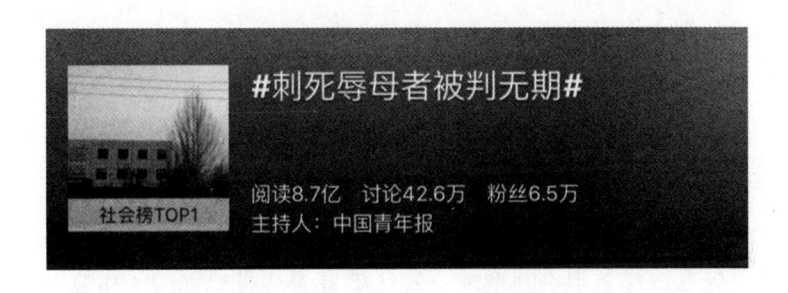

阅读8.7亿　讨论42.6万　粉丝6.5万
社会榜TOP1　主持人：中国青年报

图14　微博"刺死辱母者被判无期"话题阅读数、讨论数数据②

互联网信息交换还具有时域性、交互性，便于舆论线上线下联动式传播，例如"邓玉娇案"，2009年5月13日首次发布针对该案的帖子，之后对案件的关注从5月17—21日，持续了整整5日，每日相关主帖数均达35篇以上，③之后的"于欢案""于海明案"，微信、微博、论坛、

---

① 中国互联网络信息中心（CNNIC）发布《中国互联网络发展状况统计报告》，https：//m.weibo.cn/2044390251/4275115988448879，2019年1月30日访问。

② 新浪微博，https：//m.weibo.cn/1406727620/4090016127155190，2019年1月30日访问。

③ 天涯，https：//search.tianya.cn/m/bbs.jsp？backUrl＝https%3A%2F%2Fwww.tianya.cn%2Fm%2F，2019年1月30日访问。

知乎、客户端多平台联动，消息在各大网络渠道迅速蔓延，随着时间的推移，网络民意表达对社会造成的影响程度越来越深，而网络民意表达的理性程度反映出了公众的法律意识水平。

4. 判决结果

"邓玉娇案"发生后，网络上爆发了大规模的舆论，司法机关综合考量了民意、社会影响、案件事实的相互作用后，判定邓玉娇无罪。"于欢案"一审后，公众仍有不理性的声音，但二审以后，公众开始相信法律公正的判决，最终，于欢被判处有期徒刑5年。"于海明案"中，公众非理性的声音相对减小，公众的司法参与形式转变为理性分析案情本身，"于海明案"以无罪释放于海明告终。

随着时间线的推移，可以清楚地看到法律在司法判决中无可替代的决定性作用。判决结果的变化是案件事实、法律规范、公众法律意识、社会因素的综合作用的结果，是社会变迁的反映。

四　要素关系分析

（一）公众法律意识与社会发展的正向传播影响

随着公众法律意识不断增强，公众语言表达将更加趋于中立与客观，尽可能削弱了对司法机关公正司法的影响。另外，司法机关有效地解决了人民的问题，赢得了公众的信任，法律权威随之明显提高。因此司法判决结果受其他因素的干扰明显减小，民众逐步意识到"法不容情"，原先"人情大于王法"的固有观念被打破，客观上推动了社会进步。

（二）公众法律意识与社会发展的逆向传播影响

改革开放以来，政策的不断变迁，丰富了"依法治国"这一基本方略的内涵，使其在具体实施中得以落地，对人们的生活产生了重大影响，推动了社会法治化进程。由于法律制度的日趋完善，司法的公正性培养了公民的法感情，塑造了人们的法治思维，人们在潜移默化中提高了运用法律解决问题的能力，从而提高了自身的法律意识水平。

五 提高公众法律意识的启示

（一）立法

良法是善治的前提，自古以来，儒家思想对我国公众影响极为深刻，无可否认的是，儒家思想中所强调的"道德教化"某种意义上是公民法律意识水平到达一定高度后理想化的表现。但现阶段我们追求的仍是依法治国，因此在立法时应加强民意参与，建立以立法机关为主导，社会各方有序参与的立法听证制度，充分考虑国情、民情，将法律规则还原至社会生活现象，验证其合理性，立法过程中注重立法与伦理道德相结合，制定出真正符合我国国情的"良法"，做到兼顾道德与法律。只有法律获得公众的普遍认可后，才能真正落实并解决民生问题，而非形式主义、教条主义。

（二）司法

"治民无常，唯法为治。"善治是良法之目标。在司法环节中，司法人员的素质起到了决定性作用，应完善人才培养机制，提高执法人员素质。其次，政府工作人员执法时，应尽量实现审判独立，确立法律至上的地位，不可混淆法律意识与道德意识。只有审判独立，法官严格遵循程序要求，排除外界因素干扰，做到"一事一议"，才能保证司法的公正。同时，应建立并落实执行人民陪审员制度，以确保司法机构的透明度和公开性，提高司法公信力，从而提高公众的法律意识水平。

（三）执法

自古以来，执法难于立法。执法人员应自觉提高自身素质，遵纪守法，起到带头作用。执法时应严格遵守相关规章制度，落实相关法律法规，避免"守法不足"而导致法律空置，同时深入群众生活，倾听群众声音，做到真正的"忧群众之忧"，执法时确保公平公正，促进执法者与民众之间的互动与和谐。

（四）法律教育

政府与司法机关合作，进行全民普法教育，中小学校应将法律教育纳入课程，培养青少年法治思维。当今社会，公众法律意识与社会进步都朝着好的方向进行，二者之间已经形成了良性循环，全社会应共同携起手来，通过提高自身法律意识水平，构建二者之间的生态环境，推动二者朝着稳定、健康、持续的道路前进。最重要的是，政府应大力整治司法系统，提高司法公信力，培养公众法感情，确立法律在公众心中的崇高地位。

六　结语

笔者通过剖析从2009年"邓玉娇案"、2016年"于欢案"到2018年"于海明案"中网络环境下公众表达与社会发展的互动，研究公众法律意识与社会发展的动态联系，寻找合理化途径，通过对立法、司法、执法方式的改进，确保司法工作公正、公开、透明地进行，从而提高司法公信力，构建公众法律意识与社会发展的生态环境，维持二者之间的良性循环，确保二者稳定、健康、持续发展的同时寻求二者的突破。通过研究，可以看出公民法律意识与社会进步不可分割，它们相互促进、紧密联系。随着社会主义民主法治建设进一步完善，我国民意表达所呈现的公众法律意识水平逐步上升，进而推动了社会的民主化进程，促进了社会的进步。

参考文献

[1] 孙春伟：《法律意识形态论》，法律出版社2014年版。

[2] 王利明：《法治：良法与善治》，北京大学出版社2015年版。

[3] 芦丽琴：《媒体舆论与司法进程互动研究》，中国青年政治学院，2011年。

[4] 李婧：《论群体性事件中网络意见领袖的政治修辞运用以及政府应对》，湖南师范大学，2013年。

[5] 段立章：《网络舆情折射下的公众法律意识探微》，山东大学法学院，

2011年。

［6］王新宇：《法律意识之理论探析》，中国政法大学，2001年。

［7］徐颖：《论公民法律意识的培育》，复旦大学，2008年。

［8］张隽：《论我国公民守法不足及解决途径》，陕西师范大学，2013年。

［9］中国互联网络信息中心（CNNIC）在京发布第42次《中国互联网络发展状况统计报告》，https：//m. weibo. cn/2044390251/4275115988448879，2019年1月30日访问。

［10］黄春琳：《法感情的忧思》［EB/OL］，http：//www. pkulaw. cn/fulltext_form. aspx? Db = art&Gid = c86047931836840d8f415f797a 630e54bdfb&keyword = 法感情的忧思 &EncodingName = &Search_ Mode = like&，2019年1月30日访问。

［11］永加：《特别关注：习近平总书记强调的六种思维方法》，http：//theory. people. com. cn/n/2014/0901/c40531 − 25576389 − 2. html，2019年1月30日访问。

［12］李适时：《全面推进依法治国的几点思考》，http：//www. npc. gov. cn/npc/zgrdzz/2013 − 08/14/content_ 1802914. htm，2019年1月30日访问。

［13］新浪微博，https：//m. weibo. cn/5053469079/4129137834789356，2019年1月30日访问。

［14］新浪微博，https：//m. weibo. cn/1799408092/4279487208441190，2019年1月30日访问。

［15］新浪微博，https：//m. weibo. cn/3823554401/4121736355742492，2019年1月30日访问。

［16］手机中国网，http：//www. china. com. cn/guoqing/2015 − 07/30/content_ 36187515. htm，2019年1月30日访问。

［17］中国互联网络信息中心（CNNIC）发布《中国互联网络发展状况统计报告》，https：//m. weibo. cn/2044390251/4137085432292995，2019年1月30日访问。

［18］中国互联网络信息中心（CNNIC）发布《中国互联网络发展状况统计报告》，https：//m. weibo. cn/2044390251/3806188632767072，2019年1月30日访问。

［19］新浪微博，https：//m. weibo. cn/1406727620/4090016127155190，2019年1月30日访问。

［20］天涯，https：//search. tianya. cn/m/bbs. jsp? backUrl = https% 3A% 2F% 2Fwww. tianya. cn%2Fm%2F，2019年1月30日访问。

从邓学平律师的辩护词论"说情式辩护词"的正当性与合理性

黎亦舒/高二 孙子璇/指导老师 郑州市第一中学

摘要：在"张扣扣案"一审过程中，张扣扣的第二辩护人邓学平律师的辩护词引发广泛关注。其辩护词没有引用法律条文，而是从法理与说情的角度进行辩护，被称为"说情式辩护词"，在引发公众追捧的同时也引起了法律专业人士的批评。说情式辩护词的正当性集中体现在我国对辩护权的保护以及辩方独立原则。其合理性首先表现在制度层面的合理性，即对人民陪审员的说服。由于我国人民陪审员制度不完善，在目前我国辩护词大多只能通过直接或间接地影响法官从而达成效果。本文将通过对法官的访谈调查，结合我国人民陪审员制度及对法官的心理分析，从辩护词对被告人利益最大化入手，论证说情式辩护词的正当性与合理性。从说情式辩护词的正当性与合理性出发，可以发现辩护词的写作确实可以运用说情的因素。但应指出，运用说情的方法应当结合具体案件，在辩护的过程中说理与引用法条必不可少。

关键词：说情式辩护词 正当性 合理性

一 引言

2018年除夕，张扣扣持刀杀死20年前打死母亲的邻居三人。2019年1月8日，张扣扣一审开庭，其第二辩护人邓学平律师的辩护词不同于寻常辩护词，其中没有引用我国现行法律条文，从法理、说情等角度为张扣扣辩护，被称为"说情式辩护词"，引发了关于辩护词是否应该考虑说情因素的讨论。本文从法理和实际应用角度，论述"说情式辩护词"具有一定的正当性和合理性。

（一）选题意义

说情式辩护词是英美法系中一种常见的辩护词，但由于我国与英美司法制度的不同，该种辩护词写作方法在我国并没有得到广泛运用。随着欧美政律剧的传入，说情式辩护词被广大人民了解和接受；由于其文学化和相对通俗化的特点，在我国普通民众中的影响超过了我国常规辩护词。邓学平律师的辩护词《一叶一沙一世界》是在我国法律体系下运用说情式辩护词的初步尝试，面临着法律界对说情式辩护词的争议，本文从几个方面论述了其合理性与合法性，希望本文可以使我国律师注意到说情在辩护词中的作用，促使我国辩护词与普通群众相结合，以此增强普通民众对司法的关注，加快我国司法随时代发展的进程。笔者相信，随着人民陪审员制度的发展与完善，说情式辩护词也将发挥一定的作用。

（二）文献综述

1. 说情式辩护词

说情，是指代人请求宽恕，给别人讲情。在固有观念中，辩护词是一种从理性出发，规避感情因素，以帮助被告人脱罪或减刑为目的的应用文体。最近邓学平律师代理"张扣扣案"的辩护词，以其独特的写作风格被称为"说情式辩护词"。本文将以邓学平律师的辩护词《一叶一沙一世界》为样本，作出说情式辩护词的定义。

首先，说情式辩护词较少引用或不引用法律条文，以法理阐述和情绪感染为主。其次，说情式辩护词往往会描述被告人的成长生活经历，暗示被告人因种种社会、家庭问题造成的犯罪的必然性。最后，说情式辩护词文采丰富，引经据典，一改常规辩护词枯燥呆板的语言风格，有很强的文学性。

对于说情式辩护词，其评价褒贬不一。经笔者总结，普通民众对于邓学平律师的辩护词一般持支持态度，认为该辩护词有理有据，符合事实；大多数法律专业人士对此持批评态度，认为该辩护词是"无效辩护"，哗众取宠。对于这种分歧，笔者认为符合说情式辩护词的形式特点。说情式辩护词富有感染性、文学性的特点极易导致普通民众对它的关注与喜爱，较易引起强烈舆论。但对于第二种声音，笔者认为应当加以分辨和思考。其看重法律事实，要求律师从被告人角度出发有一定合理性；但其对说情式辩护词彻底否定的态度有些偏激。诚然，在司法实践中的确存在部分律师空谈法理，不考虑实际案情，无效辩护的现象，但对于这样一篇从特殊案件出发，引起广泛热议的说情式辩护词，笔者认为还应考虑其存在的合理性。

2. 辩护词的正当性

辩护词的正当性，也就是被告人及其律师发表其辩护的正当性。我国法律保障辩护权。在艾超的《辩护权研究》中，系统论述了辩护权的价值与地位，说明被告人及其律师发表辩护具有正当性。但在论述辩护自由时，仅论证了被告人及其律师辩护自由的正当性，没有论证辩护内容自由的正当性。本文将从辩护权中辩护内容自由的角度以及我国混合诉讼模式下对辩方独立的保护出发，论证辩护词在自由选择说情与说理方式上的正当性。

3. 辩护词的合理性

辩护词的合理性取决于其达到辩护目的的程度。辩护词的写作目的是为被告人脱罪或减刑，因此辩护词应从被告人法律利益角度出发，以达成有效果的辩护为目标。左卫民在《有效辩护还是有效果辩护？》中指出"辩护作为辩护权实质保障的话语，从结果层面考察刑事辩护活动的效用，更符合当事人利益最大化的辩护目的和律师职业相关伦理"。

（三）创新之处

本文首次探讨了说情式辩护词写作的理论与事实依据，从多角度出发论证了说情式辩护词的合理性与合法性。另外，本文从邓学平律师的代理词入手，将辩护自由延展到辩护内容的自由选择上。强调了法官共情能力对于司法实践的重要性。

二 说情式辩护词的正当性

说情式辩护词的正当性，是以辩护内容自由为基础的。本部分将分别从辩护权和我国混合诉讼模式中辩方独立的原则出发，分别论证说情式辩护词在我国法律条文层面和司法制度层面的正当性。

（一）辩护权的自由行使

辩护权是指法律赋予被告人根据事实和法律，针对指控、起诉提出证明自己无罪或者罪轻的材料和意见，以维护自己合法的诉讼权利。在我国刑事诉讼法中，明确规定了被告人及其他诉讼参与人依法享有的其他诉讼权，法院及检察院应当保障其权利（第十四条）。这不仅要求保障被追诉人发表辩护的权利，也要求保障被追诉人在不伪造事实的条件下自由选择辩护内容及风格的权利。保障辩护权既包含了不得干涉辩护人行使辩护权，也包含了不得因其行使辩护权而加重惩罚或施加额外的不利法律后果。邓学平律师依法行使辩护权，没有捏造事实，其辩护自由应当受到法律保护，即其说情式、重叙述的辩护风格与内容受到法律保护，不应因其辩护词的特殊性就加重对张扣扣的惩罚。这表明邓学平律师的说情式辩护词写作方法，具有法律条文层面上的正当性。

（二）中外司法制度比较及辩方独立原则

1. 说情式辩护词中外现状比较

在英美法系中，双方辩护律师有从法理等角度进行辩护的特点，文采出众，对抗激烈，富有感染力。而在我国司法实践过程中，双方律师在辩护过程中大多选择以念辩护词的方式进行辩护，以直接引用较为枯燥的法条为主要内容，缺少激情与对抗性。部分人认为，邓学平律师从法理入手，重视辩护词的感染力，是英美法系辩护词的经典写法，不适用于我国的司法制度，不会对案件的审判产生有效影响，在对应法律制度层面上不具备正当性。

在接下来的两段中，笔者将从中外辩护比较出发，以论证说情式辩护词在我国法律制度意义上的正当性。

2. 混合诉讼模式下辩方独立原则

当事人主义诉讼模式指诉讼主要依赖于当事人的推动，诉讼过程由当事人主导，法官处于中立地位。职权主义诉讼模式是指法院在诉讼程序中拥有主导权，进行对律师的提问及证据的收集。在对法律界人士的评价收集的过程中，例如"辩护词，应该是说给法官听的""跟着法官节奏走，直接回答法官提问就行了，说那些没用的干吗"的评论屡见不鲜。这些评价在本质上从职权主义诉讼模式出发，否认了辩护词写作自由、独立在诉讼模式上的正当性。这些观点可以概括为："在英美当事人主义诉讼模式中，以辩护为主，法官处于消极地位，因此律师在辩护词写作中较为自由，可以富有感染力。但在我国，司法审判大多以法官为主导，律师由法官引导进行辩护，因此辩护词应从法官角度出发，律师在辩护词写作中自主权较小，应当引用法官较为熟悉的法律条文进行辩护。"

应当指出，在我国实行混合诉讼模式，控方、辩方及裁判者相互独立。这要求在重视法官审判权的同时也要注重律师的辩护权，审判权不得凌驾于辩护权之上。辩方独立于裁判者的原则，要求律师辩护词的写作应以事实和法律为导向，而非以法官的偏好为导向。邓学平律师的辩护词虽然没有引用法律条文，但从法理入手，也是以法律为导向的表现。辩护词中重叙述的写作风格，正体现了以事实为导向的辩护词写作要求。邓学平律师的辩护词虽然不符合常规辩护套路，但仍符合辩护词的写作要求。邓学平律师的辩护词在符合辩护词写作要求的基础上，仅因不符合法官的一般偏好就被指责为"与法无关""无效辩护"，这难道不是对辩方独立原则的一种侵犯？这种评价在法律界中流行，体现了在我国混合诉讼模式发展不充分，辩方独立的原则未被普遍接受的现实。邓学平律师一改常规的辩护词写作风格正是从我国混合诉讼模式出发，因此具有诉讼模式上的正当性。

综上所述，在我国辩护词写作自由有法律条文和司法制度层面的保障。因此辩护词在内容、写作风格的选取上均具有正当性。当律师与被告人在不捏造事实的情况下，采用说情式的辩护词写作风格无可指责。但辩护词的写作应以维护当事人利益为出发点，律师辩护词写作的正当性是基于其维护被告人利益的辩护原则上的。说情式辩护词的合理性是其正当性的基础。

三 说情式辩护词的合理性

说情式辩护词是否能在我国审判中起到积极作用，是判断说情式辩护词合理性的关键。本部分将分别从人民陪审员制度及辩护词对法官的直接和间接影响入手，从理论与实际层面论证说情式辩护词可能产生的积极影响，以此论证说情式辩护的合理性。通过分析对四位法官访谈的结果，以法官的司法实践检验理论推导的合理性。

（一）说情式辩护词在理论制度上的合理性

1. 中外裁判者构成对比

对于邓学平律师辩护词另一流行评价指出，英美法系中之所以将辩护词通俗化、煽情化，是因为有陪审团进行是否有罪的判断，辩护词的影响同时施加在法官与陪审团上。英美律师通过煽情化的语言说服非专业的陪审团，是在英美法系下的一种有效策略。但我国由受过系统法律教育的法官审判，辩护词的所有影响均施加在法官身上，因此不会产生较大影响。

这种评价在默认煽情式辩护词对且仅对非专业人士产生影响的前提下（将于下文讨论）从裁判者的构成上否认了在中国现行法律制度层面上采用说情式辩护词的有效性。但不可否认的是，在我国裁判者构成中也有与英美陪审团相对应的角色——人民陪审员。

2. 人民陪审员制度下说情式辩护词的合理性

《中华人民共和国人民法院组织法（修正）》第九条第二款规定：人民法院审判第一审案件，由审判员组成合议庭或者由审判员和人民陪审员组成合议庭进行。我国明确禁止律师、法院工作者等受过系统法学教育的人担任人民陪审员。人民陪审员严格符合上文假设中可以被感染的人物画像。虽然人民陪审员在目前司法实践中存在"陪而不审，审而不议"的问题，但不可否认在我国现有法律制度下存在律师以说情式辩护词说服人民陪审员，以此对案件的判决产生有利于被告人影响的可能。在此规定之下，随着我国司法制度的不断完善，说情式辩护词在司法实践中的作用也将不断提高。因此，在我国人民陪审员制度下，说情式辩护词仍有一定合理性。

综上，说情式辩护词在我国现有司法制度层面上也有其理论合理性。

（二）说情式辩护词在法律实践上的合理性

尽管邓学平律师的辩护词在司法理论层面具有合理性。但不可否认的是，在我国司法实践与理论并不完全相符。虽然我国存在人民陪审员制度，但我国人民陪审员制度现阶段并不成熟，有流于形式的倾向。因此在现阶段的司法实践过程中，辩护词的作用几乎全部施加在法官之上，以此来影响最终判决。笔者将从对法官的直接影响和间接影响角度出发，结合心理学规律及访谈调查，论证说情式辩护词在我国司法实践层面的合理性。

1. 从共情角度谈说情式辩护词对法官的直接影响

首先应指出，在英美法系中，说情式辩护词是通过感染普通民众的情感，即感性思维，来说服民众，使民众与被告人共情，从而产生对被告人有利的审判。

上文提到的这种评价，首先假设了感染性语言对法官并无效果，但又承认了陪审团制度下英美律师采取情感感染的合理性。也就是说说情式辩护词只能感染与说服非专业人士，而系统化的法律学习会让法官失去共情的能力。共情的能力是人们参与社会交往的重要能力，其含义包含主体借助于知识和经验,把握他人体验与经历和人格之间的联系,以更好地理解问题的实质。① 在这种角度上共情的能力可以帮助法官理解被告人的经历,从而更好地理解案件实质,在此之上进行案件的公正审判。因此,共情的能力是法官应当具备的。通过共情认识案件实质是法官利用法条进行审判的基础。因此法官的共情能力,即感性思维在法官审理案件中发挥一定作用。由此可以看出,对普通民众产生感染与说服效用的"说情式辩护词",也可以通过感染法官的感性思维,以此让法官与被告人产生共情,从而达到影响、说服法官的积极目的。因此,邓学平律师的说情式辩护词在理论上可以对法官产生直接影响。

2. 从社会效益谈说情式辩护词对法官的间接影响

说情式辩护词的影响不仅表现在在法庭上对审判人员的影响,也应包括在大数据时代通过信息传播而造成的法庭之外的影响及舆论影响。邓学平律师的辩护词因为其出色的文采及强大的煽动力,在三天之内达到了150万的阅读量,引发社会热议,具有很强的舆论影响力。法庭之外的舆论影响是否会传导到法庭之上,从而对法庭上的判决产生影响呢?

在我国,审判追求司法效益、政治效益、社会效益的统一,因此案件审判的舆论有被作为社会效益,从而影响司法审判的可能性。因此,具有正当性、合理性的"说情式辩护词"可以通过舆论影响,从而促使法官在不违反现有的法律条文下,做出更符合民意的审判。从这点来说,间接影响法官的判决也是说情式辩护词发挥积极作用的体现。说明了其在舆论影响策略上的合理性。

3. 以访谈的形式验证说情式辩护词对法官的影响(法官访谈实录见附件)

以上两部分对于法官心理及其判决追求仍处于理论推导层面,笔者为了验证该推论的正确性,对四位法官进行了访谈调查,以验证法官群体是否存在由辩护词引发的对被告人的同情心,以及法官群体是否会受舆论影响。在对说情式辩护词的总体态度中,四位法官中有一位对说情

---

① Empathic—An unappreciated way of being; Carl Ransom Rogers.

式辩护词反感，两位认为应该正常对待。一位认为好的说情式辩护词更能引发兴趣。

在对辩护词应当怎么写的问题上四位法官中有一位认为应该仅说理，有三位认为应同时具备说情与说理上的因素。

在对说情式辩护词产生的效果的问题上，四位法官中有两位认为辩护词不会激发法官同情心，两位认为优秀的说情式辩护词可以激发法官同情心；一位认为法官的同情心对判决本身无影响，三位认为法官的同情心会对判决产生一定影响。

在对舆论是否影响判决的问题上，两位法官承认在审判中会考虑舆论影响，两位法官表示不会因舆论改变想法。

由以上访谈，可以看出说情式辩护词确实得到部分法官的认可，存在法官因辩护词而产生同情心，从而对被告人产生有利影响的现象。但应当指出，法官均强调了说理的重要性，并且指出说情式辩护词应当结合实际，恰当运用在有情可说的案情上。张扣扣案案情特殊，确实有需要用感性理解的特殊情况。况且邓学平律师为第二辩护人，其纯说情辩护是在第一辩护人从法律条文层面充分论述后作出的，因此也可以看作是考虑了情与理的有效配合。因此符合我国法律实践中部分法官认可说情式辩护词效果的现象，具有合理性。

其次，部分法官在进行判决时会考虑社会效益，以舆论为媒介受辩护词的间接影响。

综上所述，说情式辩护词具有司法制度与司法实践上的合理性。因此律师依据案件合理采用说情式辩护词，有助于案件本身向对被告人有益的方向展开，具有具体案件上的直接合理性。但律师在追求具体案件效益最大化的同时也应注重相应的社会效益。

四 说情式辩护词在其他方面影响

邓学平律师说情式辩护词的写作，不仅达到了为张扣扣案辩护的目的，在我国司法建设上也有重要意义。

首先，它为其他辩护词的写作提供了新思路。在以往的司法实践之中，我国律师的辩护词写作往往有格式化、套路化、机械化的特点。辩护词的写作风格不能做到与案件的个性化结合，在一定程度上削弱了辩护的有效性。邓学平律师与案件充分结合的语言风格，为其他律师进行辩护词写作开拓了新的道路。有利于增强辩护的有效性，增强辩方在我国司法实践中的地位，促进我国司法机制的完善。

其次，它有助于普通民众关注法律，起到普法的效果。说情式辩护词富有文采，深入人心的特点，天然地会吸引民众的注意力，促成民众对司法话题的了解，达到普法的社会效果。

最后，它有助于我国司法更加贴近人民，促使我国司法制度随社会道德的发展而不断发展。辩护词通过吸收民意的方法进行说情，作用于司法体系，在客观上是一种连接民意与司法的通道，有助于我国司法更加贴近民意，促进人民当家做主与依法治国共同发展。

综上所述，说情式辩护词具有许多案件以外的积极社会影响，因此具有一定社会意义上的合理性。

五　结语

说情式辩护词是一种突破我国常规辩护词套路的新型辩护词。但是说情必须以事实为依据，以法律为准绳，符合程序正义和实体正义。在此前提下，它符合辩护权中辩护内容自由的法律，适应了我国混合诉讼模式下辩方独立的原则，具有存在的正当性。说情式辩护词也有助于人民陪审员以及法官对犯罪嫌疑人的犯罪主观方面做出更加理性和准确的判断，从而做出令公众信服的量刑结果，对被告人起到积极作用，具有合理性。同时，它对于社会和司法方面也有一定的积极影响。综上，说情式辩护词有其存在的正当性与合理性。

附件：法官访谈实录

笔者为了了解法官对"说情式辩护词"的态度，访谈了四位法官，两位法官持反对态度，现截取对说情式辩护词持积极态度的两位法官的访谈稿，以此说明说情式辩护词在司法实践中具有一定的合理性及具体使用的方法和范围。

法官 A

Q：您对说情式辩护词的总体看法？

A：无论说情说理，都只是辩护的手段，都应当以事实与法律为依据。辩护手段的选择并非法官判决的依据，法官会忠于事实与法律进行审判。

Q：您认为一篇优秀的辩护词是怎样的？

A：我认为一篇好的辩护词应做到说情与说理相互结合。法律以事实为主，讲理必不可少。但从情、从理上找依据在法律上无差别。在说情说理的选择上，应当根据案件的具体情况，采用更有意义的方式。对于涉及家庭、婚姻、未成年人等有情可说的案件，应当注重说情。

Q：说情式辩护词会让您对被告产生同情心吗？

A：律师的辩护词会在激发法官的同情心上起一定作用。辩护词没有统一的格式，达到律师的目的即可。

Q：舆论会影响您的审判吗？

A：舆论不会改变我对案件的看法。

法官 B

Q：您对说情式辩护词的总体看法？

A：这种说情式辩护词以前不常见到，值得推敲，会引起我的兴趣，我不觉得它哗众取宠。

Q：您认为一篇优秀的辩护词是怎样的？

A：好的辩护词需要情、理结合，在说理时让法官产生同情最佳。在具体应用中，说情的方式更适用于刑事方面，对于民事案件、经济纠纷这一类还是应从法律条文上入手，从证据上入手。

Q：说情式辩护词会让您对被告产生同情心吗？

A：对于某些危害极大的案件采用说情或舆论煽动的方式会引起我的反感。对确实情有可原的案子从情的角度出发会让我有特殊的想法。对张扣扣这类特殊案件，从情上讲，会对法官产生好的方面的作用（但有一定限度），更易接受。

参考文献

[1] 艾超:《辩护权研究》,武汉大学,2010年。

[2] 左卫民:《有效辩护还是有效果辩护?》,《法学评论》2019年第1期。

从软件隐私协议出发谈互联网时代公民个人隐私权的保护

王冠棣/高二　薛天宇/指导老师　烟台第二中学

摘要：完善个人隐私保护制度，需要社会各方面的协同合作，国家、企业、公民都要采取相应举措，切实尊重和重视公民的隐私权保护，提高全社会的保护意识。只有国家相关立法完善，各部门权责明确清晰，企业有效保障公民隐私不受侵犯，使用者树立正确隐私保护观念，才能打造一个健康的互联网环境，这不仅仅是对公民隐私的维护，还将推动我国网络数据领域不断向前发展。

关键词：隐私权　隐私协议　信息安全

互联网时代的到来对公民个人隐私权的保护提出了严峻的挑战。尤其是随着人工智能和大数据的广泛应用，各类软件采集用户隐私变得更加隐秘，对个人造成的精神与财产损失也更加严重。与互联网隐私保护相关的法律制度体系成为保护公民隐私权必不可少的制度保障。

从学理上看，各类软件采集个人信息过程中往往会要求获得个人用户的隐私授权。此类协议的"默认勾选"，以及在发生纠纷时的法律效力问题，也是值得深入研究和探讨的理论议题。

本文从国家制度保护、企业主动保护和增强个人隐私保护意识等方面，对于如何在授权软件隐私协议过程中保护公民个人隐私开展论述，对此问题的理论与现实意义进行初步的探析。

一　软件隐私保护问题的提出

首先，隐私是一种与公共利益、群体利益无关，当事人不愿他人知道或他人不便知道的个人信息，隐私同样是个人的自然权利。随着人们对隐私的重视，进而便产生了隐私权。

隐私权这一概念第一次由美国法学家 Samuel Warren 和 Louis Brandeis 在《哈佛法学评论》的《隐私权》一文中提出。也就是现在国内学者所定义的"公民享有的私人生活安宁，与私人信息依法受到保护，不被他人非法侵犯、知悉、收集、利用和公开的一种人格权"。[①]

软件隐私保护是一种随着时代与大数据领域的不断发展、应时代要求而出现的个人隐私保护的举措，它的出现有时代的必要性和重要性。随着互联网时代的大发展，呈现在用户手机上的 APP 的数量也日益繁多，种类也日益多样，APP 下载完成后所传送的隐私保护协议的超长篇幅在快节奏时代，往往会被用户直接忽略，而迫不及待地开始软件的使用过程，就使得使用者是在对相关保护协议不知情的状态下使用，从而导致用户在日后出现相关问题后失去维权优势。

同时，软件的后台有着强大的数据分析能力。使用者在浏览和使用各类数据软件时，无疑将自身的各类相关信息暴露给了软件后台与相关运营者，也就是业内常说的"裸奔"状态下的个人隐私信息。可以说，随着互联网时代的大发展，我们所谓的秘密已经不再称之为秘密，隐私不再称之为隐私，而成为仅仅由极易戳破的一层数据薄纸所包裹的信息"礼包"摆在了相关运营者的面前，相关运营者将数据分析过后，又极有可能将使用者的隐私信息转销给第三方平台，彻底使用户的隐私信息在用户毫不知情的情况下，成为行业内的商业资源。

首先，相较于西方国家比较成熟的数据隐私保护的体制机制，虽然中国从立法角度看已经制定了相关规范性文件，如现行民法总则第一百

[①] 华劼：《网络时代的隐私权——兼论美国和欧盟网络隐私权保护规则及其对我国的启示》，《河北法学》2008 年第 6 期，第 7 页。

二十条"侵害人格权的民事责任"中提出"公民的姓名权、肖像权、名誉权、荣誉权受到侵害的,有权要求停止侵害,恢复名誉,消除影响,赔礼道歉,并可以要求赔偿损失",①2017年公布的《中华人民共和国个人信息保护法(草案)》,对个人信息保护进行了原则性和框架性的规定,但尚未形成体系化的个人信息保护法律制度,且对软件隐私保护也没有相关融洽的制度规定。

其次,我国的执法也缺失统一完善的执行制度。由于立法的滞后性,因此与个人信息保护相关法律性内容还不严谨与完善,相关部门的执法过程也就缺少相应的法律支持。

再次,现阶段法律对软件隐私侵犯的处罚力度还不够,很难在社会上形成强大的法律威慑力,减弱了法律的执行力度。

最后,企业的相关软件隐私保护权责也没有恰当的限定。这一系列问题就导致中国的软件隐私保护形势异常严峻,软件隐私保护措施的采取也就有了时代的急需性与紧迫性。

二 各国隐私保护立法现状

(一)域外隐私保护立法的现状

1. 美国的隐私权保护相关立法

美国在世界范围内最早提出隐私权保护,在1974年通过了《隐私法案》,随后又相继出台了一系列相关隐私保护法,如《电子通讯隐私法》,《信息自由法》《电视隐私保护法案》等。美国所出台的一系列法律都大量地包括了涉及个人信息保护方面的内容,同时,也随着时代的发展,推出了一系列符合时代发展趋势的个人隐私保护法律,如《电子通讯隐私法》等。《电子通讯隐私法》的制定是为了延伸电话有限监听的管制,它规定第三方在没有授权的情况下不得截取使用者的相关隐私信息。

---

① 《中华人民共和国民法总则》(2017年3月15日第十二届全国人民代表大会第五次会议通过)第一百一十条,中国人大网,http://www.npc.gov.cn/npc/xinwen/2017-03/15/content_2018907.htm,2019年1月23日访问。

在理论层面，美国的学者将隐私分为三类：纯粹的隐私权、特殊的隐私权、"暗示"的隐私。其中，纯粹的隐私权主要是禁止他人公开不愿为人所知的私人信息；涉及特殊的隐私权的侵权行为主要是排除他人对于个人空间的侵扰；而"暗示"的隐私，主要是隐私本不属于被害人，通过某种行为对公众进行误导，给人带来负面印象。显而易见的是，互联网隐私条款则属于资料与通讯隐私权的范畴。[①]

由上可见，美国对相关个人信息是否涉及隐私进行了较为准确的区分与定义，而且美国相关法律部门对隐私权的保护也秉持一定的标准，如美国的法院会根据所暴露的信息与个人生活私密程度，来决定相关审查的范围与力度。

2. 欧盟的统一的系统性隐私保护

相较于美国，欧盟更是将个人数据信息的保护放在了立法规制上的重点位置。如1995年，欧盟出台了《关于涉及个人数据处理的个人保护以及此类数据自由流动的指令》，在法律内容中对数据主体的权利以及安全保障等关系个人隐私保护的敏感问题都进行了具体的回答。1999年，欧盟更是制定了一系列相关个人隐私保护的法律法规，明确了清晰的隐私权保护原则。2018年，欧盟的新数据隐私保护条例GDPR在5月25日生效，对28个成员国境内公民的隐私权进行了更加严格的规定，GDPR的第十三、第十四条规定，受GDPR保护的数据主体有知情权，且受GDPR管辖的APP开发商有向数据主体告知的义务，并对违反条例的行为进行了严厉处罚的规定。这一系列举措，极大地帮助欧盟建立起在世界领先的统一网络隐私权保护的法律法规体系，这对欧盟境内个人隐私保护起到非常大的作用，具有积极的深远意义。

3. 日本对于公民数据隐私的与时俱进的保护

日本首先在2003年颁布了《个人信息保护法案》，并在2005年4月1日开始实施，它也成为日本第一部综合性法律。由于互联网大数据时代的快速发展，日本为了抓住新科技时期的发展机遇，成立了IT战略总部，

[①] 华劼：《网络时代的隐私权——兼论美国和欧盟网络隐私权保护规则及其对我国的启示》，《河北法学》2008年第6期。

并借此对《个人信息保护法案》进行了相应的修改与完善,形成了数据隐私法律,对软件等程序经营者作了严格的规定,如当经营者处理、获得某人数据时,必须告知用户其实有目的,同时日本隐私数据政策还规定,未经当事人同意部门机构不得将个人隐私数据传输给第三方机构。日本对于数据隐私的一系列法律规定,凸显出日本社会对于数据隐私保护的重视,软件隐私协议从而就显得尤为重要。

(二) 中国的隐私权保护

我国目前还没有专门保护网络隐私权的立法,只是依照传统民法中的权利来对网络中的个人数据进行保护,在司法实践中隐私权并不被称为一种独立的人格权。中华人民共和国宪法将隐私权作为公民基本权利的一种对其进行保护。

随着互联网在我国的快速发展,政府部门出台了一系列的行政法规,用于保护网络信息和网络隐私的安全。比如1994年2月,国务院制定的《中华人民共和国计算机信息系统安全保护条例》第七条规定,任何组织或个人不得利用计算机信息系统,从事危害国家利益集体利益和公民利益的活动。之后,在2000年信息产业部出台的《互联网电子公告服务管理规定》第十二条也明确规定电子公告服务提供者应当对上网用户的个人信息保密,未经上网用户同意不得向他人泄露。

虽然有关保护网络时代隐私信息的规定屡见不鲜,但这些规定都是在某些有限的特定情况下保护个人隐私。到目前为止,我国还未制定出一部完善的隐私权法,而且在相关法律法规中对于软件隐私保护的相关内容也难觅踪迹。[①]

同时,中国的软件用户往往在个人隐私保护方面的意识很淡薄,对于软件开发商所有推送的隐私保护协议,很多中国的用户往往会直接忽略,并点击同意选项跳过软件隐私协议的阅读过程,这也给中国的软件隐私保护工作带来极大的障碍。

---

① 华劼:《网络时代的隐私权——兼论美国和欧盟网络隐私权保护规则及其对我国的启示》,《河北法学》2008年第6期。

在人们的日常生活中，隐私权问题往往屡见不鲜。如，我们在浏览某些网站进行搜索时，通常会发现在网站搜索框总会列出与自己之前搜索内容相近的关键词，面对现在强大的大数据分析能力，我们的隐私似乎在一次次的搜索中，早已被数据后台摸清，从而推送与自己兴趣爱好高度相符的内容。还有，由于我国的隐私保护不力，出现了非常严重的隐私倒卖现象。这一系列问题的出现，都显示出我国隐私保护的迫切性。

三 企业对个人用户隐私权的主动保护
——以苹果公司为案例

（一）苹果公司注重对用户的个人隐私保护

在个人隐私保护领域，苹果公司在世界范围内的大型科技企业中总会脱颖而出。美国当地时间 2018 年 8 月 7 日，在美国国会议员询问 iPhone 是否侵犯用户隐私后苹果公司称，iPhone 不会在未经用户同意的情况下进行监听，并且也不会允许第三方应用软件这样做。在 2016 年全新的 iOS10 系统中，苹果公司应用 AI 技术对用户隐私进行保护，并引入了差别隐私技术。苹果公司这一具有突破性的软件隐私保护措施，虽然在相关算法上存在一定的挑战，但是这一将机器学习与隐私保护的突破性结合，足以使苹果公司在今后的发展中成为行业的标杆，成为其他公司在用户软件隐私保护方面的范本。

从苹果公司的软件数据保护措施来看，作为互联网时代的运营者——技术企业，最为注重的应是对用户的全方位的隐私保护，作为软件保护隐私方面的最重要的隐私协议，更应该发挥其应有的作用。

（二）个人隐私保护的权利逻辑

对于软件开发者来说，对用户隐私权利的尊重与保护是其制定隐私协议的逻辑起点。权利是指个人在法律允许的范围内不受他人干扰而做出并实施自己的主观选择的能力。在软件开发过程中，要做到尊重用户的隐私权，需要坚持"知情"和"自愿"两个原则。

首先，软件对使用者信息使用和处理的申请，必须是基于使用者自愿的立场。在安装手机应用后，页面通常会出现获取权限的弹窗，基于保护用户隐私信息的角度，用户有权选择允许或者拒绝，但是如今，我国有太多的软件开发运营者所采取的是一种近乎"无赖"和"流氓"的手段，即只要用户不同意，软件使用界面就立刻关闭，以牺牲用户的使用体验来强制用户进行信息共享。软件企业所推送的隐私保护协议性质的信息，必须是一种尊重用户选择权的措施，即使用者有权决定对于自身隐私的处置。

但这并不是否定一切软件开发运营者对于用户的强制性权限获取，涉及法律法规规定的，对于软件开发者来说是必须履行的义务性措施，软件开发者必须依法对使用者的相关信息进行强制性的权限获取。其次在使用者对于自身隐私保护意识淡薄的情况下，某些隐私信息必须由软件开发者进行相应保护的部分，软件开发者同样要以强制性的手段要求使用者同意自己所推送的相关隐私保护协议，从而有效保护使用者的隐私，而非对隐私的一种强制性的掠夺和权限转让。

为了适应当今软件使用者对于隐私保护意识淡薄的严峻形势，软件开发者也可以用创新的形式对使用者的隐私信息进行有效且恰当的保护，比如可以强制规定阅读时间或者是由开发平台设置一种自动播放浏览条款的程序，让使用者真正了解经营者所推送的每一条隐私保护协议规定。

四 国家对个人隐私的保护需不断完善

（一）立法机关需将个人隐私保护制度提高到法律层面

在依法治国的时代大背景下，进行有效且与时俱进的立法措施，使隐私保护措施有法可依显得尤为重要。虽然在2018年《民法总则》第一百一十条"自然人享有生命权、身体权、健康权、姓名权、肖像权、名誉权、荣誉权、隐私权、婚姻自主权等权利"中提到了保护公民隐私权，在第一百一十一条"自然人的个人信息受法律保护。任何组织和个人需要获取他人个人信息的，应当依法取得并确保信息安全，不得非法收集、使用、加工、传输他人个人信息，不得非法买卖、提供或者公开他人个人信息"中也明确了保护公民隐私信息的要求,在宪法第三十八条也有对公民隐私保护的规定。但在这一系列法律法规中,并没有对互联网时代下的公民隐私权的保护进行细致的规定。这就造成在现实中消费者要维护个人的隐私权无法可依的尴尬。例如,个人用户在面对软件开发者的霸王条款时如何拒绝、任何个人或者企业有意或无意地泄露了消费者的隐私应当受到怎样的惩罚等,都仍处于法律规定的"灰色地带"。

因此,立法机关有必要对我国现行隐私权保护的法律法规进行完善,并明确提出对于互联网时代相关软件,以及网络平台对使用者隐私信息保护的规定,以减少我国相关互联网时代隐私权保护法律的"灰色地带"。立法机关可以对相关侵权案件进行典型性的分析与分类后,将其写入有关法律的修正案,日后再进行逐步完善,这样可以提高完善立法的可行性。

(二) 通过司法过程为立法改革提供依据

面对新型互联网大数据时代,我国的司法机关对于宪法和相关的隐私保护法律性文件进行创新性的使用显得尤为重要。司法机关可以在司法实践过程中,对于面对的隐私侵权案件,尤其是软件侵权行为的新形式进行相应的创新性处理,采取的一系列相应保护措施,可以为立法过程的不断完善提供经验依据和理论启发。

(三) 强有力的执法过程将是隐私保护的必需途径

对于侵权行为的处置脱离不了强有力的执法机关,对于公民隐私权的保护的统一机制在执法过程中将是一个必要的前提。在大数据时代,全国范围内的新型侵权行为,尤其是数据时代的软件侵权行为屡见不鲜,各地也没有推出统一可行的处置标准,因此在执法领域推出一个统一的处置办法,就变得非常具有时代紧迫性和急需性。只有拥有一个统一的全国性执法制度标准面向全国的各个执法部门,才能有效并且强有力地打击侵权行为。同时执法机关要对新形势下的新型软件侵权行为有效把控,并及时进行实时识别从而可以保证执法机构在执法过程中,增强措施的技术性,相关执法部门人员也要恰当地运用数据时代带来的数据信息，对数据平台上潜在的侵犯软件使用者隐私的行为进行及时的侦破。

各级执法机关在打击隐私侵犯的活动中，应当明确权责，告别以往权责不清而导致治理现象混乱的局面。一个权责明确的执法过程，将极大地提高隐私保护工作的效率，从而更好地面对互联网时代软件隐私保护工作的新挑战。

五　加强个人的隐私保护意识

软件隐私保护的主体，软件使用者，对于隐私保护的措施恰当的主动采取将是整个互联网时代软件隐私保护工作中的关键部分。在对于软件使用者的隐私保护方面，尽管有社会各方面的良好举措的实施，若没有个人对于自身隐私保护意识的良好树立，那么隐私保护工作推进的难度将是非常大的。

这首先体现在用户对于软件开发商所推送的软件隐私协议的重视力度。用户在使用相关下载的软件时，一定要将经营者所推送的软件隐私协议进行仔细全面的审阅，而不是一味追求更快的软件体验过程而忽视了对自身隐私保护的关注。通过仔细阅读软件隐私协议，用户可以从中获取与自身隐私保护相关的信息，如可以了解开发者对保护用户隐私义务的相关描述，从而可以在日后的使用过程中，对开发商处理和保护自身信息的工作进行有效的监督。

同时，在阅读相关条款过程中，使用者可以对软件平台未来处理自身信息过程进行一个初步的判断和评估，从而对使用该软件平台的风险性做出一个初步的把握，以便更好判断这一软件的安全性能，再对是否下载该软件做出一个较为理性的决定。在日后的使用过程中，在遇到有关隐私权被侵犯的情况时，要学会运用软件隐私协议的规定，或法律手段依法维权。公共管理部门要注重在社会上对隐私保护意识的宣传教育，从而使人们树立恰当的对于隐私权的维权意识，以更好地服务于使用者的维权活动。

六 结语

在互联网时代，每一个人都是大数据的组成部分，每个人的信息都被网络所联系。在网络技术高度发达的时代，对于公民的隐私权的保护任务将会非常艰巨，一个系统性软件隐私保护措施的采取，势必会打造一个运行有序的软件和数据使用环境，从而更好地保护使用者的隐私权。

完善个人隐私保护制度，需要社会各方面的协同合作，才能够真正形成系统的保护屏障，以更好保证用户在使用相关软件时处于一种安全的使用环境，即软件开发商能够有效地保护公民的隐私权不受侵犯。国家、企业、公民都要紧绷隐私保护的神经，切实尊重和重视公民的隐私权保护，提高全社会的保护意识。只有国家相关立法完善，各部门权责明确清晰，企业有效保障公民隐私不受侵犯，使用者树立正确隐私保护观念，才能打造一个健康的互联网环境，这不仅仅有利于对公民隐私的维护，还将推动我国网络数据领域不断向前发展。

参考文献

[1] 华劼:《网络时代的隐私权——兼论美国和欧盟网络隐私权保护规则及其对我国的启示》,《河北法学》2008 年第 6 期。

[2] 王利明:《论个人信息权的法律保护——以个人信息权与隐私权的界分为中心》,《现代法学》2013 年第 4 期。

[3] 张新宝:《从隐私到个人信息:利益再衡量的理论与制度安排》,《中国法学》2015 年第 3 期。

从网购影票退票难谈互联网时代消费者权益保护

陈浩杨/高二　薛天宇/指导老师　哈尔滨市德强高中

摘要：本文从网购影票退票难问题入手，通过了解国内外文献及学者的论述，详细地分析出了在网络购物中消费者可能出现的主要问题，主要对消费者知情权不足和维权情况做了深入了解。并对此情况所产生的问题提出了一些意见和解决方法。最后从网购影票的角度出发，就《电子商务法》和《消费者权益保护法》及文章中所谈到的解决方案作出了总结。

关键词：网络消费者　网络经营者　电子商务法　影票

近年来，随着互联网的普及以及网络科技的日益发达，我国人民在生活中的各个方面皆愈加依赖于网络。淘宝、天猫等网上购物软件的兴起，饿了么、美团等外卖软件的流行，猫眼、糯米等网上购买影票软件使人们的生活越来越便利。然而网络在给消费者带来便利的同时也引发了许多问题，其中一个典型便是网上购买影票后，消费者无法自如地进行影票的退改签。消费者在第三方购票软件上购买电影票时，因第三方购票软件未醒目地显示出能否退改签的相关规定，消费者在购买电影票错误想要退票时，在第三方购票平台与影院的特殊规定下，无法实现退改签。但是，究竟是何种原因使得影院与第三方购票平台达成此种协定，使消费者不能自如地退改签影票？是因为在最近几年里，电影市场中总会出现幽灵场的问题。更加严重的问题是在去年上映的《后来的我们》电影的出现了大规模的退票现象,此电影的相关利益者在电影预售时大量购买此影片的影票,在最后的时间节点利用电影院的措施大量退票,使影票能在预售时票房一路领跑,在对其他影迷造成假象的同时,还能对影院进行绑架式排片,等到不知情的影迷们买入电影票后,他们再撤出资本,获取利润。所以,根据此现象,大部分影院与第三方购票平台签订的协议中表明,在第三方购票平台购票后,不支持退换,由于网络购票的特殊性,一旦购买成功,影院便无法再次售票给其他人,退票会给影院造成损失,所以就算消费者购票后不去观影,座位也会预留到观影结束。如果影院无法释放座位,第三方购票平台还是需要将款项结算给影院。虽然第三方购票平台与影院达成的协定是有原因的,但是对于其他消费者而言,此协议会不会影响了消费者的正常权益,且此过程均为在互联网中进行商品交易,此协议是否同时违反了《消费者权益保护法》与《电子商务法》呢?如果消费者购买了某电影的影票,过后发现由于自己的某些客观原因无法正常观影或者因购票错误、电影已经看过等,消费者无法正常维护自己的权益而选择退改签时,影院和第三方购票平台达成的协议是否违反了《消费者权益保护法》呢?因为《消费者权益保护法》中明确提到:消费者为生活消费需要购买、使用商品或者接受服务,其权益受本法保护。所以,第三方购票平台和影院达成的协议有不妥之处,本文就网络购票退票难及其涉及的法律问题进行了一些分析,并对如何完善该制度提出了一些浅见。

一 国内外学者对此的看法及现状

(一) 国内现状

我国《消费者权益保护法》中提到,消费者享有知悉其购买的商品或接受的有偿服务的情况。[①] 中国电影发行放映协会颁布的《关于电影票

---

① 李佳:《电子商务法中消费者权利的保障》,《网络法律评论》2001年第00期,第41—44页。

"退改签"规定的通知》中要求各影院,影院投资公司在与第三方购票平台签订代售协议时,明确关于"退改签"的规定。在《电子签名法》中也关于此现象颁布了相应法律,但是因为该法律未在电子商务中对于消费者的权益保护作出明确的规定,所以许多对网络消费者不善的情况仍在频频发生,而在今年正式施行的《电子商务法》中规定,电子商务指通过因特网销售商品或提供服务的经营过程,网售影票则也属于通过因特网销售商品,故应受到保护。

国内在学术方面,对此问题的研究略晚于国外。就电子商务领域而言,在 2014 年杨立新教授的《网络平台提供者的附条件不真正连带责任与部分连带责任》中通过对《消费者权益法》和《侵权责任法》的解析和探索得出:互联网企业承担民事责任的法律关系相较于普通法律的差异性,以及互联网企业作为网络交易平台提供者承担的附条件不真正连带责任。① 在李佳发表的《电子商务法中消费者权利的保障》中不仅对网络消费者的概念提出了论述,还对关于网络消费者权益的保护和经营者的义务和责任进行了详细的解读。在庞敏英的《电子商务中的消费者权益保护问题研究》中指出,由于电子商务发展过程中出现的种种对于消费者不利的情形导致了对于电子商务法的不良发展,还对消费者权益保护法产生了挑战。于是他在论文中就消费者面临的问题,结合《消费者权益保护法》谈到对于消费者财产安全的建议。② 他们都就《电子商务法》和《消费者权益保护法》提出了自己的观点,据此笔者认为网络购票退票难问题表明网络购物领域消费者权益的保护仍存在着很多问题。

(二) 国外现状

美国是开启电子商务最早,电子商务方面发展最快的国家。美国早在 20 世纪 90 年代就开始了有关电子商务法的立法及研究。从 2000 年 6

---

① 杨立新:《网络平台提供者的附条件不真正连带责任与部分连带责任》,《法律科学》(西北政法大学学报) 2015 年第 1 期,第 166—177 页。
② 庞敏英:《电子商务中的消费者权益保护问题研究》,《河北法学》2015 年第 23 卷第 7 期,第 148—153 页。

月 30 日美国总统签署的《电子签名法》到《统一计算机信息交易法》具体地规定了计算机交易的消费者保护。新加坡也是开启和使用电子商务较早的国家。1998 年颁布的《电子商务法》中提出了关于电子签名、电子合同和网络服务提供者的责任。欧洲联盟为了使产业有新的发展空间，为了促进网络商务的经济增长。在 20 世纪先后通过的《电子签名指令》和《电子商务指令》中表明了对于信息社会服务和商业性宣传以及服务提供者的责任。日本也早在 1999 年就公布了《与电子签名和认证有关的法律条款——促进电子商务并为基于网络的社会和经济活动奠定基础》，首先提出了关于电子商务的基本内容，其后又公布了《行动纲领》进一步地推进了日本网络环境的发展，为日本开拓了新的发展空间，也规定了许多电子商务的基本内容。[①]

二　网络交易中，消费者所出现的主要问题

（一）消费者知情权不足

在网络购物中，消费者所能享有的知情权远远不如传统消费者，在《消费者权益保护法》中曾明确提出，消费者应当享有知情权，而经营者理应将真实的商品情况告知消费者，因为在网络交易中，消费者无法直接与商品进行接触，所以消费者能够了解到的商品信息只能通过与经营者进行沟通得知。消费者得到的信息不同，损害了消费者的公平交易权，而且难以得到其应当享有的售后服务的权利。[②] 与此同时，法律规定消费者享有知情权，但不是只有传统消费者才能享有知情权。网络消费者能够正确地进行网上消费主要是依靠法律所赋予他的知情权，而经营者所提供的信息也不能仅仅只是商品的生产日期，原产地等，以电影票为例，经营者在贩卖电影票的过程中，不能仅仅提供电影票的价格，影院的所在地和开场及放映时间，应明确地在提示中告知消费者，电影票购买后

[①] 郑成思、薛红：《国际上电子商务立法状况》，《科技与法律季刊》2000 年第 3 期，第 42—51 页。

[②] 刘惠荣、张敏、宋杰：《电子商务法中的消费者权益保护》，《中国海洋大学学报》（社会科学版）2004 年第 5 期，第 44—46 页。

到底可不可以退换，如果可以，应该以什么程序什么形式，在什么时间退换。如果不可以，还需要说明理由。因为价格和售后服务情况均是十分关键的信息，关乎消费者的切身利益。

（二）消费者维权存在困难

根据《消费者权益保护法》和《网络交易管理办法》中的规定，除特殊商品外，消费者可以在收到购买的商品7天内无理由退货，因为基于网络购物的虚拟性，消费者在收到商品前无法客观地得知商品的真实属性，但是最近经常出现在新闻中的案例则与法律的规定恰恰相反，许多消费者投诉自己购买得到的商品使自己不满意，但商家却仍不支持退换。许多商家根据《消费者权益保护法》中7天无理由退换货的特殊规定，利用法律漏洞不给予消费者退换货。在此情况下，消费者很难通过许多手段来维护自己的权利。[①]

（三）电子商务发展问题

由于近期国内电子商务市场的飞速发展，国家对其的把控速度落后于电子商务市场的发展速度，问题的滋生也是情有可原的，而且电子商务的发展也导致了实体经济的快速衰败，许多实体企业在电子商务的挤压下快速走向破产，且因为现在人们对于电子商务的开发较多元化，所以产生的问题也不尽相同，使电子商务平台不能和谐统一地发展。在市场没有受到政府的宏观调控前，出现类似的问题也是可以预见的。

（四）法律施行问题

就今年刚刚颁布并实施的《电子商务法》明确了电子商务不仅要监管通过网络销售商品的行为，还要监管通过互联网提供服务的行为。这确实给整个电子商务市场带来了新的变化，《电子商务法》中提出了很多约束性的条款，而且在多个层面中对电子商务的经营者进行了约束。但

---

① 周欣：《网络购物的法律调整》，《南华大学学报》（社会科学版）2006年第7卷第3期，第67—68页。

是监管机构却无法跟得上法律的新要求，因为目前政府的执法手段以及技术水平是难以在现在的大环境下随时监管各个电子商务经营者的。譬如微商，这也是网络经营者的一大部分人群，通过《电子商务法》的规定，他们应当在贩卖商品前获得营业执照，但就笔者朋友圈中的微商，他们似乎都并不在意刚刚颁布的电商法，他们觉得并不需要费那么多精力去办一个似乎对他们一点作用都没有的营业执照。所以在这"无人监管"的市场内，他们根本不需在意消费者的权益问题，很多都是一锤子买卖，都不需要考虑自己本应承担的售后服务责任。问题存在的根本原因就是法律监管不到位进而对消费者的权益产生了影响。

三　关于此现象可采取的措施

（一）执法机关应监督和确保商家落实《消费者权益保护法》和《电子商务法》

首先，执法和司法机关应积极适用《电子商务法》，尤其是在面对个人电子商务企业家和小型电子商务企业时，不能让该法束之高阁。对于淘宝、京东、猫眼等大型电子商务公司，应当多进行督促和监察。只有各个企业或个人遵守了《电子商务法》，遵守了《消费者权益保护法》的内容才能保证他们进行的是合法的交易，才能使《消费者权益保护法》和《电子商务法》正式地落实在网络电子商务中，才可以使消费者不再对网络购物失望，也可以减少消费者在网络购物中所受到的伤害。

（二）建立简易快捷的网络投诉机构

在当今的网络商务环境中，虽然有像消费者权益保护协会这样的组织来协助消费者进行投诉维权，但是过程却十分复杂，消费者如今所进行的电子交易数额过小，在发现自己的交易产生了问题到消费者权益保护协会投诉时，消费者所需要填写的表格过于复杂，程序过多，周期过长，所以，基于当今电子商务的市场，我们应建立一个可以为消费者进行简易快捷的网络投诉机构，使消费者可以在几分钟内填写完成一个表格，上传后可以在很短的时间内进行投诉。收到投诉后，投诉机构可以协助经营者和消费者解决他们之间的问题。

（三）确立小型的诉讼系统

由于消费者在进行网上购物时，大多数都为小额交易，当消费者购买相应商品后，发现不符合自己的要求，有了退换货的想法后，便出现了第二个想法，即退换货太麻烦，邮费比商品贵等，所以当消费者和经营者在发生矛盾后如无法达成共识，因为诉讼的成本过高且耗费的时间过长，几乎没有消费者会选择使用诉讼这一程序来维护自己的利益，而且在虚拟的环境下，消费者对此为自己诉讼时，未免显得底气不足。并且消费者不知该从何起诉，笔者认为，我国可以借鉴日本、新加坡等国家的小型诉讼系统，方便普通群众进行维权。小型诉讼系统应拥有起诉成本低，周期短，时效性强这几种特点。这样的程序建立成功后，既能减少各部门推卸责任的现象，还能解决跨地域、案例简单、金额过小、诉讼成本高等问题。

（四）完善社会信用制度

笔者认为，出现此种状况也有社会征信系统的一部分因素，因为在如今的电子商务市场中，消费者在进行消费时无法辨析商家产品或服务的好坏，面对此种状况，我们应当完善当今的社会征信系统，让各个平台监督商家的交易记录，对那些经常有不良记录的，经常被消费者投诉的，经常受到消费者退换货的商家进行特殊标记，使消费者在进行消费前便可以清晰地对各个商家的信誉记录进行认知，再决定是否进行购买，所以完善社会信用制度是很有必要的。通过完善商家的信息，对消费者进行合理的提示，既能减少消费者在购物后要求退货的频率，还能为网络监管部门和消费者权益保护组织减少工作量。

（五）提高监管部门的技术水平和执法力度

《电子商务法》的颁布不仅为各个企业带来了新的活力和新的发展空间，为消费者们提供了更加优质、便捷的平台进行消费，同时它也给网络监管部门带来了新的挑战。而网络监管部门现在最主要的事情就是提高网络监管力度，提高自身的技术水平。虽然电子商务正高速发展，但如果网络监管部门加大自己的监察力度，对商家和消费者均进行监察，提高自己的技术手段，这样可以使监管部门更加方便快捷地进行监察。

（六）提高消费者的防范与维权意识

在这种环境中，应对消费者做好网络安全和如何在网络购物中保护好自己的权益的宣传和教育，增强消费者自我防范和保护的意识，提高消费者在网络购物中的辨识能力，告知消费者在进行购买时注意产品细节和售后服务保障，在选择商家时注意商家的信誉等级，尽量不使自己的权益受到危害。

四　结论

笔者就网络退票难这一问题窥视到我国电子商务中的消费者权益尚无法得到十分切实的保护，问题主要存在于消费者不能准确地获得商品的真实信息，产生问题后消费者又无法较好地维护自己的权益，且电子商务发展过快导致了市场监管部门的监管不力，《电子商务法》无法落实。若要解决，笔者则认为可从以下几个方面展开，首先，使监管部门督促《电子商务法》良好落实，这样不仅可以使消费者的知情权得到保障，还可以降低不良商家的出现概率。其次，建立快捷的网络投诉平台和小型诉讼系统，这两者的建立既可以使消费者在被不公平对待时找到投诉的平台，还可以在与商家无法达成一致协议时，节省金钱与时间对商家进行申诉。再次，完善社会信用制度，提高监管部门的技术水平和手段。这样可以同时帮助消费者快速地识别出有不良销售记录的商家，并能使监管部门对于电子商务中的各个问题进行快速的解决。最后，通过宣传和教育的手段提高消费者的防范和维权意识，让消费者们了解《电子商务法》和《消费者权益保护法》从而保护好自己的切身利益。

参考文献

[1] 李佳：《电子商务法中消费者权利的保障》，《网络法律评论》2001年第00期。

[2] 杨立新：《网络平台提供者的附条件不真正连带责任与部分连带责任》，《法律科学》（西北政法大学学报）2015年第1期。

[3] 庞敏英：《电子商务中的消费者权益保护问题研究》，《河北法学》2015年第23卷第7期。

[4] 郑成思、薛红：《国际上电子商务立法状况》，《科技与法律季刊》2000年第3期。

[5] 刘惠荣、张敏、宋杰：《电子商务法中的消费者权益保护》，《中国海洋大学学报》（社会科学版）2004年第5期。

大数据时代的个人数据权利及法律保护

孟原怡/高二　慕雅琦/指导老师
四川省绵阳东辰国际学校

摘要：大数据产业的蓬勃发展带来了对个人数据权利的新思考，大数据的使用已是不可逆的趋势，如何正确看待、利用大数据并规避其中的风险是我们现代生活的必修课。如何正确认识个人数据权利这一新概念，如何对其进行全面的保护是本文探讨的主题。

关键词：大数据　个人数据　隐私权　人身权　数据权利保护

一　文献综述

"大数据"一词，最早可追溯到1980年，著名未来学家托夫勒在其所著的《第三次浪潮》中将"大数据"称为"第三次浪潮的华彩乐章"。2008年9月，美国《自然》杂志专刊——The next google 推出了名为"大数据"的封面专栏。至此开始，"大数据"逐渐成为互联网技术行业中的热词。当人们还没来得及完全认清"大数据"的真实身份时，网络办公、电子商务及各类应用软件所产生的个人信息数据被收集存储，构成了包罗万象的海量数据最重要的组成部分，大数据时代已扑面而来。

个人数据不仅包括了姓名、性别、年龄等基本信息数据和指纹、血型、DNA等生物信息数据，还包括家庭、工作、银行账户等各类社会信息数据。个人数据泄露造成的惨痛后果不胜枚举。韩国加密货币交易所Bithumb的一位名叫Ahn Park的用户因个人信息泄露，其账户被黑客四次转账盗走价值4.78亿韩元的加密货币；四川德阳的安医生因个人信息泄露命丧于网络舆论。保护个人数据已成了大数据时代各国面临的一个重要课题。

笔者查阅发现，目前已对相关个人数据保护立法的国家主要有欧洲、美洲及少部分亚洲国家，现在越来越多的国家正在加强个人数据保护立法。目前，我国对于公民个人数据的保护分散于《宪法》《刑法》《民法》等多部法律中，但相关规定过于笼统，范围局限，可操作性不强。本文拟从个人数据权利法律属性、个人数据使用保护现状入手，从国家立法层面、社会组织及个人的义务与责任、社会诚信体系建设方面进行粗浅探讨。

二 个人数据的使用现状和定性

（一）个人数据发展现状

在大数据盛行的时代背景下，智慧课堂、电子公务、线上购物等活动蓬勃开展，大数据的使用与收集渗透到医疗、消费、社交等社会生活的各个方面。对于大数据的广泛收集储存和使用，很难有一个好坏的界定。一方面，各大娱乐、生活软件的个性化定制为人们的生活带来了巨大的便利与享受，利用大数据分析出的结论与精准预测提高了人们对未来的支配能力，如2016年美国大选中特朗普雇用剑桥公司进行特定区域选民分析，有针对性地进行政治广告推送；另一方面，各种投放明确的骚扰电话和垃圾短信给人们日常生活带来极大不便，而精准诈骗更是酿成一个个悲剧，例如"8·19"徐玉玉电信诈骗案。因此，研究个人数据权利的定性及个人数据使用过程中的监管具有重要意义。

（二）个人数据权的定性

在维克托·迈尔·舍恩伯格编写的《大数据时代》中，大数据指不用随机分析法（抽样调查）这样的捷径，而用采集所有数据的方法。即大数据具有的 4V 特点：Volume（大量）、Velocity（高速）、Variety（多样）、Veracity（真实性）。① 个人数据作为组成大数据的个体，其法律定性仍存在较多争议。

1. 财产权属性

在大数据背景下，个人数据权越来越多地体现其经济价值，违法者非法收集、买卖公民个人信息，进行非法活动以获取经济利益，同时其也成为各大网络供应商及各类提供信息的公司进行数据分析、提供精准服务的重要载体，具有巨大的经济价值。各大 APP 如微信、支付宝等也纷纷提供了在线消费等功能，已体现其经济价值的财产权属性。因此，在数据财产论者看来，个人数据权可以定义为一种新型财产权，应在现行法律的基础上增设一种数据财产权。大数据已成为相关企业资产的重要组成部分，是促进经济发展的有利催化剂，将数据定义为一种新型财产并且赋予数据所有人相应权利，从宏观上说，是大数据时代来临的客观要求，是现代科技发展的必由之路。赋予财产权给数据所有者，是经济技术的发展在制度创新层面的具体要求。

的确，个人数据权具有不可否认的商品性和财产权属性，然而，财产权包括物权、债权、继承权，发生在 2004 年美国海军陆战队员贾斯汀身上的案例推翻了继承权一说。贾斯汀死于伊拉克之后，其父亲要求继承其雅虎邮箱中的资料包括涉及个人隐私的部分，雅虎公司以不侵犯用户的"隐私权"为由拒绝了其父亲的申请，由此产生的诉讼以法院不提供其雅虎邮箱账号和密码告终。② 虽然个人数据也具有不可侵犯性，但在对个人数据判定时，仅仅关注其商业价值显然不够全面。个人数据权除了商品性之外，更多的是以个人隐私的载体形式呈现，因此，将个人数据仅仅定义为个人财产有失妥当，财产权应当是个人数据权利的重要组成部分，但并非唯一组成部分。

---

① 维克托·迈尔·舍恩伯格：《大数据时代》，浙江人民出版社 2013 年版。
② 李伟民：《"个人信息权"性质之辨与立法模式研究——以互联网新型权利为视角》，《上海师范大学学报》2018 年第 3 期。

2. 隐私权属性

前文提到，个人数据权对于个人隐私具有载体作用。完整法律意义上的个人数据隐私权应包括两层含义：一是保证公民的个人数据隐私权不受他人侵犯；二是个人数据隐私权受到侵害时可求助法律保护。① 在 2018 年 8 月的乐清事件中，警方介入时得到平台公司的答复为：涉事车辆、司机信息为个人隐私，平台无权提供。这可以被认为是个人数据权、隐私权与公共安全、执法司法权产生冲突的典型案例之一。相较于隐私权的侵犯后消极防御性质，个人数据更多体现在权利主体的主动运用与支配转让上，并且从范围上来说，隐私就是个人不愿被他人知晓的事件，是不与公共利益、群体利益相关的个人信息、私人活动和私有领域。隐私权是自然人享有的对其个人隐私进行支配的一种人格权。② 显然，个人数据不仅仅代表着纯粹的个人隐私，购物偏好、决策意向、投票选择等数据往往是影响社会发展走向的重要因素。因此，个人数据具有隐私权的权利属性，隐私权应当作为个人数据权利的重要组成部分，与此同时，个人数据权利也不等同于隐私权，当个人数据权利的隐私权与公共安全、执法司法权发生冲突时，应当尊重选择更大的法律保护价值。但不可否认，大数据背景下个人数据权的隐私权属性已经越来越明显，侵犯公民个人信息权的事件也在不断发生，如何保护个人数据权也成为亟待解决的问题。

3. 一般人格权属性

一般人格权是指自然人享有的，概括人格平等、人格独立、人格自由、人格尊严全部内容的一般人格利益，并由此产生和规定具体人格权的基本权利。③ 若仅仅一个简单的精准推销电话算作侵犯个人数据权的话，将其上升为对个人尊严的侵犯未免有些夸大其词。德国法律认为，个人信息属于一般性人格要素，信息自决权迄今为止仍属于一般人格权的一部分。不过，将德国模式直接搬运到中国似乎是不合适的。从德国

---

① 易艳、陈文涛：《浅析个人数据隐私权的法律保护》，《武汉理工大学学报》2001 年第 6 期。
② 王利明：《人格权法新论》，吉林人民出版社 1994 年版。
③ 杨立新、尹艳：《论一般人格权及其民法保护》，《河北法学》1995 年第 2 期。

民法典来看，个人隐私的保护被纳入一般人格权的保护范围之内，而我国法律规定，隐私权属于具体人格权范畴，单独设有个人信息条款，并与一般人格权条款区分开来，因此，既不能将个人数据权单纯归类于一般人格权，也应当认识到一般人格权是个人数据权利的重要组成部分。①

综上，个人数据权利既有财产属性也有人身属性，是以财产权、隐私权、一般人格权为重要组成部分的新型权利种类。以微信为例，其本质是以经济价值利益为客体，在利用个人数据提供服务过程中获取经济效益，故具有财产权属性；涉及个人信息时又具有以人身要素为客体的特性，故具有人身属性。笔者认为，个人信息权利是记载于网络平台的一种既有财产属性也有人身属性的综合权利，是兼具财产权、隐私权和一般人格权的新型权利种类。

三　个人数据的使用风险

因为个人数据存在方式的特性，个人数据权利极易受到侵犯，在生活常见场景中，各类单据、中介网站、公共 Wi-Fi、社交媒体及非法网站注册实名认证需求、弹窗链接都是个人数据泄露的高风险地点。

（一）人身权属性被侵犯风险

由于个人数据的收集方式往往由主动收集与被动收集两方面构成，以网络搜索记录为例，即使打开无痕浏览模式，搜索数据仍然会进入后台处理，Google 每年公布的年度搜索热词也是数据收集整理后大数据处理的结果。如果用户想拒绝数据被动收集，那么将失去这个网站提供的所有服务。不得不提的是，尽管在软件使用前有特定的用户须知，但由于须知内容的复杂性与专业性，不具有一定专业素质的用户或是耐心不够的用户几乎是不可能将条例看完的。而此类"霸王条款"直接关系着软件的使用权限，因此信息的收集可以说是一个"强制"的过程；数据的收集的内容不仅仅限于此类非特殊性信息，网上层出不穷的人肉搜索

---

① 叶名怡：《论个人信息权的基本范畴》，《清华法学》2018 年第 5 期。

案件，明星无时无刻不被监视，各种"奇闻逸事"、博人眼球的图片的非法公布事实上也是对信息所有人隐私权、名誉权、肖像权等人格权的侵犯。这些恶劣而强制的行为极大侵害了权利主体的隐私权，而若想诉诸法律却非常困难，这也是社会亟待解决的问题。

（二）财产权属性被侵权风险

再次引用徐玉玉案件就可以很清楚地论证这类事件。个人数据泄露带来的不仅仅是隐私的曝光，伴随而来的更是对个人财产安全的威胁。然而在电信诈骗案件中，罪犯获刑原因一般都是诈骗罪，[①] 几乎没有因为侵犯他人数据权而获罪的情况。值得肯定的是，我国通过《刑法修正案》的方式，已将侵犯公民个人信息犯罪纳入重点打击范畴，[②] 各级司法机关也查办了一批典型案例，对侵犯公民个人信息犯罪打击形成了高压态势。2017 年 6 月 1 日，"两高"就侵犯公民个人信息犯罪出台司法解释。据江苏省公安厅通报，2017 年全省公安机关共侦破黑客和侵犯公民个人信息案件 609 起，比上年增长一倍多。其中，江苏常州警方破获的"6·18"特大侵犯公民个人信息案，涉及全国 20 余省市，抓获犯罪嫌疑人 130 人，贩卖公民个人信息 20 多万条，涉案金额达 1000 多万元，创近年来全国打击侵犯公民个人信息案件之最。

四 域外针对个人数据的保护措施及借鉴

2010 年 4 月，美国商务部成立互联网政策专责小组；7 月，发布

[①] 《中华人民共和国刑法》第二百六十六条，诈骗公私财物，数额较大的，处三年以下有期徒刑、拘役或者管制，并处或者单处罚金；数额巨大或者有其他严重情节的，处三年以上十年以下有期徒刑，并处罚金；数额特别巨大或者有其他特别严重情节的，处十年以上有期徒刑或者无期徒刑，并处罚金或者没收财产。本法另有规定的，依照规定。

[②] 根据《刑法修正案九》："违反国家有关规定，向他人出售或者提供公民个人信息，情节严重的，处三年以下有期徒刑或者拘役，并处或者单处罚金；情节特别严重的，处三年以上七年以下有期徒刑，并处罚金。""违反国家有关规定，将在履行职责或者提供服务过程中获得的公民个人信息，出售或者提供给他人的，依照前款的规定从重处罚。"窃取或者以其他方法非法获取公民个人信息的，依照第一款的规定处罚。"单位犯前三款罪的，对单位判处罚金，并对其直接负责的主管人员和其他直接责任人员，依照各该款的规定处罚。"

《隐私与创新绿皮书》；10月，发布《互联网经济中的商业数据隐私与创新政策框架》。白宫于2012年发布《网络世界中消费者数据隐私权报告》。为了出台保护互联网用户隐私的指导方针，鼓励社会各界参与到具体实施细则的制定中来，从而促成国会通过法律，美国白宫公布了较为完善的《消费者隐私权法案》草案。① 美国的《隐私权法》最早可追溯到1974年，而在1979年出台的《私生活秘密法》明确回答了政府机构对个人信息的采集、使用、公开问题。

目前，欧盟已发布史上最严格的个人数据保护法规《一般数据保护条例》，适用于所有为欧盟居民提供商品服务的境外数据处理商，当然也包括服务于欧洲客户的中国公司。早在2016年8月1日，欧盟和美国签署的"隐私盾"协议就已正式生效，在此前"安全港"协议的基础上进一步发展，提高了个人数据保护水平。根据"隐私盾"协议，商用的个人数据抵达美国后，将仍然适用与在欧盟境内相同的数据保护标准。②

两者相较可以发现，美国对个人数据的保护针对各个主体（基础立法、行政管理、第三方企业、权利主体均有涉及），将个人数据从各个角度进行立法保护，并且保护主体涵盖各种形式的个人数据信息，实用性极高。并且在互联网管理法规的数量上，美国以130多项居世界之首。③ 而欧盟对个人数据的保护最大的特点是严格。在数据采集上，欧盟强制要求所有处理均需要合法依据，并且在使用范围和目的上进行了严格的限制，所有涉及一定风险的操作必须征得权利主体的同意。在欧盟《一般数据保护条例》实施之前，欧盟各国也在《欧盟个人数据保护指令》的基础上出台了针对本国国情的法律法规，如2002年《德国联邦数据保护法》等。同时，欧盟对数据的保护不仅仅局限在本联盟内部，"安全

---

① 王瑞霞、刘晓纯：《大数据时代个人信息保护立法视角探析》，《吉首大学学报》（社会科学版）2018年第39卷。

② 《国外如何保护个人信息权》，民主与法制网，http://www.mzyfz.com/cms/benwangzhuanfang/xinwenzhongxin/zuixinbaodao/html/1040/2018 – 01 – 30/content – 1314849. html，访问日期2018年1月30日。

③ 同上。

港""隐私盾"协约的签订实现了数据的跨境保护,更具有普遍现实意义。美国模式在数据保护的基础上实际上留有较大的利用空间,同时也可能出现立法重复导致实际效用有限的问题。欧盟模式对于数据使用的限制则有可能导致数据市场的低迷或是互联网经济发展的迟缓等问题。

五 我国个人数据权利保护的现状及建议

(一) 目前已有法规及不足

1.《刑法》

第一,目前刑法涉及数据管理的方面集中在打击信息犯罪上,①包括对计算机系统及信息网络安全的保护,也包括对公民个人信息的保护,如刑法修正案七规定了非法提供及非法获取侵犯公民个人信息罪,刑法修正案九将其明确为侵犯公民个人信息罪,明确侵犯公民个人信息可构成刑事犯罪,但并未明确提出对个人数据的保护。且刑法具有被动性,侵犯行为严重才承担刑事责任,侵犯公民个人信息罪的犯罪主体为特殊主体,这对于现实生活中普通侵害行为的预防与限制作用甚微。再者,数据侵犯造成损害的严重程度往往具有主观性,并没有权威文献明确规定,严重程度不好确定。第二,由生活经验可知,数据侵犯主体往往是小公司、中介机构、业务人员,这些主体的分布具有分散性与随意性,在侵权事件发生后,想寻找到具体责任人无异于大海捞针。这样一来,即使有相应的法律法规,其落实难度也是极大的。第三,以骚扰电话为例,类似于徐玉玉事件的案例毕竟为少数,对公民造成的损失一般是暂时而微小的,如果诉诸法律,对权利主体造成的时间、金钱成本远超于一个电话带来的损失。在理性权衡之后,几乎是不会有人因此选择走上法庭的。

2. 民法总则

《民法总则》规定了个人信息的保护规则,维护了个人的人格尊严,并将有力遏制各种"人肉搜索"、非法侵入他人网络账户、贩卖个人信

---

① 《中华人民共和国宪法》2018 修订版,第二百八十五、第二百八十六、第二百八十七条。

息、网络电信诈骗等现象,① 从根本目的上说仍然是维护公共网络秩序与安全而非对个人利益的保护。《民法典人格权编（草案）》中对于个人信息的保护较为分散，且对于侵犯个人信息应当承担的民事责任规定过于笼统，可操作性不强，以第四条支配权为例,② 保护范围局限在具有经济利益内容的权益上，这无疑缩小了个人数据的范围，并且对于许可他人使用的范围、界限并不明确，使用后的数据归属权问题也并未明确提出。

3.《网络安全法》

此法是目前已出台法律中与个人数据关系最紧密的一部，在第三章③提出对网络数据的保护。其局限性如下：第一，本法制定旨在维护网络安全，营造良好网络环境，与本文论述个人权利的保护有所偏差；第二，法规中并未明确提出对公民个人数据的保护，将数据范围限定在宽泛的网络数据中，难免有不具体之嫌；第三，违反本法并不会造成行政、刑事处罚，依法处分也不具有强制性，从惩罚意义上说本法更接近于号召性法律，对社会的约束力较小，从而带来的实际效用也较小。网络安全法虽然规定了对个人信息的保护，但对于网络供应商应当采取哪些手段、履行哪些义务维护公民个人信息安全，应当履行哪些义务来获取个人信息等规定过于原则，实际履行效果不好。此外，网络安全法虽然规定了违反相关规定导致个人信息泄露应当承担的行政责任，但实际履行过程中，由于收集证据及供应商应当履行的义务标准不明确等原因，导致该法未完全实现立法目的。

4.《最高人民法院关于审理利用信息网络侵害人身权益民事纠纷案件适用法律若干问题的规定》

本规定所称的利用信息网络侵害人身权益民事纠纷案件，是指利用

---

① 梁慧星：《〈民法总则〉对民事权利的确认和保护》，《云南大学学报》（社会科学版）2018 年第 17 期。

② 《民法典人格权编（草案）》第四条，民事主体对其名称、肖像、个人信息等具有经济利益内容的人格权享有支配的权利，可以许可他人使用，但根据其性质或者依照法律规定不得许可的除外。

③ 《中华人民共和国网络安全法》，第二十一条至第三十九条。

信息网络侵害他人姓名权、名称权、名誉权、荣誉权、肖像权、隐私权等人身权益引起的纠纷案件。① 规定详细解释了侵害人身权时的相关问题，但对于责任主体的认定及过错界定方面没有具体的标准，采取的实际处罚措施没有明确而强制的规定；由于侵害个人数据往往涉及个人财产安全问题，而目前国家没有出台对于利用网络侵害财产权的相关规定或解释，也许会造成在规定施行过程中超出解释范围的问题，从而导致规定的实际效用大大减小。

（二）个人数据权利保护的建议

目前我国现行法律对于个人信息的保护规定分散于各个部门法或行政法规、司法解释中，且主要集中于对个人信息权利中的隐私权属性的保护，而对财产权属性的保护往往还是结合侵权责任法等进行，但仅仅依靠侵权责任法及相关司法解释显然已经不能完全解决大数据背景下侵犯个人财产权的相关实务问题，如对网络供应商或软件提供者应当履行哪些义务来获取个人信息，应当履行哪些义务来确保个人信息安全，认定网络供应商或软件提供者的安全保护义务及危险提示义务的具体标准是什么，违反上述义务应当承担什么样的民事责任，归责原则是过错责任还是过错推定责任等均没有明确规定。对于个人数据的保护是分散的、非专门的，对于个人数据的保护，可以考虑在个人数据权性质论定后单独立法，出台针对利用网络侵害个人财产权的相关规定或解释，尽快完成《个人信息保护法》立法工作，增强其对社会的约束力，也可以考虑将个人信息保护责任和侵权行为惩处权力交法院下设专门机构实施，既可以加大对法律的落实效率，也可以加强社会宣传效应，提高全社会关注度。另外，在立法过程中要注意吸收外国先进经验，针对本国国情进行具体调整，并对数据的转让、使用、利用进行链条式跟踪保护，在保护的基础上又要促进大数据产业的发展。

---

① 《最高人民法院关于审理利用信息网络侵害人身权益民事纠纷案件适用法律若干问题的规定》第一条。

1. 提高违法成本，加大处罚力度

从刑法角度讲，应明确规定刑法介入损失界限值，提高其威慑力，比如终身剥夺侵权行为人接触个人信息的机会，对处于萌芽期的犯罪行为起到有效遏止作用；民法和行政法则应量化赔偿责任，不放过任何一桩小案件，加大惩处力度，落实处理分散的侵权行为人。

2. 明确中间人责任

网络交易和实体店交易的区别主要在于中间人的存在，即网络供应商提供服务的存在。因此，个人数据权利立法保护应厘清网络供应商的权利与义务。以微信为例，若是微信主动泄露用户信息，这将面临直接的侵权责任；假如支付时使用的指纹付款系统失灵，造成用户损失，这应是供应商提供了不合安全约定的服务，理应受到处罚；而如果是微信平台被恶意入侵，造成用户损失，是否会构成对用户数据保护的过错，而当服务供应商没有尽到对用户数据的保护义务时，如何认定网络服务供应商的责任，这些都是值得思考的问题。

3. 加强社会诚信体系建设

我国应逐步建立和完善社会征信系统，宣扬典型案例，提高公众权利意识，在全社会形成良好社会风气，防止侥幸心理带来的侵权事件。加强社会诚信体系建设，可将侵犯公民个人信息犯罪行为和严重侵权违法行为纳入征信失信人名单，加大对侵犯公民个人信息违法犯罪行为的法律惩处力度。丰富和完善经济责任承担机制，对侵犯公民个人信息造成严重财产和精神损害，或扰乱社会秩序、危害公共安全的，予以经济制裁和惩戒，限制社会经济人行为能力，如对贷款、购房等予以限制。

六 结语

大数据时代的到来是不可逆转的必然趋势，如何在新的现代化潮流中保护每个公民的合法权益，发挥大数据技术的优势，规避随之而来的风险，是我们亟须解决的问题。而国家、企业、个人都是这个过程中不可或缺的主体。个人数据权的保护，是一条我们必须走的路。

参考文献

[1] 维克托·迈尔·舍恩伯格:《大数据时代》,浙江人民出版社 2013 年版。

[2] 李伟民:《"个人信息权"性质之辨与立法模式研究——以互联网新型权利为视角》,《上海师范大学学报》2018 年第 3 期。

[3] 易艳、陈文涛:《浅析个人数据隐私权的法律保护》,《武汉理工大学学报》2001 年第 6 期。

[4] 王利明:《人格权法新论》,吉林人民出版社 1994 年版。

[5] 杨立新、尹艳:《论一般人格权及其民法保护》,《河北法学》1995 年第 2 期。

[6] 叶名怡:《论个人信息权的基本范畴》,《清华法学》2018 年第 5 期。

[7] 王瑞霞、刘晓纯:《大数据时代个人信息保护立法视角探析》,《吉首大学学报》(社会科学版) 2018 年第 39 卷。

[8] 梁慧星:《〈民法总则〉对民事权利的确认和保护》,《云南大学学报》(社会科学版) 2018 年第 17 期。

人工智能的发展风险及法律规制

杜承林/高一　慕雅琦/指导老师
营口市开发区第一高级中学

摘要： 人工智能是高新技术的代表，目前人工智能广泛应用于各行各业，对人类的生产生活给予了很大帮助，但是对于人工智能的自我学习能力与数据分析能力，不少人也提出了质疑。人工智能在个人数据、知识产权、人格权方面与法律发生了冲突，所以加强人工智能的法律规制，减少发展风险就成为全世界的热门课题。

关键词： 人工智能　个人数据　知识产权　法律规划

一　人工智能的现状与发展

人工智能（Artificial Intelligence）是计算机科学的重要分支之一。伴随着工业文明的到来与资本主义的发展，人们不再满足于人工控制的生产方式，生产力的不断发展唤起了人类对智能的进一步探索。物质生产力的提高引发了法国哲学家的将研究人类行为与人类社会组织的能力可以达到物理学一般成熟的设想。凭借着大数据和云计算的技术发展，人工智能的成熟水平与实用性能大大提高。人工智能目前涉猎生产生活的各个领域，虽未得到大规模普及，但已经为传统生活方式注入了新时代的活力。从农业领域的精准农业到工业领域的生产机器人，再到生活领域的人脸识别与无人驾驶，再到金融行业的智能理财，人工智能正以其高效率、低风险的优势进军消费市场。比如说智能理财，编辑者只需编辑一个算法程序，人工智能便会利用超强的计算能力和对数据的大规模分析，得出高效的理财方案，使效率大大提高。也许在弱人工智能时代金融行业还不会受到太大的冲击，但我们很难想象随着强人工智能时代乃至超人工智能时代的到来，传统金融行业是否还能享有自己的一席之地。

各个国家不同的人工智能技术发展环境导致不同的发展趋势。美国的发展总体可以概括为，由几家大公司垄断人工智能市场。谷歌、英伟达几乎垄断了近80%的科技与市场，从围棋程序的突破到全新代TPU的出世，谷歌公司在AI智能领域可以说取得了巨大的突破。而在人工智能领域，英伟达可以说是目前涉及面最广、市场份额最大的公司，旗下产品线遍布自动驾驶汽车、高性能计算、机器人、医疗保健、云计算、游戏视频等众多领域。而反观中国，几家人工智能巨头公司都拥有自己的独家技术，百度、寒武纪、比特大陆等虽起步较早，但投入市场大规模使用的却很少。所以中国与域外人工智能的成熟水平还是有一定的差距。

如同原子能、互联网、克隆技术等超高新技术一样，人工智能也是一把科学"双刃剑"。如果在发展过程中得不到很好的约束，类似原子弹的悲剧会再一次重演。牛津大学教授尼克·博斯特罗姆提出，如果不加以控制，人类创造出的超智能机器可能会发起对人类的背叛。为避免灾难发生，史蒂芬·霍金也曾多次强调必须马上停止智能杀手的研发与利用，否则人工智能所带来的毁灭就不只是设想而已。但是也有很多学者大力为人工智能辩护，他们声称机器人灭亡人类的事情在几百年内都不会发生，人工智能创造于人，也必将被人类所控制，人们的大多设想只是受到了科幻小说和电影中的负面影响。① 但从目前来看，弱人工智能时代里，人类还是能够很好地控制这一新科技产物的。

---

① 朱体正：《人工智能时代的法律因应》，《大连理工大学学报》（社会科学版）2018年第2期。

二 人工智能发展过程中存在的问题与挑战

(一) 法律条文与算法冲突

人工智能是一种新型的技术工具，也预示着一种新的生产生活方式的出现，它为我们带来了社会发展的新高点，但我国《新一代人工智能发展规划》也明确指出，由于人工智能的不确定性，引发一系列伦理和法律问题。这里的"不确定性"，一方面是指人工智能本身的不确定性——模拟人类智力对不确定性的客观世界进行推理的机器、系统或网络也具有不确定性；另一方面是指人工智能发展与应用的不确定性。前者是责任主体与行为和结果的认定关系，而后者是影响法律权威、道德约束、风险防范等因素。[1] 人们日渐依赖于大数据、信息技术、算法与智能系统的选择，更是直接把人脑与机械设备连接起来进行信息交换，导致数据主义对人类自由的损害，就更不论强人工智能这种超越人类智慧的超级技术。[2] 人工智能的技术核心是算法，算法设计者会争取将自己的利益最大化，所以编写出的程序在设定上就免不了与现代社会的法律规制发生冲突。以无人驾驶为例，程序开发者如何编写智能应急系统，才能在遵守伦理道德与法律条文的基础上实现最方便的操控驾驶，成为许多公司的研发难题。由于人工智能发展时间短暂，人类只能带有前瞻性去立法、设计规定算法，这也间接导致法律条文与算法研究在不同方面发生了冲突。

(二) 个人数据失去保障

随着大数据时代的到来，我们将越来越多的零散数据进行整合优化，个人数据可以通过先进的计算能力来进行快速处理，再联合人工智能分析喜好、个性特点，进而大大提高运行使用速度。百度等公司相继

---

[1] 李德毅、杜鹢：《不确定性人工智能》（第2版），国防工业出版社2014年版，第1—7页。
[2] 吴汉东：《人工智能时代的制度安排与法律规制》，《法律科学》（西北政法大学学报）2017年第35卷第5期，第128—136页。

推出智能搜索引擎,系统可以根据使用者的浏览、搜索记录推送符合使用者喜好的内容、信息。不过享受人工智能对个人数据的整合分析所带来的便利的同时,我们也不得不正视它可能给我们带来的风险问题。个人隐私的保护是很久以来国际立法的重点问题,在人工智能的发展中,个人数据仍然成为各方的焦点问题。尤其是随着大数据和智能技术的结合,国家和企业的措施计划越来越依靠于大量的数据分析和精准计算,数据的收集、分析和使用,使传统社会变得公开透明,在物联网、大数据和人工智能三者叠加后,人们或许将不再有隐私。另外在人工智能时代,数据的收集、使用都面临着新的危机与挑战。在个人数据收集中,大规模的智能机器快速地收集着数以万计的用户信息,涉及姓名、性别、住址、财产余额、机密文件等在内的各个领域,这些数据大量综合形成对用户的全方位跟踪。在数据使用中,大数据分析大规模使用,经过高度计算能够剖析出深层隐私信息,不仅可以找出个体,还能分析出个人的生活习惯、日常行踪等信息,扩大了隐私泄露的风险。在整个调动周期中,由于黑客攻击、出现安全漏洞等原因,个人数据还一直面临着被泄露的潜在安全隐患。人们还沉浸在智能服务的美丽幻想中,却忽视了在人工智能时代大数据可能存在的信息诈骗。不良商家通过分析消费者的个人隐私从而给使用者推送特定的商业信息,其风险就是"精准诈骗"。多个诈骗案件表明,这会给消费者人身权利和财产安全带来极大的危害。[1]

(三) 人工智能的知识产权问题

人工智能强大的学习能力表现在各个领域,从而引发人工智能创作的知识产权问题。有消息称,日本准备立法保障人工智能的著作权作品,以防止机器人创作中的抄袭之风;欧盟法律事务委员会提出动议,拟赋予机器人以著作权。[2] 我国《知识产权法》第十一条规定"著作权属于

---

[1] 陈景辉:《人工智能的法律挑战:应该从哪里开始?》,《比较法研究》2018年第5期。
[2] 张保生:《人工智能法律系统的法理学思考》,《法学评论》2001年第5期,第11—21页。

作者，本法另有规定的除外。创作作品的公民是作者。由法人或者非法人单位主持，代表法人或者非法人单位意志创作，并由法人或者非法人单位承担责任的作品，法人或者非法人单位视为作者。如无相反证明，在作品上署名的公民、法人或者非法人单位为作者"。① 2017年10月25日，索菲娅成为历史上第一个成为一国公民的机器人，这与人工智能知识产权立法产生了冲突。7月5日，微软互联网研究院宣布放弃小冰所著诗歌版权，公告称，小冰会进行基础创作，人类可以在此基础上进行深度创作，并且人类能占有该最终作品的全部知识产权。此外5月19日，国内出版了"小冰"创作的诗集。这部诗集全部由"小冰"创作，其中还有"幸福的人生的逼迫，这就是人类生活的意义"这类充满人生哲理的诗句。一些人认为人工智能正从知识产权以及各个领域侵蚀法律社会，但不同的声音也存在。华为首席法务官助理王景亮认为，就算机器人的确可以像人类一样创作，根于机器人并非人类，法律不需要对这些成果加以格外保护，因为这并非知识产权立法的初衷。从这个意义上说，人工智能在现阶段对法律的影响应该是比较有限的。从总体来说，人工智能的法律知识产权归属仍然是具有争议性的、有待完善的。

三 美国的人工智能监管措施

人工智能作为时代的产物，已经拥有强大的学习能力与深度分析能力，引来了许多科学人士的关注。人类如何合理地控制，法律如何规范其潜在的风险引发了各国热议，美国政府也开始积极制定应对措施。埃隆·马斯克和比尔·盖茨等人多次发出声明提议立刻行动，以防造成毁灭性后果。

（一）人工智能的界定

监管物体的本质是明确它是什么，由于人工智能的强大科技能力，其学习范围也不易控制，算法不够透明，所以应该在法律领域对人工智

---

① 《中华人民共和国知识产权法》第十一条。

能采取适度的控制。虽然各国政府已开始着手解决,各家公司也开始制订计划,但是总体法律体系还不够完整,仍需长期努力。

(二) 人工智能法律责任归属

人工智能在发展道路中会与许多传统规律发生冲突,此时要明确好人工智能的责任归属问题。以智能理财机器人为例,人工智能利用大数据和精准计算在金融行业凸显出它的优势。只需专业人员将相关程序编入人工智能系统,系统将会自动计算分析出投入哪只股票会取得最大收益,哪家第一阶段的公司最有可能上市,基金如何分配能将收入最大化,这些复杂的计算与分析可以由人工智能轻易完成。但由此产生的问题就是,理财机器人出现故障所造成的损失由谁承担。美国曾有一真实案例,人工智能出现故障导致亏损 2000 万美元,虽然目前学术界的观点是根据实际情况由厂家与使用者承担。但是目前的法律并没有规定具体的分责细则,所以有关法律还亟须完善。

(三) 人工智能的立法

2016 年,美国发布了《为了人工智能的未来而准备》报告,解析了可能存在的问题,并提出解决建议,对人工智能的发展状态进行了统计,Trump 上任后,人工智能的应对法案多次在国会上提出、审议,促进智能数据安全发展。2018 年 5 月,白宫举办美国产业人工智能峰会,会议上宣布成立特别委员会,提出继续保持美国在人工智能领域全球领导地位的重要举措。国会也积极寻找合理的立法,提出《人工智能未来法案》的目的在于保证人工智能方面的全球竞争力是由美国领导的。[①]

(四) 政体机关的调节作用

在国家体制下,行政机关的灵活、权威、稳定的特点,在人工智能的监管方面起到了很好的控制与平衡作用。行政机关享有法律给予的绝

---

① 任希全:《人工智能之于法律的可能影响》,《人民论坛》2018 年第 599 卷第 18 期,第 94—95 页。

对的做出决策的权力,因此行政机关的调整能力非常强,能够迅速完成对某一行业的监管和调整。行政机关不仅可以在法律制定上享有权力,而且能够处理必要的矛盾纠纷。行政机构能够微妙地影响公众的行为的原因是通过政策的发布和统筹资源配置,包括收集风险信息和利弊关系。行政机关享有的提前监管权力,能够在危害发生之前就实施一些政策,包括制定标准、规划特性、限制功能、加强宣传以及禁售产品的权力。[①] 近年来,美国加强对无人驾驶的安全指向,食品监督管理局监管的人工智能产品和服务上市,[②] 都体现出行政机关在行业规范领域的引领地位。人工智能应用领域广泛,行政机关通过与行业领域的协作,制定应对措施来更为直接有效地解决问题。

四　完善我国人工智能法律规范

(一) 完善监管机制,加强技术突破

人工智能是重要的先进成果,它们为人类生产生活的进步提供了技术保障。按照智能技术的发展过程,我们要对其进行全方位的监管,保障智能技术的发展是在法律规划下。所以,我们要完善顶层设计,健全监管体系。由于人工智能的重要性和发展中的重大意义,国家政府应组建领导小组。国家人工智能领导小组组长应由主管科技和工业的国务院副总理担任,该小组应以《新一代人工智能发展规划》为行动指南,负责规划、协调有关人工智能的各领域工作,推动人工智能健康发展。[③]

(二) 明确法律责任,定义智能发展

人工智能与法律的冲突,大抵是因为人工智能在未来有极大实现模

[①] 雷悦:《人工智能发展中的法律问题探析》,《北京邮电大学学报》(社会科学版) 2018 年第 20 卷第 1 期。

[②] 齐延平:《论人工智能时代法律场景的变迁》,《法律科学》(西北政法大学学报) 2018 年第 4 期,第 39—48 页。

[③] 梁志文:《论人工智能创造物的法律保护》,《法律科学》(西北政法大学学报) 2017 年第 35 卷第 5 期,第 156—165 页。

拟人类的可能，算法独立思考，可以独立行动。在这种观念的影响下，人工智能出现了与法律的冲突，所以人工智能的发展在某种程度上是有阻力的，但法律是现实的，是对现有的规律的约束。目前，法律需要对于各个领域的人工智能产品进行一定的规划，积极作出回应，避免遇到无法可依的局面。首先，应尽快加强对人工智能的界定。但是目前，现有法律还没有明确的界定，也没有对其内容与发展进行研究。只有清晰地界定了人工智能到底是什么，才能实际解决人工智能的法律地位问题。[1] 在定义人工智能时，应紧紧围绕"人工智能是什么，它是怎样学习的"这一核心而展开。人工智能发展之初，就是一门技术，以帮助人类完成各种工作为目的。在人工智能高速发展的今天，有选择地进行采集，之后通过固有算法进行研发并形成产品，那么无论人工智能最终是以什么样的产品呈现，它都体现了设计者的预先设计，它并不是自主地产生某种意识而是在事先设计好的范围内、在预先设定的行为中做出选择，只要加强对其的法律规制与行政规划，控制法律与人工智能共同发展，那么即使危机到来，人们也能及时地采取措施，维护社会秩序。只有这样，迎接人类的才会是一个听话可靠的人工智能。

---

[1] 倪楠：《人工智能发展过程中的法律规制问题研究》，《人文杂志》2018年第4期。

共享模式中押金监管的法律问题
——以 ofo 共享单车为例

黄思然/高二　慕雅琦/指导老师
四川省绵阳东辰国际学校

摘要：共享单车在经历了一个从飞速发展到逐渐变冷的趋势后，其押金问题越来越受到社会及学界的关注。目前，ofo 申请退押金的人数已经达到千万级，这一巨大的押金缺口也引发了人们对押金监管问题的讨论。本文从对押金性质的辨析入手，着重讨论了押金收取合法性，押金孳息归属权及押金经营模式合法性这三个最具争议性的问题，并对共享单车押金监管提出了具体建议。

关键词：共享单车　押金　监管

随着共享单车的飞速发展，押金问题也逐渐成为备受社会关注的热点话题。以 ofo 为例，一位 ofo 用户的押金之前是 99 元，后来涨到了 199 元，按照 2 亿用户来计算，其押金池的总体量应当在 300 亿元左右。[①] 如此庞大的押金数额必然会产生诸多金融安全问题。本文也将以这一问题为导向，对共享单车押金监管问题进行一些简要的分析。

---

① 该数据来自 ofo 公司官方声明。

一 共享单车押金

(一) 共享单车押金性质

押金并不是一个法律术语,而是在市场经济实践中形成的一种多用于租赁合同和借贷合同中的金钱保证。正是因为法律上对于押金没有明确的定义,学界上对于共享单车押金性质的认定也有不同的意见。

在共享单车实际经营中,用户与共享单车公司之间应当是一种租赁关系,由共享单车公司提供自行车,以按时计费的方式向用户收取费用,从而达成一次交易,而交易达成的前提是承租方向出租方支付一定数额的押金。如承租方没有履行其如保护爱惜共享单车的义务,则出租方有理由将其押金扣除。双方租赁关系在法律上终止且无其他纠纷时,出租方应当将押金全额退还。由此,共享单车押金应当是一种在租赁合同中保障债权权利的质押标的物。①

(二) 押金与定金的辨析

押金与定金的辨析是认识共享单车押金性质的一个重要内容。押金与定金都是一种担保形式,但其主要存在以下三点区别。

第一点是限额的规定。不同于押金,法律上对于定金有明确的定义和规定。《担保法》第八十九条规定:当事人可以约定一方向对方给付定金作为债权的担保。《担保法》第九十一条规定:定金的数额由当事人约定,但不得超过主合同标的额的百分之二十。而押金不存在最高额限定。

第二点是是否具有惩罚性。在押金合同中,当债务人未妥善履行义务时,债务人不需要在押金外向债权人进行额外的支付,属于一种补偿性行为,不具有惩罚性。而在定金合同中,根据《合同法》第一百一十五条的规定,收受定金的一方不履行约定的债务的,应当双倍返还定金,

---

① 参见赵姿昂《对共享单车押金的法律思考》,《人民司法(应用)》2018年第13期。

具有一定的惩罚性。①

第三点是担保的方向不同。押金是一种单向担保，只能保障债权人的权利，当债权人违约时，债务人不能于押金层面追究债权人的法律责任，无法保障债务人的权利。而定金是一种双向担保，其可以同时保障双方的债权。

（三）电子商务中押金的特性

与平常的押金不同，电子商务环境下的押金有其自身的特性。在实际经营中，其最大特性就是支付手段与退还手段的不匹配。押金的支付大多由用户通过电子支付手段，在行业发展初期，其退还方式也是通过电子手段。而现在押金退还需要现场排队，当面退还。这一不匹配既为消费者带来了巨大的困扰，也加剧了押金池的巨大沉淀。

二 有关共享单车押金的一些争议

从理论上看，如果共享单车押金都被存于一个专门的账户中，那么押金的退还应当实现"秒退"，但在实际中，客户的申请与实际到账存在七天左右的期限错配，ofo 更是出现了"退押金难"的问题。这引发了许多的关于押金去向的猜测和讨论。鉴于共享经济中押金存在的特殊性，共享单车押金主要存在以下这些争议。

（一）押金收取合法性的争议

不同于传统的一物一押，共享单车使用一人一押的模式，导致其收到的押金远超于其成本，产生了巨额利息。刑法学界有许多学者认为共享单车企业收取押金创设"押金池"的模式涉嫌非法吸收公共存款犯罪，属于一种非法集资的行为。② 但在笔者看来，共享单车收取用户部分押金

---

① 参见罗浩亮《金融的属性：共享单车"押金"治理模式研究》，《甘肃金融》2017 年第 11 期。

② 参见翟业虎、刘田鑫《共享单车租赁的法律问题》，《扬州大学学报》（人文社会科学版）2017 年第 21 卷第 4 期。

是完全合理且合法的。首先，押金合同作为一个质押合同，债权人所提供的押金在所有权归属上并未发生改变。其次，共享单车收取押金的行为在主观上是以规范消费者行为为目的，所以公司才会有类似"信用分高免押金"的规定。在客观上，尽管 ofo 出现了押金挤兑的现象，但 99 元的押金既不能算作是公共"存款"，也不会扰乱社会整体金融秩序。所以，在社会信用体系尚未建立完成的今天，共享经济中押金的存在有其必要性。

（二）押金所产生孳息的归属权问题

根据《物权法》第二百一十三条的规定，质权人有权收取质押财产的孳息，但合同另有规定的除外。从这一角度看，押金作为一种质押标的，其所产生的孳息应当归属债权方，即单车公司有权获得押金所产生的巨额利息。有部分意见认为这种做法对消费者不公，但笔者认为，共享单车的购车成本和被损害后的维护成本都远大于 99 元或 199 元的押金数额。且又因为共享单车具有的"准公共物品"① 的性质，在共享单车租赁合同中，出租方对于共享单车这一出租物的有关权利是难以实现的，因此，共享单车公司在实际中处于弱势地位。所以，单车公司获得押金所产生的孳息是符合民法的公平原则的。

（三）共享单车公司是否有权将这笔押金用于投资等经营活动的争议

在《合同法》第三百七十二条中写道：保管人不得使用或者许可第三人使用保管物，但有当事人另有约定的除外。共享单车公司对于押金拥有保管的义务，将其挪用于进行一些风险投资活动是侵害用户合法权利的行为。ofo 用户目前申请退押金且尚未拿到押金的人数仍近千万，这一上十亿人民币的大缺口也被怀疑是 ofo 公司将押金用于投资且投资失败的结果。押金的所有权并不属于共享单车公司，共享单车公司也不具备用户押金的使用权。因此共享单车公司在法律上无权将用户押金用于投

---

① 参见姜宁《从"共享单车"的监管看政府如何在分享经济中发挥作用》，《河北学刊》2017 年第 37 卷第 4 期。

资等经营活动。

三 共享单车押金的监管现状及建议

押金本是一种担保，但在行业发展不成熟，盈利模式不明朗的情形下，挪用押金甚至在一定程度上成为共享单车行业中的"潜规则"。[1] 在 2017 年 12 月广东省消协起诉小鸣单车之后，"退押金难"问题越来越成为阻碍共享经济进一步发展的大难题。巨大的押金池所带来的潜在金融风险也可能会对共享经济造成负面影响。ofo 公司最近推出新的退押金方式，将押金折算成金币后让用户通过金币购买实物来抵扣押金，但也并未得到消费者的认同。虽然有一些共享单车平台已经实施了"免押金"的经营模式，但押金在共享经济发展过程中依旧会长久存在。因此，将共享单车押金的收取和退还纳入法治化渠道是一个非常紧迫的需求。

2017 年 8 月，有关部门出台了《关于鼓励和规范互联网租赁自行车发展的指导意见》（下文简称《意见》）。《意见》把共享单车交易明确为一种租赁关系，并且对共享单车押金提出了严格的监管要求，即"企业对用户收取押金、预付资金的，应严格区分企业自有资金和用户押金、预付资金，在企业注册地开立用户押金、预付资金专用账户，实施专款专用，接受交通、金融等主管部门监管，防范用户资金风险"。但《意见》主要是对共享单车发展的一种接纳与认可。[2] 在 2019 年 1 月 1 日正式生效的《电子商务法》中第二十一条规定：电子商务经营者按照约定向消费者收取押金的，应当明示押金退还的方式、程序，不得对押金退还设置不合理条件。消费者申请退还押金，符合押金退还条件的，电子商务经营者应当及时退还。但该法规也主要是对于共享单车押金监管问题的宏观要求，共享单车押金监管还需要更多切实的方案。笔者对于这

---

[1] 何鼎鼎：《退押金，你为何排到 1000 万名开外》，http://www.xmtxjy.com/_it_/9/2018-12/22/content_184529133.html，2019 年 1 月 29 日访问。

[2] 参见徐宏《共享单车"押金池"现象的刑法学评价》，《法学》2017 年第 12 期。

一问题主要有以下这些建议:

(一) 实行柔性监管

对于共享单车的监管总体上应当采用柔性监管,或者是包容性监管的原则。对于押金监管这一在共享经济发展初期出现的问题,应当具有针对性地进行政策制定,要适应共享单车行业的发展趋势,对押金风险作出合理的评估,不能让共享单车公司因押金监管而束手束脚,避免监管成为共享单车公司发展的绊脚石。[1]

有一些学者主张应当将"一人一押"的押金模式转化为"一用一押"的形式,严格对应租赁物与押金,以此来避免共享单车公司借助平台进行具有融资性质的活动,并达到押金"秒退"的效果。但实际上,这样严格的监管可能会抑制共享单车公司的发展活力,并且存在这样一个悖论:如果押金实现了"秒退",那么也就不存在押金池沉淀的问题,也就没有必要进行监管。并且"一用一押"的形式会导致用户每次使用时都需要重新和共享单车公司订立押金合同,操作起来非常烦琐。[2]

所以,在共享单车押金监管中应该允许押金池现象的出现,不能够因为潜在的风险而让共享单车公司在市场初期放弃这笔押金沉淀带来的孳息收益。"柔性监管"即是针对风险本身而并非针对风险产生的"根源"的监管。对于押金监管我们不能够因噎废食,而是应当为企业划清红线,建立起"负面清单"。[3] 用监管防范借收取押金达到非法集资目的的行为,用监管适当化解押金带来的高杠杆效应,用监管助推共享单车的行业发展。

(二) 完善相关的法律法规

完善的法律条文,可以为共享单车行业发展提供法制规范。比如对

---

[1] 参见刘澜飚《谁来监管共享押金》,《人民论坛》2017年第7期。
[2] 参见邓大鸣、李子建《共享单车押金的性质及其监管问题探究》,《西南交通大学学报》(社会科学版) 2017年第18卷第4期。
[3] 樊纲:《负面清单管理市场 正面清单约束政府》,http://theory.people.com.cn/n/2014/1028/c49150-25921125.html,2019年1月30日访问。

于共享单车这一租赁物本身的定性，需要根据其"准公共物品"的性质，明确其在各种情况下法律的适用。只有基于共享经济的发展特征，对于整个包括押金在内的共享单车交易过程作出相应的法制规范，才可以为共享单车的押金监管提供明确的法律依据。

另一个方面在于对用户的约束上。在司法实践中，对于破坏共享单车的个人大多适用的是《治安管理处罚法》第四十九条中有关故意损坏公司财物的内容，采取的是行政处罚措施，而财产受到侵害的共享单车公司无法从押金外得到补偿，这在一定程度上提高了共享单车的运营成本，为共享单车挪用押金提供了"动机"。对用户的约束还可以从合同法的角度保障共享单车公司的合法权益，从社会信用体系建设的角度提高用户的违约成本，从而达到辅助押金监管的目的。

共享单车在对人们的出行模式和共享经济发展模式做出巨大革新的同时，也倒逼着相关法律法规的出台。[①] 相关部门应当立刻着手进行立法调研，以尽快形成成熟的共享单车法律监管体系，这对于共享单车押金的监管具有重大的导向意义。

（三）明确监管主体，落实监管责任

在中央政府与地方政府的关系上，鉴于各地方政府对于共享单车押金问题的不同认识，其对押金的监管也有不同的政策。在这种情况下很难形成对押金监管的全面覆盖。因此，应先由中央有关部门对押金监管做出顶层设计和大致框架，再由各地方政府根据各地具体情况在框架内做出微调，这样才能形成统一的押金监管体系。[②]

在政府内部的关系上，应当将具体的监管责任落实到某一具体部门上，不能够出现"一事多管"的现象，防止政府各部门互相推卸责任，促进良好高效押金监管体制的形成。另外，监管责任主体的不明确也可能会导致相关部门对规定出台的拖延，无法适应押金监管的即时性和紧

[①] 参见马广奇、魏梦珂《"互联网+"时代下我国共享单车市场的实践困境与应对策略》，《企业经济》2017年第36卷第12期。

[②] 参见邓大鸣、李子建《共享单车押金的性质及其监管问题探究》，《西南交通大学学报》（社会科学版）2017年第18卷第4期。

迫性。因此，政府应当明确监管主体，实施精简化管理，为共享单车"同政府打交道"的成本和政府自身监管成本减重。

（四）押金去向透明化，引入第三方主体

在共享单车押金监管中，政府可以考虑引入第三方存管体系，通过开设专门银行账户的模式，来协助进行押金的监管。许多共享单车公司都声称自己将用户押金完好地存放在一个专门的银行账户之中，但少有公司能对此做出证明。此时，由政府出面联系银行为共享单车公司开立专门的账户，将押金托管给银行，既能提高共享单车公司的社会信誉，也方便政府对押金进行监管。

此外，设立专门的账户也能让消费者清楚地了解到他们所付押金的去向，可使这笔押金交由消费者群体共同监管，提高押金的透明化程度。银行也可以就押金利率问题与共享单车公司进行商议，有利于在保证安全性的前提下，通过适当提高共享单车公司收益的方式来减少共享单车公司挪用押金的动机，为共享经济发展助力。

（五）提高监管的技术性

共享单车是依托互联网与大数据的兴起而发展起来的新型经营模式，因此政府在监管过程当中也应学会利用大数据带来的信息优势，利用互联网带来的交流便利，加强与各个企业的沟通，了解企业与消费者双方的需求，分析目前已经出现的押金问题的内置机制，为科学高效的监管提供前提，制订更为具体和切实的监管方案，降低管理成本，提高监管效率，优化监管效果，推动共享经济平台更好地服务大众，激发出共享经济发展的活力，服务共享经济创造更大社会红利的过程。[①]

四 结语

总而言之，在共享单车押金监管的问题中，政府应当以问题为导向，

[①] 参见熊丙万《专车拼车管制新探》，《清华法学》2016年第2期。

统筹兼顾押金金融风险、共享单车行业发展活力等问题，以服务者的态度为消费者解决"退押金难"的问题，为共享单车公司提供法治化的发展路径。部分学者认为，在共享单车整体行业进入冰点，免押金模式越来越盛行的现在，关于共享单车押金监管的相关法律法规制定已不具有很大的现实意义。但是，共享单车押金监管既是一个当前问题，也是整个共享行业的共同问题。对此问题的回答，可以促进回答关于整个"互联网+"和共享经济发展模式中所存在的一些共同问题，为将互联网新兴产业纳入法治化渠道，激发互联网新兴产业发展巨大潜力，管控互联网新兴产业潜藏风险提供模板和范式。

从山东辱母案谈正当防卫

谷思融/高二　孙子璇/指导老师　天津市宝坻一中

摘要： 山东省高级人民法院对社会关注度极高的山东辱母案依法作出的终审判决为，判定上诉人于欢犯故意伤害罪，判处有期徒刑五年。此案引起了社会对正当防卫的高度关注，引发了关于正当防卫的意识辨认、适当限度确认的热议。由于防卫意识的难以辨认、必要限度的难以确认等困难，正当防卫在当时的司法实践活动中常常存在诸多问题。2018年12月19日，最高人民检察院印发第十二批指导性案例，专门阐释正当防卫的界限和把握标准，进一步明确对正当防卫权的保护，积极解决正当防卫适用中存在的突出问题，为检察机关提供司法办案参考。本文以山东辱母案为切入点，引出正当防卫的司法认定问题，并参考最高检察院所明确的正当防卫界限进行解答，最后阐述笔者对正当防卫认定标准新发展的评价。

关键词： 山东辱母案　正当防卫　正当防卫界限　认定标准新发展的评价

一　基本案情

苏银霞曾从吴学占处分两次借款110万元，月息10%，后未能及时偿还本息。于是在2016年4月14日下午，债权人吴学占纠集12人的催债队伍到苏银霞的公司进行催债,采用非法限制人身自由、辱骂、强制侮辱等方式催促苏银霞母子偿还借款,在他人报警后,警察出警并没有有效恢复苏银霞母子的人身自由,在此情况下,双方发生激烈冲突,苏银霞的儿子于欢以水果刀刺中四人(杜志浩、程学贺、严建军、郭彦刚),造成一死三伤。另在案发的前一天,吴学占在苏已抵押的房子内,指使手下将苏银霞按进马桶里,要求其还钱。当日下午,苏银霞四次拨打110和市长热线,但未能寻求到帮助。此案两审终审,于某刺死辱母者,一审被判处无期徒刑,二审改判为有期徒刑五年。

二 于欢刺死辱母者的行为是否属于正当防卫

(一)正当防卫的概念

《中华人民共和国刑法》第二十条规定,正当防卫是指为了保护国家、公共利益、本人或他人的人身、财产和其他权利免受正在进行的不法侵害,采取对不法侵害人造成或者可能造成损害的方法,制止其不法侵害的行为。[①]

(二)正当防卫的分类

《中华人民共和国刑法》第二十条第一款及第三款规定,正当防卫又分为一般正当防卫与特殊正当防卫。一般正当防卫指的是防卫人针对一般程度的不法侵害所采取的防止其损害国家利益、公共利益、本人或他人的人身权、财产权以及其他权利的行为。特殊正当防卫指的是防卫人针对严重的不法侵害所采取的防止其损害国家利益、公共利益、本人或他人权利的行为。一般的正当防卫不宜过限,而特殊正当防卫则没有限度要求,又称为无过当防卫。

(三)正当防卫的条件

正当防卫包括四个条件,分别为目的性条件、前提性条件、对象性

[①] 《中华人民共和国刑法注释本》,法律出版社2015年版。

条件和适度性条件。目的性条件是指正当防卫必须是为了保护合法的权益才能实施。前提性条件是指需要证明正当防卫是在不法侵害实际存在且正在进行时实施,并且正在进行的判断标准为不法侵害已经发生且尚未结束的状态。对象性条件是指正当防卫必须是针对不法侵害本人实施。适度性条件,也是本案中最关键的条件,即防卫行为不应超过必要限度,对轻微的不法侵害也不宜进行正当防卫。

(四) 于欢行为性质分析

从防卫目的来看,于欢的行为是为了保护自己与母亲的人身自由权、人格尊严权等合法权益,符合正当防卫的目的性条件。在于欢和他的母亲遭受杜志浩等人的非法拘禁、侮辱和拍打面颊、揪抓头发等行为时,于欢对讨债人进行捅刺是为了突破所处困境,保护自身的合法权益。于欢所保卫的合法权益不仅包括生命健康权,还包括自己和母亲的人格尊严和人身自由等其他合法权益。于欢在实施捅刺行为时有明确的目的,其行为就是为了反抗,为了制止不法侵害继续进行,具有合法的防卫意图。

从防卫前提来看,本案中,于欢和他的母亲受到了许多方面实际的不法侵害,并且在于欢持刀捅刺时不法侵害仍在进行。其一,杜志浩等人对于欢和他的母亲实施了限制人身自由的非法拘禁行为,在民警已经到达现场的情况下,仍然不让其离开公司招待室,并实施推拉、围堵等行为[1],于欢母子的人身自由权遭受侵犯。其二,于欢和他的母亲受到了言行两方面的人格侮辱,被害人杜志浩用污秽的语言辱骂于欢的母亲苏银霞和于欢,将烟灰弹到苏银霞胸前衣服上,将自己的裤子褪至大腿处裸露下体,朝坐在沙发上的苏银霞等人左右转动身体,还脱下于欢的鞋子让苏银霞闻,[2] 这些行为均侵犯了于欢母子的人格尊严权。其三,被害人杜志浩等人对于欢和他的母亲有殴打行为,于欢母子的生命健康权受

---

[1] 《于欢行为属于防卫过当 应当予以减轻处罚》,发布时间:2017 年 06 月 26 日,http: //www.sdcourt.gov.cn/jntlfy/380143/380121/1638726/index.html。

[2] 同上。

到威胁。杜志浩多次用手拍打于欢面颊，其他讨债人员实施了揪抓于欢头发或按压于欢肩部不准其起身等行为。① 其四，多名讨债人对于欢母亲的讨债行为实际上一直在持续进行，讨债人曾采取在苏银霞所在公司车棚内驻扎、在办公楼前支锅做饭等方式催债，并且闯入于欢的住宅，将住房内的物品搬走，曾将苏银霞头部按入座便器接近水面的位置，严重影响了于欢母子的正常生活。② 因此，于欢的行为符合正当防卫的前提性条件。

从防卫对象来看，杜志浩、程学贺、严建军、郭彦刚等人对于欢和他的母亲实施了限制人身自由的非法拘禁行为，以及推拉、围堵等行为，于欢拿刀捅刺此四人，确是针对不法侵害本人，符合正当防卫的对象性条件。

从防卫结果看，明显超过必要限度，造成重大损害。根据刑法规定，正当防卫明显超过必要限度造成重大损害的，应当负刑事责任，但是应当减轻或者免除处罚。对正在进行行凶、杀人、抢劫、强奸、绑架以及其他严重危及人身安全的暴力犯罪，采取防卫行为，造成不法侵害人伤亡的，不属于防卫过当，不负刑事责任。一审判决作出后，理论和实践中争议较大的是，于欢的行为是防卫过当还是防卫适当？笔者认为，应属防卫过当，理由如下：

首先，于欢不具备特殊防卫的前提条件。刑法第二十条第三款规定的特殊防卫，其适用前提是防卫人针对严重危及人身安全的暴力犯罪的加害人而实施防卫行为。本案中，虽然于欢母子的人身自由权遭受限制乃至剥夺、人格尊严权遭受言行侮辱侵犯、身体健康权遭受轻微暴力侵犯，这些侵害的社会危害、暴力程度远远超过了道德的底线，但直至民警出警后均未遭遇任何针对生命权的严重不法侵害，于欢和他的母亲受到的不法侵害不属于特殊防卫中所规定的"正在进行行凶、杀人、抢劫、强奸、绑架"的情形，也即于欢和他的母亲在当时所面临的不法侵害的

---

① 《于欢行为属于防卫过当 应当予以减轻处罚》，发布时间：2017年06月26日，http://www.sdcourt.gov.cn/jntlfy/380143/380121/1638726/index.html。

② 同上。

社会危害性明显低于刑法有关特殊防卫所列行为的严重程度，因此，对于欢的捅刺行为不能适用特殊防卫的规定。

既然不适用特殊防卫的规定，于欢的防卫行为便必须有适当的限度。正当防卫虽然是法律赋予公民的一项合法权利，但由于正当防卫通常也是通过对不法侵害人反击的手段实施的，因此正当防卫必须在适当的限度内实施，一旦防卫行为明显超过必要限度，便可能会造成重大损害，从而产生较大的负面影响，需要承担刑事责任。笔者认为，认定正当防卫的必要限度应当针对具体情况进行具体分析，不能机械化地依靠某一固定标准。本案中，多名讨债人在追债过程中并未携带任何器械，对其实施的主要是非法拘禁、侮辱和拍打面颊、揪抓头发等行为。民警进入接待室以后，双方也并没有发生激烈对峙和肢体冲突。从防卫行为使用的工具、致伤部位、捅刺强度及后果综合衡量看，于欢使用的是长26厘米的单刃刀，针对杜志浩身体的要害部位（肝脏），捅刺强度深达15厘米，并造成1死2重伤1轻伤的严重后果，暴力手段不对等，其防卫行为与其受到的不法侵害明显不相适应，该后果明显属于重大损害。因此，应当认为于欢的行为属于防卫过当。

三 最高检明确正当防卫界限

最高检副检察长孙谦介绍道——近些年，正当防卫问题一直引发社会广泛关注，起因虽为孤立个案，却也反映了新时代人民群众对民主、法治、公平、正义、安全的普遍诉求。对此，明确正当防卫的界限标准，回应群众关切，是司法机关一项突出和紧迫的任务。

2018年12月19日，最高人民检察院印发第十二批指导性案例，专门阐释正当防卫的界限和把握标准，进一步明确对正当防卫权的保护，积极解决正当防卫适用中存在的突出问题，为检察机关提供司法办案参考。其中涉及的四个案例均为正当防卫或者防卫过当的案件，包括陈某正当防卫案（检例第45号）、朱凤山故意伤害（防卫过当）案（检例第46号）、于海明正当防卫案（检例第47号）和侯秋雨正当防卫案（检例第48号）。最高检深入分析了四起案例的前因后果和涉及的法律适用问题。据媒体报道，最高检长文的重点内容包括：

（1）预知有人意图伤害自己，随身携带刀及其他防身武器的不影响正当防卫的认定。只要对方确实存在行凶的事实，则反击行为也属于"正当防卫"，不必承担刑事责任。

（2）当受到暴力侵害时，可以以相同级别的暴力手段予以反击。在原来的司法实践中主要比对双方是否有等同的伤势，如果加害一方的伤势明显重于防卫一方，则极有可能被认定为防卫过当。现只要暴力手段对等，哪怕结果严重不对等，也认定为正当防卫。需要注意的一点是，暴力手段要对等，对方采用什么级别的暴力，防卫方才能回以什么级别的暴力，这一点很关键。于欢案中，于欢防卫时所采用的暴力手段级别明显高于杜志浩等人催债的暴力手段级别，因此判为防卫过当。

（3）对方实施的不法侵害停止，但预知对方仍有可能继续实施不法侵害行为，可以予以反击。我们以不久前发生的江苏昆山"社会我龙哥"被于海明夺刀砍死案为例。当时"社会我龙哥"拿刀威胁欲砍于海明，由于疏忽，导致武器意外失手落地，于海明机敏夺刀，并立即向龙哥砍回去，龙哥欲逃，但却被于海明追上按倒在地，最终被于砍死。警方最初认定于海明拾刀在手后，龙哥已经失去了继续加害的能力，不法侵害已经停止，于海明的做法有防卫过当的嫌疑，但在检方的帮助下于海明最终被认定为正当防卫，理由就是于海明认为龙哥跑回车里可能还要更换武器回击自己，所以追上去砍的几刀是因为自觉不安全，属于正当防卫。这个案例使今后正当防卫的时长得到了大大的提升，直到行凶者远离现场或完全不能对受害者构成威胁，正当防卫的合理性才算解除。

（4）只要加害方表现出行凶的可能性，受害方就可以按照已经行凶的情况进行防卫。如果是以往，这极有可能被认为防卫过当或者是故意伤害。但今后这就是正当防卫，因为防卫方处在实质性的人身伤害威胁下，他并不需要揣摩对方真实目的就可以实施防卫。

在长文末尾，最高检副检察长孙谦指出，一些地方正当防卫制度实际"沉睡"，但中国关于正当防卫的立法其实已经比较完整，所以在实践中需要树立正确理念，正确贯彻执行，强化责任担当，激活正当防卫制度，彰显依法防卫者优先保护理念。

孙谦认为，激活防卫制度可以警示恶意滋事者，让公民敢于行使正当防卫权，保证公民面对凶残暴徒时无须畏首畏尾。

副检察长也提醒大家道，充分行使正当防卫权不等于"以暴制暴"，而是"以正制不正"，所以在发生社会矛盾时滥用武力不是正当防卫。

四　正当防卫认定标准新发展的评价

由上可知，正当防卫界限愈加清晰，正当防卫认定标准更加全面、具体，考虑进了更多案发时可能存在的复杂情况。防卫前提更加宽泛，防卫时长有明显的提升，这些新变化都有利于鼓励公民采取防卫措施维护安全，打消其反击不法侵害时的顾虑，且能更好地促进司法判决公正和司法信任。

五　结语

本文从正当防卫的概念、分类入手，结合山东辱母案对正当防卫的司法认定进行具体分析，并聚焦正当防卫界限进行讨论，最后对正当防卫认定标准的新发展做出评价。希望未来关于正当防卫案例的审判能够准确得当。

从聂树斌案讨论正义的时效性

季宏宇/高二　孙子璇/指导老师

北京市通州区运河中学

摘要：1982年颁布的《宪法》，以根本法的形式确立了我国的司法体制，1996年颁行的《中华人民共和国刑事诉讼法》，确立了无罪推定、审判公开、辩护等一系列刑事司法制度，但由于传统刑事司法理念的根深蒂固，司法权力制约的缺失，司法独立和法官素质不到位，我国刑事诉讼法中的一些制度的贯彻大打折扣。在刑事司法实践中，错案、冤案的出现，挫伤了我国的司法公正性。但随着我国近年来平反冤假错案的力度加大，很多案子得到了平反，冤魂得以清白。然而这种迟到的正义究竟是不是正义，正义有没有时效性？本文从分析聂树斌一案中的证据、事实等实体问题与公检法三机关的程序问题入手讨论正义的时效性，正义是否具有时效性，正义时效的重要性，对案件进行反思，减少冤案的发生。

关键词：正义时效性　司法公正　冤案

一个国家和社会的公正目标需要通过设立一种合理的司法体制并以配套的司法措施实现。司法体制的合理性必须由其运行的有效性来验证并得到保障。但由于传统刑事司法理念的根深蒂固，司法权力制约的缺失，司法独立和法官素质不到位，我国刑事诉讼法中的一些制度的贯彻大打折扣。① 在近些年平反的冤假错案中，最著名的案子就是 2016 年聂树斌案的平反。但是在 20 多年来，聂树斌的家人遭受着法院的推诿搪塞，以及邻里的辱骂和指责，最让人遗憾的是聂树斌为此案献出了年仅 21 岁的生命。面对聂树斌案的误判，王书金、聂树斌两家人遭受的不幸，浮上心头的头号问题就是：如果迟来的正义是正义，而这个正义要用被告人的人身自由或者是生命来实现的话，所付出的代价真的值得吗？这里引用一句英国的法律格言——"迟来的正义为非正义"。下文将从聂树斌案中的问题及反思入手，对正义的时效性讨论来展开论述。

一　聂树斌案的法律事实和证据问题

作案时间的真实性有待考证。依据判决书所写内容，聂树斌是在 17 时许作案，但被害人工友证实被害人 17 时 20 分还在洗澡。据此证言，被害人不可能在 17 时 30 分左右遭遇聂树斌。再者，根据聂树斌的全部供述，尽管存在多个版本，却一直未供述出强奸杀人作案的具体日期，即 1994 年 8 月 5 日。此外，聂树斌工作的车间有一份考勤表，若没有考勤表，则无法确定聂树斌是否有作案时间。

被害人的死因存在争议。聂树斌供述用花衬衣将被害人勒死。而另一主嫌王书金则供述先掐被害人脖子，后又在其身上踩几脚。两种供述显然不同，真实性有待考证。

关键证物花上衣的来源。现场笔录显示，被害人尸体的脖子上绕有一件衬衣。聂案二审判决书上也写到，聂树斌在强奸完被害人后，用随身携带的花上衣勒死被害人。但被害人已在泥地里泡了 6 天，衬衣不可能如照片显示的那样干净整洁、颜色鲜亮。而且勘查人员从现场拍摄的是彩色图片，被害人尸体等证据却是黑白图片。聂母张焕枝也表示检方

---

① 何殿英、邵东华：《论迟到的正义与非正义——从若干起冤案看我国刑事司法制度的缺失》，《漯河职业技术学院学报》2014 年第 13 卷第 4 期，第 31—33 页。

出示照片上的花上衣，与当年办案人员让其辨认的花上衣不一致。①

综上所述，即使聂树斌的有罪供述证据与事实缺乏真实性与充分性，但当时审判人员依然坚持以案件事实基本清楚，证据基本确实充分作出了判决。下面将从司法程序问题展开论述。

二 聂树斌案中的司法程序问题

（一）案件的侦查——公安机关

侦查是以查明犯罪事实，准确惩罚犯罪为目的的国家活动。侦查是对已经发生的案件进行重新认识的过程，限于主客观条件的限制，在查明案件真相的路上充满了困难与艰辛，往往真假难辨。在聂树斌案的侦查过程中，卷宗材料显示公安机关在办理聂案过程中严重违反法定程序，一些重要法律文书有变造嫌疑。如：聂树斌当年9月23日被抓获，28日才开始有讯问笔录，其间的讯问笔录缺失。按照规定，预审前的破案阶段就应该有被告人笔录。另外讯问笔录的日期标注混乱，页码涂改严重。现场笔录形成过程不符合法律规定，只有一人签字且无见证人。此外，卷宗里《验明正身笔录》上的签名并非聂树斌所签。过程中甚至存在漏填审判人员、指挥人员等明显瑕疵，暴露出部分工作人员责任心不强、工作不严谨不细致。而公安机关存有的疏忽，往往也会反映在监察机关上。

（二）案件的公诉与监督——检察机关

检察院并没有完全合理行使法律所赋予的职权。作为检察监督机关，对公安机关的违法作为并没有进行监督检察；作为提起公诉的部门，也没有尽到对公安机关移交的材料审慎检察的义务。在审判中，检察院不是在监督法官的审判，而是以行使公权力之名来践踏刑事被告人的权利，导致刑事错案的发生。在聂树斌案中，当地检察机关忽视公安部门的不合法行为，不充分不真实的证据，没有依照法定程序向法院提起公诉，促成了冤案的发生。这就把问题引向了法院。

---

① 《复查一年半，聂树斌案四大疑都解开了么？》2016年6月8日，凤凰资讯。

（三）案件的审判——法院

法院方面，明明案件存在有争议的地方，疑云重重，却草率认定为犯罪，而且恰是公诉机关所提起的罪名；既然错误的发生是难以避免的，那么我们只能致力于我们有能力去影响的方面，那就是尽可能地减少失误的发生，同时在失误不可避免地发生以后能够积极地去应对，再审的设置便有这样一重目的。① 另外，我国的刑事诉讼程序以公安机关的侦查为中心，公检法三家流水作业，碍于人情面子，相互配合而忽视了制约关系，一步步为刑事侦查贴上法律标签。如这个案件当中，明明证据不足、疑团重重，却被法院采信而定罪量刑。接下来对案件进行反思。

三 对案件的反思

从第一、第二部分可以看出，聂树斌案的问题在于证据与事实的不充分不真实，公检法三者之间的程序不合法，正是这些问题导致了正义的迟来。从实体问题上来看，国家侦查机关所收集的证据并不充分，作案时间一直未通过证言与聂树斌的供述得到证实，甚至供述本身也前后矛盾，对于被害人的死因，作案工具都不符合客观事实，且另一主嫌王书金的供述与聂树斌明显不同，这些都导致了实体的不公正。从司法的程序性来看，我国刑事司法实践过分强调程序工具性，过分追求实体公正，忽视对程序正义的关注。维护结果的公正自然是应该的，但同时不应忽略的是正当法律程序本身的价值，其核心在于保证当事人的参与，维护其程序性权利。② 而此案中公检法三机关共同制造冤案，从公安机关通过非法过程获取的现场笔录、原审卷宗材料上签字的造假，到检察机关的不严格把关而是就此提起公诉，再到法院的违法审判，最后"一条龙"地把无辜公民送进监狱，造成了司法过程的不正义。这就把问题引向了正义。

---

① 王玨：《迟到的正义——浅议复活类刑事错案》，《三门峡职业技术学院学报》2012年第11卷第1期，第113—115页。

② 李龙、徐亚文：《正当程序与宪法权威》，《武汉大学学报》（人文社会科学版）2000年第5期。

四 对正义的讨论

（一）正义的时效性

时效作为一种法律术语，从其概念可以看出，时效是使得事实状态因在一定时间内持续存在而具备法律效力，成为法律状态的制度。[①] 司法正义，是法律正义在司法活动中的具体体现，是司法活动所追求的最终目标。法律正义体现于实体和程序上的正义。实体上的正义集中体现于依据实体规范确认和分配权利义务的结果，是一种一次性的、静态的正义；而程序上的正义集中体现于得出这个结果的全过程，是一种持续性的、过程性的、动态的正义。[②] 从上面两条定义可以看出，正义与时效都带有时间因素，逾越了一定的时间，正义就成了迟来的正义。

迟来的正义是指在发生违背人们的正义理念的事件时，被害人不能在合理的时限得到正义的及时救治，或者说在人们的一般认识中，正义没有得到应有的及时的维护所引发的一种社会心理状态。从这个意义上说，迟来的正义缺失了正义的完整的内涵，是残损的，不具备正义的实际价值。之所以说迟来的正义不是正义，就是因为它缺少了对当事人合理期待的及时实现。

（二）正义时效的重要性

在笔者看来，正义的时效性是判断司法是否公正，程序是否正义的重要标准，界定正义的时效性，有助于增强司法的公信力，让人民群众切实体会到正义。而对于司法机关，注重正义的时效性能够减少正义存续时间的不正当流逝以及在正义时效期内给予被害人以及时的救助，督促司法机关的工作，而为了达到这个目的，除了要提高法官的素养以外，还必须正确处理程序与正义时效之间的关系。有些程序必须遵守，因为

[①] 陶建平、熊剑：《浅谈正义的时效的实际价值》，《中国投资》2013年第S1期，第260+51页。

[②] 陈红：《迟来的正义——对"呼格案"的反思》，《法制与社会》2015年第10期，第63—64页。

顺利地参与到相关的程序中本身即是正义的要求。可以说，正义的时效性侧重于保证效率，但同时也强调了程序的公正。因为如果一开始的程序就出现了问题，导致了错误的审判结果，真凶的出现往往又需要时间的积累，恰恰在这段时间内，正义可能就成了迟来的正义。对于当事人来说，注重正义的时效性能够让当事人得到及时合法的补偿，维护当事人的正义感，杜绝非正义感的产生，更能增强当事人对司法的信任程度。若不注重正义的时效性，往往会导致司法机关工作的怠慢，像2001年的赵艳锦案，明明已经做出了无罪判决，却直到20个月后才将当事人释放，法院却给出"怕原告再酿事端，必须先做好稳定工作"的解释，毫无疑问，这种正义已成了迟来的正义，而法院也正是没有注重正义的时效性，才导致当事人权益的严重损害。我国的冤假错案不在少数，造成了一次又一次的"迟来的正义"，其很大部分原因就是忽视了正义的时效性。因此，无论是对当事人还是司法机关，乃至对司法公信力的提升，注重正义的时效性都有一定的意义和价值。

（三）不同案件中的界定条件

杨明案件本应在1995年就应做出证据不足的无罪判决，但这个正义的无罪判决却被拖延了整整20年。试问人的一生有多少个20年。所谓"花有重开日，人无再少年"。20年来，杨明的家人和律师不停申诉，向当地政法委、人大等各级部门写了上千封信，但一直没有得到回应。这里的当事人及其亲属显然已对正义不抱有期待，甚至产生"非正义感"，感觉被司法裁判机关所抛弃和歧视。这其中的苦痛可能只有当事人能够深深体会，这种迟来了20年的正义实际上是非正义。[①] 这就引出了第一条件——在正义来临时，对正义抱有期望的一方必须有一定的主客观条件来承接正义的到来。再看1994年发生在湖北的佘祥林案，由于妻子的突然回归，2005年4月13日，京山县人民法院经重新开庭审理后，宣判佘祥林无罪。同年9月2日佘祥林领取70余万元国家赔偿。由于当事人按照被剥夺自由的时长与日工资标准得到了应有补偿，且恢复了人身自

[①] 杜红全、陈亮：《论迟来的正义为非正义》，《河北农机》2016年第7期，第70页。

由，即使不能完全恢复事实原状，但这种补偿行为仍矫正了大部分错误，我们仍可认为此时的补救具有正义性。这就引出了第二条件——法院的补救若能够恢复全部或大部分已发生的错误事实，此时的补救我们仍可认为是正义的。但在聂树斌案中，聂树斌已被剥夺生命，事实无法恢复，赔偿金无法补偿聂树斌案的误判对家庭带来的巨大伤害，此时的正义已经是迟来的正义，不能被认为是正义。

综上所述，正义具有时效性，而迟来的正义到底是不是正义，还要以是否在时效范围内界定，因此，注重正义的时效性，无论是对法院还是当事人都有一定帮助。

五 结语

通过对聂树斌案中存在问题的分析、反思，对正义时效性的讨论，可以得出：迟来的正义就是非正义的，正义也是有时效的。迟来的正义因为逾越了一定期限而失去了完整内涵，且于当事人不再具有实际意义。虽然聂树斌案已经接近尾声，但是我国司法正义的实现仍在路上。在我国今后的司法实践中我们应减少像聂树斌案这样的迟到的正义出现，因为司法不正义对于一个国家的司法威信力和权威性具有致命的破坏力。我们要做的应是尽量减少正义存续时间的不正当流逝以及在正义时效期内给予被害人以及时的救助。而为了达到这个目的，除了要提高法官的素养以外，还必须正确处理程序与正义时效之间的关系。笔者相信，正义时效性能够在今后的司法实践中起到积极作用，更加完善并全面地保护当事人的合法权益，减少正义的迟到。

参考文献

[1] 边驿卒：《复查一年半，聂树斌案四大疑都解开了么？》，http://news.ifeng.com/a/20160608/48944251_0.shtml，2016年6月8日。

[2] 陈红：《迟来的正义——对"呼格案"的反思》，《法制与社会》2015年第10期。

[3] 杜红全、陈亮：《论迟来的正义为非正义》，《河北农机》2016年第7期。

［4］何殿英、邵东华：《论迟到的正义与非正义——从若干起冤案看我国刑事司法制度的缺失》，《漯河职业技术学院学报》2014年第13卷第4期。

［5］李龙、徐亚文：《正当程序与宪法权威》，《武汉大学学报》（人文社会科学版）2000年第5期。

［6］陶建平、熊剑：《浅谈正义的时效的实际价值》，《中国投资》2013年第S1期。

［7］王珋：《迟到的正义——浅议复活类刑事错案》，《三门峡职业技术学院学报》2012年第11卷第1期。

网络短视频领域的未成年人保护问题研究

卢瑾昊/高二　薛天宇/指导老师　云南民族中学

摘要：近年来随着数字技术的发展，大量的未成年人对网络短视频上瘾，致使学业荒废；更有一些涉及暴力、黄色等内容的不良短视频严重影响未成年人的健康成长，甚至诱导未成年人走上违法犯罪的道路；因此网络短视频领域的未成年人保护是当下理论界和实务界应予以关注，且刻不容缓的问题。本文在总结网络短视频发展现状的基础上，结合国内外的相关法律法规、学术观点和调查数据，对短视频对未成年人造成的伤害与成因进行探究，从而提出对网络短视频的治理建议。

关键词：未成年人保护　网络短视频　伤害　原因　治理建议

一　网络短视频现状简述

中国的短视频是引进美国的 Vine，在 2015 年时开始急速发展。第 42 次《中国互联网络发展状况统计报告》显示，截至 2018 年 6 月，我国网民规模突破 8 亿，热门短视频用户的规模已达 5.94 亿，占整体网民规模的 71%。短视频在快速发展中取得了优异的商业成绩，数不胜数的平台纷纷出现，以"抖音""快手"和"火山小视频"等为代表的短视频平台，已经成为移动用户必备的 APP。2019 年中央电视台春节联欢晚会，4 小时里有 335 万人参与中央电视台春晚与抖音发起的"幸福又一年新媒体行动"，视频播放总量超过 245 亿。通过上述数据可以看出，短视频已经成为人们日常表达、交流和获取信息等消磨生活的重要方式。

风头正盛的短视频，也吸引了大量的未成年人用户，隐藏的负面问题随之显现出来。其中最为明显的就是短视频平台上出现大量的暴力、色情视频，给用户造成不良影响，为社会带来很大的负面效应。仅北京市文化执法部门 2018 年一季度，就在短视频平台清理出加入色情、暴力、恐怖内容的"儿童邪典片"链接 210 万条。

未成年人具有强烈的好奇、模仿和跟风天性，相当比例的未成年人会模仿短视频等网络信息中人物的言谈举止或新玩法等。而未成年人又不具备判断与取舍能力，极容易在纷乱的网络视频中沉迷，影响正常的学习和成长，甚至扭曲三观、走向犯罪。

第八次《中国未成年人互联网运用状况调查报告》表明，未成年人的触网率为 91.9%，10 岁前触网的未成年人历年呈上升态势，2014 年时就达到 56.4%。因为短视频比文字、图片更具有直接性和诱惑性，大大提高了未成年人的使用率；隐藏于其中的不良信息以及对未成年人造成的伤害也将随之大幅攀升，必然造成普遍且严重的社会问题。所以短视频领域的未成年人保护问题必须得到有效治理，使其规范发展，为未成年人健康成长构建一个干净纯洁的环境。

二 浅析国内外针对网络短视频的法律法规及研究

（一）国内相关法律法规及研究

针对网络短视频治理，国内在法治方面不仅有《中华人民共和国宪法》《中华人民共和国民法》《中华人民共和国婚姻法》明确了未成年人的公民权利，以及法定代理人或监护人的权利和义务；还有以保护未成年人为主的《中华人民共和国未成年人保护法》《中华人民共和国预防未成年人犯罪法》《中华人民共和国义务教育法》对未成年人、监护人、学校及社会各界的义务与责任做出明确的法律规定；也有《移动互联网应用程序信息服务管理规定》《计算机信息网络国际联网安全保护管理办法》《互联网信息服务管理办法》《互联网直播服务管理规定》《互联网视听节目服务管理规定》和《网络视听节目内容审核通则》等针对网络信息的专项管理法规；更有《中华人民共和国刑法》《中华人民共和国网络安全法》《中华人民共和国治安管理处罚法》等对制作、传播色情等不良信息的个人、法人或其他组织做出明确的法律惩罚规定。

中国网络视听节目服务协会于2019年1月9日发布《网络短视频平台管理规范》《网络短视频内容审核标准细则》，从总体规划，账户、内容与技术管理，以及审核方面对网络短视频机构与审核人员提出了要求和标准，为规范短视频传播秩序提供了依据。

国内针对治理短视频领域的未成年人保护问题，已经形成了有法可依、有规可循且趋于完善的全方位立体覆盖框架。

随着短视频在国内崛起和迅猛发展，近年来逐渐有一些机构和学者对短视频现象进行研究，大多数是从短视频对社会、经济发展的积极影响，或未来发展趋势与建议方面进行研究，对未成年人带来的负面影响少有提及，又或是基于整体互联网对未成年人的影响进行研究，针对网络短视频领域对未成年人伤害的专项研究非常少，参考文献不多。

不论任何方向的研究其结果都表明，短视频在丰富未成年人休闲娱乐生活的同时，也对未成年人造成伤害，尤其是含有色情、暴力等不良信息的短视频。

网络短视频制作者为引起他人的注意，不惜在网络上发布含有暴力、色情内容的不良短视频。长此以往，这些不良短视频在未成年人中散布开，会让未成年人产生漠视道德和法律的态度，认为这些短视频没有什么不对的，甚至会出现大量的模仿现象。同时网络短视频发布后可以被下载，一经发布很难消除，能够被未成年人反复查阅，产生重复污染。在短视频发展过程中，不乏出现因一个视频而火的网红。这个网红群体中大部分都没有专业才能，只能靠颜值来吸引别人的注意,甚至出现靠丑化自己来迎合观众的恶俗趣味。这些网红在未成年人群中具有很高的影响力,一旦他们发布或传播不良视频,会在未成年人群中造成恶劣影响。

与此同时,短视频的内容整体趋向低俗化、泛娱乐化,过分注重视听效果而忽视其内容建设。盲目迎合受众,只注重特效技术和炫彩画面会让短视频缺失其内涵。长期接触这些短视频,会拉低未成年人整体的文化素质。

(二) 国外相关法律法规及研究

在法律法规方面,联合国有《儿童权利公约》《〈儿童权利公约〉关于买卖儿童、儿童卖淫和儿童色情制品问题的任择议定书》,其中明确了儿童(18岁以下)在国际社会的地位和权益;以及扩大各缔约国为确保对儿童保护、使其不受色情制品影响应采取的各项措施。

欧盟方面于1999年起,已开展多届的统一行动"Safer in-ternet pro-gram"(安全互联网运动),通过培养未成年人、父母和老师的安全互联网利用意识,形成自我管理和国家重点监控,多方面综合治理网络不良信息。

英国的行业协会依据国家政策制定可操作的规范标准和网络内容分级框架,确定未成年人适用的内容标准。

俄罗斯制定了《国家安全法》《电信法》和《国家保密法》等法律对信息安全做出规定,以强化管理网络信息内容的制作与传播。

美国虽是世界上唯一没有签署《儿童权利公约》的国家,但也针对短视频领域的未成年人保护问题,先后颁布了CDA(可译作《通信行为端正法》)和《儿童网上保护法》来整治网络负面内容给未成年人造成不良影响的问题。之后又推出了得到广泛承认的《儿童互联网保护法》。

韩国在1995年颁布的《电气通信事业法》,以及之后颁布的《不当站点鉴定标准》和《互联网内容过滤法令》都有效地支持了韩国警方对网络不良信息的打击行动。

在网络短视频专项研究方面,国外的第一本权威专著是 *The Future of*

Online News Video，主要阐述了互联网与短视频的关系以及短视频给新闻提供了现场报道途径。自出现网络安全问题之后，国外学者都对此加大了研究力度。例如荷兰安特卫普大学的 De Moor 教授等人在网络信息的潜在风险方面做研究，通过研究得出，未成年人在接触网络信息时会有内容风险、联系风险和商业风险三类潜在风险。其中内容风险指未成年人会因在网络中接触到负面信息而受到影响。未成年人缺乏判断力，因此很容易被这些负面信息带偏。在指出风险的同时，De Moor 教授也建议从技术和思想教育方面让未成年人远离这些风险。

同样是针对如何让未成年人远离网络负面信息，澳大利亚更加注重行业本身的自律性。他们把行业自律和法治层面有机地结合起来，最大限度地保障了网络使用者的利益。

俄罗斯有《信息安全学说》《俄罗斯网络立法构想》《2000—2004 年大众传媒立法发展构想》与《俄罗斯联邦信息和信息化领域立法发展构想》等纲领文件为完善网络监管提供思路。

也有一些国家已经开始着手建立网络负面信息治理体系。比如我国的海上邻国韩国是世界上最早建立互联网审查专门机构的国家之一，在过去的十几年内已经建立了互联网信息通信道德部、网络性侵害资讯中心等机构来对网络不良信息进行整治。

（三）小结

2019 年 2 月，印度泰米尔纳德邦信息技术部长 M. Manikandan 建议政府禁用 TikTok（抖音海外版），认为 Tiktok 平台上存在有害于法律与秩序的言论、色情和欺凌内容，将导致青少年"文化堕落"。

由此可见，"网络短视频领域的未成年人保护问题"是迫切需要解决的全球性问题，国内外司法界和学术界都非常重视这一问题。针对网络短视频这一细分领域下的未成年人保护，我国趋于完善的法规框架，在国际社会中处于积极且领先位置。在学术研究方面，国内对该问题的专项研究比较少。该问题直接影响未成年人，事关国家和民族的未来，对其进行深入的专项研究，有利于推动健全法规，高效治理网络短视频乱象，保护未成年人健康茁壮地成长。

三 网络短视频对未成年人造成的具体伤害

(一) 浪费时间容易成瘾

第八次《中国未成年人互联网运用状况调查报告》分别对城市、农村未成年人上网频次与时长开展专项监测，77.9%的城市未成年人每周至少接触一次网络、一天一次占15.9%、一天多次占9.3%，74.6%的农村未成年人每周至少接触一次网络、一天一次占20%、一天多次占15.4%；仅有13.8%的未成年人每次触网时能控制在半小时内，19.4%在半小时左右、23.9%在一小时左右、16.9%在两小时左右、6.2%在三小时左右、3.7%在四小时左右、4.8%在五小时以上；未成年人触网的主要活动分别是听音乐占53%、QQ聊天占50.1%、玩游戏占42.6%、看视频占35.8%。

通过上述数据可以得出，未成年人普遍每次触网时长在一小时左右，未成年人在网络世界消耗了大量的时间和精力。网络短视频提供的都是不成系统的碎片化信息，未成年人基本不能从中吸收营养，同样的时间里，还不如看一篇文章或一部科教纪录片。

网络短视频不仅没能帮助未成年人开阔视野，反而促使未成年人养成消磨时光的不良习惯。特别是大数据算法推送，使用户每次都刷到兴致所在的信息，令人欲罢不能深陷其中。可见，网络短视频悄然盗取了未成年人的时光和爱好，未成年人接触网络短视频不利于学习和身心成长。

(二) 扰乱视听诱导模仿

从papi酱到王乐乐，从冰桶挑战到小猪佩奇手表糖，网络短视频不拘一格地从人事物各方面造就了众多网红流星，而大部分网红缺乏专业教育和训练，以颜值、卖萌、惊奇、搞怪、恶搞、会撩或讨巧等手段获取流量，在网红经济模式下成就快餐式走红，以流量为核心生产着毫无养分，甚至违法背俗的各种短视频。

第八次《中国未成年人互联网运用状况调查报告》显示，未成年人会在现实生活中模仿网络人物的言谈、衣着、饰品、娱乐活动和新玩法等。简单明了的网络短视频更是容易引起未成年人模仿，浙江建德女生模仿短视频游戏和同学比身材，被卡在栏杆间，在消防人员帮助下才得以脱身；四川10岁男孩一晚上打赏主播3万元；西安8岁男孩模仿"胶带粘门"整蛊视频，恶搞6岁弟弟，致使弟弟绊倒牙齿损伤。以视听冲击为主要手段的网络短视频，极具诱惑地扰乱和影响未成年人视听，导致未成年人模仿和迷失自我，已然严重地扰乱未成年人正常学习和生活，不仅拉低未成年人的文化素养与格局，阻碍未成年人正常的社会生活，更是对未成年人造成了实质性的伤害。

（三）扭曲三观促发犯罪

在网络短视频里充斥着大量的整容、辍学、未成年生子等宣扬享乐拜金、色情、暴力的内容，从代古拉k、黑脸V到李天佑、温婉、未成年妈妈，案例数不胜数。他们在无形中传播着读书无用，还不如拍个视频就能迅速名利双收的负面价值观。诸如轩墨宝宝、Abbily等已经被广电总局明文禁止的阴柔风，仍在网络短视频里呼呼刮着。兄弟会辉少、国际庄等以直播打架成为网红，诱导未成年人模仿这些暴力行为，各种说黑社会污语、扇耳光、烟头烫、喝不明液体、群殴和脱衣服等校园欺凌事件时有发生，甚至还有将欺凌过程制作成短视频发布，并得到了大量转发的恶劣情况。经媒体报道的未成年人犯罪事件仅2015年1—4月就达40余起，大部分的当事人却不知其行为已经触犯刑法，仅仅是因为觉得酷而模仿，或是为了获得点赞。

研究表明，短视频等新媒体是未成年人接触网络不良信息的主要途径，占比达33.9%；接触到色情信息后感到好奇、刺激的分别占16%、7.0%。中国青少年研究中心针对未成年犯的调查显示，47.1%的未成年犯从小学开始接触网络不良信息，51.2%的未成年犯从初中开始接触网络不良信息；57.2%在犯罪前观看过"血腥屠杀"信息，70%看过"砍杀"信息，73.8%看过"殴打"信息；犯罪前看过"性暗示"的占58.5%，看过"接吻"的占69.6%，看过"裸体"的占71.7%。

第42次《中国互联网络发展状况统计报告》显示，2018年，我国

10岁以下儿童占总体网民人数的3.6%，10—19岁青少年占总体网民人数的18.2%。根据本文中的数据可换算出2017—2018年，我国有1.744亿未成年网民，其中6243.5万未成年人习惯于观看网络短视频；他们中有5912万人接触到色情、暴力等不良网络短视频，其中有945.9万人在接触网络不良短视频后感到好奇，有413.8万人感到刺激，悄然间埋下了千万颗犯罪的种子。

四 探究网络短视频对未成年人造成伤害的原因

（一）主观因素

1. 满足好奇心

2018年，在网络短视频总体用户中未成年人用户达到了11%以上，随处可见未成年人发布或观看网络短视频的情境。好奇心是未成年人的共性，可以说网络短视频也正是抓住了未成年人好奇、喜欢炫酷、模仿的特点，获得了巨大的商业成功。

2. 满足虚荣心

未成年人由于自我认同和展示自我的天性，比成年人更渴望在公众前展现并得到认同。两岁半的小山竹拥有145万粉丝的背后，让更多未成年人看到，不论以什么样的形式，只要发布吸粉的短视频，就能成为网红，得到成就或认同，从而实现满足与虚荣的心理需求。媒体就曾报道初二女生通过发布"字体特效制作"短视频，从买特效字体和收徒中获得满足感，导致厌学和社交障碍。

3. 缺乏判断力

未成年人正处于心智成长时期，不具备判断和选择能力。在调查中，有15.3%的未成年人认为香港"占领中环"游行活动是网络不良信息，而同时有14.7%认为大学教授论文抄袭是网络不良信息；23.4%的未成年犯根本不知道如何辨别信息的真假，52.5%依靠自觉判断。

4. 缺乏主流活动

歌舞、追星、追剧、八卦和刷手机是未成年人千篇一律的学余生活，几乎没人会主动探究一个科学问题、做一做力所能及的劳动或参加帮助老弱病残等活动。鹿晗发布歌曲 MV，48 小时内就超过 2000 万点击率，令人不禁感叹泛娱乐时代粉丝的力量，同时也折射出当下未成年人严重缺乏有意义、有利于身心健康成长的主流活动与德育教育。

（二）客观因素

1. 监护不力

电视、手机等动感画面能让多动的幼儿专注下来，因此有些监护人因为时间、精力或能力有限，就把幼儿交给电视或手机，在得到安静的同时，却拉近了手机与未成年人的距离。更多的监护人因为自己的虚荣、攀比，盲目且频繁地让孩子参与制作短视频，如从影视童星转战短视频的最美钢琴小神童、小山竹、北京三胞胎小兄弟，未成年人最佳的受教育时间就这样被浪费和错失了；甚至有监护人逼迫孩子录制做不到的高难度动作，造成未成年人身体伤害的例子。

2. 平台无视

平台的无视与放任是网络短视频对未成年人造成伤害的重要因素。平台或相关机构在以流量为核心的商业竞争中各显神通，常见的手段就是以未成年人为主题进行包装和生产内容，并推动品牌化发展，使其成为营销工具；以此刺激和引发大量的监护人与未成年人参与其中，成就整个网络短视频热火朝天的景象。

最为严重的是平台计算机系统根据用户位置、兴趣爱好、网络使用信息等因素，结合广告、营销等商业需要主动向用户推送短视频，让人不禁沉溺其中，甚至迷失在低俗的不良短视频里。研究显示，未成年人在触网过程中，主动搜索色情、暴力等网络不良信息的仅占 5.9%，自动跳出的占比高达 71.4%。

平台以流量为目的，对低俗不良短视频以及未成年人的保护问题视而不见，放任其肆意扩散，以擦边球、推责任、道歉等手段应对主管机关和媒体追问。诸如快手、火山等网络短视频平台被主管部门约谈、整顿，被人民日报等媒体曝光与点名谴责的案例与报道；但结果仍是屡治不止的泛滥和伤害。

3. 渠道便捷

数字技术推动移动时代高速发展,只要有手机,没有贵贱之别,只要手机有摄像头,就能简单便捷地自制发布、接收和传播短视频,使未成年人如温水煮青蛙一般全方位沦陷其中。制作者们为了在众多的短视频中脱颖而出实现吸粉的目的,展开了争奇斗艳的竞赛,低俗的不良网络短视频也就由此产生。研究证实短视频的播放量远远大于粉丝量,可以实现病毒式传播。

4. 社会漠视

在移动时代的大背景下,网络短视频成功占据了人们的生活,数据显示截至 2018 年 6 月,全国共有 8.02 亿网民,短视频使用率占 74.1%;即 2018 年短视频用户 5.94 亿,占全国总人口的 42.6%。换句话说,网络短视频已经成为当下主流的消磨时间方式,人们几乎都在愉快地刷视频,点赞或转发推荐以未成年人为主题的短视频,为身边未成年人录制发布短视频。当看到有与自己不相关的未成年人在使用网络、刷短视频时,没有人会对这个未成年人观看的视频内容或使用时长进行干预;当看到有媒体曝光,就跟帖呼吁政府加强监管。正是这种普遍的成人社会化漠视,为网络短视频无序发展,为低俗不良短视频肆虐伤害未成年人提供了滋生温床。

(三) 小结

综上所述,网络短视频领域的未成年人保护问题本质上是受未成年人的主观特性和客观环境相互交织影响与作用所致;在充分考虑未成年人不具备自主能力的情况下,客观环境的影响尤为明显,监护责任与社会责任缺失是客观环境的关键因素。

五 治理网络短视频的建议

从保护未成年人的角度看,治理网络短视频的核心就是治理和改善未成年人接触网络短视频的客观环境;其中法律法规是治理的前提基础,监管是维护治理成果并使之有序发展的必要措施,行业、监护与社会责任才是该问题的核心。法律、责任和监管三者之间明显地具有相互作用力，也就是说行业、监护人及社会各界应在遵循法律的基础上积极承担责任，构建良好的网络生态秩序；通过行业自律和依法监管维护网络生态秩序与发展；对违法行为根据法律法规予以打击和威慑，并结合发展现状做出及时的修正和补充，为网络生态的参与者提供行为依据。

（一）堵源治污

1. 深化执行法规

网络短视频是时代进步且不可逆的产物，但其发展的前提条件是必须守法依规、符合公序良俗，因此依法运营与治理，是治理网络短视频的基础，更是平台与相关管理机关的首要义务和责任。

治理网络短视频，首先应从平台做起，严格遵守现有的法律，深化落实国家法规与行业规范。例如《网络短视频平台管理规范》对平台审核团队、上传账户与用户管理、内容的审核与管理、技术管理都有明确的规范要求，并且特别明确了建立未成年人保护机制，以技术手段限制未成年人在线时间，设立家长监护系统。《网络短视频内容审核标准细则》在短视频语言、表演和背景方面对包括标题、评论、表情、弹幕等内容都做出了明确的审核标准，为审核人员提供了100条详尽的执行指导和依据，其中包括了色情与非主流婚恋观、暴力血腥和惊悚情景、歪曲传统文化、拜金主义、恶搞、宣传负面人物形象、恐怖主义等对未成年潜在的伤害项；特别在第十九部分明确了不利于未成年人健康成长的内容。

其次，我国现行法律对网络短视频的违法违规处罚可归纳为对单位进行警告、整改、没收并罚款、吊销证照和关停，对个人进行警告、罚款、行政拘留、管制、拘役、三年以下有期徒刑或情节严重的处三至十年有期徒刑。而在实践中出于教育为主以及自首立功等情节，形成违法行为或收益远超违法代价的现象，让制作、传播者甚至平台机构心存侥幸。因此建议在实践中针对传播不良信息且有确凿证据证明对未成年人造成伤害的予以上限惩罚。同时监管部门与执法机构不定期依法展开雷厉风行且有效的专项打击行动，及时威慑和处理网络短视频的违规违法现象。在维护法律法规尊严的同时，切实治理网络短视频的无序发展。

2. 健全法律法规

从快播到内涵段子，网络不良信息之所以屡禁不止，正是由于我国现行法规中没有禁业限制，非法平台关闭后，其原有的从业人员换一换身份、域名、服务器或者工作单位，依然继续原来的行为。因此需要增加对从业人员做出禁业限制的法律规定，维护和清理行业环境。

过去的 20 年中，数字技术发展日新月异，社会也随之告别电视时代，经过 PC 时代，进入移动时代，司法和治理模式也需针对新形势下的发展做出相应调整。例如在现行法律中，《刑法》第一百五十二条、第二百八十六条之一、第二百八十七条之一、第二百八十七条之二、第三百六十四条和第三百六十五条对网络犯罪及制作与传播淫秽物品予以明确的处罚规定，但在对制作与传播暴力等对未成年人造成伤害的相关法律法规中，缺乏明确的惩罚规定；又如在实践中难于确定《互联网信息服务管理办法》第十九条中所述的违法所得。

及时根据社会发展健全法规是依法治国的基础，也是保障网络短视频行业健康发展的必需手段。学者、监管部门、行业协会应积极提出建议，协助立法机构及时健全网络短视频相关法律法规。

3. 强化行业建设

加强行业建设与行业自律是行业必须肩负的社会责任，更是治理网络短视频领域未成年人保护问题的核心所在和最有效的渠道。

行业协会可依法发挥协调、监督的责任，推动平台构建以保护未成年人为主要核心的发展模式。如搭建未成年人专项板块，缩减娱乐类内容，增加有教育意义、能萃取知识养分和正能量或其他有助于未成年人身心健康成长内容；上线防沉迷或家长确认系统，限制未成年人在线时长；依法按年龄对内容进行分级，限制未成年人越级观看视频；推送或植入抵制不良短视频等公益信息。对制作、发布和传播内容的行为人根据审查和举报情况进行评分，并根据评分情况采取黑名单措施，限制或禁入相应的网络活动。

平台机构完全具备条件和能力从技术上实现上述，甚至超越上述以未成年人保护为核心视角的行为，无非不愿在短时间内损失流量和收益，或是从众、侥幸心理作祟。这一现象同时也反映出，基于行业的发展和未来，行业协会更应联合平台与从业者，共同制定积极的举报和奖励措施，对缺乏行业道德责任、扰乱行业健康有序发展的平台或个人予以抵制和打击，对违法违规行为及时移交监管部门或执法机构。

1.744亿未成年短视频用户是个不可忽视的数字，不仅代表着庞大的市场，更代表着网络短视频行业及平台的责任和明天。回头看看共享单车，看似嘹亮的扩张号角最终实际是整个行业的悲歌；疯狂必然是毁灭的前奏。

（二）疏理环境

1. 监护人层面

监护人是和未成年人联系最为紧密的人，是未成年人最好的榜样和导师，对被监护人的影响深远，并且当未成年人受到伤害时，不论原因和角度，监护人是不可推卸的第一责任人。托尔斯泰说千分之九百九十九的教育都归结到父母自己的端正和完善上，每个监护人应当反思和学习怎样帮助未成年人告别低头刷视频。

监护人必须在道德、法律方面都积极承担责任，履行自己的监护责任，不再把未成年人丢给电视机和手机，而是挤出时间多陪伴未成年人。金钱在孩子成长路上并不是唯一的决定性因素；电视、手机和电脑是孩子生活或工作的工具，并不是玩伴。孟母三迁值得每个监护人去学习借鉴，特别是在德育培养方面。别让"一切都是为了孩子"成为一句空话，监护人自己也远离手机远离短视频，在未成年人的空闲时间多与未成年人谈心，加强德育教育；和未成年人一起多做一些有益于未成年人身心健康的活动，比如看书、体育锻炼、劳动、参加公益活动或出门旅游等。

2. 社会层面

学校是未成年人的重要教育场所，也是未成年人每天待得最久的场所，在防止网络短视频对未成年人造成伤害方面也有重大责任。学校可以适当增加一些课外活动来充实未成年人的生活，如举行运动会、艺术节、合唱节等，以缩短未成年人在空闲时用手机等进行娱乐的时间。也可以定期开设德育课程用于端正未成年人的三观，培养未成年人辨别是非的能力。

  社区也应积极协调社会力量，为社区未成年人系统性开发寓教于乐的德育与素养培育活动，丰富未成年人的课余活动，有效减少和控制未成年人沉溺电视、网络等形式的不良生活方式。企业等社会机构也应积极配合、支持社区发布防网络沉迷、抵制网络不良信息等公益宣传，为未成年人搭建读书读报、社区服务、才艺交流、演讲和体育等活动。每个公民也尽责尽力维护网络安全，发现网络不良信息时，主动及时举报；对未成年人接触网络不良信息或沉迷网络行为予以立刻制止；常为身边的未成年人普及网络安全意识教育。

  幼吾幼以及人之幼，社会公德与责任是每个社会成员与生俱来且不可回避的。社会各界有义务和责任以未成年人为核心梳理成合力，促使未成年人靠拢健康的主流休闲娱乐活动，提高未成年人成长环境的光照和通畅值。

  3. 引导自强

  换一个角度看，符合法律法规、公序良俗及健康的短视频同样具备内容新奇、简单零碎、发布与取得便捷的特性，也同样容易让未成年人沉迷上瘾、影响成长；又或者真如印度政客呼吁的那样，彻底封杀了网络短视频平台，也必然会出现"长视频"之类的。因此，主观意识才是最终的决定因素。

  温室里的花儿看不到天空，现实生活中未成年人迟早要离开家庭自谋生路，但他们的三观并不是在成年之时瞬间形成，恰恰是在成年之前18年的沉淀和积累结果。俗话说三岁看老，基本人格、是非判断和三观在幼儿时期就开始启蒙，进入青春期时就已经基本成型。因此在不同阶段都对未成年人予以正确引导，帮助他们尽早树立自强自立的意识，才是治理短视频领域未成年人保护问题的根本所在。

  监护人及社会各界成员都应合力帮助未成年人树立自强意识，使未成年人从主观上多参加有益身心健康的活动，培养健康的兴趣爱好，认真负责地规划时间，除学习外尽量避免接触手机、电视或电脑，早日形成自带防疫系统，实现知而慎行。

六 结语

生活数字化是必然的趋势，但也容易使未成年人沉迷网络碎片化生活和接触低俗网络短视频，对身心成长造成影响和伤害。

"网络短视频领域的未成年人保护问题"是由于主、客观因素相互交织影响而产生的社会化问题；客观环境劣化是由于监护责任与社会责任缺失所致，弘扬责任是治理该问题的重要途径和方法。正如熊丙万与周院生老师所提出的"积极弘扬利于普遍地增进公民社会福利的社会道德或行为规范能够有效地降低法律的教育、传播和执行成本"。

综上，治理"网络短视频领域的未成年人保护问题"应首先通过深化执行法规、健全法律法规和强化行业建设等措施堵源治污；其次要积极地倡导和弘扬监护人及社会各界积极承担责任，为未成年人疏理出阳光的成长环境，同时，加强引导未成年人构建端正的三观和行为导向，争取早日实现从主观上控制触网时长与内容选择。通过以未成年人在良好的客观环境中培养和沉淀健康的主观意识为主，以积极有效的监管和法治为营造与维护良好环境提供有力保障为辅，形成针对网络生态秩序"堵""疏"相互作用和推动的治理合力，让未成年人在阳光里茁壮成长，跑好属于自己的接力跑，早日实现中华民族伟大复兴。

参考文献

［1］中国互联网络信息中心：《第42次〈中国互联网络发展状况统计报告〉》，http：//www.cnnic.net.cn/hlwfzyj/hlwxzbg，2019年01月23日访问。

［2］中国少先队事业发展中心：《第八次〈中国未成年人互联网运用状况调查报告〉》，http：//kid.qq.com/zt2015/2014diaocha/index.htm，2019年01月23日访问。

［3］雷雳：《莫让不良短视频污染青年学生》，《人民论坛》2018年第11期。

［4］蔡舒敏：《抖音的用户使用偏好及平台可持续发展探讨》，《新媒体研究》2018年第24期。

［5］靖鸣、朱彬彬：《我国短视频内容生产存在的问题及其对策》，《新闻爱好者》2018年第11期。

[6] 王平：《国外未成年人互联网安全利用研究：进展与启示》，《情报资料工作》2018 年第 1 期。

[7] 王洁：《短视频的流行及监管》，《中国广播电视学刊》2018 年第 12 期。

[8] 范珣、陈远思：《从短视频 APP 看未成年人权益保护》，http：//www. hslawyer. net/display. asp？id＝1768，2019 年 01 月 23 日访问。

[9] 梁鹏、王兆同：《美国保护未成年人免受网络色情危害的立法与借鉴》，《中国青年研究》2006 年第 10 期。

[10] 陈滢：《借鉴国外经验为未成年人营造健康的网络环境》，《社会纵横》2011 年第 3 期。

[11] 王英、洪伟达、王政：《国外未成年人网络信息行为研究及启示》，《图书馆建设》2013 年第 9 期。

[12] 新浪科技：《担心青少年文化堕落：印度立法者呼吁封杀抖音海外版》，https：//www. sina. com. cn/midpage/mobile/index. d. html？docID＝hrfqzka5691676&url＝finance. sina. cn/usstock/mggd/2019－02－14/detail－ihrfqzka5691676. d. html，2019 年 02 月 14 日访问。

[13] 郭开元：《网络不良信息与未成年人权益保护的研究报告》，《预防青少年犯罪》2017 年第 4 期。

[14] 张振锋：《网络不良信息对未成年人犯罪的影响》，《预防青少年犯罪研究》2017 年第 1 期。

[15] 罗晨、张晶：《短视频行业发展研究》，《有线电视技术》2018 年第 9 期。

[16] 艾瑞咨询：《中国短视频营销市场研究报告 2018》，http：//kns. cnki. net/KCMS/detail/detail. aspx？dbcode＝CPFD&dbname＝CPFDLAST2019&filename＝ASSC201812001010&v＝MTYxMjlEN1liYkc0SDluTnJZOUZaZXNPREJOS3VoZGhuajk4VG5qcXF4ZEVlTU9VS3JpcZlp1OXZGQ2puVTc3TklGc1ZK，2019 年 02 月 13 日访问。

[17] 熊丙万、周院生：《国家立法中的道德观念与社会福利》，《法制日报》2014 年 1 月 1 日第 3 版。

从宪法角度看基因编辑婴儿问题

闫馨/高二　薛天宇/指导老师　七台河市第一中学

摘要：基因编辑既是科学问题，又是伦理问题，也可以是宪法上的问题：基因编辑婴儿事件违背了宪法的基本精神。为避免这类事件再次发生，我们可以站在宪法精神角度，从参与此次事件的主体出发，针对具体主体制定相应解决方案，降低风险。

关键词：基因编辑婴儿　宪法精神　解决方案

一　基因编辑婴儿事件概述

2018年11月26日，南方科技大学副教授贺建奎宣布一对名为露露和娜娜的基因编辑婴儿于11月在中国健康诞生，由于这对双胞胎的一个基因经过修改，她们出生后即能天然抵抗艾滋病病毒HIV。世界首例免疫艾滋病的基因编辑婴儿诞生的消息一经发布便引起了轩然大波。当天下午，122位生物学领域的科学家发表联合声明，表示坚决反对类似基因编辑婴儿事件，属于违背科技规范和伦理道德的行为。涉事的深圳和美妇儿医院做出回应，网上流传的"医学伦理审查委员会申请书"疑为伪造。南方科技大学声明对贺建奎的此项研究工作不知情，并认为其严重违背了学术伦理和学术规范。国家卫健委高度重视此事，并于2019年1月21日就当天广东省"基因编辑婴儿事件"调查组的初步结果作出回应，称科学研究和应用活动应当本着高度负责的精神，严格按照有关法律法规和伦理准则进行。基因编辑婴儿事件既可以从科学角度分析，也可以从伦理角度分析，还可以从宪法角度思考。宪法是国家的根本法，是治国安邦的总章程，具有最高的法律地位、法律权威、法律效力，具有根本性、全局性、稳定性、长期性。在中国，全面贯彻实施宪法，是建设社会主义法治国家的首要任务和基础性工作。自党的十八大以来，特别是党的十九大以来，党中央就一直强调要学习宪法，尊重宪法，从宪法角度看问题，用宪法思维思考问题，依宪治国。同时，在不确定的脱靶技术、其他巨大风险及伦理问题下做出的程序不义的基因编辑，忽视了出生的基因编辑婴儿的基本健康，忽视了对人类群体造成的潜在风险和危害，侵害了公民权利，导致人作为法律主体的地位受到冲击。我国宪法的原则中有尊重和保障人权原则。于是本文尝试从宪法中公民权利的角度分析"基因编辑婴儿"事件带来的影响。

二　对基因编辑问题的国内外研究现状

（一）国内研究现状

目前国内对基因编辑婴儿事件的研究有如下几个角度。

1. 从科研人员角度

首先，孙韡教授、李爵位硕士在《从宪法规范释析科研自由权的边界》中认为：虽然科研自由权在我国《宪法》中有明确的规定，但其应当受到一定程度上的限制。[①] 为了维护人类生存、人的尊严和保证科研的良性发展与规范科研秩序的需要，科研自由权应当接受我国《宪法》中人格尊严、人权、公共利益与他人合法权利、公共秩序和公共道德条款的限制。这样才既能保证科研自由权得到充分行使，又能保证科研自由权不会侵犯到人类的尊严和自由，维持权利之间的平衡与和谐。

---

① 孙韡、李爵位：《从宪法规范释析科研自由权的边界——基于基因编辑婴儿事件的思考》，《宜宾学院学报》2019年。

2. 从健全法律角度

刘立杰教授在《基因编辑婴儿的三大法律问题》中有言：基因编辑涉及民事法律风险、行政法律风险和刑事法律风险三大法律风险。其中，刑事法律风险是基于对"医疗行为"的科学认知与合理认定。① 医疗实验和医疗科研行为是极其复杂的、专业的并具有相当危险性的行为，但是尝试性的投药或治疗究竟是医疗还是实验是很难说清楚的。而且我们目前无法获知贺建奎所带领的，做基因编辑的人员是否真正具有医师资格证，如果没有，这更是践踏了人格尊严。由此看来，法律应该在一定程度上对相关科研人员保持警惕，为其设立相应边界；还应为科研人员留有一定自由空间，使其充分发挥科研自由权，提高国家科研水平。

其次，郑博超教授在《基因技术研究——伦理和法律底线不容突破》中提到：必须为基因技术划定明确的法律规范边界，建立刚性的法律体制，必须建立严格的科学评估、伦理审查、登记备案制度，并制定严格的监管体系，对有关事件严格执行法律制度，以此确保基因技术研究安全、有序、可控地进行。②

韩大元教授也在《中国宪法学应当关注生命权问题的研究》中提到：面对生命权理念与现实的冲突，我们有必要深刻地反思宪法学理论与制度，关注社会现实中人的生命权被漠视、被侵害的各种现象，真正以生命权价值的维护作为制定法律与政策的基本理念与出发点。③ 21 世纪，宪法学应将目光投放到更多学科上，将视角放长远，为人权的保障提供专业的、完善的支持。

秦平在《让法治为科技创新护航》中提到：我国立法机关应该以大会为契机，进一步加强科研伦理及科技应用的立法研究工作，建设创新型国家和世界科技强国。④

---

① 刘立杰：《基因编辑婴儿的三大法律问题》，《方圆》2018 年第 23 期。
② 郑博超：《基因技术研究——伦理和法律底线不容突破》，《检察日报》2018 年 11 月 29 日第 4 版。
③ 韩大元：《中国宪法学应当关注生命权问题的研究》，《深圳大学学报》2004 年第 1 期，第 25—28、37 页。
④ 秦平：《让法治为科技创新护航》，《法制日报》2019 年 1 月 9 日第 1 版。

最后，韩大元教授在《当今科技发展的宪法界限》中提到：法学的使命不是要赞赏科技发展带来辉煌的成就，而是要审视科技可能带来非理性的后果，以及如何通过法治降低科技发展可能带来的风险，如何运用宪法的价值约束科技的非理性，如何通过宪法抑制科技对人的尊严、人的价值的减损和如何通过宪法控制科技对人类文明与人类未来的威胁。[①] 我们如果盲目地把科技神化，那么人就会失去尊严，变得客体化、工具化、边缘化，失去其主体地位，最后人类文明就会消失，人类将会被无机生命所替代。所以法律应时刻关注科技的发展，审视其可能带来的后果，在法律上给予科技一定程度的限制，使科技的研发应用造福于人类。

3. 从科技的态度角度

段伟文在《基因编辑婴儿亟待刚性生命伦理规制》中写道：面对基因编辑婴儿带来的巨大挑战，从科技工作者、管理者到全体人民，都应该站在构建人类命运共同体的高度，倡导慢慎细实的学风，切实敬畏人类生命，以科学精神客观看待科学的力量及其限度。社会全体公民都应端正对科学技术的态度，既不可把科技妖魔化，更不可将科技置于神坛，过分关注科技的有利影响，而忽视了科技的不利影响，进而造成人的客体化、边缘化。基因编辑婴儿亟待社会舆论上的柔性生命伦理规制，并借此作为生命科技发展的基底，使生命科技的研发和应用造福于人类。

（二）国外研究现状

为有效保护胚胎或禁止将胚胎基因工程适用于人类，以免造成不可逆转的后果，各国分别制定相关法律条约，例如：

（1）法国于1994年制定《生命伦理法》明文禁止将未受精卵的卵核取出，再取出其体细胞植入到人类胚胎内，将该胚胎植入母体内以诞生人类的行为，违反者处20年以下有期徒刑；

（2）英国于1990年制定了《人类受精、胚胎研究法》，禁止与上述类似的行为，违反者处10年以下有期徒刑或科处罚金；

（3）德国于1990年制定的《胚胎保护法》规定全面禁止对人类个

---

① 韩大元：《当今科技发展的宪法界限》，南京大学法学院，2018年。

体、胚胎实施基因改良、混合技术，并对体外受精、人类胚胎的干扰予以限制，违反者处5年以下有期徒刑或科罚金；

（4）美国于1997年发布总统令，禁止利用联邦政府的资金对人类胚胎实施基因改良技术，至于是否可以进行相关的研究没有明确规定；

（5）2002年日本通过了《规范基因技术法》，对于生产人类基因个体、人与动物基因改良或混合个体的行为予以禁止，违反者处10年以下有期徒刑，单处或并处1000万日元以下罚金。

此外，1997年世界卫生组织发布了《世界人类基因组与人权宣言》，决定禁止基因个体的产生。

目前，多个国家明令禁止对人类胚胎进行基因编辑。2014年，日本北海道大学发表了一份研究报告，审查了全球有关转基因的立法和实践。报告显示，在接受审查的39个国家中，有29个国家禁止对人类生殖基因进行编辑。在25个国家，这项禁令具有法律约束力。

三　对基因编辑问题的解决方法

（一）相关生物科技企业角度

贺建奎做基因编辑婴儿的伦理申请材料的伦理批准单位是深圳和美妇儿医院。而深圳和美妇儿医院是属于莆田系的，莆田系素来在国内的名声不佳，且在魏泽西事件中有为赚取利益不择手段的嫌疑。那么这次事件会不会又是商人在利益的驱使下而做出的呢？通过这次事件，相关生物科技企业是不是应该有所反思呢？目前，相关生物研究企业在具体的研究与创新中，更为关注科学发展优先权和技术发展前景等技术上的考量。并且在日益白热化的国际科技竞争格局下，新兴科技伦理规制的出发点并不再是敬畏科技、敬畏生命、尊重人的权利，而是更多地基于非伦理道德上的科技与技术可能性，带有极强的功利主义色彩。也就是说，相关生物科技企业在新兴技术应用的可行性得到一定程度提高的情况下，便急于将技术应用推广，占取技术发展的优先权和市场先机，过分追求商业化利益，而忽视了新兴生物技术应用所带来的社会化影响。笔者认为，相关生物科技企业在研究中应树立敬畏科技、敬畏生命、尊重人的权利的意识，自觉遵守学术伦理和道德规范，不过分追求商业化利益。同时，应遵守相应的法律法规，使伦理审查等相关的法定程序到位，确保科学研究在法律界限内进行。

（二）新闻媒体角度

新闻媒体应坚定舆论方向，传播正确的价值观念，坚定地站在公民利益的角度上，尊重和保障人权，并应做到在对发生事件进行一定了解后谨慎发言。新闻媒体具有导向、预警、纠错的作用，可以为社会建立正确的舆论导向；可以引起公众关注，引起相关机关、部门的重视来迅速采取解决措施予以制止；还可以对违规行为进行批评、揭露、呼吁、建议，促使其改弦更张。在基因编辑婴儿事件中，大多数新闻媒体做出了正确的舆论导向，传播了正确的价值观念，对基因编辑事件不敬畏生命，忽视人的价值的行为做出了批判、抨击。但除此之外，有一条新闻最先报道了基因编辑婴儿事件，并认为这是中国领先世界的一项突破。虽然此报道在其发布不久后就被删掉，但其仍在一定程度上引导了与社会主流价值观不符的价值导向，对大众做了错误引导。而且这一不负责任的、无伦理道德常识的报道使我国颜面受损，造成了不良后果。

（三）国家角度

首先，国家应健全、完善与基因问题有关的法律法规，对基因编辑问题作出明确的规定，并使法律条文与时俱进，降低法律的滞后性。我国现行的法律体系中有科技进步法、科技普及法，及相关的部门法律法规，但当基因编辑事件出现的时候，我们才发现我国在科技相关领域内的立法漏洞颇多，关于规范科技伦理方面的法规几乎没有，仅有个别的表述散见于法律条文之中，这让法律在面对具体个案的时候显得有些尴尬。笔者认为我们应在生物技术领域设立专门的法律、行政法规，明令禁止基因编辑婴儿，并依据这种法规规范科研工作者和生物科技企业的行为，对违规者进行严格处罚并严格执法。其次，我国目前对科学研究活动的规制主要依靠伦理审查，但这种伦理审查实际上并不能起到应有的作用。多数的医疗科研项目，只要通过医院的伦理委员会批准，就可以进行相关研究实验，其准入标准不明，准入门槛低。且在伦理委员会的审批过程中，由于缺乏相关部门的监管，全国的伦理委员会也没有统一标准，现实中大多数伦理审查都只是为了走流程。所以，笔者认为我们可以在国家层面建立大的、强有力的伦理审查委员会，并在全国范围内设置伦理审查的统一标准，监督和规范地方各级的伦理审查。最后，应从国家层面重视宪法价值，重视人的主体地位，重视公民权利。在倡导科教兴国的同时，推动生命科学研究重视伦理道德与法律规范的价值，促使科研人员在法律的极限范围内行使科研自由权。

（四）世界共同体角度

首先，笔者认为，我们可以在世界范围内建立相应的规制来约束生命科技，使约束生命科技成为世界性的共识，并号召有关生命科学研究的科学家成立相应的组织，在全球范围内监督生命科学的研究。笔者认为，人类目前正面临着一个巨大的问题：科技发展会给人类文明带来积极影响，但科技发展的每一步都带着巨大的风险，并且科技发展带来的后果不可预知。所以我们可以从人类命运共同体出发，在世界范围内形成保护人的主体地位，维护人的尊严的共识，最大限度保留科技发展带来的好的方面，减少科技带来的风险和非理性后果。其次，我们应构建良好、和平的国际秩序，使每个国家都在宪法精神下构建和平权与发展权，维持世界稳定秩序，降低生命技术发展对人类文明的威胁程度，使其可以在真正意义上促进人类未来发展。

现在仍有一些舆论认为，基因编辑婴儿的诞生是社会发展的必然，即使这项科学实践贺建奎没做，也会有其他人做，或许就紧接着在这一事件之后。还有些人认为，大多科学技术在其最初被应用的时候，总是与当代人们所接受的价值观不符，总是会得到指责和谩骂，但历史的发展会证明，这些科学技术是具有前瞻性的。这些想法我们不能一概地否决，但有一点是可以确认的，就是基因编辑确实违背了法律法规的约束，忽视了人的主体地位，侵害了宪法中规定的人的基本权利，违反了法律法规。

四 结语

在面对生命科技，尤其是基因编辑技术的时候，科研工作者与科研企业应坚守住伦理和法律底线，坚定地站在宪法中公民权利的角度上，倡导慢、慎、细、实的学风，淡化功利主义色彩，在科研工作中敬畏生命，坚定宪法立场。新闻媒体应坚定宪法精神，传播正确的社会舆论导向。国家有关部门应切实完善相应法律法规，从国家层面尊重宪法价值，在强调科研重要性的同时强调人的基本权利。最后应从世界角度，通过宪法凝聚共识，构建人类命运共同体，共同推动人类文明发展进步。笔者相信，在具有不确定性的科学技术发展的同时，遵守宪法，重视宪法功能，维护宪法权威，认同宪法价值，是人类文明得以繁荣永续的正确方向。

参考文献

[1] 孙韡、李爵位：《从宪法规范释析科研自由权的边界——基于基因编辑婴儿事件的思考》，《宜宾学院学报》2019 年。

[2] 刘立杰：《基因编辑婴儿的三大法律问题》，《方圆》2018 年第 23 期。

[3] 郑博超：《基因技术研究——伦理和法律底线不容突破》，《检察日报》2018 年 11 月 29 日第 4 版。

[4] 韩大元：《中国宪法学应当关注生命权问题的研究》，《深圳大学学报》2004 年第 1 期。

[5] 秦平：《让法治为科技创新护航》，《法制日报》2019 年 1 月 9 日第 1 版。

[6] 韩大元：《当今科技发展的宪法界限》，南京大学法学院，2018 年。

思 想 篇

影视剧中女性形象变化研究
——影视剧"大女主"现象探微

吴桐/高一　白雪/指导老师　菏泽第一中学

摘要：影视剧作为大众喜闻乐见的一种文化传播载体，近年来影视剧中的女性形象都有鲜明的特色，给观众留下了深刻至极的印象，她们都成为剧作中的主角。在当今迅猛发展的时代，影视剧中女性的人生逐渐走向丰满成熟与睿智成功，对我们当代女性的生活产生了深刻的影响，具有一定的启示意义。全文对大女主剧中女性角色特征及女性形象变化的原因做了详尽的分析；探究影视剧中女性形象建构的局限性，反思女性命运的发展。只有有思想的女性才是能真正迈向有无边力量的人。

关键词：影视剧　女性形象　变化探微

一　大女主剧中女性角色特征分析

近几年，大女主剧逐渐爆屏。2018 年，荧屏备播的大女主戏有 15 部之多，虽然受多种因素影响最终播出的大女主电视剧数量大量减少，但银幕上最终依然出现了《烈火如歌》《香蜜沉沉烬如霜》《天乩之白蛇传说》《凤求凰》《芸汐传》《独孤天下》《扶摇》等大女主戏。2019年开年，《知否？知否？应是绿肥红瘦》《皓镧传》等大女主戏成为热播剧。

整体而言，大女主戏不仅成为影视女性探究的重要窗口，也是近年来荧屏上形成的重要趋势。从"大女主剧"的成因，以及此类剧作的外部表现，可以看出这类影视剧近年来的爆款类型作品具有三个非常鲜明的特点，即开挂人生、爱情想象与职场影射。开挂人生，是指"大女主剧"不管外部表现为宫斗，抑或是仙侠，或者是爱情剧，剧作女主角的故事线基本都是草根逆袭，女主角总是一路披荆斩棘、打怪升级，最终成为人生赢家。爱情想象，是指那类以爱情为主要包装形式的"大女主剧"，女主角的爱情戏为核心叙事，男一号、男二号、男三号甚至男 N 号都恋慕女主角，这种戏本质上还是玛丽苏戏。职场影射，是指大部分"大女主剧"虽然是古装剧，不管是宫斗、宅斗还是仙侠世界的争斗，女主角所处的环境都类似于一个虚拟的现代职场，女主角在这个场域中再现她们的人生。

（一）开挂人生

大女主往往具有独立自强的特点。她们总是天生不幸，陷入困境，但历经千辛万苦，逐渐成长成熟，从生下来就站在正义一方的单纯善良的小姑娘，最后成为叱咤风云站在顶尖的女强人。作为一部影视剧的主角，她们能获得更多的资源，在任何困境中都能绝处逢生。可以说，每一个大女主都是一个超级英雄。

大女主剧最重要的是需要一个极具戏剧化的故事。例如《延禧攻略》里的魏璎珞，以宫女身份进入宫中，在宫中凭借自身的资源和特立独行的性格，拥有天时地利人和，一步步走上贵妃的位置，实现了个人的蜕变和地位的转变。《那年花开月正圆》的女主角周莹，命运弄人进入吴家后，勇敢地与命运抗争，独立自主得以振兴家族企业，经历了种种生意失败、无辜入狱等挫折，最终成为成功的女商人，获得事业与爱情的双丰收，这其中周莹经历的种种磨难使剧情一波三折，更吸引观众。这些就是影视剧本身超现实的表现，故事极具戏剧化。

从《扶摇》等电视剧的超高收视率可以总结出，现代大众喜闻乐见的影视剧类型越来越极具戏剧化。在《扶摇》中，杨幂饰演的女主身怀毁灭天下苍生的诅咒，她在剧中的表现也是干净利落，杀伐果断，其人物设置令观众感到十分痛快。结局"扶摇黑化"的剧情，更是紧紧吊足观众们的胃口。《延禧攻略》中的魏璎珞"黑"得比《扶摇》还要彻底，她的行为更是手起刀落，霸道直接，甚至不需要理由。这种令人争议的角色，却极大地激发了观众情感上的共鸣，得到了观众的喜爱。观众们认为只要不破坏社会原则，就喜欢随着女主的成长经历，伴随着剧情的起落去体会女主快意的人生。

（二）爱情想象

所有男人都爱我，所有女人都害我……几部大女主的主角设定都颇具相同点。"性格决定命运"在大女主剧中同样适用。不管是宫廷剧《甄嬛传》中甄嬛少女时的天真活泼，成长后的独立强大，还是仙侠剧《花千骨》中花千骨的性情温和、天真善良，无不是她们的性格决定她们解决问题时的方式，从而决定了她们的命运。她们的性格在现实社会中极少见，却令大多数人喜爱，是大多数观众心中假想爱情对象的呈现。"大女主剧"令人共鸣的原因之一，便是符合人们心中的爱情想象。《三生三世十里桃花》便是一部以描绘爱情为主的影视剧。女主角白浅（杨幂饰演），九尾白狐，青丘帝姬，同九重天太子夜华（赵又廷饰演）谈恋爱，经历三生三世旷世绝尘的恋情，终成眷属。

（三）职场影射

21世纪初的影视剧中的女性角色通常是被男主角"宠爱"的小女人形象，天真善良，被男主呵护，不用直接面对生活中的困难。2010年后，女性形象逐渐独立高大起来，能够直面生活中的问题。近些年来，对他人依赖性强的女性角色逐渐改变、摆脱命运中的桎梏。

近年来部分"大女主剧"虽然在形式上表现为古装剧，但从场域的设置到人物关系的处理，无疑都具有了鲜明的现代性，古装"大女主剧"，越来越像现代职场剧。《延禧攻略》中魏璎珞是一个在历史上虚构的人物，在妇女地位极低的古代不可能产生例如以理服人，敢于反击，追求爱情平等的现代人观念。而这些特立独行的观念是女主与观众共鸣之源。

《知否？知否？应是绿肥红瘦》同样如此。与《延禧攻略》中魏璎珞的霸道直接不同，赵丽颖扮演的明兰六小姐的成长路程是"不疾不徐"的。但明兰的表现，无疑是一部现代职场教科书。从剧中次要人物的侧面衬托中，我们可以知道明兰是个"聪明、懂事、安静、韬光养晦"的女孩。从明兰自身来看，她对于自己的生活和爱情态度也极具现代职场女性的特点，说："他若罢休，我便罢休；他若前进，我就前进；你若不负我，我必不负你。"把为爱情进行选择的压力抛给了男二，就避免了自己对爱情的选择会造成的后果。[①] 然而在剧中背景下的宋代，女人根本不具备选择婚姻与爱情的权利，所以《知否》不能作为古代剧来看待，这部剧在内核上是不折不扣的现代职场剧。

二 女性形象变化原因

（一）大女主概念的提出

要厘清两种大女主概念。第一种，以女性作为整部剧的核心，以女主的成长为主线铺陈展开。这样的剧一般包含了人物成长、主角情感、事件争斗等，如《甄嬛传》。第二种，以女主角的爱情为中心展开剧情，爱情故事作为主线，并且许多男性角色都爱女主，而男女主会终成眷属。这一类便是玛丽苏类型的影视剧，故事深度远不及第一种类型，但其饱满的感情历程仍吸引着大批的观众，如《花千骨》。

2019年开年戏《知否》，虽然打出了"宅斗"的旗号，但也是大女主戏，只不过，剧作融合了爱情想象、开挂人生以及谋略戏，剧作原著更是有对厚黑学的尽情展示。

（二）大女主概念提出的原因

"大女主剧"是对当下影视剧集中一种类型的总称。随着女性观众收入、地位的提升，女性逐渐成为影视消费群体中重要的一部分，大女主

---

① 马彧：《〈知否知否〉与正午阳光的保守主义》，《扬子晚报》2019年1月15日第A16版。

剧顺应这一趋势蓬勃发展。

经济方面,民政局的统计数据显示,1995—2002年,我国女性就业人数在总就业人数的比例中不足38%,但到了2013年,我国女性就业人数为34640万,占就业总数的比例达到了45%。同时,中国一线城市的女性人均收入为7020元;女性对家庭收入的贡献率平均为47.8%,相比2015年的统计结果提高了15.5%,并且此项数据已连续十年保持上升趋势。[1] 近年来,女性的工作领域逐渐扩大,"男主外,女主内"的现象发生改变。金融、外交、科技等之前女性比例相对较少的岗位,女性新成员加入的比例逐年上升。

思想方面,"大女主剧"的兴起与我国社会文化的快速发展有直接关系。社会发展中,男女平等已是促进经济发展、构建社会和谐的重要组成部分;但法律规定的女性权利与现实生活中还是有一定的差距,除了法律规定,女性自己也要有较高的思想意识并注重自我提升。正是因为女性社会地位的提升,思想的进步与独立,她们也不再喜欢傻白甜的人物形象,而是喜欢独立强大的女性角色。因此,女主角独立的性格与强大的气场才能引发观众的代入心理。

在《甄嬛传》获得收视成功后,大女主剧题材逐渐火爆。《芈月传》《如懿传》等宫廷戏收视可观,《三生三世十里桃花》《锦绣未央》《楚乔传》《扶摇》等由网络高粉丝量小说改编的影视剧本身便具有众多粉丝,在开播前便被广泛热议。

(三)现代女性个人追求的转变引导"大女主戏"指向演变

现代女性更自我的认识,特别是二、三线城市女性对新媒体的关注度逐渐增加,使她们成为"大女主戏"观众的主力军。这使影视剧产生倒逼现象,可以说现代女性个人追求的转变引导"大女主戏"指向演变。

从女主角的性格来看,女主性格逐渐摆脱性格温和、行为单纯的人

---

[1] 孙佳慧:《看了杨幂的〈扶摇〉,更清楚地看见了现代女性的崛起》,http://baijiahao.baidu.com/s?id=1604310498091859637&wfr=spider&for=pc,2019年1月20日访问。

设,观众的喜好也逐渐从单纯的小女人转变为理性干练的女强人。影视剧统计中出现令人惊异的结果,越是杀伐果断,具有反叛精神的蛮横女主越能得到观众的喜爱。《延禧攻略》中的魏璎珞是一个性格备受争议的角色,在现实中不能做到如此行为的观众,更愿意在剧中支持魏璎珞令人大呼痛快的行为,看着她进行复仇之路。

从女主的最终地位来看,起初以宫廷剧为主的影视女主最后都是以皇后地位结局,皇后地位本身便是男性专权的产物,为避免这一类问题,当下女主角不再以皇后作为人生唯一追求。如《扶摇》中女主角扶摇历经磨难,最终放弃了女皇的身份。《扶摇》网络小说原著为《扶摇皇后》,该剧组还是将"皇后"去掉,剧情设置为扶摇回归平凡人生活来作为最终结局。

三 影视剧中女性形象建构的局限性

(一)"大女主剧"不等同"女性主义"

18世纪后,随着工业革命的发展,所需体能劳动者的比例逐渐下降,脑力劳动者逐渐成为社会发展的核心。女性群体逐渐想要摆脱弱势,追求两性平等的"女性主义"运动便发展起来。200年来,运动追求两性平等,反对性压迫、性歧视,两波"女性主义"运动取得了较大的成就,人们对于两性平等的认识更加深入,使全球女性地位有所上升。

虽然当今性歧视观念在逐步消失,但印度等发展中国家的性压迫、性歧视等现象依旧严重。印度女性的地位极低,有超过50%的印度家庭存在家暴问题;印度妇女自杀的比率占全球女性自杀死亡人数的36.6%;21世纪之后,由于重男轻女的封建理念,每年约有800万女婴被堕胎;印度女孩被陌生男子泼硫酸至毁容却得不到法律公正的判决;因此印度在一些旅游指南中被列入"最不适宜女性居住的地区"并不是凭空而来。不同于"大女主剧"中大女主独尊的局面,多数国家女性仍处于逆境。根本原因是人们歧视女性的思想根深蒂固,"女性主义"旨在消灭歧视女性的思想根源,实现世界上女性的平等。

现代影视剧中女性角色的重要性上升反映出"女性主义"运动的

成果。但也容易带给我们一些错觉，认为现实中女性地位已经提高，女性都成为手遮半边天的女强人，甚至出现女性地位超出男性的局面；会使人们对于两性平等的现状理解出现偏差，不利于人们对女性不公平待遇的认知，不利于全球"女性主义"运动的深入。同时一部分影视作品的主旨并不是真正的女性主义弘扬，比如，在类型和叙事上算是有不少创新的《知否》，依然难免陷入类似的陷阱。剧作为了突出明兰，树立了一系列反派角色，比如林小娘、四姐姐、秦小娘。在明兰的世界中，上述角色的人性恶的一面被无限夸大，只为衬托明兰的深明大义，足智多谋。《知否》的整个叙事，就是明兰升级打怪的过程，剧作的叙事细节，容易让人产生玩打怪游戏的错觉。这样的叙事框架，也让《知否》的主旨并不是真正的女性主义弘扬，而是一个中性人物的腹黑史。

（二）"大女主戏"类型有局限

虽然"大女主"戏容易成为爆款雄霸荧屏，但是创新乏力、审美疲劳、过度依赖 IP、人物设定遇瓶颈、古装限额难播出、情节设定雷同、言情泛滥、宫斗成灾等问题也在不断暴露，因此将"大女主"戏的套路称为"双刃剑"并不为过。

"大女主剧"在类型上的雷同非常明显。虽然"大女主"戏有的侧重职场，有的侧重爱情，但总体类型差不多，不是权谋争斗，就是宫廷夺嫡、上战场打仗，男主角不是皇帝皇子就是王爷世子。《知否》虽然在尽力避免之前的宫斗套路，起了个"宅斗"的外壳，在营销上也打起"小红楼梦"的旗号，但整体上仍未避免王爷官家的争斗。

四 女性主义的反思与未来发展

（一）女性主义反思

法国思想家西蒙娜·波伏娃创作的《第二性》社会学著作也分析了女性在社会各个阶层中的实际处境，提出女性独立可能的方向。实现这个方向就必须实现经济独立，这是必要的。只有女性经济地位独立了，不依附、不依靠别人，才能带来精神层面、文化层面、社会层面的进步，改变自己的意识、主导自己的人生。只有意识发生了根本的改变，才有可能真正实现现实社会中的男女平等。现实生活中存在的事实差别也并不能阻挡历史进步的车轮。社会纵深改革与发展会越来越全面，人们不能孤立地看待某一社会现象，影视剧中女性形象的变化与中国社会文化的不断发展有关，也与导演本人的经历和创作心理及其个人主观意识有关。

（二）女性主义未来展望

社会飞速发展，没有较为完善的与时俱进的创新思想，任何人都难以在社会中有较高的立足之地。女性要想成为自己生活的主角，就必须有明确的进步的思想意识。一个有思想的女性才是一个真正的拥有无边力量的人。

五 结语

近年来，"大女主"剧中女主角地位由弱势小女孩逐渐变为人格独立的女强人，主要是女性在社会经济结构中经济能力的改变使她们的社会地位得以提升，但非现实的"大女主"并不能代表女性真实的地位改变。女性的社会角色需要全社会给予关注和重视。

参考文献

[1] Fuki：《一往无前的大女主剧》，https：//baijiahao. baidu. com/s？id＝1619634193956886396&wfr＝spider&for＝pc，2019 年 1 月 21 日访问。

[2] 马彧：《〈知否知否〉与正午阳光的保守主义》，《扬子晚报》2019 年 1 月 15 日第 A16 版。

[3] 孙佳慧：《看了杨幂的〈扶摇〉，更清楚地看见了现代女性的崛起》，http：//baijiahao. baidu. com/s？id＝1604310498091859637&wfr＝spider&for＝pc，2019 年 1 月 20 日访问。

[4] 李敏：《中国当代宫廷题材影视剧中的女性形象——从女性主义的视角进行

解读》,山东师范大学,2015年。

［5］王一淳:《从当前热播影视剧看中国女性形象的审美转变》,《传播力研究》2018年第7期。

［6］张莹:《郑晓龙电视剧中的女性形象研究》,南京航空航天大学,2017年。

［7］周梦瑄、于红:《影视剧中非传统女性形象的褒义化构建》,《青年记者》2015年第33期。

青少年沉迷手机原因探讨

罗鹜/高二 宋鑫/指导老师 七台河市第一中学

摘要： 青少年沉迷网络一直是一个难以解决的问题，手机的出现使人们对于网络的使用几乎完全突破了时空限制，且成本更低。这使本就尚未解决的青少年沉迷网络问题更加棘手与不可控。青少年对于智能手机的不正确使用严重影响了他们的学习与生活，本文将在智能手机普及化背景下对青少年沉迷手机的原因进行多角度分析。

关键词： 青少年 沉迷手机 社会环境 家庭教育 学校管理

网络给人类带来的进步与便利毋庸置疑。随着技术革新，智能手机价格下降、功能增多、普及率不断提高，导致青少年日常生活与网络联系更加紧密，利用手机上网比使用电脑上网更加方便，成本更低。对于网络的使用情况由最开始的长时间使用转变为碎片化使用，如今又从碎片化使用变为长时间使用。青少年对于手机的使用情况不容乐观，在当今几乎人人都有智能手机的情况下，如何解决本就十分严重的青少年沉迷网络问题？如何抑制青少年沉迷手机问题的进一步扩大？若想回答这些问题、提出具体而可行的对策，从多个方面分析青少年沉迷手机原因极为重要。

一　青少年自身问题是沉迷手机的主要原因

　　处于青少年时期的学生好奇心、求知欲强，希望自我价值得到认同。网络恰好提供了一个虚拟平台使青少年的需求得到一定程度的满足，青少年在虚拟的世界中创造虚拟的自我、意淫向往的生活以获得满足感。在这些虚拟的世界里，人们不受约束，可以变为拯救世界的英雄，可以成为街头犯罪的强盗，可以成为富豪，可以把自己包装成任何想要的样子，可以躲在屏幕后面攻击别人而不付出任何代价。在网络上"指点江山激昂文字"，无疑成为有志青年抒发抱负的一种形式，仅凭热血一吐为快，虽然观点上片面性和简单化因素居多，也缺乏实在的可操作性，但却能使青少年获得一种替国家出谋划策，参与社会建设的心理满足感。大多数青少年处于青春期，极度以自我为中心，认知力、自控力较差，以至于无法正确处理虚拟世界与现实世界的关系，沉迷于网络所提供的虚拟空间之中。

　　智能手机的普及化使问题雪上加霜——手机本身的便携与隐蔽性也为青少年沉迷手机提供了"方便"。想要上网不必再去网吧或是有一台联网的电脑，只需打开手机，连接网络，各种 APP 应有尽有，同时网络本身是很好的屏障，相对于现实生活，青少年在手机网络中的行为具有更强的隐蔽性。使用手机上网时大家可以不公开自己的真实姓名和地址，所以很少担心会泄露自己的秘密，思想上也不会有什么负担，可以保护青少年的隐私。青少年有着强烈的自我意识与隐私意识，在现实生活中又很少有人意识到这一点，这使得经常产生青少年的隐私被侵犯或者青少年认为自己隐私被侵犯的情况。网络可以符合青少年对个人隐私的需求。同时，类似"QQ""微信"等手机社交软件在使用过程中很容易得到大量点赞和点击量，拥有成百上千个好友，造成"被关注"的假象，符合青少年渴望被人关注的心理需求。

　　手机所创造的虚拟世界更加丰富，足以与现实世界媲美。人们在虚拟世界能得到的感官刺激甚至比现实世界中更加丰富。各种具有社交功能的手机游戏对青少年的吸引力越来越大。科技的发展使现实世界数字化，使虚拟的世界更加真实。本就判断力不强的青少年更加难以认知虚拟世界，本就自控力不强的青少年更加难以抵抗来自虚拟世界的诱惑。那些本来能在理性主导下使用网络的青少年却在新变化下无法继续正确使用手机网络，做出很多非理性行为——手游氪金以致倾家荡产、通宵玩手机却习以为常，这些在正常人看来无法理解的事情却一再上演甚至愈演愈烈，作为问题主体的青少年自身心理生理状况仍为主要原因。

二　社会环境对青少年沉迷手机造成影响

首先，当今社会所提供给青少年的健康休闲娱乐资源并不充裕，现有的公益性质休闲娱乐资源大多并不适合青少年。那些给老年人准备的健身器材与场地显然并不能很好满足青少年的活动需要。同时社会上对于青少年沉迷手机问题的关注程度不够，对问题严重性认识不足，缺乏良好的社会舆论环境，并没有很好地推动问题的解决。绝大多数青少年是学生，在课余时间释放压力的心理无法被满足，进而在手机上寻求满足。

其次，网络环境存在各种乱象，国家净化网络环境的相关法律与必要手段不健全。长期执法力度不足与监管不力造就了不良的网络环境。"身份的隐匿就意味着历史的褪去，任何历史性的霓裳或褴褛在因特网的入口处都将被漂白，所以因特网是年轻人的天堂，它从本质上是反权威的，道德的约束性也荡然无存。"[①] 在法律手段没有完全发挥它应有作用的同时道德的约束性消失，这就导致了从前的网吧脏乱差问题如今以另一种形式体现在了手机网络上。不良的网络环境会滋生更多的不良网站。青少年求知欲旺盛，在通过手机搜索信息时，会自觉或不自觉地搜索到这些不良网站所传达的不良信息，这些不良信息影响青少年的学习与生活，其中的黄色、暴力信息会对青少年的心理健康成长产生极大的危害，很多片面、偏激的观点不利于青少年树立正确的价值观。

最后，社会的风气对于青少年的成长有着潜移默化的影响。社会风

---

① ［美］罗杰·菲德勒：《媒介形态变化》，华夏出版社2000年版。

气的改变必然影响青少年对于事物的评估与认知，成年人在使用手机时表现出的自制力缺乏情况并不少见，近年来的低头族，对于青少年无疑是一种行为暗示，在"别人都可以做，我就可以做"的模仿与从众心理的作用下青少年甚至可能对于自己沉迷手机的行为产生认同，也成为低头族中的一员。

三 家庭教育影响青少年思维、行为方式

家庭教育对于青少年来说至关重要。不健康的家庭教育和家庭环境往往会导致青少年心理的不健康成长。不健康的家庭教育有很多种，其中最具有代表性的两种莫过于溺爱型家庭教育与专制型家庭教育，两种家庭教育方式都会破坏亲子关系，区别在于前者对于孩子的放任，会导致青少年"野蛮生长"，缺乏必要的管制，最终一发不可收拾。后者对于孩子过于强势的管理，很有可能会使孩子"在沉默中爆发"，产生"我偏偏要这样"的逆反心理，使情况愈来愈糟。这两种情况最终会使青少年在情感上有所缺失，产生孤独感，将情感寄托于手机网络中。"现实生活的不如意、失败与困惑，家长的简单粗暴与放任不管，把孩子推向了虚拟的世界。"① 反观那些民主型家庭的孩子，沉迷手机的概率远远小于溺爱型家庭和专制型家庭。

另外，许多家庭对于青少年使用手机的态度过于单一，仅仅是采取强硬的制止措施，天真地以为将智能手机拒之门外便可以一劳永逸，甚至认为这是唯一有效的措施，并没有与青少年进行亲子沟通和正确引导，结果往往适得其反，并可能对青少年的身心成长产生巨大的危害。曾经用电击疗法治疗网瘾的杨永信就是一个证明，杨永信能够残害那么多孩子，正是利用了那些家长的无知与错误认识，如果家长对于孩子使用智能手机的态度继续错误下去，青少年沉迷手机的问题恐怕不能缓解，同时家长的做法也会对青少年的健康成长产生更大的负面影响。

中国家长与孩子的矛盾根源在于"不认同"。但在我国应试教育的大

---

① 左健：《中学生网络沉迷现象与对策》，《教育研究》2012年第2期。

背景下,几乎所有家长都认为最大的成功莫过于"金榜题名"。家长对于孩子的大多数期望往往局限于分数上,把教育的成功或失败与分数的高低画上等号,很多青少年想要得到家长认同的唯一方法就是取得好成绩,这种错误的期望弊大于利。"家长为了塑造他们理想中的成年人,对孩子进行无处不在的监控,强制地剥夺孩子的选择权,并侵入他们的私人空间。"① 家长对于孩子的内心状况关注不够,甚至用不正确的教育方式给孩子贴上标签,会导致孩子的自信心自尊心受损,于是在网络中寻求失去的自信与自尊。"不是网络带坏了孩子们,而是孩子们的生活出现了问题,他们才寻求网络的庇护。"② 真正行之有效的方法应当建立在平等理性的沟通上,而不是以居高临下的姿态发出命令。通过让青少年感受到在手机网络上无法体验到的亲情以防止青少年沉迷手机或使青少年不再沉迷手机的方法显然比强制的监控、剥夺青少年的权利高明得多。

四 学校管理教育方式不合理是青少年沉迷手机的重要原因

第一,虽然素质教育已经取得了绝大多数教育者的认同。但是"唯分数主义"的影响根深蒂固,且主流升学途径仍然是应试,这种学校教育带有强烈的功利色彩,分数成为衡量学生的标准,在这种教育模式下,学习不再是提升一个人知识水平和认知水平的方式,而是求取名利的敲门砖。学校忽视了真正的素质教育,没能培养青少年的网络素质,在微机课上对学生进行的网络教育也仅仅局限于操作方法上。在面对网络、手机时,许多学生明显地表现出自控力差、网络道德低下、对于不良信息的识别处理能力不足。手机互联网上的海量信息中存在着太多的具有同等威望的观点,很多观点都显示出其他观点的相对性,以致不允许我们采取任何一种观点并认为它是牢不可破的和绝对的。缺乏判断能力的

---

① 姜赞:《我的地盘我做主——试析手机对青少年私域建构的影响》,《青年研究》2002 年第 1 期。

② 孙宏艳:《家庭应成为预防青少年网络沉迷的第一道防线》,《教育科学研究》2016 年第 1 期。

青少年在面临这种情况时很容易对自己一直信奉的主流价值观产生怀疑。

第二，手机便携性与隐藏度高，使得青少年在学校的学习生活中也可以大量使用手机，用来寻求心理上的慰藉和逃避学习压力。由于青少年在使用手机过程中对于手机的使用量很难把握，其所产生的负面影响远超过其本身有利因素，对于学生的这种情况，学校难脱其咎。

第三，学校在对学生进行教育时经常过分地注重尖子生，忽视成绩一般的学生，歧视成绩差的学生。在许多地区，为了迎合国家素质教育的要求进行了素质等级评选，但评价的标准仍然是学生学习成绩的高低，而不是真正的品行优劣。这种评选方式无疑会给学生错误的价值观引导，在给尖子生更大优越感的同时也给了大多数不在金字塔顶端的学生巨大的压力。这些不正确不合理的因素加大了学生对于学习的厌恶，扼杀了其创造力和学习的主动性，导致很多学生产生逆反心理，将精力集中在手机上。在手机网络上，每个人都会有相对平等的表达的权利。在现实情况与虚拟世界的强烈反差下，很多成绩不是很好的学生选择了在虚拟的手机网络上寻找在现实生活中很难得到的平等。

综上，青少年沉迷手机是社会、学校、家庭多方面共同作用于青少年一身而导致的结果。青少年是民族的未来，国家的希望。就青少年沉迷手机问题应多方携手共进、理性解决；积极维护网络环境，为青少年营造一个健康有益的网络环境，为青少年的身心健康保驾护航，还给青少年一个积极、美好的明天。

参考文献

[1] 吴江华：《手机上网对青少年的异化及应对措施》，《河北青年管理干部学院学报》2010年第5期。

[2] 孙宏艳：《家庭应成为预防青少年网络沉迷的第一道防线》，《教育科学研究》2012年第1期。

[3] 汪婷、许颖：《青少年手机依赖和健康危险行为、情绪问题的关系》，《中国青年政治学院学报》2011年第5期。

[4] 莫梅锋、王旖旎、王浩：《青少年手机沉迷问题与对策研究》，《现代传播》

2014 年第 5 期。

　　[5] 葛续华、祝卓宏:《青少年学生手机成瘾倾向与成人依恋关系》,《中国公共卫生》2014 年第 30 卷第 1 期。

　　[6] 许颖、苏少冰、林丹华:《父母因素、抵制效能感与青少年新媒介依赖行为的关系》,《心理发展与教育》2012 年第 4 期。

　　[7] 左健:《中学生网络沉迷现象及对策》,《教育研究》2012 年第 2 期。

消费主义思潮初探
——以其对中国青少年思想观念的消极影响为切入点

马伊妃/高二　吴成园/指导老师　锦州中学

摘要： 随着中国社会主义市场经济不断发展，消费主义思潮席卷了中国社会生活的各领域。消费主义正在对中国青少年的思想观念产生巨大影响，并以消极影响为主要表现形式。这样的影响主要表现在四个方面：消费观念改变、文化生活空虚、道德意识消解和理想信念扭曲。对此，应该进一步探讨并积极寻找应对措施。

关键词： 消费主义思潮　中国青少年　思想观念

一　文献综述

目前国内对于消费主义思潮的研究主要从三大方面展开：一是消费主义的概念和现状；二是消费主义思潮的影响；三是反思与应对措施。当下研究已经有了突出成果，较为全面。

关于对消费主义概念和现状的研究，之前的学者主要针对的是消费主义的基本概念和其在某一领域具体延伸的概念。如暨南人文学院张毅莲的《"瞬时消费主义"的解读与反思》,东北大学任鹏、丁欣烨的《文化消费主义的当代青年学生价值观念的消极影响及应对措施》。还有对消费主义思潮目前在国内的现状的研究,如河南师范大学马克思主义学院余保刚的《消费主义思潮的困境与超越》。在这方面,无论是就消费主义产生和基本规律,还是现下在我国的传播都得到了一定研究。

关于消费主义思潮的影响,是学者研究最广泛具体的,而这里的影响,鉴于消费主义自身的特点,以消极影响为研究的主要角度。影响研究的领域也呈多样化,如中国社会科学院外国文学研究所陈众议、高照成的《消费主义与"世界文学"》,中国传媒大学经济与管理学院曹宇、习艳群的《试析消费主义思潮对中国传媒的影响》。影响研究的对象以大学生占多数,如天津师范大学于欢的《消费主义思潮对大学生的影响及对策研究》。

关于反思及应对措施也有宏观和微观角度之分。宏观主要体现在应对消费主义思潮影响整个社会的措施,如中国人民大学马克思主义学院张旭的《警惕消费主义消解社会发展根基》。微观主要体现在针对某一社会问题的反思,如中国青少年研究中心刘俊彦的《消费主义思潮与青少年思想道德建设》,则提出了较为具体的解决办法。

综上所述,之前的学者针对大学生的具体研究较充分,而对于青少年这一对社会有了一定认识,但思想不成熟,易受到外界思想环境和社会潮流影响的特殊群体研究略欠缺。因此,本文对于消费主义思潮对青少年思想观念的影响,展开了进一步研究。

二 消费主义思潮概述

(一) 含义

关于消费主义含义,之前有几种说法。一是把消费当做实现社会地位和人生价值,达到自我满足,激发人的无限物质欲望的消费行为,实质是对使用价值的背离,转而衍生为消费主义,"一种通过无度的物质消耗和使用来自我满足,以过度炫耀式的消费行为来显示自己的社会等级地位的非理性价值观和生活方式而逐渐形成消费主义。"① 二是把最大限度占有物质财富，贪婪物质消费作为人生价值取向的生活方式和价值观念。在此笔者更赞成第一种全面一些的说法。

（二）产生

消费主义产生于 20 世纪初的美国社会。第二次工业革命之后社会生产力实现更大规模的爆发式提高，资本逻辑支配了社会，社会经济的变革推动了消费主义在美国的兴起。资本主义社会的生产者，为了实现生产规模扩大化，积累资本，不断想方设法增加消费者对商品的需求。至于文化方面的原因，在这里不得不提及美国梦，现在也能看到很多这样的"传奇故事"：社会底层的农民工人或普通的中产阶级通过对机会的把握或极敏锐的对商业发展契机的嗅觉，努力拼搏最终建立商业帝国过上奢侈生活。这样的想法也影响了当时美国人的消费观念和人生观念，金钱和物质至高无上，消费成为目的而不是满足基本生存的必要手段，消费主义逐渐形成。

（三）传播

1. 在发达资本主义国家中的传播

20 世纪 50 年代，"二战"结束后，日本在美国的扶植和大量资本投资之下，通过自身社会改革，教育制度改革，先进生产技术引进，经济快速复苏。而西欧在经历了"二战"和之前的大萧条之后，也大力发展国民经济，加之马歇尔计划的经济援助和控制，西欧经济也逐渐回暖并继续发展。在这样的经济形势下，五六十年代，消费主义逐渐蔓延到日本和欧洲以及其他发达资本主义国家，成为一种社会思潮。后来成为西方现代价值观念中的重要组成部分。

2. 在中国的传播

在传入发达资本主义国家之后，消费主义思潮开始在中等发达国家

---

① 陶小白：《论消费主义批判的总体性逻辑》，《山西师大学报》（社会科学版）2017 年第 5 期。

和部分发展中国家传播。20世纪80年代,中国改革开放,随着西方先进技术进入中国的,还有资本主义的生活方式和思想观念。1992年中国共产党第十四次代表大会提出建设社会主义市场经济体制的目标,中国开始存在真正的市场经济,进入了经济全球化的浪潮之中。经济全球化在促进资本流通,优化国际资源配置提高国际分工水平的同时,带动了文化交流的日益密切。除此之外,还与生产者、消费者、金融机构、国家政府部门等多方的需求和利益的交集有关。"中国经济制度的改革,如工资制度、劳动制度、消费制度、信贷制度等……为国民消费提供了可能性。传统文化中的面子文化,也使得消费主义能够被国人接受和推崇,由此民众的消费欲望不断扩大。"①

三 消费主义思潮对中国青少年思想观念的影响

消费主义依附于资本逻辑,其产生正是适应了资本逻辑支配地位的确立。为了适应资本增值和剩余价值实现的要求,消费主义就必须改变人们消费的求实观念。由此看来,消费主义的表现形式是多维度的,而其中一个极为重要的维度就是思想观念。由于青少年现阶段进行的社会活动以学习知识接受教育为主,以下会提及消费主义在文化领域的体现,文化消费主义。文化消费主义是指人们消费文化产品时,忽略文化的特殊性,无度追求其使人享受的作用而产生的社会观念。

(一)消费观念改变

消费主义思潮最为直接的影响就在于改变人们的消费行为和观念。"在一个商品社会,人们在其商品中认出自己,在他们的汽车、高保真音响和错层式住宅、厨房设备中找到自己的灵魂。"② 消费不再是途径而是

---

① 魏红霞:《消费主义在中国传播的缘由考量》,《经济问题探索》2010年第10期。
② [美]马尔库塞:《单向度的人:发达工业社会意识形态研究》,刘继译,上海译文出版社2006年版。

我们一切生活和劳动的最终目的，彻底占据了我们思想行为的最高点。而消费的内容发生改变，消费的性质和特征也有了转变。这一点从青少年这个较为微观的群体可以一叶知秋，对社会其他年龄群体的消费观念有一定了解。

1. 过度消费

处于不同的收入阶层，决定其经济购买力是有较大差别的。对于青少年来说，他们绝大多数没有稳定的经济来源，主要依靠父母或其他监护人来维持基本生活。但由于社会阅历的缺少，很多青少年不能意识到物质资料生活物资的实用性。在很多完全不必要的时候，青少年会在各种外力的引导之下，进行许多不理智的消费，这就会造成大量的过度消费。在很多高校，盛行超前消费和贷款消费，对于自己暂时没有能力进行消费的商品，大学生依旧有极为强烈的消费欲望。而大多数的商品是完全没有购置必要的。大学生的圈子也像一个微缩的"社会"，当某种商品或服务掀起潮流后，就会迅速开始传播，很多人即便不知道其意义价值所在，也会为了与潮流保持一致打开钱包，满足了生产者渴望的预期。

2. 符号消费

消费不再是主要满足人的生存对商品的实用价值的需要，而更加倾向于一种商品符号，进一步说，是一种社会符号。"人们不再像过去那样受到人的包围，而是受到物的包围。"① 这里的物主要指的是商品这个总体概念，而非具体某一物品。无论是青少年还是成年人，在消费主义思潮的影响下，将各种各样的商品抽象化为影像和符号。例如服装的购买，很多国际名牌甚至奢侈品牌在拥有较高的商品质量的同时，还会被商家通过各种宣传手段人为赋予高档奢侈这样的符号，以实现在同类商品中显示出完全不同的地位。而把消费作为炫耀资本的消费者则助推了这种符号消费现象的产生。

在我国的青少年群体中更是如此，他们在商品的符号世界中进行频繁的消费。而造成这种行为的除了来自西方，生长于中国市场经济的消费主义思想观念的影响，还有来自于传统中国文化中的面子虚荣的观念。

---

① ［法］让·鲍德里亚：《消费社会》，刘成富、全志钢译，南京大学出版社2008年版。

这样的符号消费不能带来消费者真正意义上的满足感，只能产生虚假的消费需要，不断实现再消费。

（二）文化生活空虚

1. 文化需求内涵浅化

科技的发展是我们有目共睹的，互联网科技的高速发展，五花八门的节目软件、平台接连而起。再远不说，仅以20世纪90年代互联网刚刚兴起的时期为例，我们的文化活动内容已经增加了几倍，如微信、QQ、多种类型的影视作品、网络文学。精神生活在表面上看好像大大丰富了，但这些文化产品的生产越来越类似于工业社会的普通商品：规模化，批量化，一致化。面对文化产业的激烈竞争，生产者会绞尽脑汁吸引人的眼球，以博取尽可能多的利润。

以网络文学为例，想要让读者阅读甚至为之买单，写手往往会忽略作品的内涵，只注重能不能让读者有快感，产生继续阅读的动力，就会撰写大量所谓"爽文"。这样的文化产品很大一部分的受众就是接受新事物更快的青少年。在这样商业化功利化的文化环境中，在大量的商业性的文化信息中，对是非评判能力较差，自制力较低的青少年很难专注于那些需要较长时间进入其建构的世界但较深刻的作品，文化需求由多样、高层次转向单一、庸俗，并且这样的趋势在中国正在加强。

2. 文化学习功利化

大众媒体对青少年的引导作用是毋庸置疑的，它通过共享传递信息，成为青少年认识世界认识社会的重要窗口。但随着消费主义思潮传播，大众媒体商业化，其传播的信息带着浓重的商业气息，为了增加阅读量和关注度，不断进行炒作甚至制造虚假消息，尤其是一些"新兴媒体也因其能即时、广泛、无障碍地传播信息而成为错误思潮传播的平台"。[①] 青少年对外界文化摄取的这一主要渠道成了资本逻辑的附庸品，成了消

[①] 石文卓、任超阳：《消费主义思潮对当代大学生的危害及应对》，《思想政治课研究》2017年第6期。

费主义思潮传播的良好媒介。长期在这样功利化的媒体引导下,接受着披着商业外衣的信息内容,青少年的学习内容被消费主义逐渐异化。对于学习目的,更带着明显的功利化色彩,有了较为明确的目的,加之学校对应试教育的强调和教育产业化趋势,文化学习也走向了商业化。总之青少年的文化生活被消费主义文化架空了简化了,成了一种稳定的"市场模式"。

(三) 道德意识消解

1. 社会群体意识削弱

消费主义传递强烈的利己主义观念,这与我们社会所倡导的社会本位是完全冲突的。现在的青少年对某种商品的购买受到其求异心理的影响,不以使用作为消费的首要目的,而以表现个性,自己享受乐趣为目的。这样的利己主义从消费领域进入其他领域,荼毒青少年的价值观念,解构社会主流价值观。"人人为己",忽略群体,从小群体班级,到大群体社会和国家,人人自成一个世界,与外界与他人之间形成厚障壁。现在在大城市生活的青少年中有多少与邻居打过交道?不过都是沉浸在物欲和现代科技之中为自己经营。

2. 自我反思及控制能力退化

大规模的商品和形形色色的信息为青少年提供了可以轻易触及的资源。一切本应由青少年自己思考理解的信息早已被从各种角度解读,他们要做的只是极大数量的输入,而不用花费时间和精力输出。对外界实物的思考减少了,文化产品的生产者为青少年准备好所有,青少年对自己行为和价值观念的思考也会依照惯性减少。"文化消费的真正价值应该是赋予人更多的精神自由,而文化消费主义消解的恰恰就是人最宝贵的反思能力。"[①] 青少年正处在认识世界认识自己的关键人生阶段,对自我的认识尤其模糊,而消费主义思潮的肆虐,蒙蔽了青少年的双眼,导致青少年对真正的自己产生错误的认识,对他们的未来长远发展

---

① 任鹏、丁欣烨:《文化消费主义思潮对当代青年学生价值观念的消极影响及其应对》,《思想教育研究》2018年第4期。

不利。

之前提及了消费观念受到的影响，青少年在过度消费奢侈消费的过程中，正在丧失对金钱的控制能力，金钱快速地从消费者手中流动到生产者经营者手中。但货币是客观存在的，青少年丧失的只是对作为消费行为主体的自己的控制力。对自己消费行为的控制如此，对其他行为的控制道理相同，青少年对其他行为，选择均衡的控制也在减弱。不只是青少年，其他社会群体也正在高速发展的现代化社会中丧失否定、批判和超越能力，[①] 成为马尔库塞所说的"单向度的人"。

（四）理想信念扭曲

1. 人生价值认知迷失

消费主义思潮带来了精神实质上的空虚和个人欲望的膨胀。我们的社会需要能担当民族复兴大任的时代新人，而这样消极的思想完全与其需要背道而驰。尊崇消费至上，在受到消费主义污染的青少年眼里，衡量人生价值的标准由这个人对社会对人民所做的贡献转变为他占有的物质多少和消费能力。这种商品拜物教和货币拜物教忽视了社会成员的真正价值，用资本逻辑把市场和社会控制在它自己的规则中，将社会中的人，无论是生产者、消费者，无论是处于什么社会阶层都变成了它顺从的奴隶，按照它规定的道路目标日复一日地付出劳动，进行永无止境的生产，再立刻以消费为最终目的进行消费。

2. 理想追求庸俗

消费主义本身就是违反社会主义核心价值观的，它严重腐蚀了青少年的社会责任意识。加之外界媒体的推波助澜，"科学家、教师、医生"这些需要大量汗水付出的传统的梦想，越来越少地出现在那些90后，00后的畅想中。而那些拥有极为充裕经济收入的职业选择成为首要考虑对象。就以高中生为例，被问到本科专业选择，第一句话恐怕就是学什么能挣钱。拜金主义、享乐主义随着互联网的发展和网络内容的丰富产生

---

① ［美］马尔库塞：《单向度的人：发达工业社会意识形态研究》，刘继译，上海译文出版社2006年版。

了更加广泛的影响，直接使青少年的追求庸俗化、功利化，使他们弱化了意识中对中国特色社会主义共同理想，对共产主义远大理想的高尚追求。

四　关于消费主义思潮对青少年影响的应对

面对消费主义思潮对青少年的消极影响，积极寻找防范解决的办法具有重要意义，这将影响我国社会主义现代化建设的进程。应对措施主要有三个方面：一是政府要加大对社会主义核心价值观的宣传力度，也要发挥对消费市场的宏观调控作用，为青少年的消费活动营造良好的社会环境。二是大众媒体积极接受有关文化监管部门的监督，自觉剔除传播物欲不正当消费观念和腐朽价值观的内容，为青少年提供符合社会主流价值观的文化内容。此外，大众媒体有义务坚决抵制外来文化渗透，保证青少年对我国优秀文化和价值观念的自信与认同。三是教育者要重视思想观念教育，教育内容不应只包含科学文化知识，正确价值观的确立也是学生成长必不可少的条件，完善宣传社会主义核心价值观的理论课程开展，为社会主义现代化强国建设培养有责任感有担当有理想的新时代人才。

参考文献

[1] 陶小白：《论消费主义批判的总体性逻辑》，《山西师大学报》（社会科学版）2017 年第 5 期。

[2] 魏红霞：《消费主义在中国传播的缘由考量》，《经济问题探索》2010 年第 10 期。

[3] [美] 马尔库塞：《单向度的人：发达工业社会意识形态研究》，刘继译，上海译文出版社 2006 年版。

[4] [法] 让·鲍德里亚：《消费社会》，刘成富、全志钢译，南京大学出版社 2008 年版。

[5] 石文卓、任超阳：《消费主义思潮对当代大学生的危害及应对》，《思想政治课研究》2017 年第 6 期。

[6] 任鹏、丁欣烨:《文化消费主义思潮对当代青年学生价值观念的消极影响及其应对》,《思想教育研究》2018 年第 4 期。

[7] 白洁:《国内关于消费主义思潮的研究综述》,《思想教育研究》2016 年第 12 期。

[8] 陈众议、高照成:《消费主义与"世界文学"》,《吉首大学学报》(社会科学版) 2018 年第 1 期。

青少年网络道德失范行为研究

贺佳/高二　宋鑫/指导老师　大庆市第一中学

摘要： 我国青少年的网络道德现状令人担忧，网络道德失范行为几乎随处可见，这些行为具有自主性、感染性、广泛性和频发性的特点。此外，造成青少年网络道德失范的原因也值得我们关注。对此类行为的治理应从其失范原因出发，对我国的网络道德教育进行创新与发展。

关键词： 青少年　网络道德　网络道德失范

随着互联网技术的高速发展，网络对于人们的影响日益增大。正如一些学者所说：网络在由"另类"转为"日常化"。① 根据中国互联网络信息中心（CNNIC）发布的《第42次中国互联网络发展状况统计报告》，截至2018年6月30日，我国网民规模达8.02亿，互联网普及率为57.7%。② 网络改变了人们的行为和思维方式，网络道德现状也受到了社会各界的关注。早前马晓辉、雷雳、蔡艳丽、叶通贤等学者已有论述，可以认为，总体上青少年的网络道德是积极的，网络道德价值观取向基本正确，但仍存在少数青少年价值观迷失的问题。

---

① 王贤卿：《论大学生网络行为的心理困境及道德教育》，《毛泽东邓小平理论研究》2006年第8期，第64—67页。
② 中国互联网络信息中心（CNNIC）：《第42次中国互联网络发展状况统计报告》，http://www.cnnic.net.cn/hlwfzyj/hlwxzbg/hlwtjbg/201808/t20180820_70488.htm。

一 青少年网络道德失范的几种常见行为

网络道德失范行为，是指在网络上出现的背离社会发展的道德准则的行为，其中包含有网络侵犯行为、网络滥用行为、网络欺骗行为、网络色情行为等。其中在青少年群体中较为常见的有浏览色情网站、网络侵犯、沉迷于网络游戏等。

第一种常见的网络道德失范行为是浏览色情网站。青少年正处于一个对性爱具有强烈好奇心的阶段，因此常常好奇一些传播淫秽色情的网站视频等。"火热舞蹈""制服诱惑""私密写真"等不堪入目的色情信息往往会伴随着突然出现的弹窗污染人们的视野。这些含有淫秽色情内容的网站不仅不能够为青少年提供正确的性教育，而且还传播极端错误的性观念，直接导致了青少年对性关系的错误认知，催生了性行为的错误表达。近年来，尽管相关部门对网络的监管更加严格，含有淫秽色情的内容已经大量减少，但仍然有很多违规网站隐藏于较为隐蔽的角落，悄无声息地毒害着青少年的成长。网络色情网站对青少年的身心健康造成了极大的不良影响，甚至会成为孕育青少年性犯罪的温床。（常进锋，2015）[①]

第二种是网络侵权行为。网络侵权行为可分为三种。其一主要表现为利用语言暴力损害他人的人格权。网络上语言表达的成本较低，发生的条件也较为宽松。因此"施暴者"往往意识不到此行为的严重性，这也成为网络上最常见的道德失范行为。其二是指青少年对版权的侵犯。目前，中国公民版权意识的高度远远不及西方，因此在中国对于青少年版权意识的培养方面也大大落后。观看盗版电影，下载盗版音乐，浏览盗版文献等行为广泛流行，甚至会出现抄袭行为。这一方面是由于网络部门对于版权的保护与管理仍存在很大不足，另一方面是由于青少年群体总体的版权意识不强。其三是对他人隐私权的侵犯，表现为人肉搜索

[①] 常进锋：《青少年网络道德素养缺失与培育路径探究》，《山西青年职业学院学报》2015年第2期，第4—6页。

或者是黑客行为。由于此类行为对施暴者的技术要求较高,对网络安全造成的威胁巨大,进行此类活动能够满足青少年的虚荣心,因此这种消极的激励造成了人肉搜索和黑客行为的不断产生。

第三种则是过度沉迷于网络游戏所引发的网络道德失范行为。网络游戏作为网络技术发展所带来的娱乐手段,给人们的娱乐方式带来了巨大转变。绚烂夺目的虚拟场景,高质量的游戏体验,使得网络游戏逐渐替代了其他娱乐游戏在青少年生活中的地位。而网络游戏常常带有自我代入的英雄主义色彩,层层闯关,关关获胜,"成功"的瞬间快感带给青少年的是无与伦比的成就感和刺激感。青少年能够从压力重重的现实生活中暂时逃避,在网络游戏中成为英雄,实现自己的"价值"。正因如此,才有了沉迷网络的青少年在游戏中尽力想摆脱现实,挣脱现实世界的牢笼,达成游戏的满级,走向自己心目中的"人生巅峰"。但是,过度沉迷也会导致对游戏结果的过度高要求,如果游戏过程不尽如人意,就有可能引发青少年对其他玩家的语言暴力和过激行为,从而造成网络道德失范。

二 青少年网络道德失范行为特点

网络是一个开放的环境,各种各样的文化、思想和价值观念都会随着网络的普及呈现在青少年眼前。在此条件下所产生的网络道德失范行为具有以下特点:

其一,自主性。一是体现在成因上,即为自身选择的网络环境上。在大数据时代,人们所获取的网络信息很多来自于"私人定制",即互联网在收集到某一用户的个人数据之后为用户提供其感兴趣的内容。在网络的日常使用中,用户通过个人兴趣自主提供了数据,而后才出现了该用户自主选择的环境。因此,青少年网络道德受到网络环境的影响程度,也是具有自主选择性的。二是体现在自我规范上,即人们在清楚认知道德标准的前提之下,在网络上规范自我行为。在九年义务教育基本普及的年代,绝大部分青少年都接受过道德教育,能够清晰地认知道德的界限。但是在网络社会这种他律不足的环境内,自律需要青少年的自行选择。

其二，广泛性。网络道德失范行为是较为广泛并普遍的。从行为种类的角度，它几乎也包括现实社会道德中的所有类型的失范行为，几乎所有的道德失范行为都可以在网络中通过互联网的形式表现出来。除此之外，网络道德失范存在的领域十分广泛，无论是社交平台还是游戏软件，甚至是各类知识性网站，都存在着网络道德失范的问题。

其三，感染性。网络道德失范具有强大的感染性。这不仅体现在网络环境对人的影响，也体现在其他网民的道德失范行为的巨大传播力。在网络社交软件、网络游戏软件等网络平台高速发展的今天，一位网民的言论和行为能够快速地传播开来，被许多人所目睹。而过多的网络道德失范行为的出现，则会使青少年因习以为常而不以为然，加重自身网络道德失范的状况。

其四，频发性。网络道德失范现象具有频发性。一方面目前世界上网民总数已突破40亿，互联网在全球范围内无时无刻不在高速运转，网民也不断地在网络上发表自己的评论。网络上每分每秒都会出现网络道德失范行为。正是这种高频率，使得在整个互联网中失范行为数量巨大。另一方面从个体的角度来讲，一个人的网络道德失范行为是具有频发性的。如果一个人相对多地接触网络道德失范现象，则其发生网络道德失范行为的频率也会较高。

三 青少年网络道德失范行为的成因

青少年的群体心理困境是导致青少年网络道德失范的主要内在原因。青少年在现实生活中所承受的压力对青少年群体心理造成了改变。在应试教育的体系下，巨大的学习压力常常加剧了青少年对自身的怀疑和内心的压抑，需要进行排解和释放。加之青少年的人生观、价值观还未完全形成，容易受到不良行为的影响，因此通过网络宣泄情绪，逃避现实困难成为导致网络道德问题的重要心理原因。

青少年所处的网络环境对其网络道德的塑造起到重大作用。一般来说，每个同学所处的网络环境具有选择性和封闭性，青少年所选择常用的社交平台、游戏、视频直播平台,所关注的主播和博主等往往能够决定网络环境的好与坏。例如,一位喜爱使用中国知网、知乎,并在微博上关注了中央共青团的青少年,他为自己所选择的网络环境就远远好于一位在某直播平台上关注低俗直播,并经常使用会出现玩家相互语言攻击状况的游戏软件的青少年。因此,网络环境既包含着主观因素,又是起客观实际作用的,是青少年网络道德的重要因素。网络社会本身的宽松也成为网络道德失范的催化剂。网络具有开放性、交互性、实时性、虚拟性、失实性和隐秘性等特点。[①] 这些特点集中展示了网络社会对于严格规则的宽松性。一般来讲,可以认为一个社会的稳定是建立在法治基础上的。这种严格的社会规范规正了人们的行为,同时也潜移默化地在人们头脑中形成了"法"的准则。在这种人的自我规范和法规的外部规范的同时作用下,社会才能够保持稳定与和平。相比于现实社会,网络社会的法制建设和监督管理较为宽松,在外部规范上就已出现不足,而大多数人又不能做到"慎独",在无他律之时便不能自律,网络环境也自然会因此变得混乱。

除此之外,青少年在现实生活中所处的生活环境也对其网络行为有巨大影响。网络作为一个虚拟世界,往往可以成为人们逃离现实生活的"世外桃源"。青少年正处于一个自主意识初步形成,但又必须依附于家庭的年龄阶段。在此过程中,如果家庭环境充满着冲突、矛盾或冷漠,青少年就会感受不到家庭的温暖,对本应亲近的家人产生厌恶和畏惧,出现逃避心理。在这种心理状态之下,网络就成为青少年负能量情绪的唯一发泄口。同理,青少年所处的校园环境也对其具有影响。现实生活中校园欺凌的施暴者,感受到了施暴的乐趣,在网络上就更加不会收敛。而校园欺凌的受害者,就可以通过网络道德的失范对他人施加暴力,使自己从懦弱的胆小鬼摇身一变趾高气扬。这出于受害者的自卑感和对于暴力的恐惧,通过网络这个施暴不留名的场所,受害者达成了对自身的肯定,满足了自己因受害而扭曲的心理。

---

① 黎影、杨成:《大学生网络道德失范问题及其对策》,《教育探索》2011年第8期。

四 青少年网络道德治理的改进策略

青少年网络道德失范问题的影响不可小觑，该问题的解决应该引起各方面的重视。

首先，在实际的网络道德教育中，不应采取过度的强制性措施，而是应让老师、学校、网站等注重对青少年自行讨论和探索的引导。这有利于青少年独立思想的培养和独立人格的养成，提高青少年的自律能力，满足青少年对"自由主义"的心理追求，使得网络道德教育能够更加受到青少年的心理认同。

其次，我们可以通过提高青少年使用网络媒体的素养来提高网络道德水平。一方面，要提升青少年对网络信息的认知水平。对于所关注内容，应该主动辨别有用信息，摒弃不良信息。另一方面，我们要提高青少年对网络的应用水平。引导青少年在网络上进行科学学习、合理交往、知识创新，将网络转化为有益于自身发展的"智库"，而不仅仅是消遣娱乐，甚至"放飞自我"，失去自律能力的场所。

最后，从网络环境治理的角度来看，要利用"将计就计"的创新策略。在网络环境里传播有关网络道德教育的相关知识，能够更加适应青少年的心理认知和真实状况。相比于在现实生活中对青少年进行面对面的实际教育更能够深入人心，产生积极影响。因此，国家在网络环境的治理过程中不仅要注重网络不良信息和不良行为的监管与打击，更要开展网络线上课程、网上读书、网络道德辩论等活动，积极投入健康网络的创新建设。

参考文献

[1] 中国互联网络信息中心（CNNIC）：《第42次中国互联网络发展状况统计报告》，http://www.cnnic.net.cn/hlwfzyj/hlwxzbg/hlwtjbg/201808/t20180820_70488.htm。

[2] 黎影、杨成：《大学生网络道德失范问题及其对策》，《教育探索》2011年第8期。

［3］王贤卿：《论大学生网络行为的心理困境及道德教育》，《毛泽东邓小平理论研究》2006年第8期。

［4］陶韶菁、王功敏：《关于大学生网络失范行为的调查与思考》，《思想理论教育导刊》2011年第7期。

［5］冯亮：《大学生网络失范行为及其对策》，《教育探索》2008年第11期。

［6］严鸿雁：《美国青少年网络道德教育的经验及其启示》，《学校党建及思想教育》2012年第9期。

［7］贾志斌：《网络媒体对青少年道德素质的影响分析》，《电化教育研究》2008年第3期。

［8］马晓辉、雷雳：《青少年网络道德与其网络偏差行为的关系》，《心理学报》2010年第10期。

［9］田丰、郭冉、黄永亮、朱迪：《青少年网络风险因素调查分析》，《中国人民公安大学学报》（社会科学版）2018年第5期。

少数民族语言的传承形式选择

石龙瑶/高二　王雪莹/指导老师　七台河市第一中学

摘要：少数民族语言是少数民族文化的重要组成部分，但当前正面临着消亡的危机。本文从时代背景和少数民族自身的角度探究了少数民族语言濒危的原因，并分析了现行一系列措施的合理性和局限性。在此基础上，指出了保护少数民族文化的重要性和意义，并对少数民族语言的传承形式提出政策建议。

关键词：少数民族语言　语言教学　语言传承

一　引言

语言是文化的载体，使抽象的文化具体化，对文化的传承与发展至关重要。而民族文化，又恰恰蕴含着一个民族的历史积淀和精神品格，在维系民族感情和传递民族精神中发挥着不可替代的作用。在濒危语言消亡的大趋势下，世界各民族尤其是我国的语言多样性和文化多样性受到严重挑战。我国重视少数民族语言的保护和传承并采取了一系列措施，但我国少数民族语言的传承形势仍不容乐观，丰富语言传承形式的选择并使其行之有效已经成为当务之急。本文将结合少数民族弱势语言的实际和时代的发展要求，对少数民族语言文字的传承提出政策建议。

二 少数民族语言濒危的形势

(一) 语言濒危的全球化现象和我国少数民族语言传承的现状

语言的生命力就在于生产生活中代代相传的应用,缺少了人的参与,语言就面临消亡的危机,而语言的消亡必然带来相应文化的消减。随着全球化的发展,区域间的交流日益密切,不可避免地带来语言上的交融甚至同化。语言濒危已成为一种全球化现象。美国萨墨语言学研究所戴维·克里斯特尔于1999年2月在英国《展望》月刊上发表的一项调查表明,全世界只有一个人会讲的语言共有51种,使用者不到100人的语言有500种,使用者不到1000人的语言有1500种,使用者不到10000人的语言有3500种,使用者不到10万人的语言有5000种。这组数据说明了一个事实:全球语言的数量正不断减少,许多民族语言都面临着语言文字消亡的危机。我国是一个统一的多民族国家,少数民族语言传承与现代社会发展间的矛盾也十分突出。

根据民族语言学家的调查,目前,我国少数民族的社会语言使用状况和人口比例基本如下:

表1　　　　我国少数民族的社会语言使用状况和人口比例

每种语言使用人口数(人)	语言总数及百分比	使用者总数(人)
100以内	7 (5.5%)	400
101—100	15 (11.7%)	11000
1001—10000	41 (32%)	219000
10001—100000	34 (26.5%)	1300000
100001—1000000	17 (13.3%)	12100000
1000001—10000000	10 (7.8%)	31000000
>10000001	2 (1.6%)	1120000000
近期已消亡	2 (1.6%)	0
我国已知语言总数	128 (100%)	

资料来源:普忠良:《从全球的濒危语言现象看我国民族语言文化生态的保护和利用问题》,《贵州民族研究》2001年第4期,第127—134页。

(二) 我国少数民族语言濒危的主要原因

1. 区域间联系日益密切,少数民族语言文字使用机会减少

新中国成立后,各民族独立发展的状态被打破,本土文化不可避免地受到外来文化的冲击。语言作为交流的工具,遭受的冲击相当显著。对于少数民族语言来说,汉语言不仅有强大的经济支持和社会基础,造字构词上的优势又使其比少数民族语言文字有更强的功能性,迅速取代了少数民族本族语的原有的位置,在生产和生活中不断蚕食着少数民族语言的生存空间。而在全球化的背景下,我国实行对外开放的基本国策,中外的交流日益密切,外语的冲击又使少数民族语言的使用进一步萎缩。

2. 少数民族语言文字自身的缺陷

少数民族语言文字缺乏规范性。我国有 55 个少数民族,虽然除回族和满族使用汉语外,剩余 53 个少数民族都有自己的语言,但其中只有 21 个少数民族在新中国成立前有本民族的文字。① 口耳相传的传承方式往往会破坏语言的整体性和系统性,阻碍语言的传播和发展。除此之外,少数民族词汇更新速度慢、丰富程度低。大多数少数民族生产力长期低下,还停留在落后的社会阶段,大多数词汇仅能反映农耕、渔猎等传统生产方式。其使用者不仅难以融入现代生活,也难以找到适用于现代科学的抽象概念,导致在少数民族中现代思想和技术的传播障碍重重,制约了当地经济社会的发展。

3. 少数民族对语言文字使用的态度相对复杂

实际上,大多数少数民族对自身语言文字的态度相对复杂,他们对本民族的语言文字有着难以割舍的情感。但民族语言与现代社会的脱节,又让他们对自身语言文字的未来充满忧虑。

王远新 1999 年刊发于《满语研究》上的《论我国少数民族语言态度的几个问题》进行了有关彝、汉两族对于兼用汉语态度的问卷调查,调查发现:99.1% 的被试对汉民族语言表示认可;93% 的被试都恐惧落入

---

① 陈卫亚:《中国少数民族语言传承的政策研究》,中央民族大学,2013 年。

"本民族只会说本族语"的境地；然而，却还有83.5%的被试对"本民族只会说汉语"表示无法接受。与此对应，迫切希望本民族的全体成员都成为本族语、汉语双语人的占被试总数的73.9%，加上选择"顺其自然"的28人，可知希望或不反对本民族全体成员成为彝、汉两族双语人的占被试总数的98.3%。① 由此可得：他们对汉语言和本民族语言都有着强烈的认同感。但在对二者进行取舍时，基于对自身发展的需要，他们更倾向于对汉语言的学习。这不仅展现了少数民族人民对发展的渴求，也从侧面反映了少数民族地区教育资源的不足。

为了进一步验证被试对学习汉语言文字的认同态度和行为倾向，他们还在问卷中设计了这样一道题：

如果在您家附近有两所小学，一所用本族语和汉语授课（A），另一所用本族语和英语授课（B），您会把子女送到哪所学校？

调查结果表明，在115份有效问卷中，选择A的98人，占被试总数的85.2%；选择B的只有17人，占14.8%。其中一些选择A的人做出了具体解释。可简单分为两类：文化水平较高的被试者肯定汉语的重要性，但表示如果在问卷中添加用汉语和英语授课的学校，他们更乐于选择此项；而文化水平较低的被试者觉得自己学了英语也没有应用的机会，所以更倾向于A选项。

这份问卷体现出：大多数少数民族都认可汉语言，并自愿学习，对本民族文化虽也较为认同，但更多呈现一种无奈的态度，深陷于传承和发展的矛盾之中。联合国教科文组织北京办事处的比阿特丽斯·卡尔顿表示："对于找到一份好的工作来说，普通话非常重要。"相关资料显示，从2008年到2010年，我国少数民族高校大学生毕业前已经与用人单位签约的比率分别是49%、30%、14%。② 根据数据可知，汉族高校毕业生的就业情况明显好于少数民族大学毕业生。少数民族大学生的就业竞争力相对较弱，但是必须与汉族学生一样接受同等的市场筛选。这给少数民

---

① 王远新：《论我国少数民族语言态度的几个问题》，《满语研究》1999年第1期，第87—99、143页。

② 张明录：《少数民族大学生的就业现状、存在问题及其对策》，《职业时空》2012年第8卷第2期，第141—143页。

族学生带来精神压力的同时，也使他们心中对本民族语言抱有怀疑，产生学习汉语的强烈渴望。

三 我国当前传承少数民族语言文字形式的分析

（一）我国双语教育模式的现状

1. 发展迅速但基础薄弱

在少数民族语言文字濒危的严重形势下，一些地区难免在发展少数民族教育中产生了急功近利的心态。中央的扶持难以到位、配套设施的不足，未能给少数民族地区提供良好的教学环境；由于语言文字的落后，大部分地区又存在少数民族语言教材照搬照抄汉语教材的现象，在教学内容僵化，语言符号的学习与文化的学习相脱离等种种原因作用下，双语教育与普通教育的教学水平落差极大，难以培养出优秀人才，而优秀人才的短缺，又不利于少数民族教育事业的持续发展。

2. 考核形式单一，考试内容脱离实际

以考试的形式直接对学生的语言水平进行评定，触及少数民族年轻群体的利益，能有效引起少数民族学生及家长对本民族语言的重视，也能推动相关教育事业的发展。但以此为主要方式，说明我国少数民族文字传承方式略显单一。为满足不同地区的不同情况，或同一地区不同阶段的实际情况，就需要其他形式、手段的配合补充。

此外，考试的强制性和功利性可能会使学生对于本民族文字的学习产生抵触，积极性降低。考试的应试性又破坏了文字的灵活性与实用性。这没有使少数民族文字真正融入少数民族人民的生活，而是仅仅作为一种升学的工具。一些人即使通过了考试，以后也不一定继续使用，这就违背了少数民族语言传承的初衷。

3. 欠缺与高等教育的衔接

目前我国双语教育主要采用三种教学模式，第一种模式是以少数民族语言为主，汉语作为一门课程开设，简称"民加汉"模式；第二种模式是以汉语为主，少数民族语言作为一门课程开设，简称"汉加民"

模式；第三种模式是部分课程用少数民族语言开设，部分课程用汉语开设，简称"民汉并进"模式。① 总体看来，第一种模式正逐渐被第二种模式取代，而第三种模式则是第一、第二种模式的过渡形态。各省市对双语教育的推广程度参差不齐，采用模式也各不相同，给高校的招生带来难度。

此外，相较于汉语教材，民族语言所编写的教材，往往无法对知识做出完备而准确的概述。即使完成了学业，专业知识水平也很难达到要求。经常出现一些学生考上大学后无法跟上学习进度而被学校退回的情况。

长期以来，我国双语教育的推进大多依赖于独立的民族学校。这些民族学校相对封闭，文化环境单一，其中的学生很少有机会接触其他民族，在毕业离校后很难融入文化多元的社会。

（二）我国少数民族语言著作的编纂工作富有成效

中国语言学家对一批新发现的或者早已发现但未采取过系统调查的语言进行了实地的考察和描写研究，出版了像《中国少数民族语言方言研究丛书》（四川民族出版社）和《中国新发现语言调查研究丛书》（上海远东出版社）等一些较全面反映有关少数民族语言的结构面貌和类型的研究成果，② 使我国对于少数民族语言价值的认识和研究更加深入。但仅仅在学术层面上对少数民族语言文字进行传承，在当前少数民族语言濒危的严峻形势下，显然是不够的。

四 有关少数民族语言传承形式的政策建议

（一）完善和发展双语教育体制

完善和发展双语教育体制，兼顾教育政策推进的速度和质量是必需

---

① 万明钢、刘海健：《论我国少数民族双语教育——从政策法规体系建构到教育教学模式变革》，《教育研究》2012 年第 33 卷第 8 期，第 81—87 页。

② 普忠良：《从全球的濒危语言现象看我国民族语言文化生态的保护和利用问题》，《贵州民族研究》2001 年第 4 期，第 127—134 页。

的。一切从事于少数民族教育事业的相关人员都应该认识到少数民族问题的特殊性和重要性，保证相关措施的制定符合实际。在加强政府监督之外，还可以将民族事业纳入监察体系，并接受来自社会的监督，广泛征集少数民族传承人对民族语言传承的相关建议。合理完善课程标准，让学生在学习本民族语言的同时领略本族文化的特色和价值，培养其学习热情和民族自信。不仅如此，丰富语言教学环境也是至关重要的。欲增强学生对现代社会的适应性，除了可以制定新的课程标准，丰富教学内容外，还可以实行"民汉合校"，提供多元化的教学模式。设置少数民族和汉族的混合班级，或让少数民族学生单独成班；充分尊重学生意愿，让其根据对自身的判断和未来的规划自主选择。如此，既可以在一定程度上帮助少数民族同学克服心理障碍，又可以提高他们学习的积极性。

（二）少数民族语言文字的通俗化、普及化、现代化

1. 增加对少数民族通俗著作的编著

一方面，以文化民间团体的形式，鼓励和发动少数民族学者和少数民族语言爱好者进行少数民族通俗著作的编著，可以丰富少数民族群众的文化生活，潜移默化地提升他们的文化水平和民族自信。另一方面，将少数民族的优秀文学作品译成汉语或外语，有助于增进汉族和外族对我国少数民族文化的理解，扩大其文化影响力，从而吸引更多人成为少数民族文化的爱好者，为少数民族文化传承事业贡献力量。

2. 以歌曲和影视作品的形式对少数民族语言进行推广

绝大部分少数民族有独具特色的歌舞和富有吸引力的民俗，是不可轻易浪费的宝贵文化资源。当少数民族的优秀文化与这些让人乐于接受的形式相结合时，少数民族语言文字的传播范围和传播程度都会更广泛、更深入。

3. 关注现代词汇的引入工作

一种文字若想在文化激烈交融碰撞的时代下生存维系，就要不断洗刷掉落后过时的成分，在保持民族特征基本不变的前提下，不断增添新的时代内涵。大部分少数民族的语言文字都缺乏一些必要的现代词汇，在这些民族迈向现代化的路途中竖起一道无形的屏障。这时，完善少数民族的借字规则；为一些陈旧的、使用率低的民族文字扩展出新的表意，不失为一种很好的选择。

（三）以现代科技为依托，建立语言信息服务体系

赵生辉和胡莹在《中国少数民族语言数字图书馆顶层设计研究》中提出了"中国少数民族语言数字图书馆"的概念。运用顶层设计的思想，将少数民族语言的语音信息，也包括作为记音符号的文字信息，系统化地集合起来，建成多层次的服务体系。但文中也指出，顾及一些濒危或已消亡的语言有不同的管理需求，此项目只针对仍富有活力的少数民族语言。笔者认为，对于一些濒危语言的传承和已消亡语言的保存仍可借鉴其经验。不仅可以减缓部分少数民族语言消亡的趋势，还可以在这些语言日后不可避免地消亡时，仍最大限度留存住其文化价值和社会价值。但是具体的设计和功能要有所精简和创新：明确此项目作为战略保障的定位，避免过度投入，把更多精力放在对濒危语言的直接保护；针对不同民族的需求制定个性化的服务方案；增强此建设的开放性和公益性，打造成一个面向社会的公共文化服务设施，让其在学术价值的基础上又附加上社会价值。

五　结语

在工业化和全球化的冲击下，少数民族语言的传承形势日趋严峻，引发各界的广泛关注。尽管当前已采取了一系列措施，但传承过程中仍存在诸多问题。正如前文所述，当前的传承形式主要集中于双语教育、学术著作的编纂等，在保护少数民族语言的同时，却不能使少数民族语言有效地融入现代的生产生活实践。本文承认，笔者所提的建议更多是建设性的，在实际操作中还可能遇到种种阻碍，需要结合不同地区的具体情况进一步完善少数民族语言传承的政策方案。只有重视民族语言的传承问题，结合时代发展需要不断创新传承形式，才能减缓少数民族语言消亡的速度，留住属于各民族的宝贵精神财富。

参考文献

［1］陈卫亚：《中国少数民族语言传承的政策研究》，博士学位论文，中央民族大学，2013年。

［2］普忠良：《从全球的濒危语言现象看我国民族语言文化生态的保护和利用问题》，《贵州民族研究》2001年第4期。

［3］万明钢、刘海健：《论我国少数民族双语教育——从政策法规体系建构到教育教学模式变革》，《教育研究》2012年第33卷第8期。

［4］王远新：《论我国少数民族语言态度的几个问题》，《满语研究》1999年第1期。

［5］张明录：《少数民族大学生的就业现状、存在问题及其对策》，《职业时空》2012年第8卷第2期。

网红对青少年的影响及对策研究

姚佳怡/高二　宋鑫/指导老师　大庆第一中学

摘要： 在新媒体迅速发展的环境下，促生了网红这一职业，随着社会的发展，网红的类型也得到发展更新，形形色色的网红成为人们茶余饭后的谈资，媒体的焦点，也得到了青少年的广泛关注，对青少年产生了巨大的影响。本文将从网红的几大类型入手，论述不同类型的网红对青少年的影响，并且针对网红分析我们应对其持有的态度和应对方案。

关键词： 网红　青少年　教育对策

近年来，随着互联网信息技术的发展，网红一词逐渐走进大众视野，越来越受到人们的关注，尤其是 2016 年因发布原创短视频而走红的 papi 酱、2017 年靠喊麦一夜爆火的天佑，他们的"成功"更是让网红受到追捧。在网红爆发式增长的同时，他们得到了更多青少年的关注。截至 2015 年 6 月，我国的网民规模已经达到 7.51 亿，其中青少年网民已达到 2.77 亿。① 可见，青少年占全国网民比例急剧上升，已经成为微博、抖音、快手、贴吧的主力军。随着网红的影响力越来越大，青少年对其关注度越来越高，网红的言语行为无时无刻不渗透在青少年的一言一行中，

---

① 中国互联网络信息中心（CNNIC）：《2015 年中国青少年上网行为研究报告》，http：www.cnnic.net.cn/hlwxzbg/qsnbg/201608/t20160812 - 54425.html，2016 年 8 月 12 日。

这种潜移默化的影响,是当前社会不可忽视的问题。

一 新媒体下"网红"良莠不齐

新媒体的极速发展,使人们拥有更多的信息量,也使人们更接近信息。海量信息给人们带来的不仅是对求实心理的满足,更是在爆炸式信息中的迷失。在这种迷茫之际,一方面,有些网红趁机利用不良手段"入侵"青少年;另一方面,一些网红利用知名度宣传"真善美"的正能量事迹。

(一) 娱乐型网红

当代网络生态呈现出传播速度快,信息量大,娱乐性强的特点,与现在的"速食"文化相契合,使人们在众多信息面前,没有过多时间细细品味,从而迅速"捕捉"到易于接受且具娱乐性的信息。

如今的快手、抖音、微博盛行,大多数的网络红人都以娱乐性视频爆红,他们的"娱乐"内容也各不相同。2016年,papi酱利用变声器发布原创短视频,"瓜子脸"的映衬加上简洁干净的话语使她在一时间被广大网友熟知,她的视频内容大多以吐槽为主,用犀利的言辞和幽默、敢言的特点,亲近自然地表达出人们内心中的潜在欲望;一些网红在社交软件上发布和家人朋友的日常或记录与萌宠之间的美好趣事,他们各自用自己的方式,描绘记录着自己生活的多姿多彩;还有一类是在各大短视频软件上发布自己唱歌跳舞等才艺视频,与网友共同探讨、互相促进。由于娱乐性网红的生活接近于大众生活,十分地接地气,使人们获得精神快感,所以娱乐型网红逐渐成为人们关注的焦点,走入更普遍的大众视野。

(二) 经济型网红

现代社会是一个消费型社会,网红是消费主义与互联网相互渗透的产物。2016年,爆红的papi酱获得了逻辑思维罗胖和真格基金徐小平的1200万元投资,估值3亿元,刺激了大家的神经,其实这种现象并不罕见，Youtube 巨星 PewDiePie 以年收入 1200 万美元多次在"优兔"吸金榜名列前茅。① 由此可见，资本成为网红经济发展的重要因素，而资本的疯狂跟投也大大促进了"网红经济"的发展。

随着互联网的发展，许多网红电商公司看重网红扎实的粉丝基础，纷纷与网红们签约，安排网红的形象代言和电商合作，竭尽全力地包装他们并挖掘网红的市场价值，进一步扩大其影响，以谋求商业的最大利益，从而培育了一批经济型网红。

（三）英雄型网红

党的十八大以来，以习近平总书记为核心的党中央高度重视培育和践行社会主义核心价值观，也更加推动了人民对民间英雄的学习活动。我们身边一直都不缺少"英雄"，只是我们对正义感的在意程度正在逐渐弱化。因奋战三天三夜最终累倒在墙脚的消防官兵"泡面哥"、"撩"倒1亿人的护送孩子过马路的交警"奔跑哥"和花式搬砖的 90 后石神伟，他们只是人群中最平凡的一个，却激起人们对英雄主义的向往与渴望，这种励志网红的比例正在逐渐上升。

二 网红对青少年的影响

根据 CNNIC 在 2016 年 8 月 3 日上午在京发布的《第 38 次中国互联网络发展状况统计报告》（下文简称《报告》），截至 2016 年 6 月，中国网民规模达到 7.1 亿，互联网普及率达到 51.7%，我国主要上网人群依旧为 10—39 岁人群，占总上网人口的 74.7%，其中 29 岁以下人群的比重高达 53.4%，规模近 4 亿，可见青少年对网络的依赖性，加之青少年乐于探索的性格，对网络的参与度和积极性持续上升，自然接触网络红人的途径也就更多，方式更加便捷。追星一族在青少年中比例较大，但明星的行程生活对于没有足够能力的大多数青少年来说十分遥远，可望而不可即，网红的生活看似与明星一样，但实际上是天壤之别，网红更

---

① 邢彦辉：《"互联网+"视域下网红现象的范式转化》，《当代传播》2018 年第 3 期。

具有平民性、生活性、娱乐性，张扬个性，崇尚自由，无疑对青少年们宣泄和寄托情感有帮助。

（一）网红对青少年的榜样作用

青年时期是青少年人格塑造的重要时期，是三观形成的关键时期，此时的青少年的猎奇心理和跟风心理十分强烈，随着我国对外开放政策和市场经济的发展，青少年的自主意识逐步加强，思想向多元化迈进，网络影响至关重要。因此，网红每一点积极的影响都弥足珍贵。

现在我们生活在一个物质时代，更多人想去追求功利，而却忽视了精神追求，这对我国未来教育的发展是十分不利的。当代正能量网红具有贴近生活的真实性，给人们一种"网红就在网民身边"的感觉，迎合青少年心理，使青少年更容易接受其思想理念，效果也更好。

在文化向多元化趋势发展的今天，文化种类形式越来越多，良莠不齐，也影响着青少年的价值观和道德观的形成。网红作为青少年喜欢并持续关注的公众人物，随着"爱国、敬业、诚信、友善"作为社会主义核心价值观的个人层面价值要求被提出后，部分网红也担起了这份重任，正能量网红将符合价值导向的思想广泛向青少年传播，使青少年对于正能量的思想从心理上有认同感和自豪感，促进青少年形成正确的人生观、价值观和世界观。

网红对于"正能量"不仅是思想上的传播，更是将其付诸实践，利用自身强大的影响力，他们投身于社会公益，无私奉献，热心为社会服务；他们留意身边的每一桩小事，见义勇为，彰显社会人性的"真、善、美"；他们用自己的事迹感化了社会大众，其高尚行为唤起青少年对社会的贡献的活力，对青少年的行为影响深远；也有些网红通过网络媒体上传才艺表演视频，吸引着青少年对文娱活动的兴趣，使其在繁忙的学习生活之余，放松身心，培养自身兴趣爱好。新型正能量网红相较于传统英雄人物更具有鲜明的时代性，更易于与青少年产生共鸣，从而使得青少年主动地效仿网红的榜样行为，使其行为习惯向健康的趋向发展。

(二) 网红对青少年的"负"作用

网红对青少年身心健康产生积极影响的同时，由于过分炒作等商业化行为，对青少年的负面影响也是客观存在的，主要有以下三种情况。

1. 迷失自我盲目跟风

有些以娱乐和炒作为主的网红通过不正当手段"一举成名"之后，非但没有规范自己的一言一行，反而变本加厉，靠卖弄低俗幽默、制造低趣味的消息博得青少年的眼球，使心智还没成熟的青少年对此更加眼花缭乱，从而在人生的关键时期迷失前进的方向。沉迷于负能量网红，丧失了自我，无法追求自己的理想、践行社会主义核心价值观，成为别人的影子。当代网红在直播过程中频繁出现严重不良但在一些青少年眼中认为"霸气"的行为，青少年没有对此行为理性正确地做出判断，且对这些行为的"入侵"来者不拒，导致自身行为的失范。

2. 价值观和金钱观的扭曲

如今受互联网高速发展的产物——网红的影响，一些青少年的理想竟成为当网红，因为某些青少年只单纯地看到了网红富裕的生活，就一味对网红过分追逐，没有考虑网红现象的前景，从而使青少年降低了对自我的认知和评价，降低了自身文化底蕴和内涵。网红直播过程中刷礼物是直播观看者必不可少的事，一些负能量网红利用粉丝对他们的喜爱与支持，要求粉丝强制性为其刷"金"，也有一些在直播间用金钱"交流"的网红，表面上为了所谓的"秒榜"（"秒榜"，指在网红直播间通过刷钱而在礼物榜中排名第一的行为），实际上是利用青少年的攀比心理为自己捞金，从而获取暴利。在这一过程中，青少年忽视了金钱得来的不易，造成对金钱观的认识的扭曲。

3. 法律意识和维权意识的减弱

近日，某虎牙直播 APP 的女网红主播，在直播间公然篡改国歌歌词，并没有以认真严肃的态度演奏国歌，掀起舆论高潮，获得社会广泛的关注。根据《中华人民共和国国歌法》第六条，奏唱国歌时，应当按照本法附件所载国歌的歌词和曲谱，不得采取有损国歌尊严的奏唱形式。此网红深夜发文道歉并受到法律的惩罚，可她给青少年、给社会带来的隐患是无穷的，网红的数量呈爆炸式增长，更多网红会选取直播盈利，但是网红直播时行为的合法性却令人担忧，而观看直播的主体——青少年正是受害者，由于很多网红直播时的不规范行为不能被及时指出，使得法律界限在青少年的眼里变得更加模糊，维权意识也抛之脑后。法律是规范社会行为的准则，需要所有人共同遵守，而网红这种无序现象，显然影响了公共秩序，对个人发展产生了不良影响。

三　针对网红现象的教育对策

在网红的出现给青少年带来"正""负"能量的同时，也为教育工作带来了挑战，面对网红带来的影响，我们应该做到以下三个方面。

（一）加强青少年教育

网红现象有好有坏，最容易受影响的就是青少年群体。家长应注重从根本上进行管控，应加强青少年思想的正确建设，促进青少年树立正确的价值观，塑造良好的文化素养；学校方面，可以开展具有针对性的趣味活动，应该突破传统的讲座方式，创新教育方式，新的教育理念结合时代特征，更易于青少年接受，而对于传统方式，青少年甚至对其会产生抵触心理。将线上线下教育相结合，利用微博、微信、QQ等媒体进行全方位教育，加大宣传力度，引导青少年正确看待网红现象，理性对待"一夜暴富""一夜爆红"等现象。同时青少年自身也应做出努力，自觉接受社会主义核心价值观和爱国主义的熏陶，在网络上遵守网络行为道德，不在网络上谩骂他人，诽谤他人，不观看负能量等不健康视频，自觉提升辨别是非的能力，积极培养兴趣爱好，多投身于社会实践中，努力向更好的方向发展，走向成功。

（二）净化网络环境

网红的产生促进了社会意识的进步，但同时也由于低俗网红的行为，污染了网络风气。由于网络的虚拟化和符号化，这种所谓的"自由"属性也加剧了网络治理的难度。所以，净化网络环境，加强网络环境治理迫在眉睫。政府应充分发挥自己的管理服务职能，转变执政理念，加大对网络环境的监督和治理力度，尤其是对于"网红"这样的公众人物，政府等相关部门应制定地方性法律法规，对不良行为作出明确的规范；对网红培训及网红孵化链条进行严格管控，强化和明确企业的责任意识，明确网红行业行为准则，对于其传播的内容和形式划定界限，让网红行业明确当代社会的价值导向和语言行为的规范模式，达到净化网络环境的目的，营造健康、合法、规范的网络使用环境。

（三）强化社会责任

在新时代下，网络媒体不再只是单纯的信息传播、信息交流的媒介手段，更是一种文化的传承、价值观念的渗透和审美教育的主要场所，因此，媒体应强化自己的社会责任感，无论外部监管多么严格，但如果媒体自身做不到正确的行为选择，外部监管终是徒劳的；媒体应意识到网络行为规范性的必要性，对拜金主义、宣扬炒作或低俗阴暗的内容进行有力批判，营造良好网络氛围；公民是网络使用的主体，时有"公民的言行举止分寸感丧失，对网络事件容易简单、冲动地介入，导致事件发展往往失控，甚至会发展到侵犯现实社会秩序的情况"，加之现在舆论影响力巨大，公民也应强化网络公民意识，强化社会责任，实行网络管理中的主体自治。首先要培养公民的法律意识，自觉做到遵纪守法；其次自身也应该清晰地认识到自己网络行为中的不足，虚心接受并迅速改正，同时也应担起网络治理的责任，为网络治理贡献自己的力量，遇到不法行为及时举报，做一个尽职尽责的合法网民。

四 结语

当前，网红现象发生和形成及带来的问题不容忽视，在短时间内难以降温，对社会和青少年都不同程度地产生了影响。青少年应意识到网红现象是把"双刃剑"，取其精华，弃其糟粕，提高辨别是非的能力和自我修养，自觉抵制不良文化的侵害；随着网红年龄结构年轻化趋势的加强，逐渐由 90 后转移到 00 后，政府及社会工作者应该高度重视，须进一步研究，提出科学合理的对策，促进社会主义和谐社会的建设，加强社会主义核心价值观的传播；同时网红自身，也应担当净化网络、传播正能量和传播先进网络文化的责任。

参考文献

[1] 薛深、聂惠：《网红现象的生产逻辑及其引导》，《中州学刊》2017 年第 4 期。

[2] 陆婧：《高职学生对网红关注度的调查分析》，《轻工科技》2018 年第 12 期。

[3] 肖爱丽：《新媒介传播下的网红现象》，《青年记者》2017 年第 10 期。

[4] 孙博逊、初明利：《"网红"的发展脉络及其对青少年的榜样效应》，《中国青年研究》2016 年第 11 期。

[5] 潘园园：《传统文化：新时代校园"网红"对学校教育的影响》，《智库时代》2018 年第 2 期。

[6] 李泽华、林燕：《网红现象对青少年的影响》，《青年记者》2017 年第 7 期。

[7] 周星：《网络吐槽现象的正反观——观察 papi 酱的网红现象》，《文艺评论》2016 年第 5 期。

[8] 魏萌、张博：《新浪微博"网红"的微博内容特征及传播效果研究》2018 年第 36 期。

[9] 刘海鸥、陈晶、孙晶晶、张亚明、胡志颖：《网红经济下青少年卷入行为及其规引实证研究》，《情报杂志》2018 年第 2 期。

新媒体环境视阈下的青少年社会主义核心价值观培育探讨

袁美琦/高一　宋鑫/指导老师　威海环翠国际中学

摘要：21世纪信息技术高速发展，应用新媒体培育青少年社会主义核心价值观已经成为趋势和潮流，新媒体环境给青少年社会主义核心价值观培育带来了机遇的同时也带来了问题和挑战。应发挥新媒体的优势，在家庭、学校、社会三个方面培育青少年社会主义核心价值观。

关键词：青少年　社会主义核心价值观　培育

在信息技术快速发展的今天，"新媒体是青少年了解信息、获取知识、接受教育、学习生活不可或缺的重要载体与全新环境，也是塑造培育社会主义核心价值观的重要变量"。[①] 新媒体已经成为青少年生活中必不可缺的一部分，渗透到青少年生活的方方面面，对青少年社会主义核心价值观的培育产生了重大影响。新媒体不仅给青少年社会主义核心价值观的培育带来了机遇，也给青少年社会主义核心价值观的培育带来了巨大的挑战。

[①] 唐旭昌：《新媒体环境视阈下的青少年社会主义核心价值培育探讨》，《理论界》2017年第4期。

一 新媒体给青少年社会主义核心价值观培育带来的机遇

青少年善于接受新事物,追求个人的个性与独特。新媒体的快速发展使得内容分发不再是千人一面,而是尽可能的个性化,贴近于青少年的个性需求。新媒体融入渗透了青少年的学习与生活,给青少年社会主义核心价值观的培育带来了机遇,主要包括以下三方面。

首先,新媒体丰富了青少年社会主义核心价值观培育的方式。传统媒体时代,青少年多通过读报纸、听广播、看电视等方式来培育自己的社会主义核心价值观,这些方式较为枯燥且不受广大青少年喜爱和接受,不利于社会主义核心价值观在青少年中的培育。新媒体培育青少年社会主义核心价值观的方式如利用微信、微博、爱奇艺、抖音等,和传统媒体相比较而言,新媒体培育青少年社会主义核心价值观的方式更为多样和丰富,更受青少年的喜爱,易于被青少年接受。

其次,新媒体使青少年社会主义核心价值观培育更快速、便捷。"通过新媒体可以实现计算资源、数据资源、信息资源、知识资源、专家资源等资源的全面共享。传统的大众媒体主要依靠地面系统传递信息,这种传播方式的传播速度受到信息接收装置的限制,传递范围十分有限。"[①] 而新媒体培育青少年社会主义核心价值观的方式不受时间和空间的影响,可以实现新媒体的资源共享,能够快速地满足青少年社会主义核心价值观培育的需要。青少年要充分利用新媒体上共享的资源加强自己对社会主义核心价值观的理解,提升自己的核心素质,即时即刻接收来自家庭、学校和社会培育社会主义核心价值观的信息,达到便捷快速学习社会主义核心价值观的效果。

最后,新媒体提高了青少年社会主义核心价值观培育的积极性和主动性。由于青少年社会主义核心价值观的培育较为抽象,学校使用传统

[①] 纪莹莹:《论当代青少年社会主义核心价值观的缺失和培育》,硕士学位论文,河北师范大学,2011年。

媒体培育青少年社会主义核心价值观的方式又较为古板和枯燥,因此在传统媒体环境下青少年对社会主义核心价值观的培育产生一定抵触心理,无法准确理解社会主义核心价值观的深刻内涵,缺乏学习社会主义核心价值观的积极性和主动性。新媒体在视频平台、社交平台、自媒体平台上,通过发表青少年感兴趣视频,制作受青少年喜爱的音频,利用明星影响力等方式,糅合进有关社会主义核心价值观的元素,使青少年喜爱学习社会主义核心价值观,打消青少年因传统媒体枯燥乏味对社会主义核心价值观的培育产生的一定抵触心理,提高了青少年对社会主义核心价值观培育的积极性和主动性。

二 新媒体给青少年社会主义核心价值观培育带来的挑战

传统媒体环境下,青少年受社会主义核心价值观培育的信息主要来源于电视、广播、杂志、报纸等,这些信息均由国家掌控,经过层层筛选呈现到青少年面前,使得传统媒体传播的信息质量有一定的保障。而新媒体传播的内容参差不齐,新媒体在实现有利资源全面共享的同时,也产生了大量对青少年社会主义核心价值观培育有害的不利内容:暴力、色情、赌博网站随处可见,反动、邪教、迷信言论充斥着网络,对娱乐、追星文化的过度推崇已成为潮流。并且很多现实中的事件往往是网民个人观点的集中表达,一些正常的情绪和一些极端化的现象容易被放大,不具有代表性和普遍性。而青少年辨别能力较低,社会经历不够,无法对网络上的内容进行正确区分,容易受不良内容的影响,对青少年世界观、价值观、人生观产生负面影响,在一定程度上损害了青少年的心理健康,容易诱发青少年产生不良行为。有的青少年甚至因此做出抢劫、盗窃等违法犯罪行为,违反公共管理秩序,给社会治安管理带来很大难度。

"伴随着中国经济的高速发展和西方价值观的入侵,艰苦奋斗的优良作风在社会上逐渐被淡忘或丢弃了,取而代之的是不良社会风气的出现和蔓延。"① 新媒体有很强的开放性,让每个人都能畅所欲言,随意发表自己的看法和言论,也导致了不良社会风气的产生,青少年缺乏正确的判断能力,盲目追寻其他而忽视了中国传统文化,不仅对青少年培育社会主义核心价值观十分不利,而且不利于实现中华民族伟大复兴。

青少年身心发展不成熟,自控力和自律性较差,防范意识不强。随着新媒体的高速发展,青少年使用新媒体已经成为常态。网络世界充斥着大量娱乐信息,吸引青少年注意力,青少年注意力被转移至游戏、娱乐、挥霍等不良方面上,使青少年沉迷网络游戏,狂热追星,追求奢侈品、高消费,产生青少年忽视学业,对学业不屑一顾的情况,也会造成青少年道德感缺失,对身边事物漠然,人际关系的淡化,阻碍了青少年社会主义核心价值观培育。

三 培育青少年社会主义核心价值观的方式

家庭是青少年社会主义核心价值观培育的基础。家庭是青少年的第一个课堂,对青少年社会主义核心价值观培育有不可忽视的影响。利用社交平台可以把青少年和家庭紧密结合在一起。家长通过社交平台观察青少年在网络上发表的言论、行为等,可以在发现问题时及时通过社交平台教育、教导青少年。家长是青少年最好的老师,家长要以身作则,给青少年带来好的榜样指导作用,家长也可以通过新媒体深刻认识理解社会主义核心价值观,利用新媒体的优越性培育青少年社会主义核心价值观。

学校是青少年日常学习生活的地方,对青少年社会主义核心价值观的培育产生极其重要的影响。学校可以利用新媒体,在班级播放有关社会主义核心价值观培育的视频,培育青少年社会主义核心价值观。学校可以通过建立班级群传达有关青少年社会主义核心价值观培育的内容,开创教导青少年正确使用新媒体的课程,引导青少年培育社会主义核心

---

① 郑萌萌:《基于新媒体的社会主义核心价值观传播研究》,博士学位论文,苏州大学,2016年。

价值观。老师们应学会应用新媒体，积极运用新媒体丰富教学内容，结合新媒体上热点资讯引导青少年理性看待新媒体上的不良内容，呼吁青少年认真学习有关社会主义核心价值观培育内容，努力使社会主义核心价值观的内容融合进青少年日常学习生活中。

青少年社会主义核心价值观的培育是一项庞大复杂的系统工程，需要社会各界的参与和支持，在新媒体不同平台上利用不同的手段培养青少年社会主义核心价值观。

爱奇艺、腾讯等长视频平台，抖音、快手等短视频平台，虎牙直播、花椒直播等直播平台快速发展。主流媒体可在长视频平台、短视频平台和直播平台上结合青少年有兴趣的动漫、综艺等，发布有关社会主义核心价值观内容的视频，给青少年一个良好的正能量的社会主义核心价值观培育导向。如在直播平台上通过直播一些国家大事、公益活动等培育青少年社会主义核心价值观。

QQ、微信、微博等社交平台已经融入青少年日常生活中，有资料调查显示，50%的用户每天使用微信时长达到90分钟；25%的微信用户每天打开微信超过30次；55.2%的微信用户每天打开微信超过10次，社交平台对青少年社会主义核心价值观的培育产生了巨大的影响。可以在社交平台上利用明星、微博大V的社会影响力传播正面有关社会主义核心价值观的内容，充分利用自身的优势传递社会正能量，发布有正确价值导向的言论，引领青少年追随社会主义核心价值观，传递社会正能量。

自媒体平台如凤凰网、今日头条等乘势而为引领变革，自媒体已经成为当今媒体、新闻发展的趋势。自媒体推广动作声势浩大，平台影响力步步攀升，更有效地根植于青少年内心。"把社会主义核心价值观体现到网络宣传、网络文化、网络服务中，用正面声音和先进文化占领网络阵地。"① 自媒体可以利用多频道联动，打造有利于青少年培育社会主义核心价值观的原创大型策划。还可以借力中国文化，如利用源远流长的中国传统文化对青少年社会主义核心价值观进行培育。新媒体应扶持高品质内容，抵制不良内容，不一味追求利益，对传播的内容把关，引领

---

① 本书编写组编著：《培育和践行社会主义核心价值观》，人民出版社2014年版，第8页。

青少年培育社会主义核心价值观。

在使用新媒体培育青少年社会主义核心价值观的同时,也要规避新媒体对培育青少年社会主义核心价值观可能带来的危害。加大有关部门的监管力度,进一步健全有关新媒体的法律法规体系,严厉打击网络上违法犯罪内容,禁止黄、赌、毒内容的传播。社会各界应自觉加入培育青少年社会主义核心价值观的行列中,为青少年营造一个绿色向上的网络环境。

四 结语

新媒体对青少年社会主义核心价值观的培育既有机遇也有挑战,既不能全盘否定,也不能放任自流。要疏堵结合,通过家庭、学校、社会共同努力,净化网络环境,引导青少年正确使用新媒体,让新媒体对青少年社会主义核心价值观培育起到积极向上的作用。

参考文献

[1] 纪莹莹:《论当代青少年社会主义核心价值观的缺失和培育》,硕士学位论文,河北师范大学,2011年。

[2] 郑萌萌:《基于新媒体的社会主义核心价值观传播研究》,博士学位论文,苏州大学,2016年。

[3] 匡文波:《"新媒体"概念辨析》,《国际新闻界》2008年第6期。

[4] 郑元景:《新媒体环境下高校思想政治教育实效性探析》,《思想理论教育导刊》2011年第11期。

[5] 刘峥:《大学生认同与践行社会主义核心价值观研究》,博士学位论文,中南大学,2015年。

[6] 靳玉军:《论社会主义核心价值观教育的实践要求》,《教育研究》2014年第11期。

[7] 吴潜涛、本刊记者:《积极培育和践行社会主义核心价值观的若干问题——访清华大学高校德育研究中心副主任吴潜涛教授》,《思想理论教育导刊》2014年第11期。

[8] 李荣启:《弘扬中华传统文化与建设社会主义核心价值观》,《中国文化研

究》2014 年第 3 期。

[9] 陈泽环、马天元：《社会主义核心价值观与中华优秀传统文化——学习习近平〈青年要自觉践行社会主义核心价值观〉等讲话的体会》，《毛泽东邓小平理论研究》2014 年第 7 期。

[10] 汪頔：《新媒体对"90 后"大学生思想政治教育的新挑战》，《思想教育研究》2010 年第 1 期。

[11] 肖学斌、朱莉：《新媒体对大学生思想政治教育的影响及应对》，《思想教育研究》2009 年第 7 期。

[12] 景东、苏宝华：《新媒体定义新论》，《新闻界》2008 年第 3 期。

[13] 韩文乾：《新媒体环境下高校社会主义核心价值观教育途径探析》，《思想理论教育导刊》2015 年第 3 期。

[14] 唐旭昌：《新媒体环境视阈下的青少年社会主义核心价值培育探讨》，《理论界》2017 年第 4 期。

我国原创综艺对中国文化的传播策略分析
——以《国家宝藏》为例

张常熙/高二 白雪/指导老师 七台河市第一中学

摘要： 随着"全民娱乐"时代的到来，综艺节目也迎来了自己的时代。但仍值得深思的是综艺节目品质良莠不齐，大量版权引进综艺霸占国内市场，优质原创综艺少之又少的行业现状。"综艺清流"《国家宝藏》以丰富的内容、新颖的形式和独特的文化传播策略成为行业领头羊，也推动了更多人了解喜爱中国文化。本文以《国家宝藏》为例进行分析，探究我国原创综艺对中国文化的传播策略。

关键词： 原创综艺 文化传播 《国家宝藏》

在这个"流量至上，娱乐至死"的时代，快餐化的文化在填饱人们精神需求的同时，所产出的粗制滥造的文化产品打乱了文化市场的竞争秩序。"泛娱乐化"所带来的是仓促饱腹后更剧烈的文化空虚。《国家宝藏》等原创文化综艺的横空出世，在流量横行的今天无疑是一股清流，在为中国综艺注入一股原创新力量的同时，也在为"展现中国形象，讲好中国故事"发出洪亮的声音。

一 中国原创综艺发展概述

(一) 发展阶段

我国的综艺事业起步较早,大体可分为原创类和引进类,发展史大约分为四大时期。在习惯上,综艺制作过程中,形成节目书面拍摄制作方案、通过节目立项、制作团队按照拍摄制作方案进行制作、媒体播出作品这四个受著作权法保护的环节与其他节目的相似度是鉴定一个综艺原创程度的重要指标。我国综艺最先起源于港澳台,以《欢乐今宵》为首的第一批综艺在港澳台地区迅速刮起一场"综艺风";内地综艺在20世纪80年代末迅速起步,《正大综艺》《综艺大观》等半借鉴半原创类节目拉开了央视综艺时代的第一幕;90年代后期到21世纪,随着中国与国外不断深化的文化交流,一系列欧美、中国港台、日韩的版权引进综艺与中国原创游戏类综艺如《非常6+1》《快乐大本营》齐头并进,共同丰富着人们的文化生活;近年来,我国综艺事业蓬勃发展,各卫视益智类、婚恋类等新型综艺势头正猛,版权引进综艺颇受电视观众的青睐,而《朗读者》《见字如面》《一本好书》等优秀原创文化类综艺节目以优异的成绩冲击着当今市场,逐渐成为电视节目的新生力量。

(二) 节目特点

中国的综艺节目很有特色。纵观中国综艺几十年的发展史,首先,从传播形式来看,大热综艺还是以电视综艺为主,主要受众还是年纪偏大的电视观众;其次,从节目内容来看,中国综艺呈两极分化趋势,不是彻彻底底追求专业性的知识性综艺,就是宣扬"娱乐至上"的快餐综艺;最后,中国综艺对中国文化传播有一定要求,在外来综艺的框架下,值得欣慰的是中国综艺的确或多或少地融合了自身的文化底蕴,形成了自身特色。总而言之,中国综艺虽然有自己一定的特色,但平台单一,受众有限,节目本身在知识与趣味的融合上仍有欠缺,受外来综艺影响严重仍是制约中国综艺发展的几大弊病。

二 《国家宝藏》内容生产分析

(一) 节目内容

《国家宝藏》与《寻宝》《国宝档案》等传统文物文化类节目最大的不同之处是做到让文物从幕后走向台前,从"被讲述"转化为主动表达。"以极致的电视化语言完成传统文化的现代转换,让文物活起来这种纪录式综艺语态的大力创新是节目成功的关键要素。"① 明星嘉宾和素人围绕着当期的博物馆与每个文物的特征表演以"前世今生"为主题的舞台剧,配合着优美的文案和精致的后期制作,加上专业性很强的博物馆馆长讲解,国之重器的"前世今生"就这样呈现在我们面前。

《国家宝藏》的收视主题定位与传统文物文化类节目不同。以广西电视台于2010年创办的收藏类电视节目《收藏马未都》为例,《收藏马未都》以文化名人为收视亮点,无论是节目的环节设置还是节目内容,全部围绕一个人。而《国家宝藏》更注重发挥个人在文物界的影响力,虽然请到众多流量明星,但无论是流量明星、博物馆馆长、主持人还是素人,正如每个国宝守护人的开场白"我是××国宝的守护人×××"所说的一样,他们都是为文物而服务。以流量来吸引年轻的粉丝群体对文物的关注而不是变成一个与行业同质化的明星综艺,既吸收了稳定的粉丝,拥有一定的人气,又避免了因为嘉宾人气带来的"人气综艺"假象,有利于长远发展。正如清华大学尹鸿教授所说,"《国家宝藏》以文物讲述故事,故事浸透文物,明星与戏剧形态结合,实现了文化类节目从抽象感受到具象表达的转化,国宝为载体回望历史诠释文化,可以说是真正的中国式节目的创新"。②

---

① 张晓荣:《〈国家宝藏〉走向世界舞台中心的大国电视台的扛鼎之作》,http//tv.cctv.com/2017/11/27/ARTIFIQqWX2n5alsdIThJB3R171127,2019年1月30日访问。

② 于晓:《国家级综艺新旗舰诞生,央视〈国家宝藏〉首播爆火》,https://www.chinanews.com/yl/2017/12-04/8391981.shtml,2019年1月30日访问。

（二）节目形式

与传统综艺不同，《国家宝藏》在舞美与服装化妆和道具上投入巨大，对于仪式感有很高的追求。舞台设计上，《国家宝藏》敢为人先，视觉设计集沙盒投影视觉呈现、透视冰屏柱视觉呈现、透视冰屏柱台型变换、巨型环幕视觉呈现四大特点于一体。采用9根高达6米的透明冰柱屏幕，结合长43米高7米的巨型LED屏幕，不仅营造了虚实相生的美学意境，多维立体的舞台空间，更通过冰柱前后上下位置调整，以及在主屏幕显示的为每个文物设计的独一无二的背景完成了节目中场景的更替和环节场景的构建。① 以印信贯穿整个节目流程，通过开场的庄严宣誓、圆桌会议式的点评以及光束聚合散开的呈现与音效配合，达到了"受众被传播的内容所营造的共同身份聚合在一起产生强烈的认同感"② 的效果。

在服化道具方面，节目组秉承与历史高度契合，尊重客观历史现实的理念，高度还原每个舞台剧相关历史朝代的服装道具妆容。《国家宝藏》第二季新疆演员佟丽娅在表演国宝绢衣彩绘木俑的前世传奇时的斜红面靥妆与古法手工染制的绢衣，在体现了节目的严谨与专业的同时，更为节目增加了新一波热度。节目的BGM全部采用传统古乐改良的新古乐，这些新古乐一部分来源于原创音乐家，还有很大一部分是古装剧、武侠游戏的配乐。配合着情景的变化，这些更符合当代人审美的音乐也作出相应的调整，让更多年轻人如武侠游戏爱好者、古风音乐爱好者增加对节目的认同感与喜爱度，让文物更有时代感潮流感，也让因为一种妆容、一段音乐爱上一个节目正在变得越来越可能。

（三）节目创新

《国家宝藏》总制片人总导演于蕾定义《国家宝藏》是"集演播室

---

① 董甜甜、凌继尧：《文物的"复活"，传统的"新生"——〈国家宝藏〉对中国传统文化传播的创新研究》，《南京师大学报》（社会科学版）2018年第218卷第4期，第154—161页。

② ［美］詹姆斯·W. 凯瑞：《作为文化的传播》，丁未译，新华出版社2004年版，第243—246页。

综艺纪录片,舞台戏剧真人秀等多种艺术形态于一体的全新模式大型文博探索类节目"。① 与老一代文物文化类节目的另一大显著区别就是《国家宝藏》很好地做到了将趣味性与纪录性相结合,在韩国《produce 101》、中国《偶像练习生》《创造101》这类全民选秀类节目话题度疯长时,文物参加"选秀",让观众则在每期三个文物中 pick 出自己心目中的国家宝藏,佐以博物馆馆长圆桌会议式的专业性讲解,这样的流程使趣味性、纪录性和专业性完美结合。同为宣传本国传统文化与历史故事为题的韩国《无限挑战:历史×嘻哈——伟大的遗产》特辑,将当时国内大热的嘻哈潮与历史相结合,给 rapper 与 MC 安排较为通俗的历史培训课程与实地参观行程,让 rapper 们以历史背景作为音乐素材写出真正具有本民族情怀的音乐,与《国家宝藏》相比,虽然两者结合热点不同,结合形式不同,但都在把握当季潮流的同时,做到了普及历史知识,宣扬民族情感,无疑成为当年最具文化底蕴与话题性的国民节目。

三 《国家宝藏》传播策略分析

(一) 与年轻化平台合作

《国家宝藏》在播出平台上作出了大刀阔斧的改革。以往卫视综艺仅仅局限于电视直播与电视回放,或者与线上视频网站签署独家线上播放协议进行网络播出。但《国家宝藏》在这些基础上与年轻人最喜爱的二次元文化社区哔哩哔哩合作,做到线上线下同步播出,在传统的观看体验上融入弹幕、投币等哔哩哔哩特色体验。同时与微博、豆瓣等社交类评分类 APP 联合出击,达成节目播出便被讨论,热搜与评分实时化的效果,也让"我们有多年轻?上下五千年"之类的节目标志性台词成为网络社区内的流行语。截至目前,《国家宝藏》第一季在哔哩哔哩上总播放量为 1946.1 万,总收藏量为 35.4 万,总弹幕数为 118.7 万,第一季、第二季的哔哩哔哩评分分别为 9.9 分、9.8 分,《国家宝藏》微博话题讨论

---

① 于晓:《国家级综艺新旗舰诞生,央视〈国家宝藏〉首播爆火》,https://www.chinanews.com/yl/2017/12-04/8391981.shtml,2019 年 1 月 30 日访问。

人数为 57 万，阅读量 3.8 亿，单条微博最高转发量达到 262477 条，《国家宝藏》一、二季在豆瓣的评分分别为 9.0 分、9.3 分。值得一提的是《国家宝藏》与微信的合作小程序《国宝微展示》，应用现代科学技术，将文物以 3D 效果展现出来，通过触屏控制全方位多角度观赏文物，让文物不仅仅片面地停留在小屏幕上供我们欣赏，更在我们的指尖上传达着"让文物活起来"的节目内涵。

（二）重视嘉宾与文物的联系与作用

《国家宝藏》非常注重嘉宾的作用，特别是嘉宾与文物的联系。每一集都会有流量明星、知名艺人加盟助演前世传奇，吸引年轻粉丝群体，同时也有与文物命运有特殊联系的素人群体，用他们的视角去讲述一个独特的文物故事，增强文物在现代社会的真实存在感与体验感，让文物更充满生活气息。在嘉宾的选择上，《国家宝藏》并不以知名度作为唯一标准，反而更看重嘉宾的气质、人生经历等是否与文物有相吻合的地方。北大法学院毕业的知名主持人撒贝宁以秦朝小吏喜的身份讲述秦朝版《今日说法》守护国宝云梦睡虎地秦简；一直致力于水下考古的工作者们，埋头于中国古代建筑的保护与复原的天津大学古建筑保护团队队员们这样与国宝有过更深刻联系的普通人也可以登上舞台讲述国宝在今生的故事。这些普通人让我们切切实实地感受到我们肩负的历史责任与使命，从而激励更多人用实际行动传递着中华文化的美与善。

（三）层次更丰富的受众定位

文物在这个"流量至上"的时代显得格格不入，现时代的年轻人更追捧快节奏高趣味的明星综艺，而不是以古板的说教纪录为主的教育节目。《国家宝藏》打破了人们固有的对文化文物类节目的偏见，将节目受众定位于有更大市场的年轻群体，同时也兼顾多个年龄层次的需求，让观众不单局限于专业文物爱好者与不接触新媒体的老年观众，使娱乐文化更包容，让网络流行语变得更符合大多数人的审美理念。同时，《国家宝藏》也做到了寓教于乐，在充满趣味性的舞台剧中贯穿了专业的历史文物知识，让观众在观看过程中可以做到在笑声中掌握历史常识，这个节目特点也利于方便学校留作可以补充课内知识的课外作业从而推广。据笔者考察得知，国内许多学校组织过集体观看《国家宝藏》，同时观看《国家宝藏》也是多个学校的寒假作业，与同时期的也被多所学校力荐的新型文化纪录片《如果国宝会说话》相比，虽然后者节目时长上较短，对于课业繁重的学生而言具有一定的时间优势，但总而言之，更具趣味性的《国家宝藏》仍是家长老师学生心目中历史科普类节目的首选。

四 《国家宝藏》中的文化情感

（一）地域文化

《国家宝藏》的每一期都围绕一个省市的一个博物馆展开，在开始的前五分钟由当期博物馆馆长以第一视角讲述本省市本博物馆的历史与文化作为导入。每个出演国宝前世今生的嘉宾绝大多数是当期博物馆所在地的本省市人，他们或用家乡话演绎，或在表演中穿插家乡的习俗与传说，接地气的表演让家乡观众感到无比亲切，使那些身在家乡的本省观众在观看时油然产生对家乡文化的深深自豪，同时在这个"追求诗和远方"的时代，那些思念故土却只身他乡的游子，以物睹人，在文物面前牵扯起浓浓的思乡深情。正如哔哩哔哩弹幕上每一期片头此起彼伏的"壮哉我大××"弹幕一样，文物为载体传播的不仅是知识，还有各地域独有的情感。

（二）民族情感

作为国家级电视台出品的综艺节目，《国家宝藏》身上被赋予了代表整个民族的情感表达和引领一个国家的文化风向的重大使命。文物，并不仅仅是一个单纯的物质载体，更是一种民族情感积淀的产物。从第一季的各种釉彩大瓶体现海纳百川的自信胸襟，到第二季的金漆木雕大神龛中热血青年救亡图存的家国情怀，文物在活起来，民族精神也在活起来。在文物这样一种特有的文化资源里获取灵感，汲取养分，把中华文明中核心的思想艺术价值与时代的特点和要求相结合，运用丰富多彩的艺术形式进行本时代的表达，才能推出这样底蕴深厚、涵育人心的优秀文艺作品。这些作品让传承中华文明，弘扬中国精神的神圣使命感与责任感更具时代意义，让"展现中国形象，讲好中国故事"的国家宣言更深入人心。

五　原创综艺对传播中国文化的启发

（一）节目理念

《国家宝藏》的成功否定了一批不思进取的综艺导演制作人"唯有引进，才有收视"的拿来主义观点。我国原创综艺节目应做到无论是在内容还是形式上都要敢于创新，敢做行业的弄潮儿。我们要形成属于中国独有的叙事表达，更要在独特的文化资源上做到独树一帜的主题定位，在努力结合当季热点时要做到对于所传达优秀文化原汁原味的保留传承。观念要新，眼界要更开阔，真正做到文化层面的"走出去"代替"引进来"。

（二）生产制作

从台前舞美灯光音响，到幕后字幕后期特效，《国家宝藏》节目组的用心程度堪称国内综艺典范。在主流文化从"唯流量化"朝"精细化，精良化"发展之时，韩国PD们花高时间成本打磨高品质节目的精神是不是更值得"抄袭"？向国外学习，不是说要照抄照搬节目理念内容，而是要认真地学习国外综艺的真正闪光点，真正做到以"大国工匠"之心打磨文化产品。

（三）传播营销

敢于突破原有受众限制，开拓新兴市场是《国家宝藏》最为突出的过人之处，而加强线上线下联动的营销策略同时带来了多赢的理想效果。仅仅制作出好的原创综艺是远远不够的，如何让璞玉变成留名千古的和氏璧是一个更值得思考的问题。寻找新平台，重视参与者的影响，丰富受众层次对于产品营销的积极效果应该得到更多综艺人的重视，让优质的综艺节目不再"打哑语",让"良心综艺"发出自己的中国声音。

六　结语

　　文化软实力在国际竞争中发挥越来越重要作用的今天,《国家宝藏》这类真正发掘独特文化资源,以中国方式讲述中国故事的文化产品无疑给我们注入了对文化产业的新希望。真正做到文化自信就要真正做到文化原创。相信在群英荟萃的当下,越来越多的原创优质文化产品会以更好的姿态面向大众市场,越来越多作为中国形象化身的原创优质文化产品会以更坚定的步伐迈向世界。

参考文献

[1] 张晓荣:《〈国家宝藏〉走向世界舞台中心的大国电视台的扛鼎之作》,http//tv.cctv.com/2017/11/27/ARTIFIQqWX2n5alsdIThJB3R171127,2019年1月30日访问。

[2] 于晓:《国家级综艺新旗舰诞生,央视〈国家宝藏〉首播爆火》,https://www.chinanews.com/yl/2017/12-04/8391981.shtml,2019年1月30日访问。

[3] 董甜甜、凌继尧:《文物的"复活",传统的"新生"——〈国家宝藏〉对中国传统文化传播的创新研究》,《南京师大学报》(社会科学版)2018年第218卷第4期。

[4] [美]詹姆斯·W.凯瑞:《作为文化的传播》,丁未译,新华出版社2004年版。

[5] 姚璇:《优秀传统文化在新时代的传播与传承——以〈国家宝藏〉为例》,《出版广角》2018年第13—16期。

[6] 但午剑、焦道利:《文化综艺类节目的创新发展——以〈国家宝藏〉为例》,《当代电视》2018年第364卷第8期。

[7] 张秀成:《综艺节目创新应植根优秀传统文化》,《中国广播电视学刊》2016年第6期。

[8] 叶颖文、张建军:《浅谈文化综艺成功经验探析与启示——以〈中国诗词大会〉为例》,《东南传播》2017年第6期。

数字资本主义批判

孟宸铭/高三　瞿丽芳/指导老师

西安市高新第一中学

摘要：本文基于马克思主义劳动异化论论述了在数字资本主义时代，异化现象不再只局限于工人阶级，也不再只局限于社会生产领域，而是广泛地深入了社会各个方面。通过大众媒体，社会将各种虚假需要强加于个人，个人无时无刻不处于被数字化、物化；除此之外，社会政治也受到了深刻影响，去中心化社会运动与民粹主义越来越威胁着传统政治的运作方式。

关键词：数字资本主义　数字　异化　政治　无产阶级革命

著名的马克思主义者赫伯特·马尔库塞在其名作《单向度的人：发达工业社会意识形态研究》中曾说："（在发达工业社会）在我们的大众传播工具把特殊利益作为所有正常人的利益来兜售几乎没有什么困难。社会的政治需求进一步发展为个人的需求与愿望，其满足刺激企业和公共福利。而所有这些似乎都是理性的具体体现。然而，此时的社会作为一个有机的整体是不理性的。"[①] 在如今社会，数字资本、"大数据"盛行，淘宝、京东等商家利用庞大的用户数据已实现对于每一个用户个人

---

① ［美］赫伯特·马尔库塞：《单向度的人：发达工业社会意识形态研究》，上海译文出版社2016年版。

爱好的定位，从而精确地投放广告，"双十一""双十二""八一八"等消费节耳熟能详，它们都是近几年来才被创造以刺激生产与消费。在西方世界，民主的选举也遇到了前所未有的挑战，网络社交媒体的普遍存在不仅压缩了传统媒体的生存空间，也让民粹主义盛行。数字资本主义正是这样一个充满了矛盾与张力的形态，它越显得理性，社会越疯狂；它越是让市场有序化，社会越是无序与混乱；个人毫无节制的消费自由越是受到鼓励，个人自由、私密的空间，越是被压缩。这是一个彻头彻尾的当代弗兰肯斯坦。本文将基于马克思主义政治经济学力图去分析数字资本主义以及它如何影响社会与个人。

一　何为数字资本主义

格奥尔格·卢卡奇认为，决定古代和中世纪与现代资本主义本质差别的事物，即资本主义最根本的规定性特征就是在当下资本主义社会"商品……在成为整个社会存在的普遍范畴",① 可以说就是商品形式的普遍性。那么，究竟是什么规定了数字资本主义呢？我们可以认为，是数字商品形式的普遍性，数据、数字作为一种商品形式对整个社会具有不可或缺的作用，其他所有商品、生产主体与客体都可以作为一个数据存在，而掌握了这些数据的社交平台、电子商务平台作为资本集团登上了历史舞台，"它不仅仅是买卖双方的第三方平台，也是规则的制定者和权力的拥有者，而让它获得至高地位的，正是这种令人称道的新型资本：数字资本"。② 其他形式的资本如产业资本、金融资本在资本运作过程也依赖这些数字资本。而数字资本的来源却恰恰来自个人在消费过程中完成的一系列操作，产生数据的"原材料"经由加工成为具有价值的数字资本。而这些"原材料"的获取与收集，对于拥有数千万用户的各类平台来说几乎是免费的，甚至也无须消费者的准许。我们可以发

---

① ［匈］格奥尔格·卢卡奇:《历史与阶级意识》，商务印书馆2017年版。
② 蓝江:《从物化到数字化：数字资本主义时代的异化理论》,《社会科学文摘》2018年第12期，第79—81页。

现,数字资本主义与工业资本主义的巨大不同也表现在这里,对于资本来说,它不只是在劳动过程中生产,在个人的空闲时间里同样也可以被创造。那么空闲时间与工作时间之间的界限被抹杀了,首先都作为创造价值的劳动时间而存在,同时,各种广告、推送,这些依赖于数字资本的东西也开始有意识地进入了原本属于个人的领域。个人的空闲时间中充斥着广告信息与各种形式的消费引导,所以,自由时间极大地被压缩了,因为"'自由'时间并非'闲暇'时间。后者盛行于发达工业社会,但就它受商业和政治支配的程度而言,它是不自由的"。① 通过对人们消费的支配,数字资本极大地促进了产业资本、金融资本的扩张,其自身的价值也越发凸显。综上所述,我们看到数字资本主义拥有着三重规定性,在形式上,数字作为一种商品形式普遍存在;从根源上来看,它源于大量数据商品在各种层面的私人占有;在经济运行中来看,则体现在它既不从属于产业资本,也不从属于金融资本的独立数字资本形式。

二 数字资本主义与异化

劳动对象的专门化与劳动过程的机械化直接导致了——劳动,作为人的"类本质"却始终陷于一种被计算与量化的困境。工业流水线式的生产过程使劳动的个体差异、创造性与能动性无一例外地服从于劳动的同一化。这使得劳动时间如空间一般可以精确地切割与计算,排除了不可计算的因素后,时间成为唯一决定人价值的标准。在这种情况下,劳动状态的每个人都会以自己的标准来对别人进行观察。于是,一种叫作"工具理性(Instrumental rationality)"的思维开始盛行。在这种思维的影响下,即使整个资本主义社会认为经济活动中的每个人都是理性的,但整个社会在根本上是非理性的。因为物化意识下的主体漠视了道德、人伦、创造力这些不可计算的价值,反而将效益最大化作为行为的最高准

---

① [美]赫伯特·马尔库塞:《单向度的人:发达工业社会意识形态研究》,上海译文出版社2016年版。

则。这种物化意识的盛行伴随了工业资本主义的始终，在数字资本主义下，我们很容易地发现，这种异化、物化非但没有消失反而大大地加强了。

正如上文提到的，数字资本主义进一步压缩了个人的自由空间，将其转化为充满着强加"虚假需要"的各类信息。这是一个典型的"潜化（introjected）"过程。人们在不知不觉间，惬意地在休息时将外部强加需要内化为个人需要。比如一个蝙蝠侠电影爱好者，在反复地接受蝙蝠侠手办的广告后，为了彰显其自身关于蝙蝠侠迷这一群体的身份认同，他也会去购买手办，尽管这个物品并非为他所需。同样地，数字资本主义十分有可能大大增加这一潜化。首先，数字资本主义之下，借助智能手机等现代通信工具，传播广告的速度、频率加快了，个人无时无刻不处于各种信息的包围之中。比如：七夕情人节，并不是一个那么"传统"的节日，它更多的是一种自然天象崇拜，甚至在某些地区也反映了父权制与母权制的对立。但是在网络社会，各种广告将七夕节直接与情人相连，似乎直接捏造了一个新的"传统节日"，因此情侣们为了表示对情感的忠诚，不得不购买相关的礼品，社会生产部门便轻松地将社会扩大再生产，增加消费的需求移植为个人需求。事实上在这样的一个社会，人们只有经济自由而无拒绝经济的自由，无拒绝消费主义的需求。其次，这些信息的渗透能力大大提高，不只是通过传统的营销方式，而是通过不断的信息推送，每个人从早起打开手机开始就受到推送信息的影响。个人的价值观、世界观往往受这些信息左右。比如，2019 年 1 月 27 日，全球网络从伊朗塔西姆通讯社（Tasnim News Agency）传送了一条信息，提出伊朗伊斯兰极端主义组织的 40 名领导人在美国军方的帮助下从阿富汗西北部的塔利班监狱中逃脱。① 可是这条来自所谓伊朗塔西姆通讯社的消息，事实上缺乏认证手续，而伊朗国内的官方媒体也没有相关的报道。往往信息接收者处于一个被动且无意识的状态，大部分新闻阅读者不会仔细看这个新闻，甚至只会扫一眼弹出的消息，但是这个消息已经留下

---

① 无法找到该报道，故引用大众网 http://www.dzwww.com/xinwen/guojixinwen/201901/t20190128_18340993.htm?from=singlemessage。

了一个印象："美国正在支持恐怖主义在中东地区的蔓延。"枉论这个印象的正确性,但是仅仅通过一个来源并不可靠的消息得出这个结论显然是缺乏充分论证的。

除了个人的辨别能力大幅下降,价值观与世界观更容易被海量信息所操纵外,人与人之间的关系也被抽象化甚至数字化。在这种数字资本主义社会,个人的现实感、社会感被削弱了。这里所指的不是简单的家庭幸福、社区幸福被破坏了。更重要的是,个人在网络中的交流并没有通过现实性的媒介,在马克思主义的传统语境中,"人与人之间的联系无外乎是人与人之间的物质联系",而这个物质联系一定是实际的生产过程。但是网络社会中的联系并不是如此"具有现实性"的联系,比如说我随意交一个网友,并非取决于我们具有直接现实性的生活,更多是随便地翻一翻"可能认识的人"之类的。所以这种网络社会所带来的直接结果是,政治信仰变成了一种兴趣而非一个严肃的问题,在国内网上所谓的"键政圈"可以看到,一些号称马克思主义或自由主义或保守主义的人并没有试图将这些主义付诸行动,而是更多地作为一种"课外兴趣"。同样由于在网络上人与人之间的联系不具有直接的现实性,故在网络上团结起来的政治组织更像是社会团体、俱乐部,这些团体只是拥有共同兴趣爱好的人,而不具备一个先锋队的性质。例如,法国的"黄背心"运动,它直接通过网络组织起来,而不是传统的政治实体,比如工会、政党、国会。因此这样的一个运动,往往阶级界限模糊,不是出于阶级意识,而是出于直接的愤怒,这种愤怒来源于什么呢,往往是非理性的煽动。这种在情绪下掀起的社会运动,看似是十分革命的,比如法国的"黄背心"运动,但是事实上只是一种手段激烈的改良主义运动。法国新反资本主义党与法国共产党,甚至是全国总工会这些传统的激进左翼组织几乎在开始一直被排斥在运动外。这与社会民主工党在1905年革命与布尔什维克党在十月革命的情况完全不同。"黄背心"运动这类由网络组织起来的非中心化群众运动不仅参与阶级复杂,运动的诉求也不一致,这导致运动演变成对现存秩序"无害的否定",或者说,压根儿就是对"他们不再想象另一种生活方式,而是想象同一生活方式的不同类型或畸形,这是对既定秩序的肯定"的认可。① 从根本上,原因在于运动不再寻求从现实中,从人与人的社会联系中发动群众,工会、代表某一固定阶级利益的政党被运动所排斥。这使得运动本身成为一个愤怒的俱乐部。同样地在英国脱欧公投中,通过数字资本操纵选民的情况也一再出现。曾为英国脱欧派服务的著名数据分析公司剑桥分析(Cambridge Analytica),曾先后参与美国参议院选举与美国 2016 年大选。其主要手段就是通过心理学手段,借助网络平台(比如剑桥分析曾非法获取 Facebook 的网民数据)预测选民动向。可见数字资本主义直接影响了现实政治的运作方式,增加了民粹主义情绪释放的空间与可能性。

除此之外,数字资本主义对个人的异化同样也是一个严肃的问题。从上一段的结论出发,数据成为人与人之间中介管理的方式。我们每一个人的存在都必须转化为数据形式存在,才能作为一个可计算的部分为社会所接纳,任何人任何事必须转换为数据的形式才得以呈现,在支付宝之类的软件上,人与人之间的关系仅仅成为叔侄之间的相互对应,数据成为建构人与人之间关系的新形式。但是数字资本主义时代下,数字资本的直接来源是普通人在生产、交换、消费过程中所产生的大量数据。这些数据往往被大资本家所垄断。反而与数据的生产者相对立,这与卡尔·马克思所说的"劳动产生的客体,即劳动的产物,作为异己存在,作为独立于生产者的力量,是与劳动相对立的"非常类似。劳动产品固定在一定的客体上,劳动产物,这是劳动的客体。劳动的现实是劳动的对象化。在国民经济的实际情况中,劳动的现实表现为劳动者的不切实际,物化表现为物的丧失和物的奴役,占有表现为异化和外化。②

三 变革的可能

数字资本主义迄今为止已经有 30 多年的历史。在这短短的 30 年里,

---

① [美]赫伯特·马尔库塞:《单向度的人:发达工业社会意识形态研究》,上海译文出版社 2016 年版。

② 卡尔·马克思:《1844 年经济学哲学手稿》,人民出版社 2014 年版。

它已经改变了资本主义社会的制度、经济和文化。21世纪，世界的政治生态出现了巨大转变，从叙利亚战争中的库尔德人民保卫军（YPG）、库尔德妇女保卫军（YPJ）以及MLKP土耳其马列主义共产党牵头，联合全世界志愿进入叙利亚作战的左派组织，成立的IFB国际自由营到巴西反抗博尔索纳罗的无畏人民阵线（Frente Povo Sem Medo），左翼运动在沉寂了几十年后再次进入人们的视线。但是这些运动往往缺乏对现存秩序的彻底否定，没有演变为群众激进化与彻底终结资本主义的努力。这在很大程度上是根源于数字资本主义对工人阶级否定性的削弱，工人阶级似乎失去了传统的阶级认同而被企业文化、企业认同所笼罩。随着管理体制的进一步丰富与完善，工人阶级更多地参与到公司的决策制定过程中来，这一切都使得工人阶级似乎无法再与资本主义社会有根本性的矛盾。虽然这些变化并不能补充这样一个事实，即"个人无法控制甚至是参与到关于生死、人身安全甚至国家安全的决策中来。发达工业文明的奴隶是崇高的奴隶，但他们毕竟也只是奴隶。这是因为奴隶制的存在既不是由服从也不是由工作难度来决定的，而是取决于人作为一种单纯的工具而非作为具有独立人格而存在的状况"。

　　数字资本主义在削弱工人的革命性时，它也为新的无产阶级革命埋下了伏笔，大数据技术为未来社会主义社会提供了发展更先进计划经济体制的可能。网络所引起的去中心化社会运动更难被平息。通过互联网，将世界相联通，这使国际主义的左翼团结成为可能，未来可能在革命中不再需要某一个作为中枢的先锋队党存在。更多生产过程的自动化与智能化提供了马克思所期望的爆炸性前景："……但随着大型工业的不断发展，创造现实的财富不再取决于劳动力的数量和劳动力的质量，而是取决于Agentien在工作时间内使用的力量。动态本身及其动态效果与其自身生产中消耗的直接劳动时间并不成正比。与此对应，它取决于一般科学水平、技术进步程度，以及科学技术在生产中所获得的更多应用。……劳动力表明，不值得继续被纳入生产过程，因为人们只与生产过程中的管理者和监管者的地位有关。……劳动者已不再是生产过程的主要动力了。在这个转变的过程中，生产和财富的主要支柱，不是人自己的直接劳动，也不是人从事劳动的时候，而是人的一般生产力，它被人类占据着。人类对自然的理解以及人类通过其作为社会有机体的客观存在所征服的自然——一句话，发展起来的社会的个人，现有财富的基础是对他人的劳动时间的强取豪夺，这跟新发展起来的、由大工业自身作为的基础是无法相提并论的。一旦财富的主要来源不再是直接形式的劳动，工作时间就无法继续作为财富的衡量标准。此时不能再用交换价值来衡量价值。群众的剩余劳动不再是发展一般财富的条件，少数人不劳而获也同样不再是发展人类一般智力的条件。这样一来，基于交换价值的生产崩溃了……"

参考文献

［1］王治东、叶圣华：《数字·技术·资本：数字资本主义的生成逻辑》，《沈阳大学学报》（社会科学版）2018年第20卷第6期。

［2］蓝江：《从物化到数字化：数字资本主义时代的异化理论》，《社会科学文摘》2018年第12期。

［3］朱筱倩：《传播与劳动：景观社会中的网络直播》，《今传媒》2018年第26卷第8期。

［4］郭倩：《数字经济时代下的数字劳动与受众商品化——以支付宝年度账单及2017年账单"被同意"事件为例》，《海南大学学报》（人文社会科学版）2018年第36卷第4期。

［5］赫伯特·马尔库塞：《单向度的人：发达工业社会意识形态研究》，上海译文出版社2016年版。

［6］［美］卢卡奇：《历史与阶级意识》，商务印书馆2017年版。

［7］［匈］卡尔·马克思：《1844年经济学哲学手稿》，人民出版社2014年版。

经济篇

企业跨国并购中的文化冲突与应对策略
——以吉利收购沃尔沃为例

方书仪/高三　孙妍/指导老师　海宁市高级中学

摘要： 在经济全球化的背景下，中国企业海外并购逐渐活跃。文化冲突的化解则是并购成功的决定性因素之一。企业在并购的过程中会遇到哪些文化冲突？又该如何化解呢？本文以中国本土汽车品牌吉利并购沃尔沃中成功化解文化冲突为典型案例，通过对此案例的定性分析，为中国企业进行海外并购如何应对文化冲突提供实践指导。

关键词： 企业并购　中国企业国际化　文化冲突

一　引　言

经济全球化的深入为世界经济增长提供了强劲动力。中国政府积极响应经济全球化发展趋势，在"一带一路"倡议的框架下积极鼓励企业"走出去"。中国企业通过海外并购等直接投资的方式，积极参与其他国家的市场开发和经济技术合作。海外并购呈快速增长趋势，已成为我国大型企业进军国际市场的有效手段。2016年，中国共对全球164

个国家和地区的 7961 家境外企业进行非金融直接投资，累计折合 1700 亿美元。①

然而，联合国开发计划署、商务部研究院以及国资委研究中心联合撰写的《中国企业海外可持续发展报告》② 指出：虽然中国海外并购数量在增加，但是跨国并购过程中的不确定性仍很大程度地存在，包括"市场、地域、政策、文化"等因素的影响。其中，文化冲突对跨国并购的成功与否影响尤为巨大，正确化解文化冲突，有利于中国企业海外并购的价值创造和多元平衡的管理体系的构建。文化的有机融合能成为企业发展的黄金"软实力"。但是，研究数据表明：有 40% 的跨国并购会面临失败，而其中 70%③ 的失败原因是文化整合的失败。本文通过"吉利收购沃尔沃"的案例分析，探讨文化冲突在跨国并购中的影响，总结并购过程中合理化解文化冲突的有效办法，并试图寻找中国企业"走出去"遇到的普遍性的文化冲突障碍和解决之道，为中国企业解决海外并购文化冲突、顺利实现跨国并购提供参考和借鉴。

二　吉利企业的基本情况

浙江吉利控股集团有限公司是我国汽车行业十强企业中唯一一家民营企业。该企业于 1986 年成立，经历 30 多年的建设和发展，在汽车、摩托车、汽车发动机、变速器、汽车电子电气及零部件方面获得辉煌业绩。吉利集团凭借自身机制优势和创新能力，连续多年进入全国 500 强企业，被评为我国汽车行业 50 年里发展快速和成长最好的企业。

多年来，吉利注重企业的国际化业务发展，跨国并购为其全球化布局做出了重要贡献；2010 年完成并购后，吉利企业在欧洲市场的收入为 33668 万元，到 2011 年达到 73395 万元，在 2012 年更实现了质的飞跃，

---

① 陈砺：《一带一路倡议下中国对沿线国家投资特点及政策建议》，《对外经贸》2017 年第 10 期。
② 孙淑伟、何贤杰、王晨：《文化距离与中国企业海外并购价值创造》，《财贸经济》2018 年第 6 期，第 130—146 页。
③ 《中国企业并购后文化整合调查报告》，德勤，2010 年。

营业收入比前一年翻了三倍，高达 219400 万元。①

三 吉利并购沃尔沃的过程

（一）并购动因

经济全球化是生产力发展的产物，又推动生产力的发展。它促进了贸易大繁荣、投资大便利、人员大流动、技术大发展。中国要发展更高层次的开放型经济，对汽车产业资本全球化的需求进一步凸显。吉利顺应这一宏观趋势，积极进行全球化战略布局，寻找最优区位，包括寻求技术支持，开拓国外市场，提高品牌效应。

1. 技术升级的需求

吉利汽车长期以"低端廉价"的面孔示人，主要以成本优势，打价格战，在技术层面与国外有很大差距。在自主品牌企业造高档车难度大，造中低价位车的难度比较小，国内市场急需引进高档汽车生产核心技术。

吉利从 2007 年开始战略转型，提出要以品牌、技术服务赢市场，要造最安全、最环保、最节能的好车。并购是获取沃尔沃汽车先进技术，实施企业转型升级的战略需求。而欧洲是汽车产业的发展重镇，沃尔沃又是欧洲的杰出汽车品牌，内含先进的技术研发经验；因此通过海外并购，可以用较低的成本，获取到梦寐以求的核心技术，解决吉利自主创新所面临的知识产权问题。吉利成功收购沃尔沃，将科技与传统工业相结合，是吉利实现技术跨越的一个捷径。

2. 国际市场开拓的需要

沃尔沃在海外市场具有完备的销售网络和分销渠道，在全球超过 100 个国家拥有 2500 家经销商。并购可使吉利获得沃尔沃在全球的销售渠道，实现吉利及零部件在欧洲市场的比例迅速提升，实现在发达国家汽车市场你中有我零的突破。

欧洲历来在反倾销方面审查严格，中国很多品牌由于面临高额的关税而无法进入欧洲市场。吉利通过并购，绕开了欧洲极高的关税壁垒，

---

① 资料来源：Wind。

不仅降低了吉利企业的销售成本,也保持了欧洲市场销售额持续增长。

3. 品牌效应打造的需要①

吉利一方面积极自创品牌,不断提升自己创建的"吉利"系列汽车品牌的价值和竞争力,通过并购吸取沃尔沃先进的品牌建设经验;另一方面抓住收购沃尔沃的机遇,在欧洲市场打响了吉利的品牌形象,并将沃尔沃这个国际知名品牌引入吉利的自主品牌中,不断丰富和完善了吉利的品牌体系。

(二) 并购过程

2002年,吉利公司刚拿到汽车生产许可证,当年,在浙江临海召开的一次公司中层干部会议上,李书福提出一个石破天惊的构想:"我们要去买沃尔沃,现在起就应该做准备了!"2007年5月,李书福发出《宁波宣言》,以此为标志,吉利开始实施战略转型,为收购沃尔沃奠定了坚实的基础。之后李书福屡次联系美国福特汽车总部负责人,表达吉利对收购沃尔沃的兴趣,但都被拒之门外。

2008年,金融危机在全球蔓延。这年上半年,美国汽车市场销量下滑了17%。相比之下,中国汽车市场则在逆势上扬,同期市场销量上涨了10%。在这一大背景下,著名的投资银行法国洛希尔银行董事会在经历了几番争辩和讨论后,最终决定接受吉利"沃尔沃项目"。2009年3月,吉利向福特提交第一轮标书。拿到"路条"之后的吉利,迅速进入了收购沃尔沃的下一个阶段。2009年4月1日起,沃尔沃并购项目团队开始进行为期4个月的尽职调查。尽职调查结束之后,吉利向福特提交第二轮标书,围绕并购的谈判正式开始。2010年3月28日,吉利以18亿美元股权收购沃尔沃,与福特最终签订协议,包括了9个系列产品,3个最新平台,2400多个全球网络,4000名研发人员。②

---

① 北京新世纪跨国公司研究所、三亚全球公司研究中心:《吉利走向全球公司之路——对吉利公司全球化发展路径的研究》,《中国发展研究》2016年第2期。

② 陈莹:《吉利并购沃尔沃的多层次文化整合与技术创新能力提升的关系研究》,硕士学位论文,苏州大学,2018年,第1—78页。

四 并购中的文化冲突

如前文所述,虽然企业在"走出去"的过程中有多个因素会影响企业后并购时期的可持续发展能力,包括政府政策、东道国制度环境、企业管理制度、创新能力、文化冲突等;但本文将着重阐述并购过程中出现的文化冲突这一"软指标",因为从某种程度上来说,文化这一非正式制度的重要性甚至超过了财务、技术、市场等正式制度。

(一)潜在的文化冲突[①]

从宏观角度看,文化冲突的根本原因在于种族、民族、经济、职业、哲学以及其他各种文化中所存在的差异。当不同规范准则出现在相邻文化区域时,相对立的文化冲突就会产生。从微观的企业角度来看,当一个集团的规范准则扩张到另一个集团的领域时,员工价值观、知识水平的差异造成企业间文化的冲突,包括团队管理方式的差异、企业经营理念的差异等。溯其本源,企业文化的差异本质上是东西方民族文化的差异,包括集权与民主,等级与平等,权利观、幸福观,个人主义和集体主义等。

1. 企业内部的文化冲突

第一是管理方式不同。沃尔沃强调的是员工的个人利益,管理层与基层员工之间主张平等相待,更看重年轻人的活力和创造;而吉利集团则强调层层分级,下级服从上级的观念比较突出,主张"尊敬长辈""论资排辈"。并购过程中一定会面临对管理层的调整和员工的分流安置问题,如果不能够妥善处理,将对企业的经营发展造成巨大的影响。

第二是经营理念不同。沃尔沃的经营理念是造"世界上最安全的汽车"。由此可见,瑞典人强调用户的基本诉求,更加看重品牌和质量,销量在沃尔沃人的心中并非居于首位。而吉利的口号是"让世界充满吉

---

① 林炜坤:《跨文化管理吉利成功收购沃尔沃案例分析》,https://wenku.baidu.com/view/9f036a86a48da0116c175f0e7cd184254b351bd8.html,2019年1月30日访问。

利"。企业视销量如生命,为了能在市场生存下来,更强调客户至上,市场需要什么样的车,就造什么样的车来满足消费者。经营理念的不同会导致企业战略目标差异,最终影响企业发展方向甚至存亡命运。

2. 民族文化背景差异[①]

企业的文化传统、价值取向、经营理念、管理方式等的不同,本质上是不同民族的地理环境、历史沿革、制度管理等差异造成的。

从中国、瑞典的社会文化背景来看,两国民族文化存在较大冲突,包括集权与民主,等级与平等,权利观、幸福观,个人主义和集体主义等。资料显示:中国的个人主义文化取值为11,远低于瑞典的71。说明中国集体主义价值观在文化中占主导地位,这与中国几千年的儒家文化有关,强调集体利益高于个人利益。而瑞典则更倾向个人主义文化,个人发展赢得上级的支持和尊重。具体而言,中国企业的员工加班加点已是常态。而在瑞典,只要是休息时间哪怕是董事长召开会议或者是紧急订单任务,员工都可能理直气壮地拒绝。

中国企业跨国并购面临的文化冲突,如预估不足或处置不当,可能直接导致并购失败。即便并购成功,也有可能因为文化冲突,给企业带来创新不足、效率低下、沟通受阻、人心涣散等影响,甚至是罢工,严重偏离并购初衷。

(二) 吉利化解文化冲突的措施

1. 一企两制,和谐相处

如何使两个文化背景存在巨大差异的企业融合到一起?李书福在北京召开"并购沃尔沃轿车公司协议签署"媒体见面会时给出了答案:"吉利是吉利,沃尔沃是沃尔沃,两者是兄弟关系,不是父子关系。"[②] 为了保持沃尔沃的稳定发展,公司采用了分而治之的方式,分别对吉利和沃尔沃两个公司进行管理。吉利集团下属吉利汽车和沃尔沃汽车两个完全

---

① 林炜坤:《跨文化管理吉利成功收购沃尔沃案例分析》,https://wenku.baidu.com/view/9f036a86a48da0116c175f0e7cd184254b351bd8.html,2019年1月30日访问。

② 北京新世纪跨国公司研究所、三亚全球公司研究中心:《吉利走向全球公司之路——对吉利公司全球化发展路径的研究》,《中国发展研究》2016年第2期。

独立的公司，整合后的"新吉利"形成了双轨运行的组织管理架构。吉利和沃尔沃之间设立了"沃尔沃—吉利对话与合作委员会"，以保证双方及时、高效、无障碍地就制造和供应汽车产品、开发新产品和相关技术以及产品市场推广等各个层面的合作进行探讨。

2. 统一核心价值观①

虽然两公司分而治之，但却共享同一个核心价值观——吉利公司标语变更为"造最安全、最环保、最节能的好车，让吉利汽车走遍全世界"。这与两家公司原来的企业精神均较为契合，使吉利和沃尔沃站在不同的起点，向着同一个目标奋斗，带给员工更多的认同感和归属感。

3. 制定合理的人力资源管理策略

人才是企业中最重要的无形资产之一，良好的人力资源策略是解决企业人才稳定性的关键所在，只有通过好的人力资源政策，才能够缓解员工在新的企业文化中面临的压力感和浮躁感。

一方面吉利在并购过程中组建一个专门的过渡团队来增加员工的参与度。员工会因为对团队的信任而感觉不被忽视，更加能够理解公司的行为，也会比较有参与感。而且员工也可以更加了解自己的处境，便于主并企业双方的员工之间进行有效的沟通工作。另一方面吉利为了能够留住人才，制定一系列的政策来激励员工，让人才对企业未来的发展充满信心，并且让他们看得到以后自身的前途和利益，从而积极为企业创造价值。此外，作为主并企业的吉利员工担任目标公司的管理层职位。同时培养目标公司管理层对公司的忠诚度，并且委以重任。相对于委派本企业的员工而言，目标公司的员工能更好地适应目标公司国家的文化，从而提高目标公司的管理效率。

4. 沟通互信，促进文化融合②

在并购沃尔沃之初，吉利就邀请沃尔沃的四个工会代表到工厂、车间全面了解吉利与员工的关系，请他们去全国总工会、浙江省总工会了

---

① 林炜坤：《跨文化管理吉利成功收购沃尔沃案例分析》，https://wenku.baidu.com/view/9f036a86a48da0116c175f0e7cd184254b351bd8.html，2019 年 1 月 30 日访问。

② 北京新世纪跨国公司研究所、三亚全球公司研究中心：《吉利走向全球公司之路——对吉利公司全球化发展路径的研究》，《中国发展研究》2016 年第 2 期。

解相关情况。沃尔沃工会对吉利的价值观念有了一个全面深入的了解，增进了合作互信。另外，吉利鼓励思想碰撞，强调人文关怀，用"和而不同"包容各种建设性意见，确保企业沿着设定的战略轨道可持续发展。鼓励企业员工使用中瑞两国语言交流，拉近双方的心理距离，建立友好的感情基础。如此一来，吉利和沃尔沃将培养出大批目前稀缺的跨文化管理人才，为企业的融合与发展提供更大的助力。

经过创新的治理，吉利有效避免了由于文化冲突而可能造成的大规模亏损。时隔八年再反观并购成效：沃尔沃全球年销量达53.4万辆，创历史新高，营业额同比增长10%，利润更是大涨66%；吉利汽车年销量124.7万辆，同比增长63%，[1]成功跻身百万俱乐部。2014年11月20日，李克强总理在浙江考察吉利控股集团时说，"吉利汽车不仅是让国人骄傲的民族品牌，更了不起的是，吉利走向了世界，还收购了全球知名汽车公司。吉利汽车的发展史，就是中国经济不断升级的缩影"。

五 中国企业跨国并购中应对文化冲突的启示

吉利并购沃尔沃的成功，有一系列偶然及必然因素，其中必然包含了"吉利比较成功地化解了跨国并购中的文化冲突"因素。同样相似的案例——上汽收购韩国双龙却折戟于文化差异。因此，如何正确、有效、妥善、合理地面对、解决跨国并购中的文化冲突问题，对当下中国企业"走出去"更好地发展具有普遍的借鉴意义。

（一）充分评估，先谋后动

1. 应当把文化差异视为并购前期准备工作的重要方面并加以认真评估，认清目标国家文化以及目标企业和中国文化以及中国企业间的文化差异具体表现。

---

[1] 许新宇：《基于并购动机的并购绩效分析——以吉利收购沃尔沃为例》，《资本运营》2015年第29期，第115—116页。

2. 把解决文化冲突的难易程度放到整个并购的战略意义中进行考量，从而作出"是否应当或是否不应当因为文化差异而放弃并购"的决策。

3. 一旦启动并购，要事先制定解决文化冲突的一整套预案，并寻找最接近的相关案例加以比较对照，或追溯其他政治、制度、地理等因素对解决文化冲突的影响，以便模拟验证方案的可行性和实施难度。

（二）合理选择文化整合模式

根据两家企业各自文化的高级程度、文化根植深度、企业不同的发展阶段等综合情况考虑，分别采取不同的整合模式，可分为分离式整合模式、注入式整合模式、混合式整合模式等。[①] 其中，混合式整合模式是最难整合的一种模式但是也是最好的一种模式。混合式文化整合模式能够使企业整体的竞争力加强，并购后企业的文化既不像注入式那样强制，也不像分离式那样隔离，而是将各自的企业文化互相融合，取长补短，实现更好的创造，因此常常被企业考虑在内。

（三）尊重文化多样性，注重有效沟通

和而不同，源于中国传统文化的核心，也是跨国并购遇到文化冲突时应当遵循的普遍原则。前述三种整合模式均应遵循这个原则，哪怕是消亡式整合也要尊重目标公司人员所在地的基本民风民俗。在此基础上，实施有效的人际沟通，包括态度、语言、体态、反馈等基本要素，也包括换位思考、双向交流、情绪表达、制度等沟通技巧。

文化多样性区别于文化冲突。一个企业保持适度的文化多样性，反而对企业发展有推进作用。美国学者布朗通过研究大量企业跨国并购案例，得出一个结论：企业并购文化冲突强弱程度与企业经营成果呈倒"U"形曲线关系。[②]

[①] 林炜坤：《跨文化管理吉利成功收购沃尔沃案例分析》，https://wenku.baidu.com/view/9f036a86a48da0116c175f0e7cd184254b351bd8.html，2019年1月30日访问。

[②] 刘玉冰：《企业海外并购的文化冲突与整合策略》，《财会通讯》2018年第29期，第97—100页。

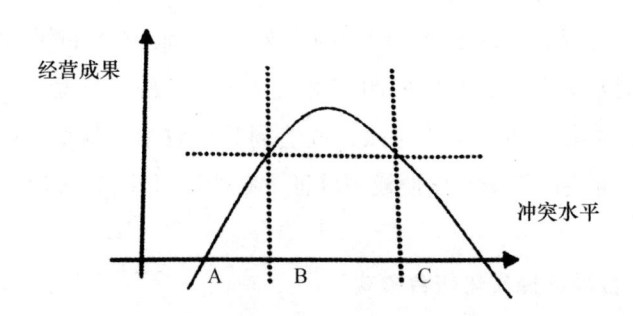

图1　企业并购文化冲突水平与经营成果关系示意图

如图 1 所示,当文化冲突在 A 阶段时,冲突太少导致企业动力不足,企业发展较为保守。在 B 阶段时,文化冲突整体处于适当水平,文化冲突的正面效益得到充分发挥,有助于企业获得更高的经营收益。在 C 阶段时,文化冲突过于激烈,不利于企业文化整合,将导致企业并购失败。因此文化冲突带给企业的影响除了负面的还有正面的,适当的文化冲突有助于企业互相学习和借鉴成熟经验,推动企业创新发展与文化多元发展。

(四) 重建人力资源管理体系[①]

在企业跨国并购过程中,人力资源政策本身也要发生变化。如何在并购后选择合适的人力资源管理政策,并将其迅速有力地贯彻执行下去,是决定文化整合成败的关键因素之一。

重建人力资源管理体系中有两个关键要件。一是人力资源管理导向,不能一味强调主并企业和目标企业间的平衡,重点要看机会的平等以及人力资源投资回报的公平,通俗讲就是人尽其才和绩效管理。在合法、合规经营的前提条件下,积极招募东道国本土的具有优秀管理才能的管理人才,积极与当地的其他企业以及企业协会建立良好的关系。二是目标企业的核心人才(团队),他们掌握了企业生产、经营、制造等多项技

[①] 林炜坤:《跨文化管理吉利成功收购沃尔沃案例分析》,https://wenku.baidu.com/view/9f036a86a48da0116c175f0e7cd184254b351bd8.html,2019 年 1 月 30 日访问。

术信息，一旦流失，不仅对企业后续发展产生影响，甚至造成泄密；一旦留用，会对并购后的企业做出巨大的贡献。因此，对于目标企业的核心团队，要让他们适当进入并购实施前期阶段，以示尊重；要听取他们对于企业战略发展方向的意见建议；要通过重建人力资源管理体系给予他们应得的绩效回报和施展平台。

参考文献

［1］陈砺：《一带一路倡议下中国对沿线国家投资特点及政策建议》，《对外经贸》2017年第10期。

［2］刘玉冰：《企业海外并购的文化冲突与整合策略》，《财会通讯》2018年第29期。

［3］孙淑伟、何贤杰、王晨：《文化距离与中国企业海外并购价值创造》，《财贸经济》2018年第6期。

［4］许新宇：《基于并购动机的并购绩效分析——以吉利收购沃尔沃为例》，《资本运营》2015年第29期。

［5］郭盼盼：《企业并购中问题与应对措施——以吉利收购沃尔沃为例》，《现代企业》2018年第5期。

［6］陈莹：《吉利并购沃尔沃的多层次文化整合与技术创新能力提升的关系研究》，硕士学位论文，苏州大学，2018年。

［7］林炜坤：《跨文化管理吉利成功收购沃尔沃案例分析》，https：//wenku.baidu.com/view/9f036a86a48da0116c175f0e7cd184254b351bd8.html，2019年1月30日访问。

［8］《中国企业并购后文化整合调查报告》，德勤，2010年。

［9］北京新世纪跨国公司研究所、三亚全球公司研究中心：《吉利走向全球公司之路——对吉利公司全球化发展路径的研究》，《中国发展研究》2016年第2期。

"一带一路"背景下人民币国际化的机遇与挑战

韩炳南/高三 黄艺璇/指导老师 山东省邹平一中

摘要： 2008年金融危机后，中国大力推动人民币国际化，促进了中国经济实力的提升和国际货币体系的稳定。中国提出"一带一路"倡议，推动沿线国家经济发展的同时也为人民币国际化提供了宝贵的发展机遇。二者协同发展是中国梦实现的必由之路。本文将探讨"一带一路"倡议下人民币国际化的机遇与挑战。首先，概述"一带一路"与人民币国际化的概念、作用与现状，认识到"一带一路"倡议对人民币国际化既是机遇又是挑战。其次，具体指出"一带一路"能从贸易、投资、金融服务支持机制和信用四个方面促进人民币国际化。再次，分析"一带一路"给人民币国际化带来的政治风险、安全冲突风险、市场竞争风险、金融风险、国际限制。最后，从国内、国际两方面提出保持经济稳定发展、金融市场改革、借助"一带一路"逐步推进人民币国际化进程、加强国际合作等建议。

关键词： "一带一路" 人民币国际化 基础设施建设 政治风险

一 人民币国际化与"一带一路"

人民币国际化是指人民币能够跨越国界，在境外流通，成为国际上普遍认可的计价、结算及储备货币的过程；也是人民币在世界上的地位提高，并逐步成为各国公认的世界货币的过程。

从 2009 年跨境贸易人民币结算业务试点开始到 2018 年已经过了 9 年，人民币国际化程度不断加深。2014 年，人民币跨境支付系统（CIPS）在上海建立，为人民币国际化提供了硬件支持，使得人民币发展为全球第五大支付货币，人民币离岸中心的布局逐步发展。2015 年，IMF 宣布将人民币正式纳入特别提款权（SDR），是人民币正式成为国际货币的重要标志，央行与 33 个国家的货币当局签署了达 3.3 万亿元的互换货币，这表明国际货币基金组织对人民币国际储备功能的认可。人民币国际化的发展主要表现在三个方面：第一，人民币国际化指数不断增加。从 2012 年第一季度人民币国际化指数为 0.55 到 2017 年的 3.13，说明近五年来人民币国际化水平在不断提高。第二，跨境贸易人民币结算额的不断增加。2012 年，人民币跨境贸易结算额为 2.94 亿元；2016 年，人民币跨境贸易结算额为 5.23 亿元，五年增长近两倍。第三，人民币国际金融计价交易功能进一步夯实。2017 年，人民币国际信贷全球占比同比增长 1.01％。金融产品体系进一步完善。[①]

人民币国际化具有重大意义。首先，人民币国际化可以推动人民币成为境外投资和其他国家央行的储备货币，从而减小中国的外汇储备规模，并且为我国的公司、个人等规避汇率风险。其次，人民银行的基础货币和外汇存量可以脱钩，避免流动性过剩恶化。最后，推动人民币资本市场、债券市场的国际化可以提升中国的国际地位与政治经济话语权。因此人民币国际化是我国重要的货币目标和关键的发展战略。

2013 年 9 月和 10 月，我国国家主席习近平分别提出了建设"新丝绸之路经济带"和"21 世纪海上丝绸之路"的倡议。2015 年 3 月 28 日，国家发改委、外交部、商务部联合发布了《推动共建丝绸之路经济带和 21 世纪海上丝绸之路的愿景与行动》，这标志着"一带一路"正式成为我国的官方规划。"一带一路"充分依靠中国与有关国家既有的双多边机制，借助既有的、行之有效的区域合作平台，旨在借用古代丝绸之路的

---

① 中国人民银行：《2018 年人民币国际化报告》。

历史符号，高举和平发展的旗帜，积极发展与沿线国家的经济合作伙伴关系，促进政策沟通、道路联通、贸易畅通、货币流通、民心相通，共同打造政治互信、经济融合、文化包容的利益共同体、命运共同体和责任共同体。"一带一路"在促进中国和沿线各国经济发展的同时，也为人民币国际化带来了新的机遇和挑战。

二 "一带一路"给人民币国际化带来的机遇

（一）贸易

"一带一路"促进了双边贸易和区域经济的发展，贸易的发展增加了使用人民币的需求。"一带一路"沿线国家包括独联体7国、中东欧16国、东盟10国、中亚5国、西亚18国、南亚8国及东亚的蒙古。截至2014年末，这些沿线国家拥有49亿人口和39.8万亿美元的GDP规模，分别占到了全球总人口的59.8%和经济总量的41.8%（见图1和图2）。这些国家有着巨大的发展潜力与资源、经济潜力，与中国拥有巨大的共同发展机遇。近年来，中国与"一带一路"沿线国家贸易额不断增加。"一带一路"倡议引导下，中国与沿线各国的贸易往来与规模得到了扩大。沿线国家GDP的世界占比从2005年的12.6%上升到2014年的16.9%，沿线国家与中国每年双边贸易额约1万亿美元，占中国外贸总额的1/4。2005—2014年中国与相关国家的贸易额年均增长约17%，其中，大宗商品出口占沿线国家对华出口的较大比重，带动了沿线国家的对华出口，中国期货市场的发展进一步为以人民币计价结算的大宗商品贸易服务创造了条件。以俄罗斯为例，截至2018年12月中旬，中俄贸易额已突破1000亿美元，创历史新高。目前，中俄贸易增速在中国主要贸易伙伴中位列第一，中国继续保持俄罗斯第一大贸易伙伴国的地位，俄罗斯是中国第十大贸易伙伴。中俄贸易除实现量的突破外，双边贸易结构也持续优化。

频繁的贸易往来有助于推动人民币国际化进程。一方面，商品的流通必然伴随着货币的流通，人民币的使用为区域内各国提供了流动性支持，沿线各国贸易需求增加的同时必然会提高使用人民币的频率，使得

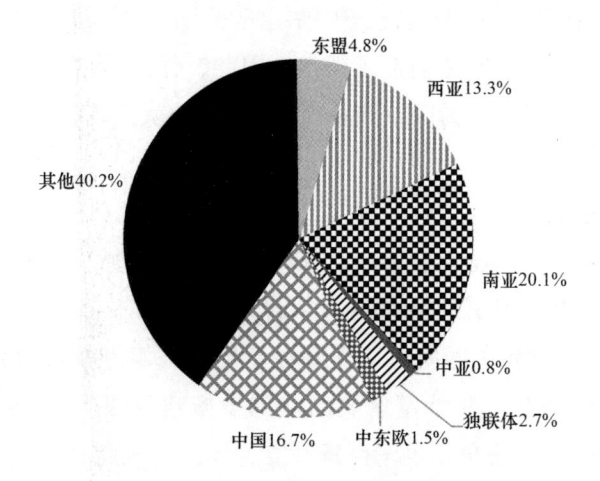

图1 "一带一路"沿线国家人口全球占比

资料来源：中国经济网。

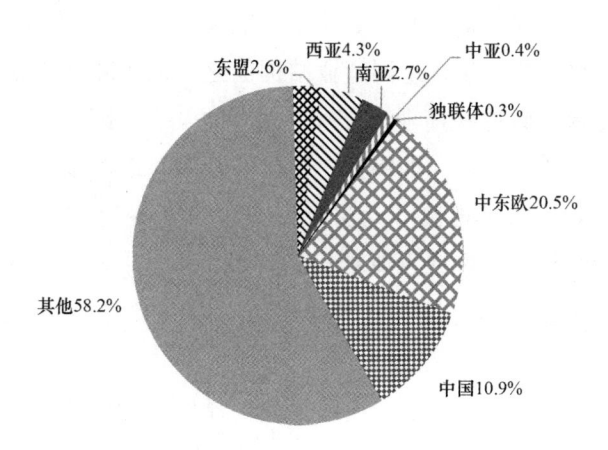

图2 "一带一路"沿线国家GDP全球占比

资料来源：中国经济网。

人民币活跃在贸易的各个环节，有利于增加人民币的境外储备。另一方面，沿线各国如果使用人民币作为结算货币可以有效规避使用第三方货币结算所产生的风险，降低对华贸易成本，提高交易效率。中国作为

"一带一路"沿线的经济大国与倡导国,已经与沿线许多大国达成协议,使用人民币结算原油和天然气,中国期货市场的发展进一步为人民币计价结算大宗商品贸易服务创造了条件。因此,伴随着"一带一路"国际贸易的增加,人民币作为国际储备货币的地位将大大提升。

(二) 投资

"一带一路"沿线国家基础设施严重缺乏,区域内互联互通程度较低,是经济发展的瓶颈。亚洲开发银行2009年的报告显示,从2010年到2020年,亚洲各国国内总体需要在基础设施建设领域投资约8万亿美元,另外还需在某些特定区域的基础设施建设投资约2900亿美元,而亚洲各国明显无法负担这笔巨额开支,亚洲开发银行与世界银行也无法提供如此巨大的融资,世界银行在2013年向全世界提供的基础设施投资贷款只有230亿美元,而近年亚洲开发银行提供的融资也只有200亿到300亿美元。而中国随着经济的发展,改革开放的进一步深化,一方面,中国国内的资金积累有了长足的增长;另一方面,随着中国的供给侧结构性改革的深化,中国产业结构优化升级,部分产业不可避免地出现产能过剩,而这些产业又多集中在"一带一路"沿线国家相对缺乏的基础设施建设领域,如钢铁、建材等行业。进一步,中国的发展正处在历经几十年的大规模劳动密集型产业的发展后,进行产业转型升级,推动国内劳动密集型产业转出的阶段,而这一情况又刚好与中亚、东南亚的发展状况相对接。这些都有利于中国对"一带一路"沿线国家的投资的增加。

中国帮助"一带一路"沿线国家地区提供基础设施建设进行融资主要有两种方式:第一,直接渠道,指的是发行基础设施债券或其他证券融资,包括政府发行市政债券、企业发行债券、发行基础设施资产支持的债券、发行固定收益权益证券等。第二,间接融资,指的是银行贷款和政府财政支持,包括政策性银行贷款、商业银行贷款、政府财政支持(例如政府提供贷款贴息、政府提供补贴或转移支付)或者政策性金融机构向其他金融机构筹集资金,然后向基础设施项目发放政策性长期贷款。无论是何种融资模式,都将扩大人民币债券和票据的发行规模。根据亚洲开发银行估计，2020年前亚太地区每年基建投资达7760亿美元，若中国在沿线国家投资占比从目前的13%上升到30%，未来10年总投资额约为2万亿美元。这些都进一步推动了人民币的国际化，扩大了人民币的使用规模与流通规模。

（三）金融服务支持机制

金融支持"一带一路"建设发展，是利用金融对经济发展的各种促进功能，例如，便利交易、促进企业治理、规避管理风险、配置资源或者动员储蓄，同时又可以避免金融无序和金融抑制对社会经济发展的负面影响。为推动"一带一路"沿线国家的基础设施建设，中国势必会完善自身的金融服务体制机制，使金融服务及市场进一步成熟、发展，从而进一步推动人民币的国际化。人民币国际化需要一整套复杂多样的金融服务体系的支持。一方面，中国组织和建设了专门为"一带一路"建设提供金融支持的机构，如亚洲基础设施投资银行（AIIB）、丝路基金、金砖国家新开发银行（NDB）和上海合作组织开发银行（SCODB）等资金平台，以多边开发机构的形式为"一带一路"基础设施建设注入大量流动性资金，提高了人民币的国际使用规模和频率。另一方面，"一带一路"促进了人民币跨境支付系统的扩展和完善。目前在"一带一路"经济带中，人民币国际化的支持系统已经具有一定的规模。在中国的资本账户仍然对资金流动实行管制的情况下，境外机构的设立便利了境外企业获得人民币资金。在设立机构的同时，中资银行还推出了多种跨境人民币产品。在结算领域，包括贸易项下开立信用证、汇款、托收和NRA账户结算（Non-Resident Account，中文全称为"境外机构境内外汇账户"，指境外机构按规定在境内银行开立的境内外汇账户）。

（四）信用

"一带一路"倡议开创了中国对外开放新格局，是新时代、新形势下中国致力维护全球自由贸易体系和开放经济体系，促进沿线国家优势互补和互利共赢的伟大创举。自"一带一路"倡议提出以来，世界众多国家积极响应，推动了"一带一路"关于政策沟通、设施联通、贸易畅通、资金融通、民心相通的"五通"合作不断取得实质性进展。"一带一路"倡议及其实践创举,也为中国信用评级行业面向"一带一路"实施国际化战略提供了绝佳时机。促进了中国信用评级国际化,从而对中国企业的信用评级与国际接轨起了推动作用。进而便利了中国企业的"走出去",促进了对外投资与对外贸易的发展,有利于用人民币进行结算,从而最终有利于人民币的国际化。

三 "一带一路"给人民币国际化带来的挑战

(一)政治风险

"一带一路"国家多处于现代化建设阶段,面临突出的政治转制、经济转轨、社会转型的艰巨任务,国内政治经济的稳定性和成熟度较差,容易产生国内政治风险。比如发生在2005年的吉尔吉斯斯坦的"郁金香革命",2005年2月27日和3月13日的议会选举之后,中亚地区的吉尔吉斯共和国总统阿斯卡·阿卡耶夫及其政府倒台;印度与巴基斯坦在克什米尔地区的领土争端,一直冲突不断;俄罗斯与乌克兰边界,同样存在冲突。政治的不稳定性和政府的更替都严重影响了中国和这些国家的合作。

(二)安全冲突风险

"一带一路"沿线各国利益冲突交织复杂,各国的边界问题、宗教冲突等仍然较多,都不同程度受到三股势力,即暴力恐怖势力、民族分裂势力、宗教极端势力的影响,对各国的政治稳定和社会安全构成严重威胁。如今在阿富汗境内恐怖袭击不断,使其国内安全形势紧张。2018年8月16日,阿富汗首都喀布尔市区一处军事培训基地附近爆发枪战,至少有两名武装分子被击毙。15日下午,喀布尔一处教育机构遭遇自杀式爆炸袭击,造成34人死亡,另有56人受伤。与此同时,阿政府军与塔利班武装的交火还在阿多个地区持续,造成重大人员伤亡。据统计,2018年7月,阿富汗各地共发生239起袭击事件,导致的人员伤亡较6月上升29%,伤亡人数达2800人。而伊斯兰运动组织也时时对他国造成一定威胁。这些都形成了地区冲突，对地区安全造成威胁，不利于各国经济活动和投资的发展，从而破坏人民币的国际化进程。

（三）市场竞争风险

由于"一带一路"沿线各国的国内国情差异较大，各国贸易的互补性与竞争程度不同。使各国的贸易存在较大的不稳定性。容易造成市场的恶意竞争，从而引发各国的贸易摩擦与贸易冲突。而中国企业"走出去"时，与各国政府合作时，由于各国政府本身的更迭频繁，或者采取的贸易保护主义存在违约的风险，对企业"走出去"以及人民币的流通造成了阻力。又因为目前在"一带一路"沿线国家范围内，未形成如世界贸易组织一样的处理贸易摩擦与冲突的专门化机构，甚至没有体系化的贸易协定，容易放大各国之间的贸易冲突，汇率的不同又会使各国对人民币等货币进行恶意储备，从而引发人民币国际化进程中的重大风险。

（四）金融风险

除了中国、印度、俄罗斯等大国，其他国家经济发展水平有待提高，货币币值不稳定，金融体系脆弱，金融机构抗风险能力低。中亚、西亚和东欧一些规模小、产业结构单一的经济体一方面容易受到世界市场汇率波动的影响，本币汇率波动频繁。另一方面这些国家的货币容易受到国际游资的攻击，价值不稳。此外，大部分沿线国家缺少良好的信用保证制度，信贷违约现象频发，损害了需要大额资金投入的基础设施建设项目。

与此同时，面对"一带一路"发展的金融需求，我国金融体系建设可能难以满足要求。近年来我国经济结构改革，由过去的高速增长变为追求GDP高质量增长，造成了现阶段GDP增速放缓，负债率居高不下，这种状况下债务危机发生的可能性很大。整体上来看，金融危机是"一带一路"金融投资的最大威胁。结合"一带一路"建设实施现状来看，2008年国际金融危机的影响仍然没有完全消除。全球金融体系的建立依托于国际各大金融体系的紧密联系、深化合作、互利共赢。尽管中国在"一带一路"建设实施的金融投资过程中已经建立了相应的风险防范机制，但后经济危机时代金融行业倒退、信息不对称等原因仍旧威胁着我国金融投资的安全性。而中国国内的金融市场发育不完全，金融产品种类较少，金融市场对外开放度较低，也使人民币的国际化进程面临一定的金融风险。

（五）国际限制

"一带一路"建设不可避免会受到外部干预。"一带一路"沿线国家有重要的地理位置和战略价值，东亚、东南亚、南亚、西亚以及中东欧都是大国角力的重点区域。俄罗斯力图推行"欧亚联盟"。欧盟积极推动"东部伙伴计划"。美国提出建设"新丝绸之路""东亚走廊"的战略设想等。区域内热点问题不断，大国在伊朗、伊拉克、叙利亚等地进行博弈。地缘政治关系紧张，区域和国家风险显著。此外，由于历史和现实原因，"一带一路"国家处于东西方多种文明的交汇地区。基督教、伊斯兰教、犹太教、佛教间的矛盾与冲突，不同民族与种族间的矛盾与冲突，呈现出易突发、多样性、复杂性、长期化的特点。某一特定事件的爆发可能会对周边国家甚至其他国家产生较强的国家风险外溢效应。

美欧等国家在国际体系中占据主导地位，不利于中国的国际化。西方国家从工业革命开始凭借资金、技术、资源等方面的优势一直掌握着金融、世界货币方面的绝对控制权。而随着"二战"后亚非拉等民族国家的独立与经济政治的发展以及各国金融市场与体系的健全，加之世界贸易的进一步发展与扩大，冲击了西方国家的货币、金融主导权。但是，世界贸易格局的限制以及各国长期以来的贸易结算传统都使西方的货币仍占主导地位。虽然在2016年人民币加入了SDR，但是，美元、欧元、人民币、日元、英镑这五种货币所构成的一篮子货币的当期汇率确定，所占权重分别为41.73%、30.93%、10.92%、8.33%、8.09%，人民币所占比重与西方大国相比仍然太小，人民币的国际化道路依然任重道远。且西方由于思想惯性与自身的强大经济实力，对其他货币的接受程度有限。实际上，中国的"一带一路"倡议以及由此引发的人民币国际化冲击了西方国家固有的利益樊篱。

四 推动人民币国际化的政策建议

人民币国际化已经成为未来中国宏观经济发展的重点，也是党和国家领导人的政策导向。党和国家的各项报告中也经常提到加深金融体系改革，如党的十八大报告中明确指出"稳步推进利率和汇率市场化改革，逐步实现人民币资本项目可兑换"。当今世界云谲波诡，民粹主义、贸易保护主义、去全球化抬头，与此同时，由中国倡导的"一带一路"、丝路基金、亚投行等又不断推进全球化，在这样特殊的背景下推进人民币国际化，既要注意"有序、谨慎、稳妥"地深化改革，又要大胆而稳健地走向开放，本文从国内和国际角度给出以下建议。

从国内来看，首先应该完善金融市场，丰富金融产品的种类，并进一步推动金融市场的开放程度。加速国内产业结构转型升级的进程，通过与各国构建各种形式的合作伙伴关系，扩大与深化经济联系，推动与各国的贸易发展，鼓励并支持用人民币进行结算。国家更应提高货币政策的制定能力与水平，综合考察各种因素，防范重大风险，合理规划人民币的发行规模与对外流通规模，实地调研，深入考察，获取具有准确价值的需求数据以便央行提供适量的供给，实现货币政策的稳定性与独立性。我国政府应当发挥领军作用，制定防范风险的措施，完善合作机制和相应的法律制度。积极与"一带一路"沿线国家签订双边合作协议，统一政治意见，降低政治风险。明确规定基建过程中合约双方的权利与义务，降低建设安全风险。与各合作国家与地区商定人民币的储备功能的实现，充分发挥人民币的国际化职能，为人民币国际化搭建一个安全的环境。

从国际来看，各国应加强合作，加快促进贸易经济合作协议的制定与实施。不仅要加强经济政治联系，还要加强民间交往与文化交流，促进民心相通与文化互信，制定符合自身的发展战略规划。同时，应加强自身国家安全建设，保证国家安全与政治稳定，不仅有利于本国发展，也有利于促进"一带一路"沿线国家的共同发展。

参考文献

[1] 张汉林、张鹏举：《"一带一路"倡议基础设施建设国际金融合作体系研究》，《理论探讨》2018年第2期。

[2] 简尚波：《依托"一带一路"促进信用评级行业国际化研究》，《政策研究》2018年第12期。

[3] 李薇：《"一带一路"对人民币国际化的影响》，《合作经济与科技》2018年第3期。

[4] 韩玉军、王丽：《"一带一路"推动人民币国际化进程》，《国际贸易》2015年第6期。

[5] 张帆、余淼杰、俞建拖：《"一带一路"与人民币国际化未来》，《学术前沿》2017年第9期。

[6] 李博雅：《"一带一路"战略背景下人民币国际化的进程、机遇与制约》，《现代管理科学》2018年第4期。

从交通领域看共享经济持续发展困境与政府参与

黄思源/高三　孙妍/指导老师　东风高级中学

摘要：随着当前中国经济社会的多元化发展，以大数据、互联网为基础的共享经济作为一种新兴经济模式冲击着传统经济的发展模式。博鳌亚洲论坛等诸多国际会议越来越将其发展作为重点问题进行广泛讨论，共享经济的发展前景、问题也越来越成为中国政府亟待思考的内容。新事物的兴起难以避免地对社会原有上层建筑产生冲击，在此基础上，笔者从交通领域对当下共享经济发展的意义、在此过程中存在的问题及政府政策调整以适应其发展进行论证，并给出相关建议。

关键词：共享经济　制度环境　政府角色

一　我国共享经济发展概述

（一）共享经济宏观概况

根据《中国共享经济发展年度报告（2018）》初步估算，2017年中国共享经济市场交易额约为49205亿元，比上年增长47.2%。① 将"共

---

① 资料来源：《中国共享经济发展年度报告（2018）》，http://www.sic.gov.cn/News/568/8873.htm。

享"作为当前经济发展的出发点和落脚点,与习近平总书记提出的"新发展理念"相辅相成,符合"不断满足人民日益增长的美好生活需要,使全体人民在共建共享发展中有更多获得感,让发展成果更多更公平惠及全体人民"的宏观战略要求。

同时,共享经济在解决就业等民生难题方面发挥着重要作用:有力促进经济包容性增长,在解决产能过剩、行业工人再就业以及贫困地区劳动力就业方面作用开始显现。数据显示,共享企业员工数约716万人,比上年增加131万人,占2017年城镇新增就业人数的9.7%,这也表明了城镇中每有100个新增就业人员,便有约10人是共享经济企业新雇用的员工。发展趋势表明,农业、教育、医疗、养老等领域有可能成为共享经济的新"风口",这些领域的共同特点:民生关切、痛点明显、市场需求大、商业模式正在积极探索,呈现多领域渗透发展的空间格局。

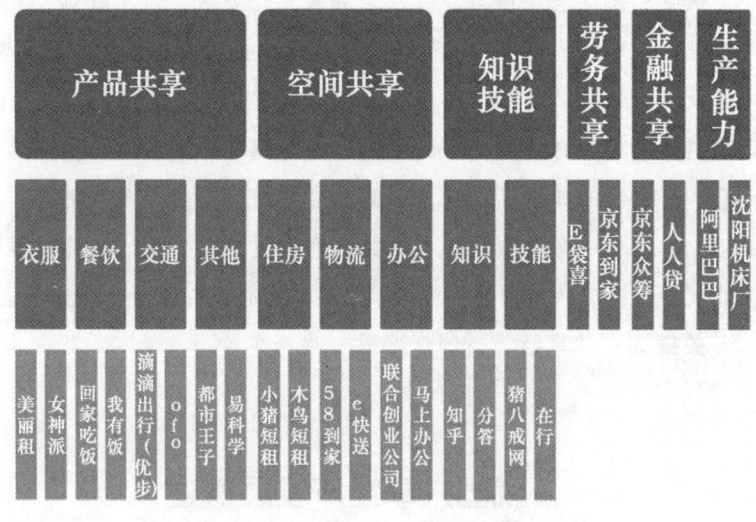

产品共享				空间共享			知识技能		劳务共享	金融共享	生产能力
衣服	餐饮	交通	其他	住房	物流	办公	知识	技能	E袋喜	京东到家	沈阳机床厂
美丽租	女神派	回家吃饭	我有饭	ofo	滴滴出行(优步)	都市王子	易科学	小猪短租	木鸟短租	58到家	e快送	联合创业公司	马上办公	知乎	分答	猪八戒网	在行	京东众筹	人人贷	阿里巴巴

图1 共享经济多样化发展领域①

(二)交通领域微观论述

在交通出行领域,滴滴出行(优步被其并购)、易道、神舟租车等民

---

① 笔者根据李佳颖《共享经济的内涵、模式及创新监管的对策》相关内容整合并重新绘制。

用机动车共享平台，ofo、美团单车（摩拜被其收购）等单车共享平台，运满满等车货匹配和公路整车运力共享平台正多方位、宽层面拓展企业布局，优化配置模式，提升服务水平，向龙头制造企业布局方向发展。在一定程度上，交通出行领域是共享经济的先行者和见证者，共享经济2.0的概念最早提出便是由于滴滴出行等更高智能化、依赖数据驱动、充分运用社交网络、跨界生态性强且主要集中在移动互联网平台的经济运行平台。"见微知著，睹始知终"，笔者认为，交通领域在共享经济发展全局中具有很强的典型性和代表性，作为共享经济产品共享范围的一个分支，因其受众范围的多样化、需求的广泛化等多种因素，交通领域成为共享经济线下实体分支中的关键组成部分。

根据资源共享模式和平台运行模式的多种形态，交通出行领域的共享经济可以划分出多种模式。

唐清利认为，共享经济可根据其共享资源的方式不同分为产品服务模式、再分配模式和协同式生活模式。滴滴出行、ofo等平台是最为典型的产品服务模式，它是共享经济的最初模式，摆脱传统私人产权的桎梏，分离资源的所有权和使用权，低价使用资源以最大化使用价值，即物质资源租赁的形式。瓜子二手车等平台是再分配模式，即二手产品交易：通过在再分配市场的循环交易，实现二手资源在供需者之间的重新分配，是实体资源的购买资金形式。协同式生活模式是共享经济创新开发的新型资源分享方式，分享资源主要是时间、空间、创意、技能等虚拟资产，将虚拟社区带入真实世界，受限于交通的实体性，交通领域暂未涉及。

而对于平台运行模式而言，学术观点认为，共享经济主要可分为"商家对客户型模式"（B2C）和"点对点型"（P2P），二者服务资源的提供者分别为企业和个人。共享单车ofo等平台以重资产模式运行，产品标准统一，但运营管理成本过高，是B2C模式；滴滴出行等以向社会大量招募网约车司机而平台本身不提供汽车的轻资本模式，盘活了个人闲置资源（私家车），交易灵活，具有较低的产品价格，是P2P模式。

笔者认为，不论是何种资源共享模式和平台运行模式，都是依赖大数据平台使信息资源得以高效对接、供需得以平衡,从而使闲置资源得到充分利用。二者的区别选择在于其提供服务类型的不同,所以交通领域在新发展理念的指导下能够充分发挥市场优势,促进经济多元发展。

二 共享经济在交通领域中折射的问题及原因

在现阶段已出现的共享经济平台中,针对产生问题的主体,将问题分类,并分析其产生的主要原因。

(一)运营企业持续盈利问题

1. 低价竞争及行业垄断的泡沫

赵大伟将互联网商业"基础服务+增值服务"的经营模式形象概括为"羊毛出在猪身上",即"免费+收费"的模式,基础服务员免费只是为了增值服务的收费,免费是为了费用承担者的转移。以滴滴出行为例,网约车成长和发展是由基础服务向同类需求的其他业务横向拓展,已经从单一的"快车",发展到"出租车""顺风车""专车"等多种模式,覆盖各类需求。运营领域的拓展难以避免带来与同类企业的竞争,由于市场运营机制,极为容易掉入价格竞争的泥潭,以低成本、低收益、高速度的模式去拓展市场、抢夺用户资源,由此而来,不仅消费者在市场竞争带来的实惠中产生了"网约车就应该是这样低价"的错误认识,而且网约车行业长此以往消耗资产,难以维持其长远发展。随着滴滴出行 2015 年收购快的打车、2016 年收购美国网约车品牌 Uber 后形成了暂时的"行业垄断"局面,结束了"无休止的"补贴战争,"斑马出行"等由 P2P 公司运营的所谓合法网约车也只能在小部分地区运行,不能参与到全国市场的竞争。但是,一旦随着新的全国性实时网约车的出现,滴滴的泡沫又会被迅速戳破,这样就陷入了"低价竞争—并购或强强联合—行业垄断—低价竞争"的恶性循环中,最终不利于企业的成长壮大,也不利于我国实体经济行业的稳定发展。

2. 重资产模式运营下的压迫

目前的共享单车企业都做成了重资产模式，自有的单车资源变成了公司的核心竞争力，目前平台的单车有两种供给方式：（1）战略合作方或者共享单车公司自行设计生产，（2）共享经济企业直接对外购买。与网约车行业不同，共享单车行业当前最优方案是企业自身提供车辆，既是平台，又是公司，在创业伊始，不少共享单车行业尝试过用户提供二手自行车进行改造的平台模式，但方案花费过高且难于后期管理维修，因此并没有大规模推动这种"再分配系统"模式。由此决定了共享单车吸引用户的方法，不是采用"免费"，而是增加单车投放数量。单车的数量越多，摆放越广，"随时随地有车骑"，才能改善用户体验，增加用户数量。由此导致各家公司争相增加单车的投放量，市场占有率越高，用于购置单车的成本负担越重。迫于这种运营模式的压力，大批共享单车企业甚至可能出现集体破产的现象，与网约车行业类似，均是抢占市场导致的极低盈利甚至是负盈利，但前者是定价过低而后者是成本过高。

（二）消费者权益保障问题

1. 消费者资金安全

共享单车平台出于在其资源的共享过程中能反复利用的目的（即保证不被破坏），通常采取押金机制，而押金数额大小在 99—299 元不等（见图 2），同时不少单车也与芝麻信用等第三方征信机构合作，推出条件性免押金服务。但共享单车在运营本身就已经获得了来自用户的大量押金，押金的管理成为一大难题。即使各共享单车平台负责人均表示会设立押金专款账户，不挪用押金，但据相关报道，[①] ofo 在 2018 年 6 月仅有 35 亿元的押金余额，除去免押金因素的影响，管理用户的押金规模仍在 160 亿元左右，估计 ofo 已经挪用的押金逾 100 亿元。面对用户申请退还押金的挤兑热潮，自然难以承受上十亿资金的流出，在负债甚多的基础

---

① 报道来源：http://tech.sina.com.cn/i/2018-06-11/doc-ihcufqif6522365.shtml。

上更是雪上加霜,濒临破产边缘。

共享经济平台运营是否正常直接影响着消费者资金安全。平台对押金的挪用既侵犯了消费者权益,更肆意践踏了企业自身的信誉。在目前发展中,政府并没有出台相关明确的押金管理条例对企业进行引导和规范,这也就造成了正当使用与变相挪用的界限的模糊。

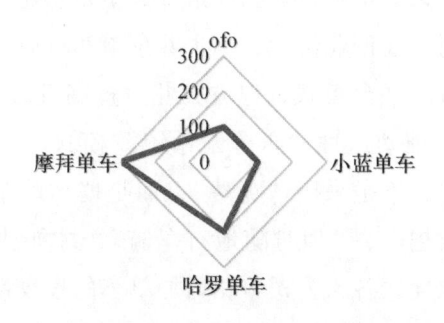

图2 四种常见共享单车押金金额(元)[①]

2. 双方信任下消费者的隐私保护

共享经济模式下,共享双方中任意一方对交易对象或共享平台有较高的信任水平,共享交易才可顺利达成。学界已对共享经济信任的前因机制和影响机制做过详细研究,隐私与信任也有着不可分割的关系。

在交通领域中,大数据等相关数据处理技术得以很好的发挥,不仅在车辆的统计、分配、调动方面发挥关键作用,而且也为平台依据不同消费者的不同需求提供了个性化的解决方案,这些信息的获取不可避免地涉及消费者个人隐私。例如统计某一区域订单数量,经过计算,平台提前调动适当数量的车辆;再如平台记录个人出行习惯,在"不得不使用"的情况下不再给予优惠,这也被称为"大数据杀熟"。这也就表明,共享经济模式的运行高度依赖消费者个人的特定信息、财务记录和其他个人资源,便难以完全避免消费者个人隐私风险。

以顺风车为例,各种涉及乘客隐私的报道屡见不鲜,司机—乘客评

[①] 资料来源:各共享单车官方提供。

价板块成了乘客"隐私"的公开标签,或者成为司机群体用以调侃的资源;也有顺风车司机直接通过直播女乘客进行牟利,甚至进行低俗评价。① 消费者对其毫不知情,平台也没有尽到相应的责任去妥善预防、解决这些问题。

3. 消费者人身安全

人身安全问题包含交通本身存在的风险和共享双方构成的威胁。前者本身属于法律界定的问题,如2017年9月男孩骑小黄车身亡案和2019年1月浙江男子骑共享单车猝死案,最终审判结果均为共享单车无责,但依据《民法通则》,结合案件实际情况及经济补偿能力等考虑,法院酌情确定由公司给予受害人一定数量的金额补偿。在一定程度上,共享单车公司很难全面去保障每个消费者使用过程中的安全性,出于责任归属考虑,最多只能通过为消费者购买商业保险以规避赔偿风险。

而对于后者,是共享其中一方有目的性的人为造成人身伤害,换言之,这是可以人为干预以避免的问题。网约车行业尤为明显,2018年5月骇人听闻的空姐滴滴遇害事件给整个网约车行业蒙上阴影,更有数据显示,滴滴出行在四年内发生司机人身危害事件超50起,且主要集中在经济发达省份,以强奸案为主。

在案件发生过程中,网约车公司客服并没有起到应尽的责任和义务,对消费者生命安全如"踢皮球"一般转嫁责任。根据相关报道,② 滴滴出行客服部门与公司主体相分离,且没有有效的沟通预警机制,阻断了紧急事件迅速解决的路径,这就表明,公司在消费者人身安全问题上并没有过多的思考,更没有在问题发生时妥善的解决方案;同时,司机准入和监管机制形同虚设,在实际操作上几乎没有发挥作用,更有"滴滴司机400元无证准入""刑满释放人员当滴滴司机"③ 等报道,实际上给消费者安全带来了潜在的威胁。

---

① 报道来源:《北京青年报》2018年8月29日A10:《顺风车司机直播女乘客牟利》。
② 报道来源:新京报《滴滴客服:只负责把问题给滴滴　回不回复由滴滴负责》。
③ 报道来源:"红星深度"根据系列报道整合《深夜的滴滴归来:这会是一个新的滴滴吗》。

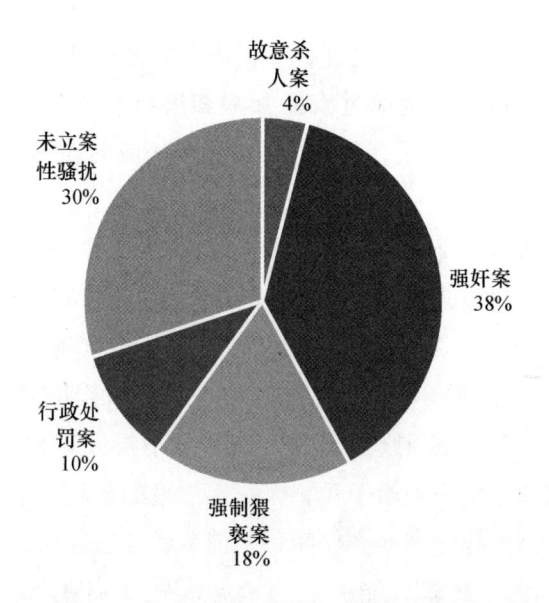

图3 滴滴出行2015—2018年发生案件类型

（三）城市管理及规划问题

这一问题主要出现在共享单车等拥有相对于机动车和行人而独立路权的产业中。

1. 共享单车与城市规划的状况

从2015年开始，共享单车行业兴起，市场需求不断扩大，城市共享单车数量迅速扩大。截至2017年底，共享单车全国投放量已近2000万辆，以北京为例，其投放量超过200万辆，覆盖率超过120辆/平方千米，可以说在城市的商业区、居民区甚至人行道等公共用地处处可见五颜六色的共享单车。同时，单车的需求大小、使用者的素质高低不一造成了单车集中在某一区域和随意停放等问题。行政部门对部分没停在指定区域的单车进行扣押、收缴，加之已废弃单车的集中堆放，形成了"共享单车坟场"，严重影响了市容市貌。

2. 废弃单车"坟场"难以得到妥善解决

（1）平台大量投放，不背处理的"锅"

共享单车行业风吹来而又吹去，随着2018年部分经营不善企业退出市场,其单车大量废弃,而这些车辆的处理费用过高,企业不愿进行"收尾"工作,废弃的单车便继续在城市中闲置。根据经济学边际效应递减规律,共享单车企业以重资本占领大量市场满足了一定区域内用户的需求,以使其效用最大化。同时,企业为了降低成本而不注重单车本身的质量,地方政府也有出台相关政策规定单车的强制报废时间,这就造成了单车循环周期较短,废弃单车的不断涌现。

(2) 供需难以平衡,外部性导致市场失灵

边际效应递减规律同样要求消费者单位货币与获得边际效用相等才能产生最大化效用。平台的投放与消费需求需要达到某一平衡点,否则极易因外部性导致市场失灵。用户在共享单车出现伊始的"轰炸式"需求,给整个行业带来了共享单车长期需求的极大假想,即提供了错误的市场信息,企业在优化资源配置、整合需求信息上效率低下,造成过剩单车的大量出现。

(3) 执法没有先例,难有政策支持

企业在城市中心人流密集的黄金地段投放共享单车,这就为大量单车的违章停放提供了条件。而城管执法部门对违章停放和违规投放的单车,大多采取扣押处理。据报道,安徽省合肥市城管局环境卫生管理处曾扣押占道违停的车辆累计达 3 万多辆。按照相关规定,本应由共享单车企业缴纳罚款来"赎回"被扣单车,但出于成本考虑,既不愿支付高额罚款和运输费用,也不愿花费大量时间成本从大量单车中挑出本公司单车。笔者认为,在这种情况下,执法部门是将使用者责任归咎于企业之上,实质上是责任的错位。

三 政府参与与共享经济可持续发展

英国经济学家马歇尔在《经济学原理》中提出"外部性"概念,经由庇古、科斯、布坎南等经济学家的分析与拓展,成为主流经济学范式中最基本的理论之一,是指导政府政策选择、制度建设的重要理论。笔者认为,共享经济的发展是符合当前经济发展形势的重要模式,也是转

变经济发展方式，推动经济发展质量效益提升的新动力，其对我国社会的积极影响不可小觑，因此，使共享经济中各个行业的发展找到正确的方向、在当前矛盾尖锐的背景下确立适当的模式，度过"艰难期"形成可持续是极为必要的，而解决这些问题必然需要政府的参与，规范这一模糊的"灰色地带"，解决市场失灵的外部性问题。

（一）中国政府既有监管探究

共享单车交通领域的鼻祖是"滴滴出行"，也是矛盾的集中体。没有中央政府明确的政策文件以及相关法律支持，地方政府起初只能采取一种谨慎严格的态度。2013年，北京市、深圳市政府出台"禁令"，制止城市出租车司机私自使用"打车软件"的行为，以推广由政府主导的便于监管的出租车"电召平台"；2014年，上海市政府允许高峰期时出租车接入打车软件，地方政府才真正显示出"让步"的趋势。但此时私家车"接单"依然被禁止，交通管理部门一并将这些使用统一平台的私家车划到"黑车"一类，全国各地也发生了大量处罚案例，无疑将网约车的运营打入谷底。

直到2015年我国交通运输部公开发表声明，以"专车服务"定性网约车平台，并鼓励这一创新模式的发展，后来也尝试对这种服务进行合法化，并称之为"网络预约出租汽车服务"，① "为私人性质的共享专车合法化打开了先河"（孙瑜晨，2018）。而2016年，在国际上极具代表性的国家层面的对互联网专车的专门性法《网络预约出租汽车经营服务管理暂行办法》的出台作出了更多让步，旨在建立一套全新的独立的监管体制。

（二）保守型模式下的制度创新

共享经济现阶段的持续发展关键还是需要政府部门的制度供给。当前中国政府一直秉持既不完全鼓励与放任发展，也不完全限制与处处约

---

① 资料来源：2015年10月中华人民共和国交通运输部《网络预约出租汽车经营服务管理暂行办法》（征求意见稿）。

束的保守态度,在这种模式下,亟待由"路径依赖型"监管向"创新友好型"监管的转变。制度是基础,体系是关键。创新并完善共享经济行业的基础监管体系,转变政府职能,建设服务型政府是推动共享经济最佳优化,既适应我国国情与制度安排,又能满足当前市场刚需的必然要求。对共享经济的制度创新,主要体现在监管创新,需要从多个方面促成这一目标。

1. 共享经济的引导与激励制度奠定科学监管的基础

网约车和共享单车规模扩大化昭示着这一需求市场的庞大,共享经济的发展需要引导与激励,需要政府发挥"有形的手",给予相关财政支持和行政支持,对于一些难以避免的问题予以宽容,对待恶性竞争同样应依法进行处罚,对积极承担社会责任的企业给予奖励。

同时合理协助调整企业运营机制,围绕以市场为中心的基本原则,兼顾效率与公平,将经济效益与社会效益相统一,使其朝着正确的方向向前发展,妥善解决好过度扩张问题,避免低价竞争的泡沫往复产生。

2. 共享经济的政策与科学制度奠定科学监管的基础

对共享经济的监管必然要制定与之相适应的制度,提高制度适应性效率,即国家面对外部条件和环境的变化对新的问题作出相应制度反应。制度结构能对共享经济进行适应,并能根据共享经济的需求进行制度变革或创新。[1]

政府对共享经济的保守在很大程度上是因监管难题导致的,而共享经济行业也采取了各种手段以规避传统监管模式,走在灰色区域的边缘地带,如滴滴出行起初所谓的"四方协议",就完全背离了共享经济政府监管的方向。基于上述内容,政府当下应该树立正确的发展观,全面落实好"新发展理念",促进政府监管与时俱进,及时破除运营的体制机制弊端,修改、制定相关法律法规,从底线上确定好共享经济发展的大体框架。

---

[1] 卢现祥:《共享经济:交易成本最小化、制度变革与制度供给》,《社会科学战线》2016年第9期。

3. 消费者权益保障要求科学监管

共享单车带来的押金问题，以及其他平台带来的安全、隐私等问题要求政府部门参与到共享经济监管当中来。李佳颖提出，政府要建立统一完善的经济信息系统、建立强制保险制度。共享单车押金处于企业账户中，政府并没有有效数据以计算押金数量，难以判断企业是否挪用，而政府主导的统一的经济信息系统汇集所有用户信息，既能够有效监督企业合法化经营，同时也能够为所有企业提供用户个人的征信等信息，减少企业利益损失；强制保险制度要求共享经济企业为用户购买"强制险"，有效化解了企业在经营过程中因消费者个人原因造成不良后果而需承担民事责任的风险。

（三）政府科学监管与服务型监管

科学监管的形成，最终落脚到政府与第三方经济提供商（共享经济企业）的合作监管。政府的参与是化解共享经济外部性的必然选择，是解决共享经济市场失灵的必要条件。企业与政府进行信息上的交流，保障整个行业平稳运行，为共享经济企业带来新的活力，如网约车的应急模式与公安系统接通、司机的深度审查、共享单车用户信用的评估等。而政府在这一过程中的服务职能，使市场的配置效率得以提升，供给端得以很好改善，发展成果真正进入人民手中。

综上看来，共享经济的真正可持续需要政府、企业形成合力，共同参与。共享经济同样也是政府与企业间的共享，只有如此，才能使公众参与与社会治理有机结合，才会有利于我国经济整体进步。

参考文献

［1］李佳颖：《共享经济的内涵、模式及创新监管的对策》，武汉大学经济与管理学院。

［2］刘国华、吴博：《共享经济2.0：个人、商业与社会的颠覆性变革》，企业管理出版社2015年版。

［3］唐清利：《"专车"类共享经济的规制路径》，《中国法学》2015年第4期，第286—302页。

［4］赵大伟：《互联网思维独孤九剑》，机械工业出版社 2018 年版。

［5］何兆东：《共享单车：市场在用户 PK 中将走向寡头还是垄断?》，《商业文化》2017 年第 4 期。

［6］马昕钰：《共享单车经营模式选择的分析框架与文献梳理，南京师范大学商学院》，《电子商务》2018 年第 2 期。

［7］贺明华、梁晓蓓、肖琳：《共享经济监管机制对感知隐私风险、消费者信任及持续共享意愿的影响》，《北京理工大学学报》2018 年第 11 期。

［8］魏子凌：《共享单车废弃回收问题的对策刍议》，《电子商务》2019 年第 1 期。

［9］孙瑜晨：《互联网共享经济监管模式的转型：迈向竞争导向型监管》，《河北法学》2018 年第 10 期。

共享经济的内涵、现状与建议

——以共享单车为例

刘潜起/高二 王雪莹/指导老师

浙江省嵊州市马寅初中学

摘要：随着经济社会与移动互联网的迅速发展，共享经济迅速普及。2014年以来，共享单车行业迅速崛起，随后又陷入寒冬，在发展过程中暴露出商业模式不合理、资本投资运用不理智、法律法规诚信机制缺失、监管不到位等问题，暴露出共享经济普遍存在的缺陷。本文建议政府与共享单车企业一道，突破盈利难题，探索新发展模式，引导资本理性流动，建立健全相关体制机制行业规范，探索政企合作新模式，为共享单车行业重新崛起创造条件。

关键词：共享经济 共享单车 政府监管

一 引言

近年来，共享单车在中国迅速发展，顺应了供给侧结构性改革的方针政策，有利于提升我国经济质量优势、提高资源利用效率、建设现代化经济体系，符合"创新、协调、绿色、开放、共享"的新发展理念。为促进共享单车发展，各地也相继出台相应的法律法规。但是由于共享单车发展极其迅速，政府治理体系和治理能力亟待提升，原有的法律法规远不能适应新业态、新模式，导致监管缺位、制约了共享单车的发展。本文将分析共享单车产业现状，分析当下其面临的严峻问题，从中探索政府部门创新监管的模式。

二 共享经济、共享单车简述

（一）共享经济概述

共享经济的概念最早由美国得克萨斯大学社会学教授马克斯·菲尔逊和伊利诺伊大学社会学教授琼·斯潘共同首次提出。其本质是充分利用社会闲散资源，在不显著增加社会供给的前提下，实现现有资源的高效利用。

共享经济适应了当今中国经济社会发展。中国经济发展已经进入新常态，现阶段经济发展的主要矛盾，是当今我国体量巨大的社会供给不能适应人民日益增长的对高质量需求的矛盾，是对资源的庞大需求与相对匮乏资源的矛盾，共享经济能有效调动我国市场调节机制，提升资源利用效率，这一理念符合党的十八届五中全会提出的坚实创新、协调、绿色、开放、共享的新发展的理念，符合2018年中央经济工作会议提出的以供给侧结构性改革为主线，发展高质量的新时代中国特色社会主义的经济的方针。

中国在发展共享经济方面具有独特的优势，主要表现为以下四点：其一，改革开放以来，我国社会生产力的迅猛发展在很大程度上丰富了社会总产品，创造了大量社会剩余供给，为共享经济的发展奠定了物质基础。其二，庞大的人口基数与快速崛起的中产阶级，创造了偌大的消费市场。其三，第三次产业革命以来，移动互联网的迅速普及，4G、5G通信技术革新，物联网、大数据、人工智能等新技术涌现，为共享经济发展奠定了技术基础。其四，智能设备的普及，使得移动互联网遍布中国各阶层，是共享经济在我国发展的直接原因。

近年来，我国共享经济发展迅速。2017年，我国共享经济市场交易额约为49205亿元，比上年增长47.2%。其中，非金融共享领域交易额为 20941 亿元，比上年增长 66.8%。参与共享经济活动的人数超过 7 亿，比上年增加 1 亿人左右。参与提供服务者人数约为 7000 万，比上年增加 1000 万人。

2017年共享经济市场交易额49205亿元，较上年增长47.2%

生活服务 13214亿元

交通出行 2010亿元

共享金融 28264亿元

知识技能 1382亿元

房屋分享 145亿元

生产能力 4120亿元

医疗分享 170亿元

图1　2017 年中国共享经济重点领域市场交易值

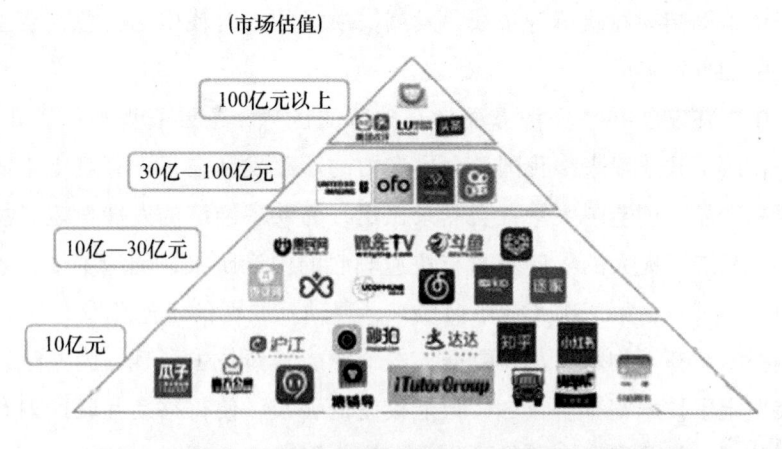

（市场估值）

100亿元以上

30亿—100亿元

10亿—30亿元

10亿元

图2　2017 年全球独角兽企业榜单中的中国共享经济企业

资料来源：《中国共享经济发展年度报告（2018）》。

(二) 共享单车行业发展状况

作为共享经济的典型代表,共享单车行业发展同样不可小觑。截至2017年底,全球共享单车投放量超过2300万辆,注册用户接近4亿人,累计订单量超过115亿单,覆盖全球20多个国家的304个城市,先后有74家企业进入共享单车行业,融资额超过200亿元。2017年,国内共享单车保有量超过2000万辆,融资总额超过200亿元。在用户地域分布方面,广东、北京、湖北、江苏、山东、上海、四川、浙江8个省市的用户数量排名前8,其中广东省2017年7月活跃用户为1215万人,[①] 在经历从2014—2017年的群雄争霸、迅猛发展后,共享单车已基本覆盖各发达地区,市场容量趋于饱和,大量弱势企业出局、被兼并,行业逐渐趋向摩拜、ofo、哈啰三家争锋的寡头局面。从2018年初开始,共享单车经济遭遇资本寒冬,资金短缺导致其无法维持大量投放单车、高亏损的商业模式,摩拜被美团收购,ofo遭遇退押金风波,全行业陷入低潮期。现以摩拜单车为例,介绍其产品的优势所在,阐述兴起、衰退历程,从而挖掘共享单车行业衰退的原因。

图3 2017年全球共享单车行业发展概况

资料来源:《中国共享经济发展年度报告(2018)》。

---

① 邓朝阳、樊英、苏星峰:《共享单车企业面临的风险及防范措施》,《经营与管理》2018年第4期,第109—113页。

胡玮炜于 2015 年在北京创建摩拜单车，于 2016 年在上海上线，并逐步向中国各主要城市扩展。图 4、图 5 分别阐明了通过市场调研得到的摩拜单车在初期的优点、缺点分布情况。

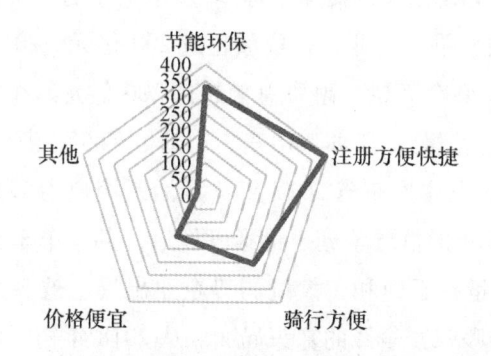

图 4　用户对摩拜单车优点的看法人数分布（人）

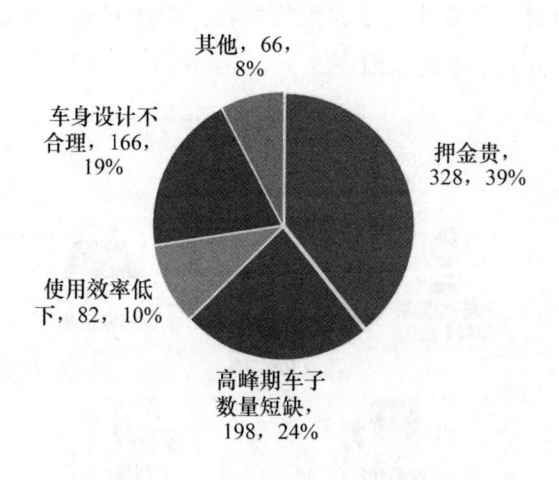

图 5　用户对摩拜单车缺点的看法分布情况

资料来源：邹琼、黄燕梅、朱琪琪、冯茜、李明跃、刘小巧：《共享单车发展中的政府监管研究——基于武汉市摩拜单车发展的调查》，《现代物业》（中旬刊）2018 年第 3 期，第 230—233 页。

由图 4、图 5 可知，相较传统的城市公共自行车，摩拜单车在随借随停、注册方便快捷、车费低廉等方面具有无可比拟的优越性，通过互联网思维在传统出行领域的巧妙运用，其迅速打开了国内一线城市市场，表1阐明了摩拜单车的发展历程。

表1　　　　　　　　　　摩拜单车发展历程

时间	事件
2015.1	北京摩拜科技有限公司成立
2015.10	获A轮数百万美元融资
2016.4	进入上海运营
2016.8	B轮融资数千万美元
2016.10	推出"mobike lite"该车重量减为17kg，造价降到1000元以下
2016.10	C轮融资超过1亿美元
2017.1	D轮融资2.15亿美元。累计融资超过3亿美元
2017.3	进军海外，进入新加坡
2017.4	进驻枝江，成全国首个引进共享单车的县级市
2017.4	摩拜宣布，4月份活跃用户量环比增速超过200%，过去一个月新增240万注册用户，保持市场领先地位
2017.6	完成E轮6亿美元融资
2017.7	进驻英国曼彻斯特
2018.2	上线新版信用积分系统
2018.4	美团大众点评全资收购摩拜单车
2018.6	在全国百城开启新老用户全面免押，且无任何条件限制，无须信用分
2018.12	创始人胡玮炜辞去CEO职位
2019.1	美团宣布，摩拜单车品牌将更名为美团单车

资料来源：笔者根据摩拜官网，百度百科自行整理。

由表可知，摩拜单车在2015年10月—2017年6月短短21个月时间，通过5次融资，筹集超过10亿美元，其发展模式极其类似于之前共享交通领域的滴滴与快的，其通过巨额亏损低价补贴用户、迅速占领国内大中城市，同时进军新加坡、英国、泰国等海外市场，逐步发展为国际共享单车领域两大巨头之一，占据了中国共享单车市场大多数份额。在网约车行业，这种依靠"烧钱"占领市场以谋求赢者通吃的商业模式尽管饱受诟病,但毕竟最终铸就了滴滴这家独角兽企业。然而这一模式在共享单车领域显然失灵,下文将详细探究其深层次原因。

(三) 共享单车的本质

1. 共享单车是传统政府有桩公共自行车的 2.0 版

现阶段,共享单车在我国的商业模式为:共享单车企业在市场上大量投放无桩自行车,用户通过手机 APP 缴纳押金,扫描车身上二维码,APP 自动计时收费,用户可随时随地归还单车的商业模式。本文认为,共享单车首先本质上是一种互联网租赁自行车。① 是传统政府提供的有桩公共自行车的 2.0 版,实质上是一种准公共物品。

本文将共享单车界定为准公共物品主要是基于其具有排他性与非竞争性。排他性和非竞争性是区分公共物品与私人物品通常有的两个基本标准,其中排他性,是指用户不付费就不能消费。非竞争性即同一物品在同一时间节点被某人消费就不能被其他人消费。共享单车具有准公共物品的特征,第一,具有排他性。使用共享单车必须付费,现阶段我国共享单车企业为占领市场,往往采取免费或变相免费的方式吸纳用户,但车费仍然为其产生营收的最主要方式。第二,具有非竞争性。在给定投放量的前提下,使用共享单车的人数增加无须增加提供成本。

自 2008 年以来,公共自行车从一线城市开始,逐步在我国各级城市铺开,在共享单车出现之前,已覆盖各级城市。

图6、图7为对北京市城六区共享单车、公共自行车用户调研结果。结果显示,公共自行车在共享单车账户密码找回的繁琐程度、还车便利性等方面满意度显著低于共享单车满意度。但是,在对违规使用行为的处罚这一项,公共自行车满意度显著高于共享单车满意度。②

与共享单车相比,初期其传统固定借还点的模式限制了其便利性,使得其迅速失去消费市场,但另一方面其便于维护停放秩序、方便维修

---

① 交通运输部在 2017 年 5 月发布的《关于鼓励和规范互联网租赁自行车发展的指导意见》中将"共享单车"称为"互联网租赁自行车"。

② 陈艳珍、王汉钧:《城市单车满意度及其影响因素对比研究——以北京市城六区为例》,《经济问题》2018 年第 5 期,第 105—112 页。

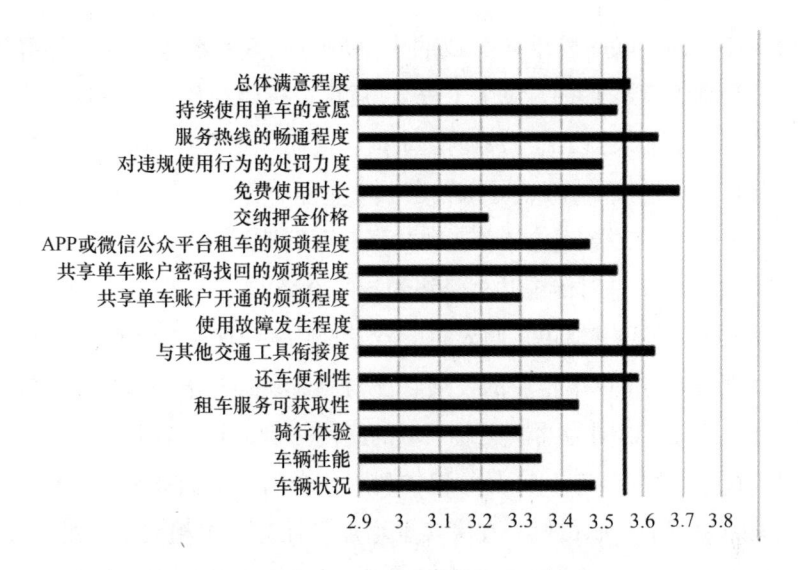

图 6 政府公共自行车满意度评价均值

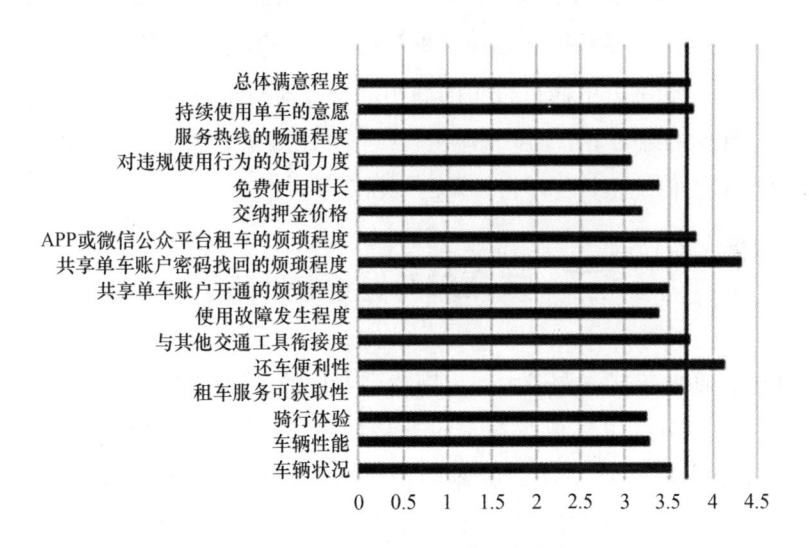

图 7 共享单车各项指标满意程度均值

资料来源：陈艳珍、王汉钧：《城市单车满意度及其影响因素对比研究——以北京市城六区为例》，《经济问题》2018 年第 5 期，第 105—112 页。

管理的特征在后期体现出一定的优越性。另外，尽管其注册程序烦琐，押金费用相对较高，但其在最大限度上覆盖了绝大多数地区，尤其是互联网未普及、互联网思维未养成的中小城市、落后地区、老人等群体集中区，是真正意义上的"民生工程"，后期以杭州为代表的一些城市，或在传统模式中加入扫二维码等创新举措，或如"永安行"（政府主导的城市公共自行车连锁品牌），寻求共享单车企业合作，其体验不逊于新起共享单车企业。下文将阐述二者互利共赢的可行性。

2. 共享单车是对传统共享经济的新的诠释

学界对是否将共享单车归入共享经济的范畴一直存在争论。本文认为，现阶段我国的共享单车企业的发展状况与商业模式并不符合学界对共享经济的传统定义。以同为共享交通领域的滴滴为例，其打着共享经济的旗号推出"快车""顺风车"产品，旨在利用社会闲散车辆资源，但真正促使其壮大的为大量专职司机，在事实上增加了社会"出租汽车"的供给量，与初衷相违。以 ofo 为例，其初期其主要在北京大学地区收集闲散单车，通过 APP 实现共享，但众所周知，其后期走上了通过大量制造新车投向城市，占领市场的道路。尽管如此，共享单车实现了单车通过互联网充分利用的目的。通过互联网，单辆自行车的利用效率被前所未有地提高，大量用户"共享"随处可见的单车，实现单量自行车利用效率更大化，可以认为是共享经济模式在传统租赁公车自行车的创新变革。

三　共享单车存在的问题

（一）商业模式漏洞较大，没有找到合理的盈利模式

如上文所述，共享单车在本质上是共享经济模式对传统租赁公共自行车的创新发展。对于一个商业公司来说，收集一辆闲散单车、修缮、录入，甚至统一外观所需投入的前期成本远远高于大批量生产统一制式单车的成本。可以推断，不同于"得到""知乎"等知识分享平台，也不同于"滴滴""小猪短租"等重运营、轻资产模式，"单车""雨伞""充电宝"这类极度易损、标准化程度低、分散、价值较低的资源，采取直接所有的"重资产"模式为较理想的运营模式。这决定了 ofo、摩拜等商业共享单车企业抛弃传统的收集闲置单车的模式，而是大量生产新车。以摩拜小红车为例，小红车号称不进行维修也能够高频使用五年，若是

五年后小红车报废,在其报废前都属于有效使用期。假设每辆单车平均每天都能够有效使用 1 小时,每年能够有效使用 300 天,车费 0.5 元/小时,那么单车五年可以收入 1000 元。假设小红车生产成本为 500 元,随着摩拜单车企业生产能力的不断提高,生产设备逐渐成熟,每辆单车的成本能够有效控制在较低水平,理论上的盈利成为可能。然而,车辆损毁率、分布位置、天气情况、激烈竞争等因素都会使得实际使用率不理想游走在亏损的边缘,如图 8 所示。

摩拜

(人民币百万元,另有指明者除外)	截至 4 月 30 日 2018 年
骑乘次数(百万)	260
每次骑乘收入(人民币)	0.56
收入	147
單車及汽車折舊	(396)
經營成本	(158)
毛(損)/利	(407)
毛(損)利率	(277.2%)

附注:
(1) 包括由 2018 年 4 月 4 日(完成收購摩拜的日期)至 2018 年 4 月 30 日的數字。

图 8　摩拜单车 2018 年第一季度财务报表

资料来源:摘自"天眼查"网站。

2018 年第一季度摩拜财务报告显示,1—4 月摩拜单车骑乘次数仅有 260 百万次,平均每天 200 万次。根据《中国共享经济发展年度报告(2018)》,2017 年共享单车全球保有量约为 2300 万辆,假设共享单车全在中国,摩拜市场占有率约为 50%,那么摩拜在中国至少有 1000 万辆单车。经笔者计算,平均每辆单车每天仅仅被使用 0.2 次,远远低于理论水平,由于共享单车投放量迅速增长加上海外市场扩展,平均每辆单车每天实际使用次数会远低于 0.2。由图 8 还可知,即使在不计算生产成本的前提下,车辆折旧率依旧大于收入的两倍,远达不到盈利水平。2018 年以来,一线城市市场逐渐饱和,共享单车行业面临资本寒冬,监管部门对新投放单车逐渐收紧,摩拜新投放量急剧下降,即使如此,根据美团2018年中期报告,上半年其在核心业务毛利率高速增长的条件下,受收购摩拜单车影响,净亏损高达42亿元,可见共享单车企业经营模式存在巨大盈利障碍。

此外,市场上各共享单车同质化竞争严重。发展共享单车所需的技术条件——开发百万级别的APP、制造单车技术、GPS智能锁,技术含量相对较低,准入门槛低,导致大量竞争者涌入,各品牌除颜色不同,基本没有核心技术和差异化经营的能力,缺少护城河。

其本质上没有利用社会闲置资源,而是创造了新的供给,而这种创造在一定程度上并非为了弥补供给利用程度不足的缺陷,而是通过大量的投资刺激新的需求,迅速占领市场。并引发了巨大的社会问题,埋下了严重的发展隐患。

(二) 资本的不合理投资导致的恶性竞争

市场经济时代,促进资本的自由流动成为充分发挥市场调节机制的内在要求。近年来,充分自由涌动的资本催生了一批成功的互联网独角兽企业。然而,相较于西方资本市场百年的发展历程,中国资本市场发展时间较短、体制机制暂不完善、相关行业规范缺失,广大投资者的素养亟待提升,导致近年来资本流向不理智现象频发,如P2P爆雷、炒垃圾股、比特币爆火。

另外,ofo、摩拜等新兴互联网企业为占领市场不合理地将大量资金单纯地投入不理智的生产新车上。在共享单车企业发展的初期,大量资本的流入的确催化了新兴产业的蓬勃发展,但当竞争进入白热化阶段,一线城市共享单车市场已经饱和的情况下,共享单车企业明知边际收益已经不存在,仍继续在大中城市投放单车的目的就不再是满足需求,而是单纯为了占领已有的市场。类似于滴滴的补贴战,当一家企业不遵循发展规律,脱离了商业本质,其本质上就是一个不可持续的跑不动的胖子。投资者在初期的确发掘了共享单车模式的巨大创新性,给其注入了强大的动能,可在后期这一模式弊端毕露,投资者在赢者通吃游戏规则的制约下，向不可持续的模式一味地打入催化剂，将一个创新经济催化为泡沫经济。共享经济的竞争应当是商业模式的竞争、产品技术的竞争、管理运营的竞争而不是单纯资本的竞争，共享单车作为一个新事物，符合客观规律，具有远大前途，必然具有不完善之处，市场应当给予其充分的空间与时间上的完善与革新，企业应更专注于完善服务、从用户出发完善产品，提升管理水平，发展核心技术，要有脚踏实地、埋头实干的工匠精神与长远的战略眼光，但资本淡化社会效益的逐利性与企业的功利心理压缩了这一空间。

（三）法律法规、政府监管的缺失

共享经济是移动互联网的新兴产物，世界各国的法律体系在这一领域几乎都为空白，无先前经验可供借鉴。我国是互联网共享经济发展最迅速的、最领先的国家之一，各级政府对共享经济的包容程度也较高。以共享汽车为例，在世界各国普遍抵制优步等网约车的大背景下，2016年7月，国务院颁布《网络预约出租汽车经营服务管理暂行办法》，中国成为首个承认网约车合法的国家。

虽然各级政府也对共享单车出台了相应的法律法规，但总体上依旧不适应其发展。如表2所示，在2017年第三季度，我国各主要一二线城市出台了相应的法律法规，但这一时期城市共享单车已经饱和，乱停乱放、过度摆放挤占道路等导致民众反感的社会问题已经达到顶峰，共享单车企业已经陷入盈利黑洞、资本寒冬无法脱身，其规定内容主要是限制投放量、规范停车区域、提升公民素质等表面问题，出台时间滞后，问题解决治标不治本。纵观互联网经济的发展历程，"外卖""网约车""第三方扫码支付"甚至具有巨大发展前景却饱受争议的"区块链"技术这类新业态新模式，其在发展的初期都是游走在法律的灰色地带，在艰难探索中推动社会进步。法律法规的缺失一方面限制了共享单车的创新，无法通过有效监管来保证市场有序健康运行；另一方面监管的缺失、较低的行业准入门槛以及单车生产缺乏统一行业规范，容易损害消费者利益。小鸣单车破产损失用户押金、ofo亏欠用户押金、近年来频发用户骑单车遭事故事件、车辆乱停乱放扰乱社会秩序等案例都反映了政府对共享单车行业的监管缺失。在 2018 年对共享单车的抽检过程中发现，被抽查的"摩拜""ofo"等 7 个运营品牌的 24 批次样品中，有 3 批次不合格，不合格率为 12.5%。[1]

表 2　　　　　　　　2017 年部分城市出台的共享单车相关政策

部委/城市	时间	名称
交通运输部等	8 月 3 日	《关于鼓励和规范互联网租赁自行车发展的指导意见》
成都	3 月 3 日	《关于鼓励共享单车发展的试行意见》
深圳	4 月 1 日	《关于鼓励规范互联网自行车的若干意见》
南京	7 月 19 日	《关于引导和规范互联网租赁自行车发展的意见（试行）》
武汉	8 月 24 日	《关于鼓励和规范互联网租赁自行车健康发展的意见》
北京	9 月 15 日	《北京市鼓励规范发展共享自行车的指导意见（试行）》
宁波	9 月 20 日	《关于加强互联网租赁自行车管理工作的通知》
天津	9 月 29 日	《关于鼓励规范发展互联网租赁自行车的指导意见》
杭州	9 月 30 日	《杭州市促进互联网租赁自行车规范发展的指导意见（试行）》

资料来源：张媛、高布权：《政府在共享单车管理中的缺位及应对》，《经营与管理》2018 年第 7 期，第 150—153 页。

（四）我国信用体系有待完善，公民素质亟待加强

当前，共享单车行业暴露出的种种问题，诸如非法挪用用户押金、私自偷窃破坏单车，都是共享单车行业缺乏信用体系约束的表现。根据摩拜公司 2016 年 11 月份的统计，摩拜单车在广州的人为损坏率达 10%，投放的 2 万辆单车中，至少有 2000 辆遭到不同程度的损毁，[2] 由于历史原因，我国信用环境水平较低，统一权威的信用体系亟待完善，部分公民信用意识缺乏导致在共享经济中出现了失信行为。一方面是信用相关法律法规的缺失，另一方面是我国信用机构缺乏统一标准。信用体系的缺失带来的直接影响就是惩罚制度不完善，违法成本过小，无法对违法

---

[1]　张媛、高布权：《政府在共享单车管理中的缺位及应对》，《经营与管理》2018 年第 7 期，第 150—153 页。

[2]　邓朝阳、樊英、苏星峰：《共享单车企业面临的风险及防范措施》，《经营与管理》2018 年第 4 期，第 109—113 页。

行为形成强大的威慑,同时给城市治理带来极大的不便。[①]

表3   共享单车领域经营困难平台企业

名称	成立时间	注册地点	出现困难时间
3vbike	2015.12	北京	2017.06
悟空单车	2016.09	重庆	2017.06
町町单车	2016.11	南京	2017.08
小鸣单车	2016.07	杭州	2017.11
小蓝单车	2016.10	天津	2017.11
酷奇单车	2016.11	北京	2017.11

资料来源:《中国共享经济发展年度报告(2018)》。

四 进一步发展共享单车的建议

在政府对共享单车行业的监管方面,一份在武汉市开展的用户调研报告显示,用户普遍认为政府应进一步完善法律法规、为共享单车划分更合理的区域、加大宣传力度,反映了消费者普遍的诉求。

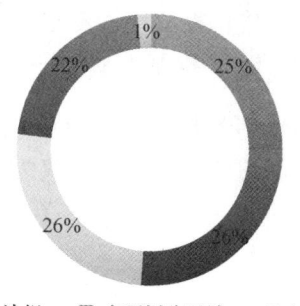

图9 武汉市市民对政府监督共享单车的看法

---

① 马强:《共享经济在我国的发展现状、瓶颈及对策》,《现代经济探讨》2016年第10期,第20—24页。

（一）探索新发展模式，回归商业本位

1. 企业应探寻新发展模式

纵观共享单车发展历程，结合中国摩拜、ofo 两家行业巨头的发展状况，可以看出互联网共享单车行业并没能开辟出一条成功的、可持续化的发展道路，至今未开创出可盈利的商业模式。共享单车企业应回归商业本位，努力在产品、服务上下功夫，避免同质化经营，创新发展模式。建议利用车身广告、APP 广告、交通大数据收集、外卖跨界合作等增加盈利渠道，推出山地车、电动助力车等特色产品，发展细分市场，定位清晰，做到差异化经营；回归商业本位，探寻盈利模式，积极与政府开展合作。

2. 政府公共自行车平台应积极与共享单车企业合作

党的十八届五中全会提出要发挥市场在资源配置中的决定性作用，更好地发挥政府作用，政府要简政放权，建设服务型政府。"共享单车的颜色选什么""押金高了还是低了""盈利模式是否合理""投放量多少"，这些理当由市场来配置的问题，政府不应越俎代庖。政府简政放权不干预市场不等于对一个新兴产业坐视不理，现在某些地方政府打着简政放权的旗号，面对共享单车的涌入置之不理，等到车辆饱和、矛盾突出了，则出几份管理条例禁止投放，这不是"发挥市场决定作用"而是懒政怠政。上文已陈述，在共享单车兴起之前，公共自行车已经普及。政府直接掌握公共自行车所有权，通过运营公司搭建、运营公共自行车体系，当共享单车进入市场后，政府必然成为"城市租赁自行车"这一市场的竞争主体，自始至终与企业构成竞争。因此，政府在这场竞争中无法回避。面对共享单车企业的"入侵"，绝大多数地方政府选择所谓"不干预"市场，既不合作，也不转型，导致公共自行车瞬间失去市场，导致全民所有的公共投资的极大浪费。

据 2018 年《中国共享经济发展年度报告》，我国共享单车覆盖率低于 4%。由三大共享单车平台在各线城市投放比例图可知，共享单车目前主要集中在一二线城市，在中小城市乃至海外仍拥有巨大的市场。建议政府逐步退出公共自行车系统的运营，主动与共享单车企业展开合作，

发挥财力雄厚的优势,满足共享单车企业摆脱重资产运营压力大的需求;同时将经营权交由共享单车企业运营,发挥其高效的优势;建议搭建合作平台,让原有的公共自行车资源充分流动,政府可向共享单车企业购买服务,企业向政府租用单车,实现政企合作新模式;针对单车投放不平衡问题,建议地方政府牵头、各共享单车企业出资成立共享单车统一管理平台,整合传统公共自行车专业管理队伍,统一调配、整理共享单车。

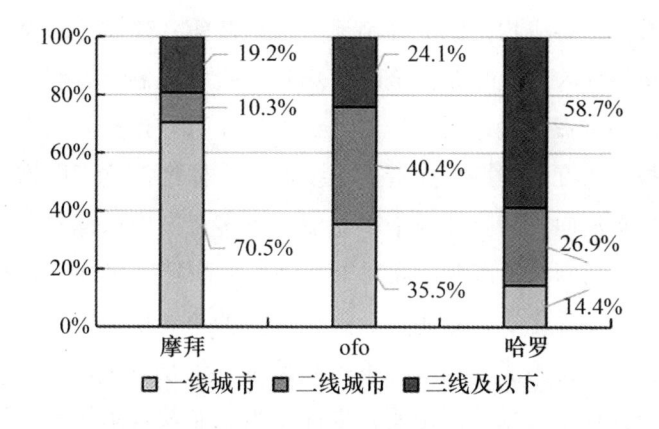

图10 三大共享单车平台在各线城市投放比例

资料来源:中国产业信息网,http://www.chyxx.com/research/201804/632158.html。

3. 政府应加强对资本市场的引导

首先对政府来讲,我国政府是人民的政府,政府进行宏观调控的根本目的是发展我国生产力、提升综合国力、提高全体人民的生活水平。政府自诞生之始就是为了维护全体公民的公共利益,追求社会福祉。如果一个政府唯GDP论英雄,只关心该地方出了几个上市企业,那就是本末倒置,忘了根本。在社会主义初级阶段,生产力发展还不平衡、不充分,为了发展生产力,要促进各种生产要素自由流动。我们遵循企业、个人追逐效益最大化的客观市场规律,鼓励投资者自由、充分配置资源,在促进资本自由流动的同时不知不觉地促进国民经济发展。共享单车作为"准公共物品",其本身具有巨大的公共属性,政府应始终把握"共享经济"的最高境界应是全体人们共享发展成果，始终把握"市场充分配置资本"只是手段，不是目的。其次对企业来讲，国家利益、企业利益在根本上是一致的，企业追求经济效益与社会效益实质上是不矛盾的，作为提供准公共物品的企业，共享单车企业更不应忽视社会效益。

政府更好地发挥市场作用，不是一味地出台各种条例，而是要转变治理理念，从"管家式政府"转向"服务型"政府，引导企业、资本市场在追求经济效益的同时在挖掘社会效益上下功夫。政府应完善资本市场管理机制，对非法建立的金融平台、非法运营的投资公司应坚决取缔；依法保护合法金融机构，坚决杜绝地方保护政策，建立统一全国竞争市场；放宽市场准入，适时放宽金融市场外资投资限制，有利于中国资本市场吸收国外宝贵经验；灵活运用经济手段，引导投资者站在国家发展的全局的战略角度看问题，让资金更多流向实体经济这一财富创造的根本源泉，更多流向民营企业与中小企业，更多流向中西部农村等落后地区，更多流向高新技术产业；面对资本炒作区块链、爆炒"权健"垃圾股这类资本一哄而上、盲目跟风、失去理智的市场机制失灵事件，政府不能听之任之，也不能等到事件不可收拾了一纸禁令予以取缔，也不能直接发声干预资本市场，而是要在事件发生之始就着手研究事件的本质与规律，创新引导模式，如多听听企业家、投资人的意见，组织专家学者进行分析论证、及时用专业的声音引导社会资本，引导运营主流媒体舆论走向从而引导资本走向；要引领社会思潮，在鼓励企业家投资者积极创业致富的同时，积极投身回报社会，培养一批批具有长远眼光、具有社会责任感的优秀企业家。

（二）完善相关法律法规，加强监管

公平公正的市场秩序，统一开放、竞争有序的现代市场体系，是使市场在资源配置中起决定性作用的基础。对于普通公民、企业来讲，法无禁止即可为，法律的保护是人们敢于创新、敢于探索未知领域的根本保障。对于政府来讲，法无授权即禁止，法律确定了政府在共享单车行业的职权范围，是政府在共享单车领域高效依法行政的根本保证。

本文建议在以下四个方面加强完善法律法规，加强监督。政府应加

快制定完善共享单车相关的法律法规，打破传统经济的立法思维和监管模式，敢于突破与实际不相符合的陈规朽法，敢于与既得利益做斗争。其一，建立共享单车市场准入规则，坚决禁止不符合规范的企业进入市场；建立市场竞争规则，取缔垄断，制止打价格战等不平等竞争；建立市场监督规则，坚决杜绝地方保护和行政垄断，建立全国统一现代市场。让企业无所顾虑，保护创新，政府执法有法可依，消费者维权有保证。其二，探索设立政府立法监督、行业协会自规自律的分级管理制度。共享单车行业成立自律协会，出台行业标准，互相监督、自我约束，不符合规定的企业坚决挡在门外，企业出现的各类问题要厘清责任。其三，实行强制保险制度。责任承担机制不明确是目前共享经济普遍存在的问题，监管部门应强制平台推出详尽的保险制度并严格执行，降低风险、切实保障各方利益。[①] 其四，创新监管模式，开放城市交通管理平台，与共享单车企业在监管方面开展广泛合作，引入共享单车企业积累的交通领域大数据，在道路交通建设、交通拥堵疏导、单车投放调配等方面开创合作。

（三）加强社会信用制度建设

加快全社会诚信建设，建立健全共享单车领域乃至社会征信体系，惩戒失信、褒扬诚信是规范共享单车市场秩序的治本之策。加强公民思想道德素质建设，弘扬社会主义核心价值观，提升全民族道德素质，鼓励共享单车企业建立用户诚信档案，设立行业黑名单，提高违法者使用成本；加强共享单车企业行业内诚信制度，对拖欠用户押金、违法投放单车企业列入黑名单，向全社会公示；引导企业与政府机构、第三方征信机构合作，推动信用免押金普及，建立用户信用征信体制。近年来，共享单车企业在建立诚信制度上已有一定的初步探索，但依旧任重道远。截至2017年4月，已有13家共享单车企业推出了信用骑行服务。ofo小黄车为全国25座城市的超过1500万名用户提供了免押金，以人均押金

---

① 马强：《共享经济在我国的发展现状、瓶颈及对策》，《现代经济探讨》2016年第10期，第20—24页。

199元计,免押总额近30亿元人民币。实践表明,"信用免押"用户用车行为整体上保持较高诚信度,车辆损坏率低于全部用户平均水平,这一措施有利于押金问题解决,建议政府引导企业积极推广;政府应加强公民思想道德教育,重视基础教育,运用新媒体对破坏共享单车的非法行径予以曝光。

表4　　　　　　　　部分共享单车企业信用免押合作情况

品牌	信用免押时间	合作征信机构	信用分值	适用城市(部分)
ofo	2017.03	芝麻信用	≥650	上海等25座城市
摩拜	2017.11	腾讯信用	≥630	广州
永安行	2017.02	芝麻信用	≥600	北京等6座城市
哈啰单车	2017.11	芝麻信用	≥650	南京等10座城市
由你单车	不详	芝麻信用	≥650	北京、杭州
优拜单车	2017.01	芝麻信用	≥750	北京等16座城市

资料来源:《中国共享经济发展年度报告(2018)》。

五　结语

共享单车是传统公共交通体系随社会生产力发展、互联网技术的普及所产生的必然产物,其克服了传统公共自行车效率低下的弊病,保留了准公共物品的经营模式,融入了互联网思维,得到消费者的支持,是大势所趋、历史必然。然而,事物发展的前途是光明的,道路是曲折的。新事物在发展的初期往往存在不完善之处,当下共享单车企业陷入资本寒冬,这就更要求企业有逢山开路、遇水架桥的决心,要求政府尊重市场规律、破除不适应共享单车经济发展的上层建筑,努力完善行业规范、社会征信体系,探索政企合作机制、创新监管模式,转变政府职能,加快简政放权,建设全心全意为人民服务的服务型政府,为共享单车凤凰涅槃、浴火重生注入强大的动力。

参考文献

［1］邓朝阳、樊英、苏星峰：《共享单车企业面临的风险及防范措施》，《经营与管理》2018 年第 4 期。

［2］陈浪、江珊、尹钶雨、胡力源：《浅析共享单车发展现状、问题及对策》，《现代营销》2019 年第 1 期，http：//kns.cnki.net/kcms/detail/22.1256.f.20190120.2319.132.html。

［3］金梦婷、张文昊、李路曼、李志斌：《共享单车停放问题分析及解决方案探究》，《中国集体经济》2019 年第 4 期。

［4］马强：《共享经济在我国的发展现状、瓶颈及对策》，《现代经济探讨》2016 年第 10 期。

［5］沈宇晨：《共享单车无序停放的规制现状探析》，《现代商贸工业》2019 年第 40 卷第 6 期。

［6］张春蕾：《共享单车在使用和管理中政府的决策机制》，《中国集体经济》2019 年第 4 期。

［7］张媛、高布权：《政府在共享单车管理中的缺位及应对》，《经营与管理》2018 年第 7 期。

试析石油人民币的诞生原因及意义

王欣然/高二　黄艺璇/指导老师　唐山一中

摘要：2018年3月，上海原油期货市场正式挂牌交易，石油人民币正式诞生，引起国内外热议。本文内容围绕石油人民币的诞生原因和意义展开。石油美元体系下，美国的霸权主义、美元作为单一计价货币币值的不稳定、对人民币国际化进程的阻碍是石油人民币诞生的必要性。而中国经济实力和综合国力的增长，如成为世界上最大的原油进口国，以及人民币国际化和"一带一路"建设的推进为石油人民币的诞生提供了可行性。石油人民币的诞生，有助于破除石油美元造成的困境，助推中国打破石油美元的桎梏，获得原油市场定价权，维护能源安全，并加速了"一带一路"建设与人民币国际化进程。虽然石油人民币的诞生具有重要意义，但是仍旧处于既有的石油美元体系下，不应对石油人民币未来的发展盲目乐观，需要以审慎的态度进一步观望其价值与作用。

关键词：石油人民币　石油美元　上海原油期货市场　人民币国际化

正如马克思在《哲学的贫困》里所说："手推磨产生的是封建主的社会，蒸汽磨产生的是资本家的社会。"[①] 人类依赖着何种能源形式，意味

---

① 马克思：《哲学的贫困》，姜海波编著，中央编译出版社2013年6月。

着人类呈现着何种文明形态。石油作为近现代工业的符号，作为国家财富、权力、地位的象征，被人们视为"黑色的金子"和"工业的血液"，对一国的发展至关重要。2018年3月26日，以人民币计价和结算的原油期货在上海期货交易所子公司——上海国际能源交易中心（INE）挂牌交易，这是我国第一个向境外投资者全面开放的期货品种，标志着石油人民币的正式诞生。本文将对石油人民币的诞生原因、建立意义及未来发展进行分析。

一 石油人民币的诞生原因

（一）石油美元体系的缺陷

"石油美元"的概念最早由经济学家易卜拉欣·奥维提出，他将"石油美元"分为广义和狭义两种：广义指国际市场上的石油买卖所产生的收入；狭义则指通过石油交易获得的以美元计价的收入扣除本国发展所必需的资金后的盈余，也称"石油美元"盈余。[1]

以美国自身来看，石油美元意味着石油生产国进行对外贸易时将美元作为计价和结算的币种或在对外贸易中获得的收入剔除进口开支后用来购买美国国债的金额，因此常用"美元—石油—美国国债"这一循环过程来解释说明"石油美元"运作机制，而后随着国际石油贸易的发展，石油市场投资种类的多样化，这一循环过程又演变为"美元—石油—美元计价金融资产"。基于对石油美元体系的基本了解，便可以更加深入地理解石油人民币体系诞生的一大重要原因即是石油美元体系的威胁与制约。

首先，石油美元拥有霸权主义色彩，中国等发展中国家处于劣势地位。典型事例就如以色列与沙特阿拉伯冲突不断，美国却依旧支持沙特，随后美国与困境中的沙特签订"不可动摇协议"，"石油美元"就此诞生。究其原因，有美国长期的军事势力渗透、美国强大的国际协调与公关能力，而这也是强大的政治地位所赋予的。在这种强大政治地位作用下，

---

[1] 恩道尔：《1973年石油危机的幕后推手》，《石油知识》2017年第2期，第32—33页。

石油美元体系也带有霸权强权色彩,在经济上即表现为为了本国利益对别国进行有效的经济制裁。例如随着全球地缘政治冲突的升级,美国先后对俄罗斯、伊朗和委内瑞拉实行了经济制裁。美国利用霸主地位打击能源国家的石油出口,这对世界经济格局的稳定与和平造成不小的冲击,也提醒着中国建立石油人民币体系的需要。

其次,石油美元不利于全球经济与市场的稳定。石油美元机制通过美元捆绑石油,牺牲他国资源让美元在全球运行,扩大美元的使用范围。而美元在全球范围的使用使美国有权征收庞大金额的铸币税,所以美国便可以通过本国货币政策轻而易举地影响美元,进而影响石油在全球的定价。这是石油美元机制干扰市场的一种体现。同时,在汇率波动方面,对市场的掌控使美元的波动更加容易破坏经济的稳定,使各国对美元的信心下降,如2014年下半年开始美元指数上升,强势美元政策下,石油出口国的贸易盈余严重缩水,财政收入和经济增长明显下滑,甚至引发了赤字恶化、资本外流、货币贬值和金融市场震荡等连锁反应。

最后,石油美元机制阻碍了人民币国际化的进程。对于中国自身而言,单一的石油美元机制阻碍了人民币国际化的发展空间。由于我国长期以来的世界工厂优势,人民币国际化的主导动力为制造业的跨境贸易,而随着中国经济的发展,资本输出、储备货币、大宗商品计价结算等作为人民币国际化新的主导动力的需求逐步加强,石油美元在石油市场的垄断地位无疑成为一种妨碍。此时力图打破石油美元的桎梏,实行人民币对石油的计价结算,就应处于核心考虑地位。

因此,石油美元体系无论是对于世界石油贸易市场的良性发展,还是对于中国自身的切身利益的取得,均存在着明显缺陷,存在不利影响。以美元为唯一计价基准的石油计价体系已暴露出严重缺陷,且随着全球经济复苏迎来换挡提速与多元化浪潮,这一负面影响愈加明显。由石油美元体系所代表的霸权对经济的干扰,到该体系对市场的掌控对石油市场造成的冲击,乃至对全球金融市场造成的干扰,以及对我国的石油交易所产生的不利影响均表明,打破石油美元机制的垄断与制约,建立我国自己的原油期货市场,以维护我国自身的利益具有显著的必要性。

（二）中国成为最大的原油进口国

近年来，中国经济飞速发展，已成为继美国之后世界第二大经济体，对各产品需求量也呈现爆发式增长。

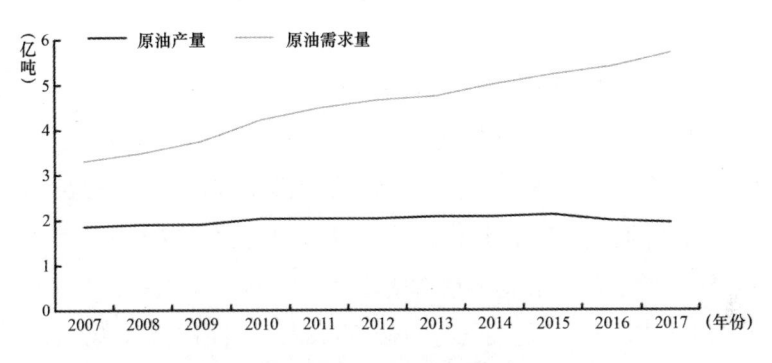

图1　中国原油产量和进口量情况

资料来源：中国海关。

如图1所示，我国的原油产量一直在2亿吨左右徘徊，而石油的需求量却直线攀升，由3.4亿吨上升至6.1亿吨，原油对外依存度达到68.5%。国内石油产量远远无法满足石油需求，较高的原油对外依存度刺激了石油的大量进口，从而激发了庞大的世界石油市场。事实上，在世界石油市场，我国已经成为最重要的买家。据中国海关统计，2017年我国原油进口总量攀升至4.2亿吨（843万桶/日），同比大幅增长10.1%，维持了过去几年10%以上的高速增长态势。与美国相比，2017年我国进口量远超美国的3.9亿吨（791万桶/日），意味着我国正式超越美国成为全球最大原油进口国。与庞大的市场需求形成鲜明对比的是，我国期货市场不发达的现实情况，特别是石油期货市场的狭小乃至缺失，更是严重影响了我国的石油交易，制约着石油交易量的进一步增长。因此，我国更需要加快石油交易市场的构建。

（三）人民币国际化和"一带一路"的推进

在人民币国际化方面，随着2016年10月1日人民币纳入SDR与

2017年人民币成为我国跨境收支第二大货币、全球第五大支付货币、全球第六大外汇储备货币、全球第八大外汇交易货币，人民币国际化进程的脚步逐渐加快。如何进一步加强人民币国际化水平？石油人民币机制以人民币作为基石，却又可以进一步推动人民币国际化进程。因此，以人民币作为交易货币的上海石油期货市场无疑是可行性较强的理想答案。

在我国"一带一路"建设方面，由于"一带一路"涵盖了中亚、中东、俄罗斯等地区的65个国家，其中还包括沙特、俄罗斯等石油大国在内的23个主要产油国，其沿线的石油储量现已占到全球总储量的58.3%，每年的石油产量也高达全世界总产量的57%。而中国作为"一带一路"的倡导国和世界能源需求大国，与"一带一路"沿线国家的贸易往来频繁，尤其是油气进口规模可观。中国作为这些产油大国石油出口不可忽视的目的地之一，使得不少国家开始考虑并实施以人民币代替美元作为结算货币的措施。现许多国家已逐步采取行动。2015年12月，中国石油与阿联酋穆巴达拉油气控股公司签署战略合作协议，在阿联酋境外上游油气投资及潜在领域开展合作，包括常规项目、海上项目和LNG项目。2016年12月，中国石油企业已在"一带一路"沿线19个国家执行50余个油气合作项目，特别是油气战略通道项目建设。中俄原油管道、中哈原油管道等一批重点油气工程项目相继投产。2017年3月，中石化与沙特基础工业公司签署战略合作协议，覆盖多项战略合作项目。"一带一路"建设与石油贸易紧密结合，想要在推动"一带一路"建设的同时推动石油贸易的发展，建立石油人民币机制便成为最好的选择。

二　石油人民币的诞生意义

（一）破除石油美元的困境

鉴于上述石油美元的种种缺陷，则不难发现上海原油期货市场的建立利于规避石油美元的威胁。第一，制衡美国的经济制裁，为打破霸权体系的控制寻求突破口。上海原油期货交易市场的建立，利于加强我国对石油贸易的把控，有效规避石油美元体制下美国对他国石油贸易的干预以及对他国石油市场的制裁，为打破美国石油贸易方面的霸权体系寻求突破口，从而保障了我国能源市场与能源安全的稳定。第二，改变汇率波动对全球的经济市场体系稳定的不利影响。人民币在上海和香港的交易所可以完全兑换黄金。这种石油、人民币、黄金三者间互换的三赢结果中最重要的效果即达到去美元化的目的。而去美元化则利于避免石油美元体制下汇率波动对全球市场体系产生的不利影响。第三，在挣脱石油美元桎梏中实现中国自身发展。建立我国自己的原油期货市场，开辟以资本输出、储备货币、大宗商品计价等为新的主导动力的人民币国际化发展空间，会进一步挣脱石油美元的束缚，将利于我国经济良性稳步发展。

（二）获得原油市场应有定价权，维护能源安全

长期以来，受亚洲原有定价机制缺失的影响，亚洲国家不仅没有自己的价格体系，还要接受"亚洲溢价"，承担更高的原油进口成本，在国际原油市场上处于被动地位。建立上海原油期货市场，面向产油大国，吸引生产者、炼油厂、贸易商、消费者、投资银行、对冲基金在内的多方参与，同时又有效反映本国作为第一大石油消费国的需求，使得原油期货的价格能够反映市场买卖双方对于未来价格的最优预期和判断，有助于亚太地区形成自己的石油定价基准。而在本国内的原油期货交易市场又有利于中国掌握一定的话语权和定价权，不再是被动应对石油价格波动，提高了我国应对风险和危机的能力，进而有助于维护我国的能源安全，也有利于我国推动全球能源交易正常秩序的建立，增强我国应对突发危机的能力。

（三）推动人民币国际化

在世界经济中，一种货币的国际化程度，体现在该货币能否充分发挥以下三种职能：其一是作为交易媒介被贸易主体广泛使用，其二是作为计价单位标记大宗商品价值，其三是作为价值储藏手段被各国央行储备。[1] 以

---

[1] 李鹤：《抢占人民币石油期货市场先机》，《中国外汇》2018年第3期。

下针对这三种职能,进行详细论述。

交易媒介方面,"计价单位职能能否得到充分发挥,对人民币的国际化进程具有重要意义。如果一国货币能对石油这一占据世界贸易总量约10%的贸易品种予以标价,则意味着其已成为真正被全球认可的国际货币"。① 建立石油人民币体系,运用人民币对石油进行标价,则可以石油人民币的计价职能,进而推进人民币国际化进程。

商品计价方面,以原油期货为契机,可以尝试探索人民币计价的国际大宗商品交换机制,而人民币进行计价,又可以丰富金融产品和工具,拓展中国金融市场的广度和深度,乃至在未来效仿美国建立石油—货币—国债的循环模式,输出人民币换取石油,产油国获得的人民币外汇用于购买我国的股票、债券等金融资产。以此方式促进人民币与国际金融秩序的融合,提高国际地位。

价值储藏方面,"我国推出的原油期货,对于采用人民币为交易结算单位的石油出口国,可以持其获得的人民币到上海黄金交易所兑换黄金。这一举措将石油、黄金、人民币更加紧密联系在一起"。② 黄金的硬通货的职能与通货膨胀时能发挥较明显的保值功能使其备受人们青睐,人民币与黄金更加紧密的联系,利于其作为价值储藏手段被各国央行大量储备,继而进一步提升了人民币国际地位,加快了人民币国际化的步伐。

三 石油人民币的未来展望

不少人对石油人民币体系寄予厚望,存在对上海石油期货市场的过度评价,然而石油人民币的未来发展并非一片坦途,尚有不确定之处。

大多数人认为,中国的原油期货市场一经推出便会产生重大影响,获取巨大成功。但是考察各国推出原油期货市场所做出的努力,可以发现存在许多效果并不尽如人意的情况。原油期货市场存在复杂性与严酷

---

① 李鹤:《抢占人民币石油期货市场先机》,《中国外汇》2018年第3期。
② 田文娟:《厉害了"石油人民币"期货》,《投资北京》2018年第5期。

性。自1974年以来，各国有50次以上试图推出石油期货的努力，成功率大约是20%。具体到亚洲原油期货合约，日本、新加坡和印度都曾经尝试过，但均没有成功。据统计，在过去15年，世界各期货交易所针对亚洲市场上市过的原油期货相关品种共有16个，目前只剩下3个品种，个别惨淡经营。因此，中国推出的上海原油期货市场未来发展如何仍有待观望。

其次，部分观点认为推出原油期货市场，就意味着取得了原油定价权。实际上，在国际市场上，拥有了石油期货市场，并且吸引一定量的国际资本，开设相关交易，并不代表着就能获得和掌握石油市场的话语权和主导权，而且中国原油期货原本谋求的是中质含硫原油的定价权，并补充亚太地区原油定价基准的缺失，是对世界石油定价机制的有力补充，中国本身也并没有与芝加哥交易所与伦敦洲际交易所争夺石油定价权、取得整个国际石油市场的定价权等图谋。

此外，也有大量媒体认为，石油人民币会对石油美元体系造成强烈冲击。笔者认为，尽管石油人民币正处于较盛的势头中，但也仍存在着一些问题为中国原油期货市场未来发展带来不稳定因素。其一为有外国投资者对中国政府的管制与干预的担忧，可能导致石油人民币发展的受阻；其二则为中国现货交易市场并不发达的客观因素对石油人民币发展仍有制约；其三为人民币国际化程度并未达到较高水准，也会给原油期货市场的发展带来不利影响。另外，从石油美元体系来看，石油美元体系仍在国际石油贸易中处于主导地位，美国在WIT和布伦特期货的定价权一时难以撼动，因此也使得中国对整个国际原油市场的影响力有限。所以说石油人民币是否会给石油美元体系带来冲击，对初出茅庐的中国版原油期货来说尚未可知。

虽有诸多担忧，但原油期货正式挂牌交易后仍旧迎来了开门红。当日集合竞价阶段，共有413家客户参与，成交261手，上市后市场交易活跃，到午盘收盘，主力合约成交量超过1.5万手。参与主体虽然主要是中国联合石油、中外石油化工、中化石油等大型国企，但是也有香港北方石油、托克和嘉能可等境外企业，其中新加坡嘉能可公司达成了当日首单。这也说明了中国原油期货在一定程度上得到了世界原油市场的认可，投资者没有因为中国的资本管制等马上知难而退反而热情参与。总而言之，石油人民币刚刚诞生，中国版原油期货初出茅庐，未来尚不可知，不妨保持理性而乐观的态度，期待它未来的发展。

参考文献

［1］袁益：《美国石油安全体系的构成及运行》，《经济论坛》2018年第11期。

［2］何亮、崔坤宇、王立娜：《"石油美元"渊源及现状研究》，《科技和产业》2018年第7期。

［3］边卫红、郝毅、蔡思颖：《石油美元环流的新特点及其对石油人民币发展的启示》，《金融论坛》2018年第10期。

［4］李鹤：《抢占人民币石油期货市场先机》，《中国外汇》2018年第3期。

［5］徐东、张立宗、高永刚、林清安、郑爽（中国石油规划总院）：《对中国原油期货市场的几个认识误区——基于国际原油期货市场的发展》，《国际石油经济》2017年第2期。

［6］田文娟：《厉害了"石油人民币"期货》，《投资北京》2018年第5期。

［7］钟红：《"石油人民币"助力我国石油安全和人民币国际化》，《银行家论坛》2018年第3期。

［8］何诗菲：《石油人民币破局在望》，《国际商报》。

［9］刘旗（北京物资学院）：《石油人民币还有多远》，《中国商论》2017年第36期。

人民币升值是否能够解决中美贸易失衡

王玉瑶/高三　黄艺璇/指导老师　山东省实验中学

摘要：2008年以来由于中美贸易逆差的逐渐加大美国向中国发起贸易战，并逼迫中国政府进行人民币升值，因为美国当局认为人民币升值能够促进美对中的出口，抑制从中国的进口，从而缓解中美贸易失衡问题。虽然汇率在一定程度上能够影响两国的贸易，但实际上从实例来讲人民币升值对于中美贸易逆差来说不治标也不治本，而且对中美、国际的经济都会造成负面影响。本文认为导致此问题的真正原因另有其他，一是中美内部经济结构的差异：与中国不同，美国是高消费、低储蓄的经济结构；二是美对中实行严格的出口政策，尤其是高技术含量商品；三是全球化带来的国际分工的不同。然后针对此问题提出具体的解决途径，一是积极促进与美国谈判，使美国放松对华的出口限制；二是中国自身要走外贸型的发展道路，促进国内产业升级，减少对外资的依赖程度。

关键词：中美贸易失衡　贸易逆差　人民币升值　国际分工　出口限制

一　人民币汇率与中美贸易逆差

自中国 2001 年入世后，美国对中国发起了汇率外交攻势，多次要求人民币升值。美国国会议员接连不断地提出议案，要求美国政府加大对中国汇率制度改革的督促，着重逼迫人民币升值。2003—2013 年，美国参议院和众议院涉及人民币汇率的相关议案或法案就高达 55 个。美国相关政府部门也多次和中国政府就人民币汇率问题进行磋商，奥巴马执政时期，财政部长蒂莫西·盖特纳多次公开发表人民币"严重低估"的言论，并声明中国"做得太少"。在中美战略经济对话（SED）和战略与经济对话（S&ED）中，美国也不断要求中国政府重新考虑对人民币的估价。此外，美国多次借助 IMF、WTO 规则以及八国集团（G8）和二十国集团（G20）峰会等平台对华提出指控。美国国内督促人民币升值的主要原因是认为美国在与中国贸易中产生的巨额贸易逆差是由于中国的不公平贸易带来的，是中国经济在高速发展的同时，人民币却长期盯住美元，导致人民币被严重低估，带来了美国对华贸易赤字激增以及国内工人大量失业。

美国的指控中，贸易逆差是客观事实。20 世纪 70 年代末中美建交以来，两国贸易虽然由于中美关系的波折发展起起落落，但经过 1997 年中美建立建设性的战略伙伴关系以及 2001 年中国加入 WTO 解决两国的最惠国待遇后，两国加强了国际合作，贸易额不断增长。据中国商务部统计，至 2017 年，两国的货物贸易额已超过 5800 亿，双向投资累计超过 2400 亿美元。在此过程中美两国的贸易差存在一个转化的关系，一开始美国对中国是存在贸易顺差的，但随着全球经济化和市场化的发展，两国双边贸易的范围与额度逐渐增长，致使美国从中国进口货物的速度渐渐超过出口中国货物的速度，最终转化为贸易逆差，并且导致差额越来越大，据统计，2015 年中美贸易逆差已达到 3647 亿美元的巨额。如图 1 所示。

人民币升值是否能够解决中美贸易失衡

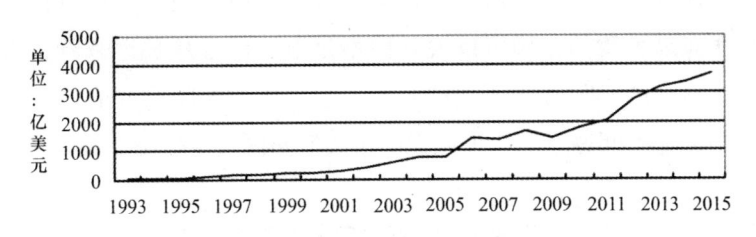

图1　1993—2015年中美贸易逆差数据

资料来源：中国海关。

但是仅仅依赖人民币升值就能扭转这一贸易逆差这一看法有待研究。在经济全球化的大背景下，自由贸易能促进中美双方经济的宏观发展，两国都能从中获得巨额收益。可在美国国内看来，与中国的贸易逆差在造成其国内资金外流的同时，也导致了其企业的产业转移和岗位流失，所以美国迫切地想要扭转现今的局面。而在解决这种巨大贸易逆差的问题方面，美国国内受到人民币低估论的影响，认为中国政府通过实行以市场供求为基础的、单一的、有管理的浮动汇率制来操纵人民币汇率，致使人民币汇率维持在一个较低水平，与中国经济的增长速度并不相符，以此来获得竞争优势，扩大我国商品出口，减小美国商品进口。因此在美国看来逼迫人民币升值是解决中美贸易失衡的有效办法。虽然在国际贸易中汇率是重要的调节杠杆之一，在美国看来似乎只要人民币升值就能够解决中美贸易失衡的问题，但实际上人民币升值真的能够解决中美贸易失衡吗？一般来讲，汇率的确有可能对贸易的逆差造成影响，但并非能够从根本上扭转局面，而且对于中美的实际情况来讲没有明显作用。

美国认为倘若逼迫中国政府成功使人民币升值，就能够缩小从中国进口的商品范围，扩大对其出口的商品数量，从而改善美国贸易收支逆差的局面，但是实际上效果并未如此理想。我国在2005年8月11日对人民币汇率制度进行改革，人民币汇率从1∶8.19升值为1∶6.22,[①] 在此过程中，中美贸易失衡的局面并未改善，正如图1所示2010年起中美贸

---

① 数字来自中经网数据统计。

易差额仍居高不下。因此从直观数据上看,即使迫使人民币升值,其对促进中美贸易平衡的作用可以说是微不足道;而且从长远来看,人民币升值还会对全球经济造成不利的影响。本文认为人民币升值不能从根本上解决贸易逆差问题,因为汇率无助于改变两国贸易失衡的根本矛盾。

二 导致中美贸易失衡的根源

本文认为造成此局面的真正原因应分别从中美的经济结构,美对中实行的严格出口管控政策以及全球化带来的国际分工这三个角度出发来阐述。

(一) 中美的经济结构不同

2015年度《世界概况》数据显示,三分之一的美国人根本没有储蓄账户,而中国却在世界收入储蓄水平排行榜上位居第三。储蓄率的不同反映出了两国经济结构的不同。

美国国民的个人储蓄率极低。一方面,受国民观念影响,美国个人大多是维持高消费、低储蓄的状态,与中国人不同,美国人并没有以房为本,或是为了防患大病大灾的过度耗费而进行储蓄的观念,加上美国较为完善的社会保障体系,大部分人过着"走一步算一步"的生活方式,这是导致美国储蓄率低的一个重要原因。另一方面,美国政府长期采用低利率的货币政策,尤其在2008年金融危机后更是实行量化宽松政策,并且鼓励开支和借贷,这在某种程度上也刺激了国内的消费,抑制了国民的储蓄行为,但同时美国国内由于无法满足国内民众逐渐多样化的需求,这就直接促进了对外国商品进口的需求。同时因为极低的税率和高度的开支也造成了美国政府的巨额财政赤字,也使得消费过多,不符合政府的正常收入。

中国恰恰与美国相反,是低消费高储蓄的方式。目前由于受到中国人口基数庞大、地区之间发展不平等不平衡等因素的影响,我国的社会保障体系还不是很完善,加上老一代人思想的影响,房、车等大额消费仍需要足够金额的存储,所以我国国内很大比例的民众尚保存着将大部分收入进行储蓄的行为。同时中国作为农业大国和制造业大国,能够满足国内的消费需要,减少了部分商品的进口。

由此,根据费尔德斯坦的著名孪生赤字说(Twin Deficit Hypothesis),净出口 =(私人储蓄 - 投资)+(税收 - 政府支出)可得,美国本身的经济结构会增加进口需求,而中国与其相反的状况则会共同造成美国贸易逆差局面的出现,并使得差额不断加大。

(二) 全球化带来的国际产业分工不同

2001年,中国加入世界贸易组织,这标志着中国的经济参与到世界竞争中来并全面融入经济全球化。同时伴随着经济一体化的高度发展,使得世界产业结构进一步调整并不断深化,每个国家都成为生产链上的一环。而在此过程中,中美贸易关系快速发展的同时,两者在商品结构上也逐渐产生了高度的互补性和互利性,这就体现在劳动密集型产业、技术密集型产业和资源密集型产业上,由于每个国家都在不同程度地发展,本身所处的产业链位置也在发生着变化,发达国家将利润更低、成本较高、污染较高的企业、产业向外转移,而发展中国家大多通过接收转移来的产业进行经济发展。

美国作为超级强国一直处于产业链的顶端,其发展依托知识、技术、资本和现代信息网络,涉及以电子信息技术、生物医药技术、航空航天技术、高技术服务业、新材料新能源节能环保技术等为代表的高新技术产业,而很多跨国公司将中低端产业转移到中国来,与中国的廉价劳动力、丰富的自然资源、逐渐发展的科学技术相结合,使中国成为"世界加工工厂"。

正如施振荣在1992年提出的"微笑曲线"理论,[①] 其左边是产业链中的产品设计、研究与开发环节,属于全球性的竞争;右边是产品的营销环节,主要是当地性的竞争,这两者的设计、售后服务环节都是处于附加值高的两端;而处于中间环节的产品制造环节,是附加值最低、利润最低的环节。美国的大部分产业就位于产品附加值高的两端,属于技

---

① 来自国际货币基金组织、世界银行和美国中央情报局2015年度《世界概况》。

术密集型产业,而中国接收的转移产业就是主要处于制造环节,属于劳动密集型产业和资源密集型产业,因此双方在产业结构上具有强烈的互补性,中国通过运用自己的劳动比较优势和资源优势,生产的产品充分满足了美国经济增长和人民生活的需要,使得美国从中国的进口不断增长,成为中美贸易逆差的主要原因之一。

根据比较利益原则分析,美国增加其中低端产品的进口,不仅能够节约本国资源,而且加快了部分传统产业的淘汰速度,促进了其第二、三产业的发展。

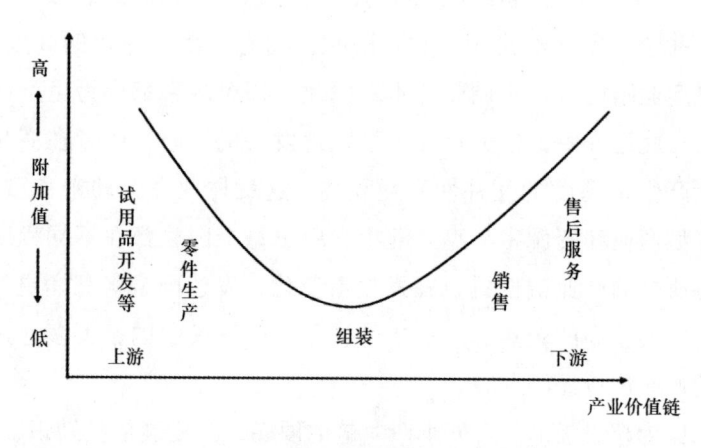

图 2　微笑曲线

(三) 美对中建立的严格出口管制政策

美国对中国产生巨大的贸易逆差的另一个原因就是美对中实行了严格的出口管制政策,尤其是高科技产品。自 1949 起,美国政府就制定并通过的 NSC41 号文件,提出了"严格管制对华贸易,对华任何出口都实行出口许可证制度";在"9·11"事件之后,美国开始扩大对华禁售商品的种类和范围,特别是可用于军事方面的民用技术的出口限制;现今,美国新总统上台后,于 2018 年 3 月 23 日对中国展开贸易战,对华多种商品加征高额关税。由此看来,美国打着"贸易保护主义"的口号不断加强对华的出口限制政策,但此种措施实际上是"伤敌一千自损八百"的不利措施。

长此以往下去，随着限制的不断加强，只会导致美国的可出口商品不断减少，从而降低美国全球出口总规模的比重。与此同时，其他政策弹性较大的国家就可以借此机会向中国出口更多的商品，这样的"国家卖方竞争"必定会对美国产生"挤出效应"，致使美国的出口大量减少。因此表面上看来美国成功保护了自己的技术不会输出，但同时因为放弃了中国市场而导致在世界市场中美国企业竞争力的丧失。总体来讲，对华严格的出口管制政策是弊大于利的措施。

三 解决中美贸易失衡的途径

由上文的真正原因可见，人民币升值并不能解决中美贸易失衡的问题。中美的经济结构和人民币升值没有明显关系。人民币升值后，美国出于战略安全考虑依旧不会放开高科技产品对华出口的管制，出口有限。在既定的贸易格局下，美国国内消费高，需求大，只能依靠进口，不是从中国进口，也是从中国转移到其他国家，比如东盟，整体进口规模不会发生太大变化。真正的解决途径应该从美国、中国各方的角度来分析，美国应放松对华出口管制，顺应经济全球化潮流；中国应走高效益的外贸型的发展道路，并充分利用 WTO 争端解决机制解决中美贸易失衡。

首先从美国角度来讲，当前经济全球化是世界趋势，而美国如今逆势而动，认为中国快速的经济发展给其带来了威胁，于是对中国实行技术出口管控，但实际上这是损人不利己的行为。长此以往，单方面限制对中国的出口只会使中美贸易逆差越来越大，不利于两国的经济发展。同时，如果美国不从中国进口产品或者将产业转移回国内，其国内由于劳工成本过高仍需要再从国外进口产品或者将产业转移到东南亚等国家。所以美国应重视国际分工，充分利用自己的比较优势和竞争优势，尤其是其高科技产品技术含量位列世界顶级地位的优势下，在此基础上加强对中国的出口，而且美国生产的部分产品，也是中国所需要的。中国可以积极促进与美国的谈判，使美国放松对华的管制政策。譬如 2019 年 1 月 30 日、31 日，中美进行了经济贸易高级别磋商，就贸易平衡、技术转让、非关税壁垒等问题进行了讨论,为中美贸易关系取得重要阶段性进展。① 倘若美国能够放松对华的出口管控,那么这对双方来说是互利共赢的行为,将促进两国的经济发展和产业的进一步升级。

而减小中美贸易逆差需要两个国家的共同努力。我国需要致力于促进国民经济增长,以此来增强国际话语权,来促进与美的谈判,进一步使美放松对中国的出口管制;同时在"顺差是好事,逆差是坏事"的传统贸易观念的影响下,我国长时间发展着低效益的数量型道路,大部分出口商品技术含量低,靠着加工费来促进收入。其中,过度依靠价格竞争力的出口模式使我们过度依赖廉价劳动力的所谓"比较优势",从而导致牺牲国内劳工福利,恶化了国内收入分配格局,削弱国内经济持续增长的动力和基础。另外,它又必然导致国际上越来越多的国家对中国产品实行反倾销、反补贴等措施,还会严重影响中国的国际形象与国际地位。因此中国必须发展起属于自己的知识产权并且含有高技术含量的公司企业,走出一条拥有高附加值的出口商品的效益型发展道路,减少对外资的依赖。

四 结论

综上所述,造成中美贸易逆差的根本原因并非人民币被低估导致的,而是由于中美的内部经济结构、国际化的分工和美对中的严格出口管制政策共同导致的。因此美国不应该通过贸易壁垒原则来逼迫人民币升值,而是应该从自身出发放松对中的出口管制政策,积极应对经济全球化的趋势。与此同时,中国也应走外贸型的发展道路,进一步提高自己的技术含量,提升在国际上的中国企业形象。

---

① 来自于 2006.01.16 人民网《美国对我国实行严格出口管制政策是在作茧自缚》文章。

浅析金融风险的防范与化解

——以信用风险为例

杨博源/高二　翟丽芳/指导老师

北京师范大学附属实验中学

摘要：本文分析了中国当今金融活动，明确了风险防范与化解的必要性。在此基础上，详细阐明了金融风险的成因及影响，并对其中信用风险着重进行了分析。在对信用风险分析中，展示了其多个表现，运用具体的数据、图像走势加以说明，强调了其防范的必要性，同时简要说明其产生原因，为之后对风险的防范与化解做了铺垫。基于对当下中国金融市场和对风险成因的分析，主要从内因与外因两方面入手，提出相应建设性建议。特别地，在综合考虑比较现今风险处理的多种方法后，明确说明了不良资产证券化方法的优势。

关键词：金融风险　信用风险　不良贷款　不良资产证券化

一　引言

在2017年全国金融工作会议上，习近平总书记出席并指出金融在国际竞争中扮演着核心角色，其安全就是国家安全的一部分，在指导金融工作时提出监管应成为需要把握好的重要原则之一，同时着重强调主动、尽早采取措施防范应对金融风险的必要性。总书记在会议上的论述，不仅指出了金融风险工作的重要性，也在一定程度上明确了防范金融风险的方向。

现如今，金融无论是在国民经济中还是在国际交易、国际关系上都起着重要作用，同时也是自20世纪以来继原材料、产品竞争等之后国际市场的主要交锋点。因此就需要健全金融体系以确保其运行体制的有效性，但金融交易活动直接与货币相关联，其信用经济属性、交易者自身的素质等都会增大其中的不确定因素，也就是金融风险是在金融风险制度的建立与发展过程之上的客观问题。正确认识并予以有效的防范、在风险出现时及时地化解是确保金融安全的关键之所在，关乎金融市场及制度的正常运转与效率。事实上，由于金融在当今社会各个领域所扮演的重要角色、起到的不可或缺的作用，涉及面之广基本上达到了覆盖整个社会经济生活的层次。因此，基于风险控制的金融交易活动的安全管理逐渐成为衡量一国经济安全的标志之一。同时由于金融风险种类的繁多性和本论文研究篇幅的限制，在此将主要以信用风险为例，具体论述金融风险的产生及防范化解。

二 简述金融风险及其中的信用风险

（一）宏观金融风险

1. 何为金融风险

金融风险主要指在金融贸易中，金融机构因主观因素或者市场现状、政策调控等客观因素出现的不确定性，习惯上主要可分为金融市场风险、产品风险、机构风险等；如果按照面临风险的主要因素进行划分，可以分为信用风险、法律风险、操作风险、流动性风险、市场风险等。

2. 金融风险的影响

简略来讲，一家金融机构发生风险所造成的影响，不单单是对自身的打击，较大规模的金融机构等其风险影响往往会波及其他金融机构甚至整个市场。从金融机构、企业等本身视角来看，一次具体的交易活动的不当操作或者失误，可能直接导致整个企业等面临严重负债甚至破产；从市场的宏观视角来看，几家金融机构、几个大型企业因经营不善面临风险或者出现危机，小则在部分产业中造成停滞，小范围内影响经济发展，大则直接触及整个金融经济体系的稳定性，威胁其稳定运行。如果一旦系统性风险发生、整个经济体系失灵，就有可能发生经济大危机，从而引发极为尖锐的社会矛盾，甚至引发政治危机。

3. 金融风险从何而来

基于对金融风险系统性与非系统性的划分，系统性风险主要原因的宏观概括更为清晰，而非系统风险更多取决于各个企业等特殊原因。在此笔者基于对中国目前金融市场的了解与分析、其他学者的相关研究，主要对系统性金融风险的原因加以概括，对非系统性暂不予分析。

一方面，对于其外部原因，主要是近些年外部环境趋向于复杂，使得无论是经济加速繁荣还是萎靡，无论是政府干预时还是自由政策下的金融市场，其风险出现频率都是居高不下的。下面做一个简单论述。众所周知，金融行业具有顺周期性，在经济呈上涨趋势时，金融体系对实体经济的信贷供给需求也会相应增加，相反时则会减少，如此循环往复加剧了经济的一个较短的周期波动。同样地，实体经济也具有顺周期性，加上金融交易活动在此期间较为频繁，风险也随之出现并开始累积。当整个市场上投资和借贷活动增多至可承受范围边界并超过时，整个金融体系就会处于过度负债状态；一旦经济环境萎靡加上过度负债的因素，金融机构内部资金流动就会出现问题，资产贬值进一步引起市场恐慌和不信任，最终导致系统性风险爆发。就算国家宏观监管政策出台干预，短期内经济呈现平滑性波动，长期看来反而会导致系统性金融风险的积累。

另一方面，对于其内部原因，主要可细分为两点。第一，金融机构本身的脆弱性。为什么这么说呢？很明确的一点就是当今是一个迅速发展，新型科技技术大量涌现的时代。在金融领域和综合经营之中的快速发展会产生监管空隙，比如网上银行最初成立时存在的监管漏洞等，加上银行信贷之外很多其他形式的融资活动，相对弱化了银行等正规金融机构宏观调控的效果，使得银行等金融机构具有内在脆弱性。第二，金融体系由于直接与货币相关联，本身交易中涉及道德问题而面临的道德风险不可忽略，由于借贷人与金融机构、催款人与金融机构之间的信息不对称更会加剧这一点，甚至由于中央银行承担过度造成的社会公众风险意识薄弱都会加剧系统性金融风险的爆发、加重其危害。

（二）细察信用风险

信用风险，顾名思义，是指在交易活动中信用上产生危机的风险，最简单的表现就是交易双方在债务到期时无法履行。严谨地来说，由于结算方式的不同，场内外衍生交易所各自涉及信用风险种类和相应的应对策略也有所不同。以银行为例，任何交易都面临着或大或小借款人等因种种原因到期不能履行合同的风险，具体表现主要为资金流动困难，最终违约造成单方或者双方的损失。如果银行在多次交易中对方都存在较大的信用风险而未加以防范，最终就会导致自己危机的爆发和破产。

虽然信用风险最终演化为信用危机并造成损失的表现大同小异，但形成原因大体只有两类：一方面主要是经济运行中所不可避免的，比如经济运行周期性的影响等，在此不着重强调；另一方面就是公司经营本身的问题所在，影响较大事件的发生。最具代表性的就是违法暴利经营，单凭利益考虑公司机构应毫不犹豫地投资，但从道德层面或者法律风险考虑，其非法行为一旦被发现，公司被查封，就会立即从风险变成危机，很显然，这类公司的信用风险相当之高。再比如现在社会上以各种理由集资之后卷款就跑的小公司甚至不算是公司的组织或个人比比皆是，这主要是个人道德的问题。个体特殊原因所造成的信用风险还有很多，在此不一一举例赘述。

对于主要是由于信用风险造成的损失等的表现，基于金融机构的贸易活动相对容易量化，在此以金融机构为分析对象，具体分为三类并简要叙述。

1. 不良贷款余额、贷款率双升

在此仅以商业银行做数据统计分析，2012 年的国际金融危机在一定程度上影响到了中国的经济发展和金融市场，我国的商业银行资产质量也相应地出现下降趋势。在此我们进行了不良贷款余额（见图1）的走势统计，很显然随时间的推移不良贷款余额呈上升趋势。如果对同期不良贷款余额进行比较，我们会发现在 2017 年 7 月，商业银行不良贷款余额约为 18000 亿元，相比 2012 年同期增加约 13000 亿元，商业银行贷款拨备率也相应提升至 3.16%，但拨备覆盖率有所下降，为 191.28%。

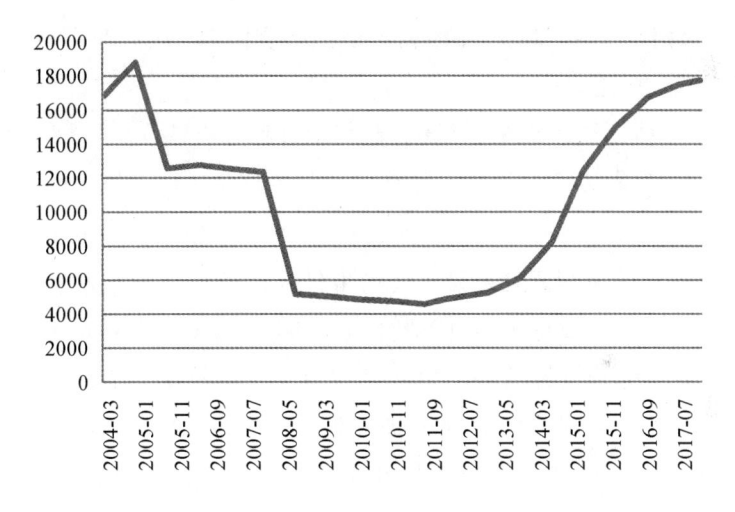

图1　2004—2017 年商业银行不良贷款余额折线图

（单位：亿元）[①]

相比较而言，国有商业银行之所以出现较高的不良贷款和较低的不良率增幅（见图2），主要是由于国有银行在政府项目和大型企业贷款市场份额的占比较高，一旦经济下行，不良贷款余额必然出现上升；但另一方面，由于国有商业银行客户基础较好，客户总体上抗风险能力较强，不良率并未出现明显上升。

---

① 资料来源：Wind 资讯。

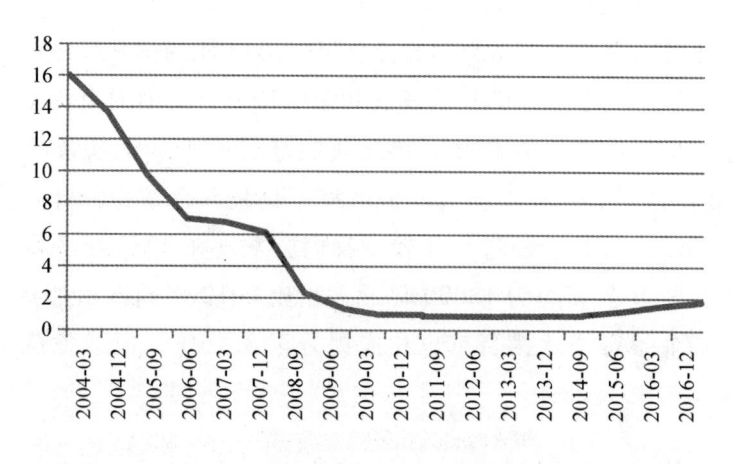

图2 2004—2017年国有商业银行不良贷款率折线图（%）①

2. 信用债违约现象逐年增多，趋势上升趋势明显

由于经济受2012年影响，经济增速开始逐年下降，风险的进一步暴露直接影响债券市场的稳定性。尤其从2014年开始，债券市场风险状况开始恶化，风险情绪四处蔓延，违约事件在此条件下频频发生，受到损失的行业、个人、发行主体也不断扩大。单单在2014—2016年中，违约情况就能明显看出上涨趋势。2014年仅有1个券种发生违约；2015年直接上涨到9个；到了2016年进一步上涨，30个券种发生违约。违约事件涉及企业也从2014年的1家扩大到2015年的9家，到2016年的17家。与此同时，所涉及的违约金额也大幅上涨。2014—2016年的违约规模从大约10亿元上升到230亿元，翻了整整23倍。

3. 影子银行加剧金融系统性危机

影子银行，是指游离于银行监管体系之外的一类金融机构。其主要存在形式有理财产品和民间贷款等，本身存在许多业务层面的漏洞。即便是存在漏洞，基于实体部门的融资需求，影子银行也日益大行其道。不可否认，影子银行在一定程度上可以缓解融资难问题，活跃经济，促进经济发展，但是毕竟有诸如套利、片面追求利润等问题，会直接导致

---

① 资料来源：Wind资讯。

信用风险。而且由于这不在监管范围之内，或者说在监管达不到的灰色地带，使得这样的信用风险更加具有隐藏性和破坏性。

总而言之，信用风险在金融活动中是不可避免的，任何的其他风险形式都可以归结于信用风险，因此信用风险既可以作为最有代表性的风险形式，也可以作为其他风险的概括总结。

三　风险的防范与化解

基于以上笔者对金融风险和其中信用风险的简单理解，我认为金融风险的防范与出现后的化解主要还是从如下几方面入手：

第一，从政策方面入手。金融机构等应树立起较全面的风险监管的理念，整体上构建起完整、全面的风险管理体系和运行流程，完善好上下层管理风险的分工结构，配合有效均衡的运行机制，确保持续稳健发展；综合运用并合理安排风险管理工具，比如不同行业之间的互补组合、明确风险限额，有效地科学地决策管理风险。如果以防控信用风险入手，在此方面，可在一定程度上推及债权转化为股权的债转股政策，注意要按照市场化原则来进行，否则会带来更多风险。拓宽企业、金融机构等外部融资渠道，比如采用风险较低的优先股等工具作为资本补充；债委会也要积极发挥债务重组等作用，扩大不良资产证券化发行规模。基本做到这些并且完善相应的结构流程，势必增强资本实力，实现可持续发展。

第二，从金融自身结构出发考虑。上述分析也提到，金融机构本身存在漏洞、经营者本身的经营素质也是风险存在的主要原因。因此，加强货币政策与金融监管的协调可以作为外部的辅助手段来引导金融机构逐渐降低自身信用风险，注意这里所提到的货币政策与第一条中的政策是有区别的，在此主要是建议采用多种货币政策工具，通过加大公开市场操作的力度，达到为金融机构提供稳定流动性资金的辅助目的，而并非强制措施。

第三，出于对现在市场上不良资产的堆积会造成后患的考虑，笔者认为还可以从不良资产入手，以降低金融机构的风险隐患。回首过去，我国在1999年和在2003—2005年两次从不良资产处理入手处理信用风险，大约剥离债务2.6万亿元，在当时降低了银行不良资产、为经济的进一步发展做好了金融环境的保障。需要注意的是，在此过程中主要是政府主导进行的治理，在一定程度上也是出于对当时中国经济实力较弱的状况分析做出的最优决策。但针对现今经济发展状况，建议采用更为市场化的方法。综合考虑，不良资产证券化是处置金融机构不良资产较为有效的方式。就其含义而言，不良资产证券化就是资产拥有者将一部分流动性较差的资产经过一定的组合，使这组资产具有比较稳定的资金流，再经过提高信用，从而转化为在金融市场上流动的证券的过程。[1] 事实上，资产管理公司应当积极将证券化的不良资产进行交易，发挥好作为一种"中介"身份的促进作用，扩大其不良资产处置的业务范围；相关部门在审批上也应该放低门槛，批准更多的资产管理公司收购非金融机构不良资产业务，以达到促进证券化不良资产转化的目的。符合条件的资产管理公司应及时、适时开展资产证券化，在降低融资成本的同时，提高其不良资产收购能力，也能丰富资金来源渠道。

四 结语

从去年开始，中国银行全行纪检监察系统持续开展信贷领域腐败问题专项治理，综合运用监督执纪手段防范化解金融风险。如此看来，当今金融风险已经成为金融市场上需要应对的主要问题，也是影响中国经济发展的重要因素。因此，能否有效地处理好金融风险就变得至关重要。在此之中，信用风险作为当下市场上风险面临最多、影响范围最广、转化成危机危害最大的金融风险应作为最先处理研究对象进行突破，一旦能够有效降低，势必使得中国金融交易风险大大降低，增强企业金融机构活力。基于成因中影响部分的重要程度和易行性等多方面考虑，政府一定政策的干预和对银行不良贷款的有效处理对降低信用风险乃至金融风险都是不可缺少的。对于不良贷款的合理处理方式中，其证券化处理

---

[1] 杨轶萍：《商业银行不良资产管理与估值案例研究》，上海交通大学，2012年。

由于不占用资本金等在当下市场优势极为明显。总而言之，我认为处理好金融风险应当从降低金融机构面临的信用风险入手，通过政策制定实施和市场化方式的应用逐渐降低，以达到促进社会经济发展的最终目的。

参考文献

［1］王子鹏：《国有商业银行不良资产处置中的问题分析与对策探讨》，《现代营销》（下旬刊）2018年第12期。

［2］康静：《商业银行不良资产"债转股"处置影响分析和对策探讨》，《现代经济信息》2018年第10期。

［3］汪川、娄洪彬：《新时期我国信用风险的成因及防范策略》，《债券》2018年第5期。

［4］李博：《商业银行不良资产分析及对策研究》，硕士学位论文，长江大学，2018年。

［5］刘飞：《推动金融资产管理公司转型的探析》，《中国商贸》2013年第13期。

［6］杨轶萍：《商业银行不良资产管理与估值案例研究》，上海交通大学，2012年。

［7］郭恺：《商业银行如何处置房地产行业不良资产并化解房地产金融风险》，《中国房地产金融》2012年第6期。

知识付费平台的内容营销现状研究
——以得到APP为例

朱思锦/高二　白雪/指导老师　白山市第二中学

摘要： 随着知识经济时代的到来，知识付费平台兴起。其中，得到APP作为整个行业的最先试水者，以其独特的发展运营模式成为这一领域的范例。本文通过对得到APP的生产与营销现状分析，以小见大，探究整个知识付费领域平台的发展问题。在分析知识付费概念的基础上，通过平台的阶段性特征研究，透视其未来一段时间内可能面临的挑战和转型机遇。最终，立足于生产者和消费者的双重视角，对产品的提高改善提出可行性建议。

关键词： 知识付费　互联网知识经济　得到APP　生产与营销现状

互联网的出现改变了人们的交流方式和消费形式，也带来知识传播领域的革新。其中，知识付费平台是互联网知识经济的重要载体。知识付费平台是如何兴起的，有怎样的发展阶段，它的现状和潜在危机是什么，又该如何解决，本文以得到APP为例探究这些问题。得到APP属于整个领域的最初试水者，经历了知识付费平台的所有变迁，以得到APP为例更有利于将具有代表性的现象剥离出来。

一 知识付费的概念与发展

(一) 知识付费的概念

从营销的角度定义,知识付费是运营商把知识变成产品或服务,以实现其商业价值的营销模式。从消费的角度定义,知识付费是一种消费者为满足发展需要而购买信息内容或学习服务的消费行为。本文所论述的知识付费不仅是一种商业现象,更是互联网经济时代下对知识传播的新渠道和新方案的探索。

(二) 知识付费平台的发展阶段和特点

2013年前,互联网模式下平台化的"知识付费"尚未形成。但知识付费却早有先例,即传统的教育业、出版业和咨询业等。2013—2016年,依托互联网平台的新型"知识付费"开始出现并迅速传播。在此阶段,罗振宇与其带领的逻辑思维团队,以出品知识科普类视频节目《罗辑思维》而博得观众眼球,走在自媒体"知识类"传播前沿。2015年11月18日,由这一团队打造的APP"得到"上线。

2016年被称为知识付费元年,又被称为"知识变现"之年。国家信息中心发布的《中国分享经济发展报告2017》显示,2016年,知识付费新产品频现:4月,问咖、知乎出现;5月,分答、知乎Live面市;6月,得到"李翔商业内参"、喜马拉雅FM"好好说话"推出;同年7月,《每天听见吴晓波》上线;12月,"微博问答"开张。①

进入2017年,豆瓣、腾讯相继推出"豆瓣时间"和微信公众号"打赏"模式。如今知识付费平台发展势头迅猛,未来预期良好,因此被投资人士视作新的风口,资本蜂拥而至。在2017年全年,知识领域共享经济的融资规模约为266亿元,同比增长33.8%,知乎甚至跻身"独角兽"

---

① 丁晓蔚:《知识付费:概念涵义、兴盛原因和现实危机》,《新闻与传播研究》2018年第2期,第28—32页。

企业之列。①

（三）知识付费兴起原因

正如吴晓波在《人民日报》刊文所指出的那样："从本质上看，知识付费是消费升级的必然结果，是信息分享市场的供给侧改革。"② 这充分说明，以知识付费为代表的共享经济，适应了新时代的经济模式，受到国家政策的引导和支持。宏观上，它是不可逆转的趋势。新时代下人们消费水平不断提高，消费观念悄然转变。"付费"现象的兴起，折射出互联网经济背后巨大的潜力和市场。

微观上，它适应了每个个体或是群体利益的需求。这其中，既有对时间成本的需求，也有对金钱成本的需求。在碎片化、快节奏的当下，人们无比渴求实用性与实效性兼具的信息和知识，而各大知识付费平台投其所好，大力宣传"以资金换时间"概念。用户需求越来越多样化，产品种类也在不断外延。以帮助消费者答疑解惑为例，"知乎 Live"是多人实时问答互动模式，而"果壳网"旗下的"在行"APP 则是根据用户需要一对一约谈相关方面的专家，满足不同的用户在体验模式上的需求。以经验介绍类为例，喜马拉雅 FM 推出的"马东的职场 B 计划"内容新颖，干货众多，满足用户对高品质的渴望。以资讯推送为例，36 氪独家提供商界名流的动态追踪，携手多家投资机构，基于海量数据库打造世界前沿商界视野，满足了用户对高效率的追求。

同时，全新的交互模式，使课程学习不用到现场，也省去了学习者对时空调整带来的成本，用户可以根据个人意愿自由选择时间和场所，在一定程度上降低了金钱成本。总之，"知识付费"平台的兴起，在于其改变了传统意义上的学习模式，使个人或组织重新规划时空的需求得到极大满足。

---

① 周云焱：《知识付费热潮的冷思考》，《传播力研究》2018 年第 21 期，第 33—39 页。
② 吴晓波：《网络知识付费不能只靠打赏》，《人民日报》2017 年 5 月 22 日。

二 得到 APP 内容生产现状分析

（一）得到发展阶段分析

得到发展阶段有三个：形成期、发展期、调整期。

得到 APP 1.0—3.0 时期，是从上线到内容体系构建阶段。从 2015 年底 V1.0.0 版到 2017 年上半年 V2.7.9 版，18 个月共迭代 30 个版本。从图 1 可以看出，在重要节点指标的表现中，更新频率相对稳定，其中付费专栏、随时听、每天听本书等主要功能不断优化调整。得到一直在逐渐成长，不断完善用户体验和基础服务。

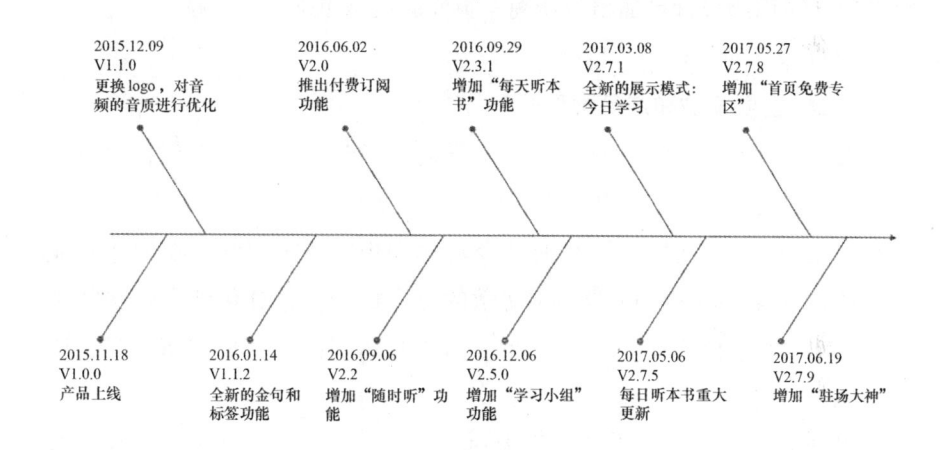

图 1 得到 APP 产品更新重大节点①

3.0—5.0 版时期，是得到的稳定发展期，也是在此时用户活跃量相对稳定并持续增长。笔者发现，这些相对老的历史版本也是网友们最留恋的版本，在百度等贴吧上有它们的下载攻略。得到内存占用也趋于稳定，保持在 40—50MB 之间。

2018 年 5.0 版本来袭，得到在多个领域频繁调整。产品功能方面，

---

① 吴翰中：《对得到 APP 的调研分析》，https://www.jianshu.com/p/b687ced846f5，2019 年 1 月 30 日访问。

曾经的"学习小组"下线，添加了"知识城邦"功能，但建立在原有的笔记功能上。用户在"知识城邦"板块发表动态，如同置身于一个外人可见的朋友圈，与好友一起交流学习经验，如同查看朋友圈版"学霸笔记"，也可以与心仪的讲师进行互动，给自己喜欢的内容进行点赞、转发，社交功能齐全。得到还模仿微博模式，授予通过个人认证的用户"笔记达人"称号，在激发用户的学习兴趣的同时也提高了用户的使用频率。在产品开发方面，得到APP旗下的子品牌"少年得到"上市，得到APP正式进军青少年市场，一批得到的忠实粉丝家长也推荐自己的孩子使用了"少年得到"。在产品营销方面，在2018年6月优化了产品外观，使用新的logo——橙色猫头鹰，形象呆萌，却寓意深刻，引发了网友的一波热议。页面的设计更加精致新潮，页面的展示更加简洁流畅。

（二）主要领域和产品类型

目前得到共有110门课，有人文学院、商学院、视野学院、社科学院、科学学院、能力学院共六大学院。涵盖了政治、经济、历史、社会、法律、伦理、文学等实用性强的社会科学知识，还有医学、物理等专业性强的自然科学知识。既涉及天文学的宏大概念，也分化到人际交往中的一些小技巧。既有商业视野、经济预测等热门课程，也有博物学、科技史纲等冷门学科。

得到继承了"罗辑思维"最火热的产品——音频，并不断优化，音效和音质不断提高。碎片化的音频汇成系统的课程，由课程组成付费专栏，这是得到最核心的线上产品。依托线上平台制作线下的图书产品，线上线下相互配合，产业链不断延长。同时，受电商、微商、娱乐类付费APP的影响，得到也成立了自己的商城，一些得到名师的讲义，得到的相关周边和生活文娱用品的售卖也在其中。笔者观察到，得到商城还经营日本直采产品，与珠宝品牌"悦界"展开合作。商城产品的引进受到互联网经济的巨大影响，参与举办年货节等活动，带有典型的电子商务特征。

（三）独创元素和产品特色

得到的核心理念是：为用户节省时间，在对碎片化时间的利用中帮助用户知识升级，体系构建，并实现终身学习。

创始人作为平台的领头羊，平台研发产品的独创元素也融入了创始人对于该领域的独特理解。罗振宇本人就是得到 APP 的一大特色，他是一名从央视辞职，拥有博士学位的经济学学者、自媒体自由职业人。笔者在"知乎"上分析网友们对罗振宇的评价，发现网友对罗振宇的评价呈现两极分化，而双向的关注带来持续热点，罗振宇本人的话题度也提高了得到 APP 的影响力。铁粉们心中的"罗胖"，是传递新事物的桥梁，他们看到了罗振宇作为传统媒体人在知识经济时代做出的新的探索和尝试。从 2015 年开始，罗振宇在北京水立方推出"时间的朋友"跨年演讲，一直到 2018 年，虽然"时间的朋友"豆瓣评分从 8.3 分降到 6.6 分，但关注度却丝毫不减，甚至因为争议热烈而带动各大卫视争相引用罗振宇的独家概念"知识跨年"，而得到也借此机会完成了线上与线下的联动。2019 年初，线下跨年演讲刚刚结束，平台适时追踪推出"跨年演讲幕后揭秘"专题，进一步推出线上知识红包、拼团、邀请等。线上线下自由切换，社交与学习互联，成为平台的一大特色。另外，事件营销是罗振宇的惯用手段，以舆论为助力进一步推广产品。2017 年 10 月 31 日，罗振宇直播回应《罗振宇的骗局》一文，流量猛增。得到借此大力宣传，蹭热点的过程中又挖掘了不少认可得到 APP"知识焦虑感"的潜在用户，"知识焦虑"成为得到 APP 在 2017 年贡献的热词。[①]

此外，得到通过罗振宇、李笑来等 IP，将讲师偶像化，使得用户拥护讲师而为课程买单。得到将名人带来的流量导入平台中，打造自己的独家特色——知识网红孵化。讲师的配置精良为得到赢得了良好的口碑，使其打造了"李翔知识内参""薛兆丰北大经济课"等长盛不衰的热门课程，也使这些讲师成为新一代"知识网红"。以李笑来为例，自 2016 年 7

---

① 李艳丹：《知识付费营销对出版行业的启示——基于"得到"APP 的研究》，《出版广角》2018 年第 8 期，第 51—53 页。

月以来,他在得到 APP 上开辟专栏《通往财富自由之路》,如今订阅用户显示为 23 万,按照 199 元/人的订阅价格计算,流水近 4600 万元。

三 得到 APP 的内容营销现状分析

(一) 产品营销手段

三类平台,相互渗透。作为知识交换平台,得到兼具综合电商型、垂直行业型与社交融合型三种架构。[①] 综合电商型功能体现在用户可以像选购商品一样购买课程,同时新用户注册和老用户升级时可以获得 APP 奖励的 5 元优惠券,以此来激励用户购买。垂直行业型功能体现在其具有聚焦于某一细分知识领域的知识产品交换,化抽象为具体,吸引了一批真正想学习并能长期坚持的用户。社交融合型功能体现在得到为用户提供交流学习的平台,有相同兴趣的人们可以互相关注,用户对外展现的页面上呈现个人信息和学习情况,类似 Facebook 上的资料展示。

直击痛点,紧贴需求。步入 21 世纪,人工智能、虚拟现实、区块链等新技术异军突起,人类迎来第四次科技革命。对机器人取代人类的担忧和日益复杂的社会环境使得人们产生"知识焦虑",人们迫切需要大量的知识以应对日常生活中遇到的各种难题。全民终身学习、跨界学习已然来到。人们生活节奏加快,空闲时间缩短,迫切渴望利用碎片化时间高效学习。得到利用互联网算法,通过分析数据,为不同用户推送不同内容,降低了人们筛选课程的时间成本。每段音频为 5 分钟左右,方便用户利用零散时间收听。在付费音频中,又增加了文稿页面,将难以记录的音频转换成文本,为用户节省做笔记的时间,更高效地回顾课程内容。得到以供给激发需求,解决用户时间与学习的矛盾。

(二) 产品盈利状况

从图 2 可以看出,得到 APP 的总下载量十分可观,2018 年下载量变

---

① 叶宗乐:《中国互联网知识付费产业发展状况、成因与机遇浅析》,《人文天下》2018 年第 9 期,第 63—69 页。

化趋势仍保持着稳步的提高。下载量增长的背后是订阅量的提高，截止到 2018 年 3 月，得到 APP 日均活跃用户数超过 45 万人，专栏累计销售 144 万份。数据显示，得到 APP 2017 年总营收在 130 万元至 2.587 亿元，平均总营收 2.45 亿元。值得一提的是，2017 年 7 月，得到忽然传出被"上市"，市值估计约 70 亿，震惊资本市场。虽然罗振宇连忙站出澄清这只是谣传，但人们仍从中窥视出得到 APP 等知识付费平台背后巨大的利润。

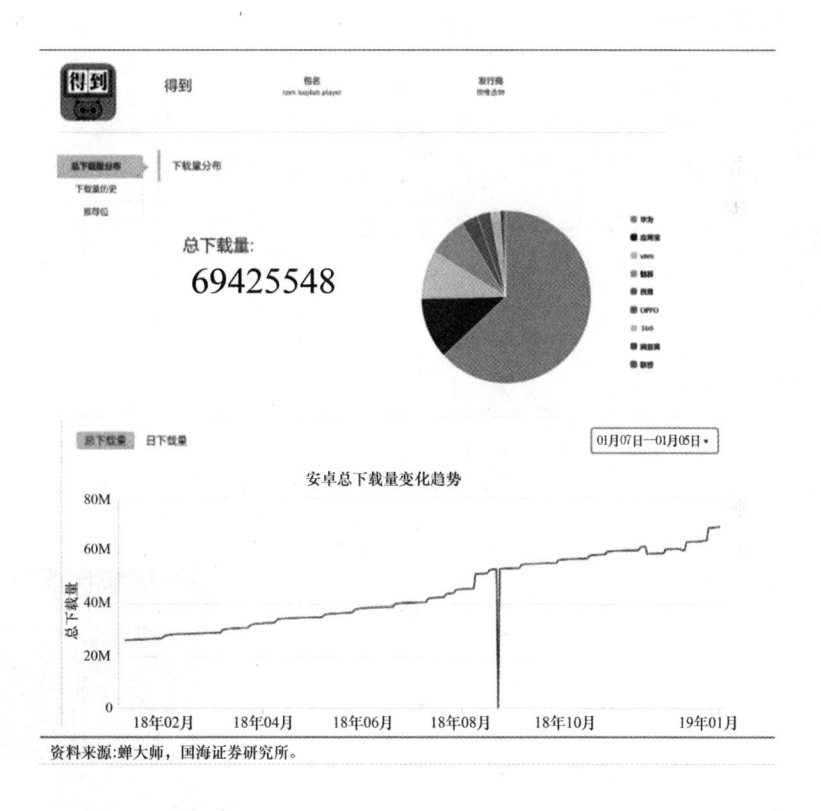

图 2　得到 APP 下载量变化①

（三）用户反馈信息

笔者在华为应用商店中，查看四大知识付费平台的用户反馈信

---

① 酷传网，kuchuan.com，2019 年 1 月 30 日访问。

息。(见图3)得到的表现力不如豆瓣和喜马拉雅,但远远高于知乎。同时,得到的安装量相对较低,可能与产品用户定位主要集中在精英阶层有关。针对用户评价中,客服也能选择性回应,但还是做不到全部回复。虽然内存占用适中,但仍存在闪退问题,所以用户评价的"三颗星"较多。2018年新推出的少年得到APP,在众多教育付费平台中反响不错,然而安装量稀少,属小众化消费。但从用户的好评中可以看出得到的内容更为专业,相对于其他付费平台的门槛也更高,有一批核心用户。

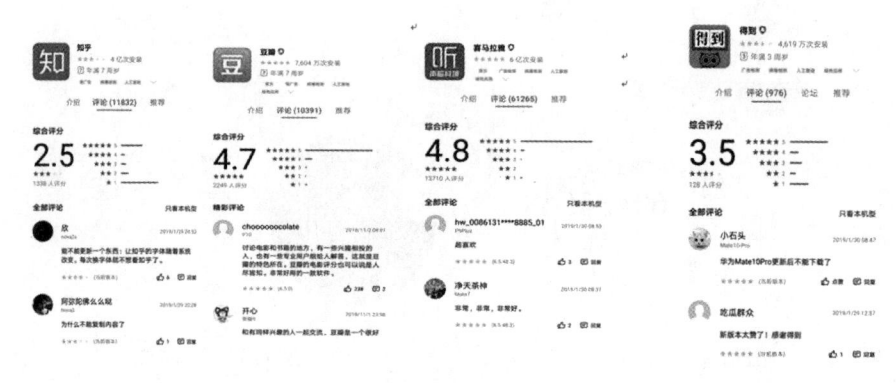

图3 知识付费平台用户反馈信息

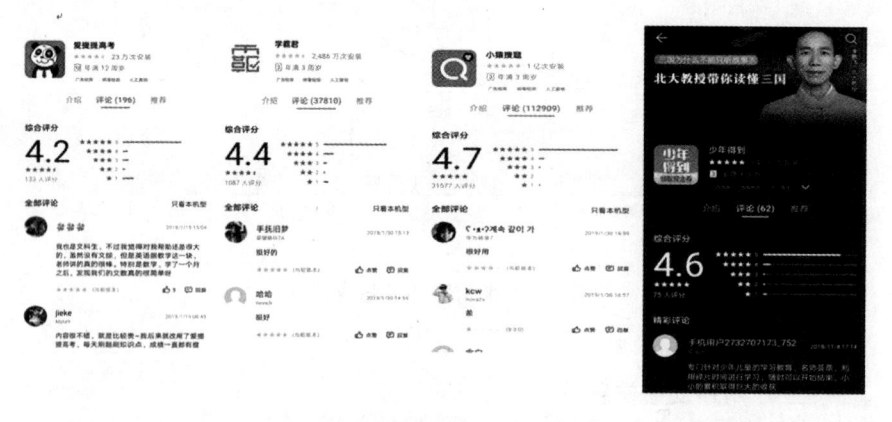

图4 教育付费平台用户反馈信息

四 得到 APP 和整个知识付费产业危机认识

（一）同质化竞争引发市场饱和

2015 年时，得到是整个知识付费行业的领头羊。可在 2016 年后，各大平台纷纷崛起，抢占市场份额。喜马拉雅"123 知识狂欢节"在 2016 年销售额已经达到 5000 万，与"双十一"销售额相同。目前，喜马拉雅 FM 已成为听众最多的听书平台，更不要提它也开始模仿得到推出各种"大咖精品课"。知乎凭借其良好的发展势头，被业内人士视为"知识经济领域第一个独角兽"。这些现象级 APP 的爆红，都动摇了得到的地位，使其在整个领域的优势不再突出。

目前，知识付费平台同质化竞争加剧，各个平台内容都以知识普及为主，辨识度不高。整理查看各个平台的畅销内容（见图 5），发现类别大致相同，"职场技能"类占据榜首。这固然表明社会生活的人际关系是一直卖座的"热点"，但内容的趋同只能在千篇一律中损失用户量。大数据时代下，精准配置"千人千面"算法是推送内容的第一步，而如何让内容别出心裁，达到刺激消费者神经的效果，则需要整个团队的"破除定式，推陈出新"。

（二）产品营销有待创新和拓展

就得到 APP 单个平台而言，产品受众集中在精英阶层，对于平台发展而言，有利亦有弊。精英阶层往往是最容易为知识付费的阶层，一是他们的需求最为强烈，二是他们有足够的财力来支付课程的费用。笔者发现，大多数人（普通阶层）在购买一两个课程后不再购买。长期购买的以一二线的白领精英为典型代表。相反，其他平台则显得更"接地气"，得到如果不跟随市场机制作出调整，最后的结果只能是被"弯道超车"。"少年得到"是得到团队的一次创新，但仍未跳出原有的局限。

而对整个知识付费平台，最大的危机在于营销规模较小。毕竟，虽然拥有电商性质，但有些知识对于人们并不是刚需，所以发展规模不如以售卖吃穿用度的"淘宝""京东"等平台。

平台	课程名称	单价(元)	销售(份)	课程数	类别
喜马拉雅	马东携奇葩天团亲授"好好说话"	198	275000	260	职场技能
	蔡康永的201堂情商课	198	155000	201	职场技能
	耶鲁大学陈志武教授的金融课	199	150000	156	职场技能
	蒙曼品最美唐诗	199	90000	100	亲子教育
	复旦女神教师陈果的幸福哲学课	99	75000	45	心理
蜻蜓FM	矮大紧指北	200	210000	156	人文历史
	老梁的四大名著情商课	199	1150000	156	职场技能
	蒋勋细说红楼梦	199	220000	160	人文历史
	艳遇图书馆	99	270000	404	人文历史
	局座讲风云人物	199	250000	104	人文历史
得到	薛兆丰的经济学课	199	250000	—	职场技能
	武志红的心理学课	199	160000	—	心理
	宁向东的清华管理学课	199	145000	—	职场技能
	番帅的北大金融学课	199	120000	—	职场技能
	Dr.魏的家庭教育宝典	199	100000	—	亲子教育
有书	MBA《用得上的商学课》/老路：用得上的商学课	99	150000	100	职场技能
	英语零基础共读/熊叔还你从零开始学英语	198	110000	—	英语
	徐彬：你一定用得上的理财课	99	60000	46	职场技能
	学会写作——从提笔就怕到流畅书写	139	53000	30	职场技能
	完善自我人格：28天深度心理训练营/自我成长：28天深度心理训练营	99	35000	28	心理

图5　知识付费平台畅销课程一览表

目前知识付费市场仍集中在大城市，区域下沉还不到位。三四五线城市拓展潜力巨大，但必须看到，普通阶层与一二线城市精英阶层的需求明显不同。据艾瑞数据指出，贴近其生活场景、应用门槛较低的在线知识付费产品可能成为其关注度较高的品类。① 平台如今要思考的，是如何实现下沉性发展，扩大规模最终形成向"淘宝"那样的超级平台。整个产业面临着兼并重组的趋势，而这势必是资本市场的又一轮角逐。鹿

---

① 艾瑞网，http://report.iresearch.cn/report/201803/3191.shtml，2019年1月30日访问。

死谁手,要看谁能整合各方资源,在危机中实现质的飞跃。

(三) 用户体验和需求的关注欠缺

作为知识付费平台,得到 APP 对用户体验的经营依然不够完善。页面内容繁杂,需要简化,占用内存为喜马拉雅的两倍,需要技术人员的压缩。而其他平台也有着相应的系统漏洞,对产品页面的设计也有大量不满意声音的存在。市场机制下,不仅仅是"内容为王",用户在内容大同小异时,必然追求舒适度等其他指标,平台应在这一方面更具"前瞻性"和"开创性",技术支撑不容小觑。

在用户需求上,笔者发现需求的多样化更加突出(见图6)。有人看重实用性,有人看重个人兴趣的培养。平台面临着用户流失,不能辨识用户真伪需求的问题。如果平台仅仅停留在资讯推送的浅层服务领域,那么势必将对未来发展产生不可预料的恶性影响。何为深度的服务,笔者认为,就是平台开发出私人定制的课程,重塑以往简单的"工具式"的产品思维,而要做"智能化""贴心版"。不再做速成教育,而要真正将知识的精髓要义得以传播。

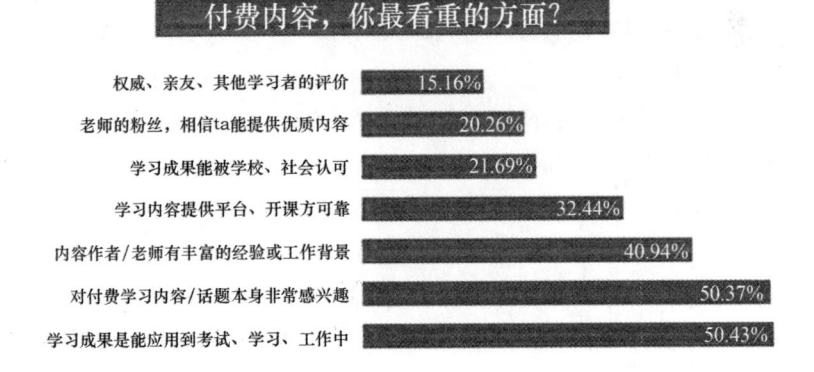

付费内容,你最看重的方面?

选项	百分比
权威、亲友、其他学习者的评价	15.16%
老师的粉丝,相信ta能提供优质内容	20.26%
学习成果能被学校、社会认可	21.69%
学习内容提供平台、开课方可靠	32.44%
内容作者/老师有丰富的经验或工作背景	40.94%
对付费学习内容/话题本身非常感兴趣	50.37%
学习成果是能应用到考试、学习、工作中	50.43%

图6 用户对付费内容需求调查[①]

---

① 百度,https://baijiahao.baidu.com/s?id=1606919134870047384&wfr=spider&for=pc,2019年1月30日访问。

五 结语

在经济新常态下，知识付费虽被视作新的风口，但仍不能忽视它还有不成熟不完善的地方。知识付费平台目前仍处于发展期，根据现状进行分析，预测其未来将有平台整合的可能。通过兼并重组，优胜劣汰，最终"大浪淘沙"。真正好的内容要经得起时间的打磨。做大做强精品课程，依然是平台要着力加强的"短板"。

知识付费的未来相当可期，内容消费和品质升级是互联网知识经济的必然趋势。知识付费平台的下半场已经到来，一个跨界的新兴产业在蓬勃发展。

参考文献

［1］丁晓蔚：《知识付费：概念涵义、兴盛原因和现实危机》，《新闻与传播研究》2018 年第 2 期。

［2］周云焱：《知识付费热潮的冷思考》，《传播力研究》2018 年第 21 期。

［3］吴晓波：《网络知识付费不能只靠打赏》，《人民日报》2017 年 5 月 22 日。

［4］酷传网，kuchuan.com，2019 年 1 月 30 日访问。

［5］李艳丹：《知识付费营销对出版行业的启示——基于"得到"APP 的研究》，《出版广角》2018 年第 8 期。

［6］叶宗乐：《中国互联网知识付费产业发展状况、成因与机遇浅析》，《人文天下》2018 年第 9 期。

［7］艾瑞网，http：//report.iresearch.cn/report/201803/3191.shtml，2019 年 1 月 30 日访问。

［8］百度，https：//baijiahao.baidu.com/s? id = 16069191348700473 84&wfr = spider&for = pc，2019 年 1 月 30 日访问。

历 史 篇

用文篇

菲律宾马科斯时期威权主义形成的因素探析

刘敬闻/高三　刘天祥/指导老师　攀西南山国际学校

摘要：菲律宾的政治制度在"二战"后期受到美国极大的影响。美国的民主制度一定是好的吗？是否一定能将美国的民主制度进行对外输出？本文认为，民主制度的输出需要结合一定的实际情况，而移植美国政治制度的菲律宾，在面临上层的政治分裂和下层的社会运动两个原因综合影响下，曾经的民主政体走向威权政体。本文提出，单一的因素不能导致民主衰退，美国的民主制度也不能生搬硬套地对外输出。

关键词：菲律宾　威权政体　政治分裂　社会运动

近年来，随着中国的复兴，美国深感自己的国际地位遭到来自中国的挑战，因而中美间的摩擦和冲突不断加深，"修昔底德陷阱"一说甚嚣尘上。一些带有意识形态偏见的西方学者则不断地从政体的角度斥责中国，认为中国并非他们所认为的民主政体，美国的民主制度要优于中国。然而，美式民主一定就像西方学者所说的那样完美吗？对于美国民主的研究已经有很多文献，限于笔者水平，本文并非讨论美国民主政体本身。一直以来，美国想通过证明自己政体的优越性来达到制度输出的目的，但本文认为，制度植根于历史，不能生搬硬套。因此，本文将探讨曾实行美式政体的菲律宾是如何蜕化为威权政体，并希望对威权政体形成的原因做些有益的思考。

一 文献综述

（一）威权主义

本文探讨的重点是威权主义。《布莱克维尔政治学百科全书》对威权的定义如下："一种统治形式，或者拥护这种统治形式的哲学。在这样的统治形式之下，统治者把他们的价值观强加给社会，全然不顾其成员的意愿。这个术语意味着一系列为数众多的政府体制：它包括有专制政治、暴政、法西斯主义以及极权主义。"在此种的定义中，可以推导出以下的认识，即（1）国家治理以统治者的意志为标准，民意在此基础上难以得到有效的表达；（2）政治自由在威权主义政权中是有限的。而在本文中，文章所关注的菲律宾威权主义，则完全符合这两种特征。无论是《戒严令》的颁布，还是宣布实施军管法，都只是马科斯威权主义政体运作的手段。对此问题探讨的现实的意义在于，"从真实的历史中吸取教训，使我们的人民免遭威权和无政府的罪恶，我们认为应该深谋远虑地建立一种行政权力"。①

（二）菲律宾威权主义形成原因综述

目前国内对菲威权主义起源的研究有较大分歧。周东华认为，菲律宾威权主义统治的建立原因在于马科斯既投机了改革派的"宪政革命"，又利用了"美式民主"。② 吴小安认为，马科斯企图利用技术官僚的发展战略为自己政治上集权提供"合理性理由"，技术官僚则依靠马科斯政治上的集权，实施其经济发展之战略。两者在"军管法"与"新社会"中完成了统一。③ 这两者重点突出马科斯总统个人因素所发挥的作用。

另一种层面则相反，陈森海认为，菲律宾的威权主义背后有着美国

---

① Jose M. Abueva, *The Framing of the Philippine Constitution*, Vol. II, Manila: University Publishing Company, Inc. 1949.
② 周东华：《战后菲律宾现代化进程中的威权主义起源研究》，人民出版社2010年版。
③ 吴小安：《试论马科斯"新社会"纲领》，《南洋问题研究》1992年第1期，第42—51页。

的极大支持,马科斯对美国的回报让美国不惜支持其威权政权。① 宋扬认为,马科斯推行军管法的原因在于他的国内改革政策成效不明显,社会动乱有增无减,故只能实行威权主义。② 施雪琴则认为,马科斯的军管法,得到了美国的大力支持,因为美国需要压制菲律宾的左翼势力和民族主义。③ 他们将菲律宾的威权主义的产生归因于菲律宾的国内压力或国外推动力,认为菲律宾威权主义的产生是政治环境作用的结果。

学界要么从马科斯总统个人的方向进行研究,要么集中于当时的社会现状。这些是从微观与宏观角度来对威权主义起源进行解释的。本文认为,应从社会结构的层面,综合菲律宾国内不同的社会因素影响,以及菲律宾的政治历史与制度现状,得出其威权主义起源的一种结构性解释。

二 理论框架

本文从社会结构的角度来看待菲律宾威权政体的形成。本文认为,仅仅从单一因素来看待政治的失序是不太恰当的,上层的分裂和下层的不稳定是带来政治失序的必要条件,二者的综合才是导致菲律宾威权政体的一个可信的解释。单一上层分裂可能带来的是政府的更迭,例如冷战时期的德国,由于受到两个阵营的影响,分裂为联邦德国和民主德国,但是社会并没有发生动乱,仅仅是政权的更迭。单一下层社会运动,更多的是受到了统一政府的管理和控制,并不会造成大规模的社会紊乱。但是如果两种因素结合,下层民众运动的影响逐渐扩大,上层没有能力解决自身的问题,更无力去解决民众的问题。政治失序一般会带来两种结果,其一是政治崩溃,其二是政治高度集中。对于菲律宾来说,由于美国的干预,再加上马科斯掌握了军事权力,故国家出现崩溃的可能性是比较低的。由于"二战"过去的时间并不久,故世界各国对于法西斯

---

① 陈森海:《对马科斯独裁政权的反思》,《东南亚研究资料》1986年第3期,第54—62页。
② 宋扬:《菲律宾总统——马科斯》,《世界知识》1980年第13期,第19页。
③ 施雪琴:《菲律宾:破碎的亚洲民主橱窗》,《世界知识》2011年第17期,第30—32页。

主义和极权主义的防范意识较强，也难以出现高度集中的极权政体或者法西斯政体。在这样的环境下，威权政体就是菲律宾政治失序的唯一道路。再看上层和下层的情况。本文认为，菲律宾上层的分裂在于政治王朝的不同势力带来的分裂，下层的民众运动起因有自然灾害导致的民众生活困苦不堪以及思想上的自由民主思想和共产主义思想催化。本文拟从这样的模式来分析菲律宾威权政体的形成因素。

三 来自"政治王朝"的挑战

本文所指马科斯威权主义政体的形成时期，指1965年上台至1972年军管法颁布。在此期间菲律宾在政治上最大的变化，莫过于由民主政体转变为威权政体。马科斯在菲律宾能实行长达十多年的威权统治并非偶然，其国内上下层复杂的矛盾才是马科斯威权政体形成的根源。

在独立后的菲律宾，"政治王朝"这个概念准确地定义了菲律宾政治参与的主导力量，"政治王朝"并非独立后的产物，它的形成与地方大家族有着历史渊源。早在西班牙殖民时期，在地方政治结构中担任要职的人主要来自土地大家族，这种历史现象奠定了家族政治的基础。在美国殖民时代，殖民当局通过建立地方政府的方式，使地方大家族的忠诚和支持成为美国殖民统治的必要条件。可见，大家族早已活跃在菲律宾的历史舞台上，而美国政治制度、教育体系的引进增强了这些家族的影响力，因此，大家族便成为政治王朝的基础。而所谓政治王朝"不是按照原则、制度和组织，而是根据能够给个人或其家族带来利益的个人联系来参与政治"。[①] 实际上，每一个政治王朝在菲律宾一般代表为不同的家族性政治力量。在这种条件下，被引入的以两党制为基础的议会制度则成为菲律宾全国各个政治王朝争权夺利的政治舞台。"这样一种'政治王朝'主导下的菲律宾政治形态，使菲律宾的'民主'仅仅成为一种表象。"由此，"民主"仅仅成为装饰政治合法性的外衣，为了获得这种合

[①] 周东华：《战后菲律宾现代化进程中的威权主义起源研究》，人民出版社2010年版，第36页。

法性，政治王朝往往会不择手段。因而，光用选举不能衡量菲律宾的政治形态。以总统选举为例，1955年麦格赛赛总统的选举中有72人伤亡，1963年马卡帕加尔总统的选举中有82人伤亡，1967年马科斯总统的选举中多达183人伤亡。① 可见，暴力是菲律宾选举的一大特色，且这种暴力现象伴随新一届民选政府的产生加剧。这显然不能归结于候选人自身引发的冲突。实际上，这体现的是上层政治势力间根深蒂固的矛盾。

独立后的菲政坛有两大政党——国民党和自由党，马科斯之前的五届总统皆出自这两个政党其中之一。在封建依附政治传统犹存的情况下，菲律宾的两党制为政治王朝所利用，因此，以政治王朝为核心的"庇护—委托"体系对菲律宾政府结构产生了两个主要影响：第一，胜选的总统需对其投票集团的支持提供回报。第二，在此种体系下，政党政治在菲律宾变得人情化、双重化，政治精英们对党几乎毫无忠诚，"除了麦格赛赛，两党制时期的罗哈斯与马科斯都是通过转党竞选才成功当选为总统"。政治精英们所代表的只是其背后的政治家族势力，政党政治对他们而言只是通往权力与财富的途径。况且，不是所有的家族都能在选举后获得自己想要的利益，而获胜的精英们则需想办法回报支持自己的投票集团，并利用手中的权势打击挑战自己的政治家族。由于没有合理的政治参与机制，加上低水平的制度化政党，政治王朝始终左右国会，围绕总统选举为核心的权力之争在上层从未停止。政治家族们为维护自己的统治或不至于被自己的对手打击，因而拥有自己的武装，加上他们对地方政治强大的控制，从而与每一届试图加强统治的新政府产生冲突。这种上层政治的分裂成为菲政治混乱的主要原因之一。

四 矛盾重重的社会下层

（一）困难的国内经济

尽管独立后的历届菲政府曾大力推进工业化，但传统的农业部门仍

---

① 周东华：《战后菲律宾现代化进程中的威权主义起源研究》，人民出版社2010年版，第38页；翟小亚：《菲律宾独立以来的家族政治研究》，硕士学位论文，云南大学，2015年。

然占经济的主导地位,因而农村的稳定对菲政府而言事关重大。然而,独立后的菲农村却埋藏着许多不稳定因素。首先,土地的占有极不平衡,据"1953 年美国援助执行调查小组的统计,0.4% 的家族拥有全菲律宾 42% 的土地,达 241 万公顷"。① 毫无疑问,这种土地过于集中的现象必将造成大量农民的不满,地方家族的剥削压迫使得无地或少地的农民陷入困境。由于政府主导的土地改革收效甚微,此种困境长期存在。其次,种植业结构不合理,"菲律宾的单一种植制表现在出口作物在农业中占据着重要地位,而粮食生产则不能自给"。② 长期处于贫困的农民一旦无法实现粮食自给,则生活难以为继,一旦农民们遭遇天灾,或地主们加重赋税,往往会引起社会的不稳定。最后,农户结构的变化及实际工资的下降加剧了农村的贫困,自 1948 年到 1960 年,自耕农比例由 52.7% 下降到 44.8%,佃农或半佃农比例则相应地由 37.3% 上升到 52.2%。③ 日益严峻的农村问题使乡村叛乱的危机日益严重。由于菲律宾大部分人口集中在农村,这种叛乱对政府的威胁即使不致命,也会加剧政府国内政策的压力。"在一个处于现代化过程中的国家里,基本满足农村大多数人及有势力分子的愿望乃是任何一家政府稳坐江山的命根子。"④ 显然,马科斯威权前的历届民主政府面对来自持续不断农民运动的挑战。

政府在城市的统治同样问题重重,长期以来不断拉大的贫富差距以及上涨的物价使城市的工人同样生活困难,"城市工人的实际工资在 1955 年以后下降很快,熟练技术工人工资下降 20%,不熟练技术工人实际工资下降 15%"。⑤ 由于工业化的推进,城市贫困的人口规模随之扩大,城市的局势变得紧张起来。菲政府糟糕的财政状况使得它无法长期为大量

---

① 周东华:《战后菲律宾现代化进程中的威权主义起源研究》,人民出版社 2010 年版,第 30 页。

② 《独立菲律宾经济发展概况四、独立后国民经济发展概况》,《南洋问题研究》1974 年第 3 期,第 15—19 页。

③ 周东华:《战后菲律宾现代化进程中的威权主义起源研究》,人民出版社 2010 年版,第 37 页。

④ [美] 亨廷顿:《变化社会中的政治秩序》,上海人民出版社 2008 年版,第 198 页。

⑤ 周东华:《战后菲律宾现代化进程中的威权主义起源研究》,人民出版社 2010 年版,第 33 页。

贫困人口改善生活，下层社会对政府不满加剧是必然的，长久的不满将导致民众对政府失去信心。这样一来，麻烦重重的国内经济使下层与上层产生了脱节，换言之，"民主"无法解决糟糕的经济状况，并造成阶层的对立。

但是，财产占有的不公平与分配结构的不合理并非糟糕经济的全部。由于家族王朝式的寡头政治存在，贪污腐败的横行加剧了财政混乱。在菲律宾政治史上，选举年必然产生财政赤字。另外，自1960年废除外汇管制后，巨额的贸易入超带来的菲币贬值与一直存在的外汇紧张使得本已弱小的国内经济雪上加霜。综上所述，多重经济困境致使菲民主政府对国内政局的掌控力不断下降。

（二）参与政治运动的群众

菲律宾第三共和国成立伊始，始于日占时期由菲共领导的"胡克运动"已经席卷许多农村地区，并拥有强大的实力。虽然在后来菲政府的强力镇压下"胡克运动"一蹶不振，但毕竟这是共产主义思想在菲颇为成功的一次实践，为日后的新一轮菲共产主义思潮的兴起奠定了基础。其中，何塞·西逊于1968年重建了菲共，虽然其影响的扩大是在马科斯上台以后，但从中可以发现，探寻新的政治道路以解决国内问题在当时的菲律宾是有先例的。

其实共产主义思想的兴衰只是一种表象，实质是糟糕混乱的政治经济制度迫使人们寻求解决问题的道路。强力的镇压可能使一种运动销声匿迹，但绝不可能使寻求改革的思想消失。20世纪60年代中期菲律宾民族主义复兴以后，寻求社会改变、进步的社会思潮日益高涨。当越来越多的社会普通群众开始参与政治时，兴起的政治思潮会因他们的加入而产生巨大的影响。

20世纪60年代学生运动的兴起可以对此进行说明。当学生们走出校园，为了追求民族独立、社会公正等理想而深入社会，与农民、工人等社会群体打成一片时，实际上学生们起到了这样一种作用：学生们将保存在他们头脑里的组织形态和意识形态当作指导思想，使得他们参与的政治运动对政府而言更具威胁。周东华博士曾举出典型的例子："右派的学运、青运要求天主教枢机主教实行改革打开教门,支持内湖佃农要求土改的活动;左翼的学运与青运公开支持本地车辆装配厂、超型市场的工潮,东黑人省的农工要求改善待遇等等"。① 复兴的民族主义要求对社会现状进行改变,只是,当激进的知识分子、青年学生、共产党人甚至是天主教神甫们也参与其中时,暴力革命的因素对任何一届政府来说都变成时刻存在的问题。

下层社会具有的不稳定因素不仅没有随着历届民选政府的变革而减少,反而随着民族主义复兴带来的意识形态渗透产生了新的威胁。可以说,新的共和国随着历史的发展更加脆弱。

在此,上层的分裂和下层的不稳定使第三共和国来到了崩溃的边缘,政治失序的状态如不解决将带来严重的后果。

五 政治失序的后果

(一)来自社会上层的反思

面对日益复杂恶化的国内局势,菲律宾政坛中的上层们也在探寻解决社会问题的道路。失败的土改导致社会矛盾的加剧更使得菲律宾的政治精英们迫切需要提出一个新的解决国家问题的方案。

民族主义复兴的思潮并没有排斥政坛上层的参与,"以马科斯为代表的'保守派',包括国民党和自由党党员,财富家族及寡头等在20世纪60年代末也提出'独立外交'的政策,主张改善菲美关系,关注社会公正"。② 虽然政治上层的参与者提出的政策带有造势和骗取选票的目的,但他们也不得不正视国内的不稳定,避免自己在来自底层的暴力革命中失去统治地位。但是,如何来实现统治阶层的目标却是一个问题。

毫无疑问,当时的菲律宾上层完全掌握着国家机器。面对社会下层与上层严重的对立,加上上层完全垄断了合法政治参与的途径,通过政

---

① 周东华:《战后菲律宾现代化进程中的威权主义起源研究》,人民出版社2010年版,第47页。

② 同上书,第93页。

治手段解决已经变得不现实。但由于菲律宾本身是一个发展落后的第三世界国家，这直接决定了此种环境下，一个分裂、软弱的民选政府的实力是有限的，它必不能提供足够的国家力量来压制日益高涨的群众运动。国内潜伏的多种不安定因素对菲律宾政体的导向为军人政权或威权统治。对上层来说，只有通过实现对国家的集中控制，实行集权才能把重重矛盾进行压制，维护统治秩序。由于"二战"之后对极权主义的反思，加上政治、文化上菲律宾深受美国影响，世界不允许出现法西斯式的威权政府。此时，政府实现对国家的治理只有在威权主义之下才能实现。

（二）失序的恶化

马科斯总统在参与民主选举过程中的卑劣手段不过是他前任的翻版，而且更为猖狂。之所以在他第二任总统任期时菲律宾走上了威权主义的道路，只是在一个本已异常混乱的社会环境里，恰好发生了一次新的以学生为主体的政治运动，即"一月运动"，这正好为马科斯政府实行军管和颁布戒严法提供了契机。"一月运动"对当时的菲律宾社会产生的冲击是前所未有的，它体现了激进的民族主义与左翼势力的上升。引用当时《武力镇报》的评论"这是本国所目击最恶劣的一次暴动"。由此，马科斯可以正大光明地运用宪法赋予的权力。至此，威权主义政体开始取代所谓的民主政体。

六　结论

独立后的菲律宾，上层政治的分裂使政府缺乏稳定国内社会秩序的力量，同时，经济状况的恶化以及受意识形态影响的日益高涨的群众运动导致了下层社会的不稳定，对上层的统治造成了威胁。面对国内政治失序的局面，菲律宾的政治精英急需拿出自己的变革方案。由于合法政治参与的途径掌握在政治王朝的手中，加上社会上下层严重的对立，通过实行威权政体来稳定社会秩序并占有政权成为菲律宾政治精英唯一的选择。因此，本文认为，马科斯时期的威权主义政体正是在这种特定的历史条件下诞生的。

参考文献

[1] Jose M. Abueva, *The framing of the Philippine Constitution*, Vol. Ⅱ, Manila: University Publishing Company, Inc. 1949.

[2] 陈森海:《对马科斯独裁政权的反思》,《东南亚研究资料》1986 年第 3 期。

[3] 翟小亚:《菲律宾独立以来的家族政治研究》,云南大学,2015 年。

[4] [美] 亨廷顿:《变化社会中的政治秩序》,上海人民出版社 2008 年版。

[5] 周东华:《战后菲律宾现代化进程中的威权主义起源研究》,人民出版社 2010 年版。

[6]《独立后菲律宾经济发展概况 一、经济地理》,《南洋问题研究》1974 年第 3 期。

[7]《独立后菲律宾经济发展概况 二、经济简史》,《南洋问题研究》1974 年第 3 期。

[8]《独立后菲律宾经济发展概况 三、独立后的社会经济形态》,《南洋问题研究》1974 年第 3 期。

[9]《独立后菲律宾经济发展概况 四、独立后国民经济发展概况》,《南洋问题研究》1974 年第 3 期。

[10] 施雪琴:《菲律宾:破碎的亚洲民主橱窗》,《世界知识》2011 年第 17 期。

[11] 吴小安:《试论马科斯"新社会"纲领》,《南洋问题研究》1992 年第 1 期。

[12] 宋扬:《菲律宾总统——马科斯》,《世界知识》1980 年第 13 期。

中国纸币极简史
——以北宋交子为主

贾宗骏/高二　翟丽芳/指导老师
辽宁省实验中学营口分校

摘要： 中国纸币有其独特的发展史。纸币出现之前，商品交换由原始的物物交换到使用贝币，再到使用金属货币。到了北宋时期，因为种种原因，我国四川地区出现了世界上最早的纸币——交子。南宋时期，因为有了北宋交子的先河，会子应运而生。后来元明清中华民国各期都有其纸币的发行，但无论是交子还是民国的金圆券，最后无一例外都走向了崩溃。本文以北宋交子的诞生原因、发展历程、衍生出的南宋的会子为主，结合宋朝前后的纸币发展，极简地描述了中国货币史，并对历史上纸币崩溃的原因和货币的发展趋势进行不成熟的思考和探讨。

关键词： 纸币史　交子起源　交子发展　纸币发展趋势　纸币崩溃原因

一　引　言

经济学家和史学家对纸币史相关问题的研究成果非常丰富。王宇发表于《西部金融》2017 年第 8 期的《中国纸币起源》和欣士敏发表于《福建金融》2002 年第 5 期的《中国纸币的起源、变革与发展》介绍了中国纸币的起源和发展史；韦森的《中国古代的钱——中国货币的历史起源》中对于先秦时期货币的产生与变化发展有详细的介绍；关于交子出现的客观原因，本文参考的文献是郭正忠的《铁钱与纸币的起因——关于交子起源的研究》，论述了交子产生原因是小铁钱的值小量轻，而与大、中铁钱无关的理论；河北大学的彭澜的历史学硕士学位论文《宋代纸币思想的理论探析》对中国纸币的出现和传统儒家伦理文化体系进行了探析，并阐述了经济伦理思想的概念、仁义精神是纸币思想的伦理基调的观点，揭示了"纸币是社会伦理发育到相当阶段的产物"。[1] 本文均对以上文章有所参考。

二 纸币出现之前：物物交换—贝币—金属货币

上溯远古时期，人们为了生存进行劳动生产。从采集社会到农耕社会，社会生产力不断进步。人们对于生产资料的需求越发多样化，自己所掌握的生产资料已经不能满足新萌发的需求，物物交换便应运而生。伴随物物交换产生的是交换矛盾。最直接、简单、针锋相对的交换矛盾就是，我有牛，你有饲料→我需要饲料来养牛，你需要牛→我可以用除了牛以外的一切物品去交换牛，而你只要牛→最后的结果是，商品交换无法成功进行，甚至走入了死胡同。当然，实际上的矛盾比这个要复杂得多。不过，在商品交换期间，人们偶然发现有些商品的价值被大家公认，人们可以用这些商品作为交易的媒介。这几种或一种商品慢慢从众多商品中被抽剥出来，变成一般等价物，货币便也应运而生。对财富的追求在当今社会已经抽象成对一般等价物的追求。换句话说，货币在当今社会已经变成了狭义物质的象征。

---

[1] 彭澜：《宋代纸币思想的理论探析》，历史学硕士学位论文，河北大学，2006 年，第 1 页。

商周时期贝币是商业贸易中所用的主要货币。《尚书·盘庚》曾记载："兹予有乱政同位，具乃贝玉。"① 汉代桓宽的《盐铁论·错币》中有："教与俗改，币与世易，夏后以玄贝，周人以紫石，后世或金钱刀布。"② 到了商朝中后期，由于商品经济的发展，天然海贝的开采供应已经跟不上社会对于货币的需求。而青铜时代的到来，提供了代替贝币的材料，人们开始把青铜以及其他金属制作成贝币的形状进行流通。随着时间的推移和贝币使用的大量减少，人们渐渐摒弃了货币的贝币外形，把金属制成其他形状，甚至直接拿金属本身进行流通、当作一般等价物。

从物物交换到贝币，再从贝币到金属货币，货币变化发展的根本原因都是经济的变化发展，原有的货币形式已经变成了经济发展的阻碍、时代发展的阻碍。而时代的车轮滚滚而前，纸币登上了历史的舞台。

三　纸币的先驱——白鹿皮币和飞钱

到了汉武帝时期，曾经发行过白鹿皮币。至于白鹿皮币的价值，《史记·平准书》记载过："以白鹿皮方尺，缘以藻缋，为皮币，直四十万。"③ "四十万"的价值远超其本身价值，已与纸币无异。但白鹿皮币没有进入流通领域，它只是作为国家高层相互供奉赠予之用。而且其本身价值还是用金属货币衡量，没有执行价值尺度职能，更不用谈货币的其他职能。虽然白鹿皮币算不上真正意义上的纸币，但却可以称为纸币的先驱。

除了白鹿皮币，在交子出现之前，唐朝时期还出现过飞钱，有点类似于早期的交子。唐代是我国商品经济发展的一个重要时期，商品经济的发展导致金属货币需求量的剧增，以至唐代的商品贸易倒退回原始的以物易物，这就促进了飞钱的诞生。《新唐书·食货志》载："商贾至京师，委钱诸道进奏院及诸军诸使富家，以轻装趋四方，合券乃取之，号

---

① 《尚书·盘庚》。
② 《盐铁论·错币》。
③ 《史记·平准书》。

飞钱。"① 虽然此时唐朝国力已经开始衰退，但其管理机制和市场体系仍在有条不紊地运行，政府仍旧有足够的公信力和主体信用。商人们愿意把自己的财富寄存于政府，换取一种名为飞钱的官方凭证。虽然飞钱本身不流通，不执行或具有货币职能，并不是真正意义上的纸币，但飞钱可以缓解货币供应量的不足，并且减轻商人运输和携带货币、购买商品的不便。

四　纸币的起源——交子

益州，也就是今天的四川地区，可谓四面环山，地形崎岖，交通不便。特殊的地理条件使该地区经济相对独立。宋朝建立后，本来想在四川地区打造单一的、使用铜钱进行贸易的货币体系。但由于宋朝没有取消已经在流通的铁钱，更加便宜、多产的铁钱逐渐把铜钱驱逐出了市场。

（一）交子出现的原因

迄今为止发现的最早的一块交子印版的拓片现藏于辽宁省博物馆。

关于北宋时期的四川出现交子及广泛流通、代替铁钱的原因，有以下几点：

1. 直接原因

作为四川主要交易媒介的铁钱值低量重，使用、携带和存放都极为不便。但在这一点上学术界一直有一个悖论：交子的起源是因为大铁钱和中铁钱过重、不便使用和携带。大约990年以前，甚至1005年以前，川峡地区大体上只流通小铁钱。而990年一些商人，早已开始自己发行一种特殊印制的纸券，用来记录货币金额，并进行汇兑和交易。综上所述，导致交子产生的是北宋初期铸造的小铁钱的值低量重，而非后来才铸造的大、中铁钱。说大、中钱的沉重、不方便携带是交子出现的原因，不仅颠倒了历史现象发生的先后顺序，而且也没有搞清楚小中大钱的轻重

---

① 《新唐书·食货志》。

状况。其实小铁钱值小,用小铁钱购买商品所用的质量总和往往大于大中铁钱。所以,小铁钱更不方便,更加难以携带,也自然更加难以流通。从一定的意义上说,大、中铁钱,也像交子一样,是小铁钱不便于市场贸易时的一种产物,甚至其产生就是为了缓解小铁币的值低量重而引起的不便。

铁钱存在值低量重的缺陷,使用、携带和存放都极为不便。再加之,四川地区本就地形崎岖,运输铁钱更加不便,是纸币兴起和出现的直接原因。

2. 经济原因

(1) 防止金属货币外流

北宋为防止货币外流,北宋划分出几个货币区。不同货币区的货币只许内部使用,严禁外流,这也从侧面反映出宋朝货币外流严重。而发行交子,则可以更好地缓解货币外流。

(2) 四川地区的商品经济的发展

四川的经济飞速发展。唐末五代时期,中原流民大量进入四川,给四川带去了先进的耕作技术和生产经验,四川的小农经济得以发展。同时,由于蜀道和西南丝绸之路的开通,商业开始发达,成都开始成为重要商业城市。唐僖宗为了躲避黄巢而入蜀,并安抚地方势力。王建凭借四川发达的农业和商业以及前来逃难的文人趁机做大,建立蜀国政权。当时,有"扬一益二"的说法。纸币的出现是四川地区商品交换的需要、商品经济发展的必然结果。

3. 社会原因

(1) 印刷术的发展

雕版印刷术在唐朝时期被我国人民发明出来,并在唐朝中后期广泛使用。北宋时期,毕昇又发明了活字印刷术。不同交子铺发行的交子,其上的图案花纹不同,印刷术的发展使各式各样的交子被大量印制成为可能。

(2) 唐代飞钱与柜坊的出现与发展

飞钱前文已提,在此不再多加赘述。柜坊的出现是源于中唐经济发展的需要。商人们把财物寄存于柜坊,柜坊给商人开一张票据,用于流通和交易。柜坊的信誉增强，票据的流通力便增大。而交子初期也是像飞钱和柜坊发行的票据一样只是一种兑换业务，虽不可以说飞钱和柜坊的契券就是交子的前身，但为后来交子的发行积累了经验，提供了借鉴。

(3) 内部起义

993年，蜀地发生起义。起义军首领王小波阵亡，李顺接替王小波作为起义军的领袖继续作战。战争时期，社会动荡，铸币被迫停止。为了缓解金属货币供给不足，民间开始印制交子。

(4) 外部战争

宋朝政府频繁和辽、西夏、金发生战争，军费和赔款开支很大。宋王朝历代积贫积弱，政府需要发行纸币来获取财政收益。这是导致纸币增发的直接原因。

4. 文化原因

(1) 诚信观下形成的信用体系的支撑

在我国儒家文化的大体系下，崇尚信用的道德观由来已久。在儒学经典中有很多描写诚信的语句，比如："自古皆有死，无信而不立"；[①]"大德不官，大道不器，大信不约"；[②] 在这种诚信观而形成的信用体系下，人们恪守信用，并相信政府。纸币正是在这种大背景下出现并流通的。人们在进行商品贸易时不必再使用等价值的金属，而是用一种代表信用凭证的纸券。而纸币的流通又反过来使信用体系成为经济生活中的主要组成部分。无论是富商创办的"交子铺"还是政府设立的"交子务"，都是宋代统治下的信用机构，其发行交子，背后都是有强大的信用体系支撑的。

(2) 中国古代伦理思想体系下的"仁义精神"

汉朝以后的历朝政府几乎都对以儒学为基础的古代伦理思想体系十分提倡，而"仁义精神"则是古代伦理思想体系最重要的组成部分。"仁义精神"衍生出的仁政思想和民本思想，虽在古代统治施行中鲜有落地，但却一直是被历朝文人当作限制君权的工具。在经济活动中，人

---

① 《论语·颜渊》。
② 《礼记·大学》。

是主体，不存在纯粹客观的经济活动，人会在其中发挥主观能动性。这也造就了伦理思想和经济活动在宋代和谐地相互影响、相互作用以及相互融合。发行纸币的本质目的是稳定社会秩序，维护封建专制统治。但表面上却称造福百姓、富国富民。交子等纸币的发行不仅对经济发展有积极的促进作用，方便了百姓的商品交换，而且增加了宋朝的财政收入。所以，发行纸币被认为是政府践行仁义精神，既是施行仁政又是收取义财。

5. 政治原因

纸币的诞生也充分体现着中国古代中央集权与皇权专制的不断强化。中国古代很早就有皇帝通过发行货币来控制经济的思想。而货币的内在价值与实际价值不断脱离，即其从等价商品交换中不断脱离而出为一般等价物，也恰好印证了这种在专制主义中央集权下产生的思想。中国的高度中央集权的制度，也使得纸币能够广泛地、被强制地流通。

（二）从民间自发印制到官方发行

开始时交子的信用不高。后来，交子在商品交换中的使用越来越广泛，很多发行交子的商户联合起来成立"交子铺"，统一发行交子。所发行的交子，颜色图案复杂独特，难以仿造。但并非所有的"交子铺"都诚信经营，一些"交子铺"滥发交子，而后闭门，再不营业，恶意欺诈商人钱财；还有一些"交子铺"，私自挪用存款，进行其他商业贸易或投资，商人所持交子无法兑现。为了解决金融业中的相关乱象，1004—1007年，益州知州张泳整顿交子行业，取缔非法经营者，改为专由16个富户经营。至此，交子的发行得到政府认可。交子的信用货币特征越发明显，逐渐直接用于支付和流通，成为真正的纸币。

（三）交子的发展

由于合理的发行额度，且有准备金的支持，交子的发行最初对货币经济的发展有促进作用。但后来政府发行交子无度，导致交子泛滥，大幅度贬值。1107年，针对交子的贬值，政府决定发行新的纸币"钱引"。虽然钱引的外观精美，但因不置本钱，且无节制地增发，所以很快贬值。

同样,"钱引"发行之后也很快跌落到面值以下。北宋政府不得不放弃发行两届交子。

(四) 南宋时的会子

经专家考证,会子应读 huì 子,产生于北宋时期,在南宋时期大量发行,代替贬值的交子。

1127 年,女真族灭北宋,也占有了北宋的国库。由于战争和贫困,宋朝政府降低了钱的重量。本来宋朝政府的钱重,民间难以伪造。但南宋政府此时降低了钱的重量,就引起了民间伪造之风。在此背景下,1136 年,"便钱会子"出现,也被称为"寄付会子"。1160 年,会子的发行权收归于官,设立"行在会子务",开始由官方发行会子。会子 3 年为一界,每界 1000 万贯。后来会子逐渐成为私人的商贸工具。宋朝长年与北方辽、西夏、金分庭抗礼。北宋灭亡后,即使是重文轻武的南宋,也意识到了军队的重要性。当时南宋有四个军需部的管辖区,为了保证军饷和军需的供给,分别对应四个货币区。后来,会子不断超额发行,和交子的贬值命运出奇一致。

会子纸币流通体系崩溃后,南宋政权就灭亡了。

南宋的会子和交子有密切的关系,甚至可以说会子就是交子的延续,是社会动乱与交子贬值后的产物。只是南宋政府对于会子的印制发行也没有节制,导致会子最后也沦落到和交子相同的下场。

五 宋以后的纸币

(一) 元朝的纸币

元朝建立后,发行了"中统元宝交钞",后又改为"中统元宝钞"。1279 年,元朝占领中国南方后,元把南宋的金银财宝一车一车运往元大都,导致金属本币供给急剧减少,中统钞的发行量很快超过金属货币本金的储量,开始贬值。之后元朝又针对"中统元宝钞"的贬值先后发行了"至元通行宝钞""至正中统交钞"等纸币,并铸造铜钱与纸币并行,且规定纸币为不可兑换纸币。但纸币终究还是彻底失去了信任,被弃绝不用，贸易活动居然不得不回归原始的物物交换。这和唐朝时期的物物交换不同，此时元朝的物物交换是由于蒙古贵族统治下纸币流通的崩溃，而唐朝的物物交换只是因为商品经济飞速发展而导致货币供应量的短缺。可以说元朝，是一个纸币一改再改却无一例外全部失败的朝代。元代纸币伴随着蒙古族统治的崩溃而结束。

（二）明朝："大明宝钞"→白银

1375年，明朝政府发行"大明通行宝钞"。因为"大明通行宝钞"不兑换纸币，又因为明朝政府对于该纸币的无限制发行，新旧朝的差价越来越大。其后虽然明朝政府采用了禁止金属货币流通的政策，并尽量回笼纸币，但效果不佳。时值欧洲新航路开辟前夕，中西贸易日益频繁，大量白银涌入中国，白银在中国的通货储量前所未有的巨大。形势所迫，明朝政府不得不结束纸币的发行。从某种意义上讲，这也可以是中国古代纸币史结束的标志。

六　纸币后续的发展

鸦片战争以后，外国列强纷纷在华设立银行，利用发行的纸币，对中国进行侵略和经济掠夺。中国人民救亡图存心切，自办银行，发行自己的纸币。但清政府对各类钞票发行业务并未立法，完全放任自流，直到清朝灭亡。

辛亥革命之后的中华民国货币经济十分混乱，造成恶性通货膨胀，濒于崩溃的边缘。直到人民币的发行，中国才可以说有了稳定的纸币体系。

七　结语与思考

（一）历史上纸币崩溃的原因

我们不难发现，从宋朝发行交子开始，一直到中华民国的金圆券，所有纸币体系都难逃崩溃的命运。其本质原因在于纸币的不断贬值。纸币会不断贬值好像已经成为全世界的共识,但并非所有纸币都会贬值到不可控。我们国家现在发行的人民币就十分稳定。那到底是什么使历史上如此多的纸币全部崩溃?本文认为,是当局政府随意发行纸币,没有节制。究其根本,是因为他们没有掌握经济规律和流通规律,没有掌握发行纸币原则和底线。宋朝的时候曾出现过称提理论、母子相权理论,两者都强调纸币不能被随意发行,而要有硬通货储量与纸币发行量相对应。但都因当时税率不断变更、社会影响较小、时代愚昧无知等原因而没起到应有的关键性的作用,没有挽回宋朝纸币贬值的颓势。没有硬通货储量在背后支撑,纸币将会走向贬值,经济将会走向严重的通货膨胀,社会经济秩序将会走向崩溃,执政者的统治也将会走向终点。如今,我们掌握了科学的流通规律,就要尊重规律,一切从实际出发,并继续坚持做有关货币的经济学研究,进一步完善货币的经济学理论体系。否则,我们就会重蹈前人的覆辙,受到规律的惩罚。套用《阿房宫赋》中结尾的一句话:"秦人不暇自哀,而后人哀之。后人哀之而不鉴之,亦使后人而复哀后人也。"①

(二) 货币表现形式发展的趋势

纵观货币发展历程,货币的表现形式不断变化。如今,随着移动支付的飞速发展,货币又出现了一种新的表现形式——电子货币。电子货币是以电子脉冲的形式对货币进行流通和存储,对现行的法定纸币具有一定的补充甚至是替代作用。作为货币最新的形式,电子货币不仅被全世界经济学者密切关注和深入研讨,而且已经被每个寻常老百姓频繁使用。从最初的贝币,到金属,纸币,再到现在的电子货币,我们可以发现一个规律,那就是货币的表现形式不断朝着更低价值,甚至没有价值前进。一开始我们用的贝币是天然海贝,数量有限,且易损坏,而物以稀为贵,其价值应该是最高的。而后我们使用的金属的种类和数量较天然海贝多,在当时的价值也应该比天然海贝高。纸较之于金属则是一种更廉价的原材料。电子货币甚至只是一种虚拟数据,可以说其本身是毫

---

① 杜牧:《阿房宫赋》。

无经济价值的。而甚至中央银行之外的一般金融机构都可以发行的电子货币广泛活跃在今日的经济生活中。包括微信、支付宝在内的移动支付已经列为外国人公认的"中国新四大发明",成为外国人最想带回国的中国产品之一。除移动支付外,电子货币还有储值卡、信用卡、电子支票和电子钱包等多种分支形式,其实质是一种信息货币。作为新兴事物,学术界对电子货币还有很大争议。但毋庸置疑的一点是,电子货币将越来越流行,各种金融业的精英也陆续投入对于电子货币和移动支付的研究,电子货币研究领域一时间亨嘉之会。但中国的电子货币领域还缺少相关法律法规,这还要引起有关部门的重视。经济日益发展,一般等价物的价值却一贬再贬,与经济的发展背道而驰。有朝一日,纸币很有可能会退出历史的舞台,被如今新兴的更方便、几乎没有价值的电子货币所取代。

参考文献

[1] 俞晖、俞兆鹏:《论南宋纸币淮南交子》,《江西社会科学》2018 年第 38 卷第 9 期。

[2] 王宇:《中国纸币起源》,《西部金融》2017 年第 8 期。

[3] 管汉晖、钱盛:《宋代纸币的运行机制:本位、回赎、战争与通胀》,《经济科学》2016 年第 4 期。

[4] 郭倩:《西汉白鹿皮币是与非》,《中国商报》2015 年 7 月 22 日第 08 版。

[5] 彭澜:《宋代纸币思想的伦理探析》,河北大学,2006 年。

[6] 欣士敏:《中国纸币的起源、变革和发展》,《福建金融》2002 年第 5 期。

[7] 郭正忠:《铁钱与纸币的起因——关于交子起源的研究》,《学术月刊》1985 年第 4 期。

"问题与主义"之争探析

杨嘉彤/高三 翟丽芳/指导老师 大庆实验中学

摘要：20世纪初的"问题与主义之争"一直是一个备受关注的主题。其最重要的今世价值就在于如何站在客观的立场去整体认识这一事件，运用从中提炼的精华启示。本文介绍了"问题与主义之争"发生的历史背景、基本过程以及对该历史事件的思考，深入挖掘了问题和"主义"两者的关系以及"主义"的含义和应用，并在新时代的角度下反观该事件，力求客观展示"问题与主义之争"的真正重点。最后简要说明了这场论战给予我们进行当下社会建设的指导意义——更多地注重新时代的具体问题。

关键词："问题与主义"之争 胡适 李大钊

一 文献综述

目前国内对于"问题与主义"之争的探析主要是从历史阐述和现实启示两大角度进行的。

在史学和政治研究领域，第一类着重于"问题与主义"之争与马克思主义中国化的联系，如南京师大学报中王明生的《"问题与主义"之争与马克思主义中国化的萌芽》等。

第二类着重于历史还原与意义思考。包括北京大学政府管理学院的杨先哲、袁刚、陈雪嵩的《"问题与主义"之争九十年回顾与思考》，在史实考证基础上对该问题进行阐述、提炼了其思想解放的警示意义；中国政法大学的柯华庆《问题与方法——五四"问题与主义"之争之辨析》提出从解决问题的方法的角度来理解胡适的观点；河南大学统战部的高如民的《从文化传播角度审视"问题与主义"之争》从文化传播与社会影响方面认识了论争的社会功能；北京大学历史系的罗志田的《因相近而区分——"问题与主义"之争再认识之一》论述了对该论争的双方不应持完全对立的观点，《整体改造和点滴改革："问题与主义"之争再认识之二》论述了争论两方的关系。此类还包括一些涉及胡适、李大钊思想的具体讨论，如社会科学研究院董国强的《论"问题与主义"之争前后的李大钊思想——对争论性质的再讨论》等。

在哲学研究领域，有复旦学报张汝伦的《从哲学观点看"问题与主义"之争》、中共中央党校哲学部的《〈国家与革命〉首译文与"问题与主义"之争的终结》进一步丰富和发展了"问题与主义"之争的全貌。

综上，目前对该论题的研究多注重其当时当地的方面，与新时代以来的社会现状关联较少。本文则结合了两者的方向，对"问题与主义"之争进行了梳理，对"问题"与"主义"两者关系进行了探究，并提出了新时代更加关注"问题"的思路。

二 "问题与主义"之争概况

（一）"问题与主义"之争的背景

19世纪末20世纪初，近代中国的半殖民地半封建化程度不断加深。自然经济进一步解体，民不聊生，社会矛盾极为突出，清政府封建统治发生动摇。1911年辛亥革命爆发，资产阶级民主共和国建立，结束了封建帝制。然而不久复辟逆流兴起，中国又进入北洋军阀统治时期，民主道路中断，人们陷入"中国社会何去何从"的彷徨与焦虑之中。

处于转型路口的中国急需一个合适而正确的发展方向。为革除阻碍社会改造的封建思想弊端，李大钊、陈独秀、胡适等民主主义者在1915年发动了新文化运动，引发西方资产阶级革命思想、马克思主义思想等各种社会思潮不断激烈碰撞。适逢"一战"期间,欧洲战场的残酷引发了一次思想上的斗争——人们开始对西方文化、西方资本主义政治制度产生怀疑。1917年俄国十月革命爆发,马克思列宁主义在中国得到了更为迅速的传播与广泛的关注,俄国社会主义的胜利让中国知识分子在对西方道路的日渐失望中发现了另一条中国可行的光明道路。民族觉醒程度不断加深,越来越多的中国人开始独立思考,马克思主义的舆论影响开始日益扩大。

然而,人们需要的是解决问题。由于指导思想未定,社会改造停滞,社会实际问题的解决得不到有力推进,"主义"与"问题"的对立性很快凸显出来,"一场问题与主义之争"的产生是必然的。"要社会革命还是社会改良",对于到底采用哪种方式对中国社会进行改造,成为"问题与主义之争"论战的核心。

(二)"问题与主义"之争的过程

留学美国且性格较为内敛的资产阶级改良派胡适深受实用主义哲学影响,赞成渐进,反对革命。1919年,在空谈主义之风盛行的社会环境下,他将一篇《多研究些问题,少谈些"主义"!》发表在《每周评论》第31号上。劝说人们"多多研究这个问题如何解决,那个问题如何解决,不要高谈这种'主义'如何新奇,那种'主义'如何奥妙",因为"主义"的大危险,就是能让人心满意足,自以为寻着包医百病的"根本解决"。提出他认为的"主义"的三个弊端:空谈好听的"主义"容易,空谈外来进口的"主义"无用,偏向纸上的"主义"危险。同时指出推崇"主义"表现为追求"根本解决",会忽视问题,会因为"懒"而避难就易,阻碍具体问题的解决。

研究哲学的蓝公武与胡适商榷,从哲学角度阐述了"主义"和问题的具体概念。他认为胡适太注重实际,抹杀了"主义"的学理部分,也没有提到关于问题的内涵、起因、本质等的内容。蓝公武认为,"主义"的鼓吹效用和研究是解决问题很切实的首要步骤。问题的形成依赖于主观的反省,所以只有先用"主义"鼓吹问题的意义才能引起一般人的反省。

而留学日本，性格坚毅，赞成马克思主义的李大钊在看到此文后，回文《再论问题与"主义"》，自白说："我是喜欢谈谈布尔扎维主义的"，他运用了马克思主义的唯物史观，阐述中国问题的解决必须在根本上寻找办法。指出问题与"主义"是交相为用，并行不悖的。同时宣传了马克思主义阶级斗争的相关理论。主张通过阶级斗争，解决作为根本的、决定社会问题的经济问题，从而推动其他具体问题的解决。不用学理作为工具，社会问题的解决者的力量永远无法联合起来。李大钊还写道，"我们把'这个那个的主义'拿来做工具，用以为实际的运动，他们会因时、因所、因事的性质情形而生一种适用环境的变化"。他还承认："我们最近发表的言论，偏于纸上空谈的多，涉及实际问题的少。以后誓向实际的方面去作。"而且一个多月后他也发表了《北京市民应该要求新的生活》，列出了关于北京市民生活改良的多种问题，也可见李大钊对于研究"问题"是没有完全反对的。接着，胡适再次回文《三轮问题与"主义"》，提到名词"主义"的抽象性质易使人们受到蒙蔽从而为主义的宣扬者服务。但北洋政府很快查封了《每周评论》，胡适的关于如何输入学理的文章《四论问题与"主义"》未能发表。"问题与主义"之争事件至此结束。

（三）"问题与主义"之争的思考

对于胡适先生的误解有很多。有些人认为胡适先生把社会大问题看作各种小的具体问题的形而上学般的组合，这种观点是偏激的。此观点认为，胡适对于"主义"的批判仅停留在这个词语和它的社会流行度以及宣传形式上，并未涉及"主义"的真正内涵。可胡适先生的主张是"多些"，"少些"，并没有完全否定"主义"，相反，他对马克思主义有着满意和赞许。胡适强调的是平衡实际问题与理想"主义"的关注度，是对忽视问题的社会情形提出的建议。从根本上讲，胡适与李大钊的出发点是相同的，都是出于爱国之心，都是关注国家与社会，都是在探索合适的中国发展道路。

在反思历史事件时要站在客观公允的角度。然而过去对此争论的判断多为偏左，认为胡适所批判和明确针对的就是马克思主义。但实际上，当时的社会情况是对胡适的行为有很大影响的。当时的中国思想界极为活跃，新文化运动、五四运动等的爆发无不体现着中国正处在一个对思想解放极为有利的大变革时期。在胡适初次发表第一篇文章之前，被称作"社会主义"的有很多种，如"空想社会主义""无政府主义"等。孙中山曾概叹："社会主义有五十七种，不知道哪一种是真的。"当时安福部还设立了"民生主义研究会"，激化了胡适对这种人人都在谈自己所理解的"主义"的风气的反感。所以他所批评的是这种空谈抽象的"主义"来混淆视听的这一具体现象、批判的是那些为了达到自己某种目的而让人盲目跟风、极力推崇的某种"主义"，以及那些在具体问题解决方法方面一无所有的"主义"。而非主要是马克思主义本身。因此抓住胡适"反马克思主义"而对其产生极端偏见、把这场争论等同为"要马克思主义还是实用主义"是大可不必的。

诚然，我们不能过度放大这个历史事件，也不能忽视对事件性质的整体把握。虽然争论的两位主人公都是新文化运动中阵营内部知识分子，争论载体为文章，讨论内容为思想文化层面，持续时间也很短暂。但这一事件通过报刊传媒的传播影响了社会各界，也影响了人们的政治见解和社会风气。文章观点涉及了政治发展方向以及救国方案、意识形态的选择，促进了实用主义与马克思主义传播。客观上加快了中国走向马克思主义这一正确救国道路的脚步。所以不能将其仅仅看作一场学理之争，更要体会到它的政治意义，并且应更加关注其对历史发展的积极作用。

三 关于"问题"与"主义"两者的思考

（一）"问题"与"主义"的关系

"主义"是方法的标准趋向与态度。"问题"与"主义"是不可分割的。"主义"从问题中提取重点，也可以反过来对问题进行针对性的指导。"主义"在问题的发展中完善，问题在"主义"的指引下找到解决的可能。没有问题就不会产生"主义"，所以"主义"需要服务于问题。由问题在"主义"指导下解决的效果来判断"主义"是否科学，"主义"

也在问题的解决中获得价值。不同的社会环境下两者关系也会不同。所以，在"问题与主义"这场争论之中是永远不分胜负的。问题和"主义"在时间的前进与社会实践条件的不断发展中，会不停地交换场地，不断地接受对方的优点、不断地走向自己的对立面，最终达成动态的共存平衡。

（二）"主义"的辨析

"主义"有真假两种。一种是蕴含群体利益或信仰的一套有目的有灵魂的思想主张，可以真正组织和指导利益相关者共同为同一目标努力；另一种是只含有抽象名词名称的冒牌主义，被一些政客利用去吸引听众、以达到自己的某种目的，而且"主义"本身的宗旨、基本内容和方法论全都不甚清楚。一个好的"主义"对社会发展的推动作用是极为巨大的，一个坏的"主义"也可能会对社会秩序造成破坏力极大的伤害。所以我们要对"主义"有严谨的审视态度和方法，给予其很高的重视。同时，要防止"主义"吞噬掉问题，不能将"主义"放在制高点上。

（三）"主义"的应用

若想达成"主义"和问题的有机统一，首先需要将"主义"的基本宗旨和内容阐明，明确"主义"的受众对象、作用领域以及终极理想目标，使"主义"有血有肉。接着，需要根据问题的实际情况变化，完善和发展原有的"主义"，使"主义"逐渐上升为一套层次分明的理论体系，拥有普遍的指导意义。以增强"主义"的实用性、提高"主义"的生命力与活力。与此同时，还要持续关注动摇"主义"的潜在因素，对其进行抑制并由此提高对"主义"自身问题的警觉度，以坚定"主义"的自身方向，保持"主义"的先进性。只有这样一边研究实际的问题，一边宣传理想的"主义"，才能达到改造社会的效果。

问题是永远解决不尽的。我们需要总结、创造出解决同类问题的基本"主义"，防止多数未知性较强的问题带给社会过多的迷茫和压力。使用有限的"主义"去应对无限的问题，是各种"主义"发展的共同目标。

"主义"是就社会问题的解决道路来说的。只有当多数人都意识到某一种社会存在的不合理性,并且开始反省,才可称之产生了一个社会问题。当有一种理想化"主义"描述的美好愿景同社会现实形成鲜明的对比,展示了问题得到解决的可能性与希望、反映了人们共同趋向,社会问题才有可能被在主义领导下的多数人的共同运动解决。所以如果没有"主义",社会上的多数人就不能被联合起来,社会问题也就无法解决。

四 新时代反观"问题与主义之争"

(一)"问题与主义"之争的社会影响

"问题与主义之争"这一历史事件虽然只是表现为几位学者在刊物上发表了几篇政治色彩浓厚的学术观点文章,但其对当时中国的发展思路有很大的启发作用。以李大钊为代表的一些马克思主义者在学术争论这种冲突观点直接对接的条件下,促进了马克思主义在社会上了解度的提高。也可以认为双方站在了不同的角度共同促进了马克思主义的传播、增强了马克思主义理论与实际相联系的能力、扩大了社会主义阵营、对探索中国社会的改造方案起到了积极的影响作用。同时,通过争论,双方最后共同认可的结论是:讲主义要结合社会实践,要研究社会问题。让全社会都开始越来越关注社会现实的问题,这为中国共产党的日后发展提供了方法经验。

(二)"问题与主义"之争的意义及现实应用

"问题与主义之争"已经过去了100年。在这100年里,人们一直在关注这个问题。多元化、客观化的评价已成为主流。过去认为其为资产阶级学者对社会主义信仰者的挑战的斗争性观点,已经在越来越深化的改革开放大潮中趋向缓和。探索"问题与主义之争"的当下意义,首先是在学习马克思主义理论时要把握"实事求是"这一精髓。"问题与主义之争"的主旨、意义,就在于要注重实践,破除"假、大、空"和解放思想,这对现世以及中国未来的发展道路都具有强大的指导意义。其次这启发我们，经过实践检验证明，在看待和解决中国社会问题时，要坚持马克思主义的立场、观点、方法；要重视青年人的理想信念引导，人人都要成为马克思主义的学习者、宣传者和实践者，共同实现我们的中国梦，实现中华民族的伟大复兴。

然而一些难题仍然存在。在西方国家对我国进行意识渗透，邪教势力发展，大众传媒的文化传播速度、方式日新月异的社会情况下，如何牢牢把握马克思主义在意识形态领域的主导权，还需要我们广泛且深入地研究不断产生的新的思想问题的本身。在当下我国社会转型的新时代，各领域的结构性矛盾都十分突出，中国社会的复杂性已经远远超过"问题与主义"之争产生的那个年代。而在这个时期光靠一些指导思想的方向引领，有很大一部分的具体社会问题是无法找到精准的解决方案的。所以现在我们更需要注重研究社会问题，发展社会科学、建立多维的社会问题分析模型，以发现问题、分析问题、解决问题，更好地提高社会发展的质量和效益。只有对问题拥有更多的了解，才能精准地发展主义，从而让"问题与主义"之争的精华接轨新时代。

参考文献

[1] 胡适：《多研究些问题，少谈些"主义"！》，《每周评论》第 31 号 1999 年 7 月 20 日。

[2] 胡适：《问题与主义》，北京大学出版社 2013 年版。

[3] 李大钊：《再论问题与主义》，《每周评论》第 35 号 1919 年 8 月 17 日。

[4] 高正礼：《"问题与主义"之争的若干辨析》，《安徽师范大学学报》（人文社会科学版）2011 年第 39 卷第 4 期。

[5] 程敬恭、梁建秀：《"问题与主义"之争对我国现代化建设的启示》，《山西高等学校社会科学学报》2011 年第 23 卷第 6 期。

[6] 朱琳：《五四时期的"问题与主义"论战研究》，硕士研究生学位论文，江西师范大学，2013 年。

[7] 汤列夫：《"问题与主义之争"的历史反思与现实启示》，硕士学位论文，合肥工业大学，2015 年。